글 김예슬

1986년 서울 출생. 2010년 고려대학교 경영학과 재학 중에 "오늘 나는 대학을 그만둔다, 아니 거부한다"라는 제목의 대자보를 붙이고 자퇴를 선언했다. 당시 그의 대학 거부 선언은 방송과 신문, 포털 1면 등에 오르며 뜨거운 논쟁과 조용하고 강력한 울림을 일으켰다. 그 후 언론 및 정치 참여 제안을 거절하고, 비영리사회단체 〈나눔문화〉 사무처장으로 일하며 국내외 고통받는 이웃을 위한 현장 활동과 대안 삶의 문화 운동에 주력해왔다. 2016년 겨울과 2017년 봄, '촛불혁명'의 현장에서 역사적 순간과 의미를 기록해왔다. 저서로 『김예슬 선언-오늘 나는 대학을 그만둔다, 아니 거부한다』(2010)가 있다.

사진 김재현

1985년 강원 태백 출생. 한양대학교 법학과 재학 시절 〈대학생나눔문화〉를 만나 '다른 길'을 꿈꿨다. 2008년부터 〈나눔문화〉 사회행동팀장으로 활동하며 우리 사회 가장 아프고 긴급한 현장을 발로 뛰어왔다. 4대강 굽이굽이의 생명들, 밀양 송전탑 건설에 맞선 어르신들, 제주 강정마을 주민들, 쌍용자동차 파업 노동자, 핵발전소 지역 주민들, 삼성 직업병 피해자, 그리고 故백남기 농민과 세월호 유가족들의 곁에서 현장의 속 깊은 이야기와 내면의 표정을 사진과 글로 전해왔다. 2016년 촛불집회의 첫날부터 탄핵승리와 정권교체를 이뤄낸 23주간의 모든 날들을 광장에서 함께하며 시민들의 모습을 기록했다.

감수 박노해

시인. 사진가. 혁명가. 1957년 전남에서 태어나 16세에 상경해 낮에는 노동자로 생활하고 밤에는 선린상고를 다녔다. 1984년 27세에 첫 시집 『노동의 새벽』을 출간하며 한국 사회와 문단을 충격으로 뒤흔들었다. 1989년 〈남한사회주의노동자동맹(사노맹)〉을 결성했다. 7년여의 수배생활 끝에 1991년 안기부에 체포, 고문 후 사형이 구형되고 무기징역에 처해졌다. 1998년 7년 6개월 만에 석방되었다. 이후 민주화운동 유공자로 복권되었으나 "과거를 팔아 오늘을 살지 않겠다"며 국가보상금을 거부했다. 2000년 〈나눔문화〉를 설립, 2003년 이라크 전쟁터에 뛰어들면서 지구마을 가난과 분쟁 현장에서 평화활동을 이어왔다. 저서로 『참된 시작』(1993), 『사람만이 희망이다』(1997), 『그러니 그대 사라지지 말아라』(2010), 『다른 길』(2014) 등이 있다.

촛불혁명

2016겨울

그리고

2017봄,

빛으로쓴역사

촛불혁명

2016 겨울 6
그리고
2017 봄,
빛으로 쓴 역사

김예슬 지음 김재현 외 사진 박노해 감수

느린걸음

2016-2017 KOREA

17,000,000 PEOPLE

CANDLELIGHT
REVOL

UTION

책을 펴내며

촛불광장에 서면 가슴이 먹먹해지곤 했습니다. 추위에 떨며 찬 바닥에 앉아 촛불을 든 사람들. 아이들과 엄마 아빠, 청년들과 어르신들, 농민과 노동자들. 하얀 입김 어린 빛나는 얼굴들을 바라보다 그만 눈물이 나곤 했습니다. 1987년 대한민국이 민주화의 첫걸음을 내딛던 그해, 저도 첫걸음마를 시작했습니다. 그리고 스무 해 동안 민주주의와 함께 자라왔습니다. 2007년 제 생애 첫 대선에서 "CEO 대통령" 이명박이 들어섰고, 설마 하던 "독재자의 딸" 박근혜가 등장했습니다. 4대강이 파괴되고 노무현 대통령이 서거하고 양극화가 심화되고 노동자들은 철탑 위를 오르고 청년들은 헬조선을 외치고 국가가 국민을 사찰하고 공영방송은 눈 귀를 가리고, 끝내 세월호가 침몰하고…. 돌아보면 지난 10년 저의 20대는 온통 분노와 슬픔이었습니다. 누가 상상이나 했을까, 이런 혁명, 촛불혁명을요. 1,700만 촛불시민들은 이 땅의 무너진 믿음과 희망을 되살려주었습니다. 세계의 민주주의가 위기에 처한 지금 인류에게 영감과 용기를 선사해주었습니다.

이 책은 촛불혁명의 광장에서 탄생했습니다. 2016년 10월 첫 촛불집회부터 2017년 5월 정권교체까지, 7개의 국면과 45가지 테마 그리고 484장의 사진으로 담아낸 촛불혁명 현장의 일기입니다. 나의 친구이자 스승인 박노해 시인과 나눔문화 연구원들은 촛불광장의 함성이 잦아든 무렵이면 텅 빈 광화문 대로를 걸으며 밤이 깊도록 대화를 나누었습니다. 오늘의 사태를 정리하고 내일의 정세를 분석하고 다음 집회의 피켓 문구를 논의하고, 돌아와 밤새 수첩과 사진을 정리하며 이 책을 만들어나갔습니다.

"불의한 권력자들이 가장 두려워하는 건 두 가지지. 살아 움직이는 인간들의 항쟁, 그리고 그 현장의 진실과 사상을 담은 한 권의 책. 그 기록과 기억이 다음에 오는 혁명의 불꽃이기 때문이지."(박노해) 촛불의 아이들이 이 혁명의 기억과 함께 자라나갈 수 있는 책, 이 아래로는 결코 물러서지 않고 이걸 딛고 나아갈 반석과 같은 책, 그런 바람을 담아 이 책을 지었습니다.

지난 10년 동안 무관심 속에서도, 탄압과 불이익을 당하면서도, 진실을 밝히고 저항해온 분들께 눈물로 감사를 전합니다. 눈발을 뚫고 주말마다 광장에 나와, 끈질긴 의지로 민주주의와 정의에 대한 헌신의 아름다움을 보여주신 그대에게 우리가 함께 이뤄낸 '빛으로 쓴 역사'를 바칩니다.

2017년 10월 촛불혁명 1주년에, 김예슬

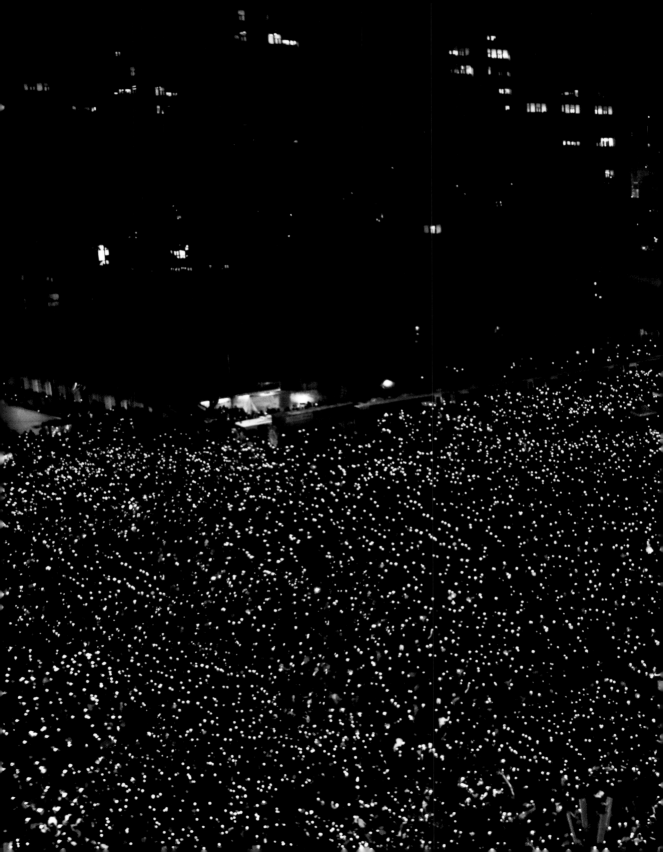

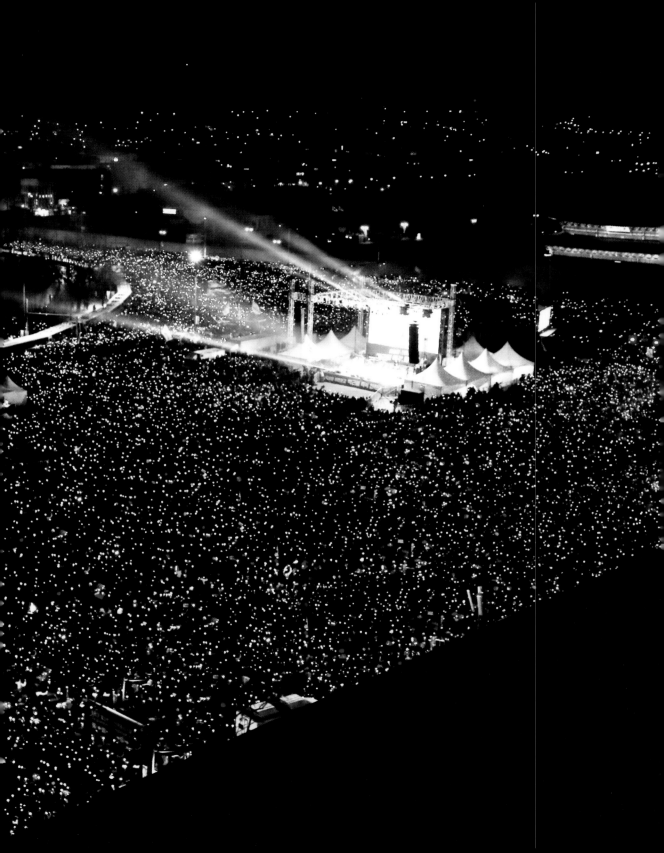

이게 나라다

詩 박노해

눈발을 뚫고 왔다
추위에 떨며 왔다
촛불의 함성은 멈추지 않는다
100만 촛불은 꺼지지 않는다

어둠의 세력은 포위됐다
불의와 거짓은 포위됐다
국민의 명령이다
범죄자를 구속하라

눈보라도 겨울바람도
우리들 분노와 슬픔으로 타오르는
마음속의 촛불은 끄지 못한다
우리는 포기하지 않는다
우리는 멈춰서지 않는다

나라를 구출하자
정의를 지켜내자
공정을 쟁취하자
희망을 살려내자

눈에 띄지도 않게 작은 나는
백만 촛불 중의 하나가 아니라
백만 촛불의 함성과 한몸이 된
크나큰 빛이 되어 나 여기 서 있다

이게 나라다
이게 민주다
이게 역사다
촛불아 모여라
될 때까지 모여라

2016년 11월 26일 첫눈 속의 5차 촛불집회 날

우리가 손에 든 건
촛불이었지만
우리 가슴에 든 건
혁명이었다

박노해

그날 또 그날, 그 겨울 밤과 봄의 그날들.
"이게 나라냐" 울분과 부끄러움으로 촛불을 들고
"나라도 나가야지" 눈발을 뚫고 광장에 모여든 사람들.
슬픔과 분노로 타오르던 불의 사랑, 불의 혁명.
우리가 손에 든 것은 촛불이었지만
우리 가슴에 든 것은 혁명이었다.

전쟁 같은 노동을 마치고 난 고단한 주말을 바치며
광화문 전선으로 나선 우리 한 사람 한 사람은
찬 바닥에 연좌한 100만의 '빛의 전사'였다.
100만 촛불의 함성과 포위 행진이 지축을 울릴 때
폭력보다 더 무시무시한 전율이 흐르지 않는가.
우리는 분노한 만큼 절제했고, 절박한 만큼 끈질겼고,
엄정한 만큼 명랑했다.

그렇게 우리가 해냈다.
내 작은 촛불 하나하나가 파도가 되어 나라를 망친
대통령을 탄핵시키고 촛불혁명 정부를 탄생시켰다.
그대는 전생에 나라를 구한 게 아니라
살아서 이생에 나라를 구하신 것이다.
그대의 헌신과 의지로 이 빛나는 역사를 써낸 것이다.
1,700만 명이 183일 동안 이어간 유례없는
겨울혁명, 평화혁명, 그리고 승리한 혁명을.

악의 정점에서 선의 도약이

지난 이명박 박근혜 정권 9년의 세월은
우리 사는 세상이 어디까지 나빠질 수 있을까,
사람은 어디까지 악해질 수 있을까를 되묻는 나날이었다.
청년들은 "헬조선"에서 "이민가자"고 희망을 내리쳤고
노동자들은 "해고는 살인이다" 줄지어 자살로 내몰렸고
끝내 저 세월호 참사가 온 국민의 눈앞에서 벌어졌다.
불안과 불신과 불만의 불덩이가 사람들의

가슴마다 폭발할 듯 쌓여가고 있었다.

혁명이 일어나는 데는 조건이 있다.
첫째, 불평등의 양극화와 희망의 고갈.
둘째, 지배 권력의 부패 무능과 분열 정도.
셋째, 저항 주체의 의식의 높이와 조직성.
그런데 결정적인 것은 운, 시운時運이다.
우연하고 돌발적인 사건이 역사의 조명탄이 되어
악의 실체가 번쩍 드러날 때, 혁명은 행진을 시작한다.

촛불혁명을 일으킨 심층의 동력은 바로 이것이다.
1997년 IMF 외환위기와 2007년 세계금융위기 이후,
지난 10여 년간 급속히 심화된 불평등의 양극화와
'현대화된 가난', 그리고 인간 소외라는 '삶의 고통'.

그때 "돈도 실력이야, 네 부모를 원망해" 정유라가
말을 타고 뛰어들며 혁명의 성화를 봉송했고,
박근혜 최순실 일당의 "국정농단", 그러니까
저 40년 검은 조직의 '비밀정부 국가내란' 사태가
드러나자 혁명은 불타오르기 시작했다.

아버지 박정희가 '한강의 기적'을 만들었다면
그 딸인 박근혜는 '광화문의 기적'을 만들어냈다.
누가 이런 역사의 대반전을 기획할 수 있었을까.
성찰 없는 인간의 길은 그의 성공이 그의 복수다.
정점에 달한 악은 선의 도약대가 되어 무너진다.

아이야 가라, 너의 길을 가라

우리는 너무 많은 희생과 고통을 겪어야 했지만
분명한 것은 이것이다. 그래도, 역사는 전진한다!
비틀거리고 쓰러지고 좌우로 굽이치면서도
정의와 민주와 자유 쪽으로 진보해온 역사다.

우리 모두는 혁명의 아이들이다.
오늘의 나는 앞서간 이들이 울며 씨 뿌려 놓은
혁명의 이삭을 따먹고 자라났다.

흰 옷을 피로 물들이며 전진한 동학농민들,
눈보라와 이슬 속에 떨며 총을 든 독립운동가들,
3.1운동과 4.19혁명과 5월광주와 6월항쟁과
얼굴도 이름도 남김없이 헌신한 의로운 사람들.
그렇게 이뤄낸 민주화의 되돌릴 수 없는 토대 위에서
단 한 명도 죽지 않고, 단 한 명도 구속되지 않고,
세계 초유의 평화혁명인 촛불혁명을 써낼 수 있었다.

살아있는 모든 이는 죽은 자를 딛고 서 있다.
사랑이 너무 많아 앞서서 나아가 쓰러진 자,
자신을 기꺼이 불살라 저 높은 곳에서 빛나는 자,
나의 걸음마다 디딤돌과 이정표가 된 선인들.
그들이 우리 등 뒤에서 아이야 가라, 너의 길을 가라,
다치지 말고 지치지 말고 뒤돌아 보지 말고 가라고
촛불을 든 우리를 받쳐주고 지켜주고 있었다.

그렇게 우리는 살아있는 권력을, 무장력을 장악한
현직 대통령을 헌정 질서 내에서 파면하고 구속했다.
민주공화국의 헌법이란 민중의 피로 쓴 계약 문서다.
오늘 우리 헌법은 독립운동과 민주항쟁을 통해
만들어낸 위대한 유산이자 공동의 약속이다.
헌법 전문의 검은 활자 속에는
민중의 함성과 비원의 눈물이 살아있고
의인과 열사들의 붉은 피가 흐르고 있다.

미완의 혁명사에서 최초로 승리한 혁명

박근혜 파면 이후 촛불광장 여기저기서 들려오는 말.
"이번만은 죽 쒀서 개 주지 말자"는 다짐들이었다.

그랬다. 늘 혁명 뒤의 반동으로 배반당한 역사였다.
독립투쟁과 8.15 해방은 이승만이 말아먹었다.
4.19혁명은 박정희가 쿠데타로 탈취했고,
박정희가 죽은 뒤 80년 봄은 전두환 노태우
신군부가 5.18 광주 학살로 강탈해갔다.
87년 6월항쟁은 직선제를 이뤄냈지만 그 성과를
노태우가 가져가면서 "6.29는 속이구"가 되고 말았다.

그리고 30년 만에 찾아온 혁명의 시간,
촛불시민들은 이번만은 '혁명을 빼앗기지 말자'는
절박한 심정의 역사의식과 각오로
마침내 정권교체에 성공, 문재인 대통령을 당선시켰다.
피 흘려 싸워 이기고도 늘 패배해온 미완의 혁명사에서
처음으로, 승리한 혁명의 역사를 써낸 것이다.

촛불혁명은 인류에게도 깊은 영감과 용기의 빛이었다.
나빠지는 세계의 발작인 듯 트럼프 당선으로 시작해
극우 포퓰리즘이 세계를 휩쓸고 있는 암울한 시대에,
민주정부 수립까지 성공한 코리아의 촛불혁명은
위기에 처한 세계 민주주의에 희망과 의지를 주고 있다.

"어둠은 빛을 이길 수 없다. 거짓은 참을 이길 수 없다."
이것은 가치관의 일대 혁신이고 우리 인격의 도약이다.
우리는 촛불혁명으로 이것을 체험했고 세상에 증명했다.
정의는 결국 승리한다는 믿음과 자신감을 갖게 되었다.
승리한 혁명의 경험은 공동체의 위대한 자산이고,
우리 아이들에게 물려줄 수 있는 최고의 유산이다.

촛불혁명은 '피'와 '빛'으로 흐른다

혁명에는 '30년 법칙'이 있다.
20대 청년이 자기 시대의 인간 고통과
사회 모순을 끌어안고 저항하는 시간이 15년,

그 성과를 주류 사회로 펼쳐가는 시간이 15년,
그렇게 30년이 되면 그 세대는 기득권이 되어
점차 굳어지고 보수화된다. 아 혁명도 늙어간다.
그리하여 혁명은 낡은 몸을 빠져나와 몸을 바꿔 지속된다.
혁명을 혁명하는, 새로운 혁명아가 다가오도다!

촛불혁명의 주체는 역사상 처음으로 등장한
지구인류시대의 '나-개인'들이었다.
이들의 내면에는 '피'와 '빛'이 흐르고 있다.
민주화의 피와 인터넷의 빛이.
민주와 자유와 권리를 체화하며 자라난 젊은 세대.
스마트한 소통으로 세계 첨단의 감각과 지식을 내장한 채
양극화의 아뜩한 길을 걷던 2030세대가 저들의 추악한
실체를 접하며 정치화되고 새로운 혁명의 주체로 나섰다.

스마트폰을 쥔 '지민知民'들은 빛의 속도로
뉴스와 정보를 재구성하고, 사태의 진실을 전파하고,
급변하는 정세와 정치 공작까지를 읽어내며,
공유지성의 기발한 상상력과 순발력으로 저항했다.
주말마다 광화문광장에 모여 100만 촛불과 한몸이 되고
집회가 끝나면 각자 '일상의 참호'에서 검색과 댓글과
문자행동으로 저항하고 SNS를 점령하며 촛불을 이어갔다.

각자도생으로 분리된 '혼밥' '혼술'의 개인을 넘어
빛의 신경망으로 연결된 '함께하는 혼자'인 나-들,
이들이 정치와 일상 사이, 운동 조직과 나 개인 사이,
광장과 온라인을 넘나드는 새로운 '정치적 전위'로
나서며 촛불혁명을 유쾌하게 창조해나간 것이다.

지금 우리는 역사상 최초로 '평민 대중 계급'이
'엘리트 지배 계급'보다, 젊은 여성이 남성 권력자보다
더 똑똑하고 앞선 문화감성을 지닌 시대를 맞이했다.
시민과 젊은 여성들은 이리 높아져 '느낌 아는'데,

지도층으로 군림하고 있는 자들은 너무너무 후진 것이다.
"민중은 개 돼지다"라던 자들에게 그 '무지한 대중'이
빛의 지성을 지녔다는 건 '끔찍한 위대함'이다.
특정 조직도 계급도 이념도 아닌 다양한 나-들이기에
예측할 수도 통제할 수도 없다는 건 '경악할 위대함'이다.

나의 지도자가 아니라 나의 대리인이다

이 새로운 정치 주체들이 "이니"를 탄생시켰다.
'문재인'과 '이니' 사이에는 깊은 시간 차가 놓여있다.
여전히 박근혜는 '여왕마마'고 판검사는 '영감님'이고
국회의원은 '나리님'이신, 21세기에도 왕정시대를
살고 있는 자들에겐 악몽 같은 일일 것이다.

촛불혁명은 권력자에 대한 관계변경을 가져왔다.
대통령이든 장차관이든 판검사든 국회의원이든
그는 나의 대표자가 아니고 '대리인'이다.
그는 나의 지도자가 아니고 '고용인'이다.
더 정확히는, 내 세금으로 급료를 주고
내 권력을 한시 위임한 계약직인 것이다.

그러니 그대는 계약대로 하라, 법대로만 하라.
신임과 찬사를 줄지 파면과 경멸을 줄지
내가 판단할 테니 투명하게 보고하고 분발하라.
"내가 주권자다." "나는 내가 대표한다."

거리와 광장에서 혁명을 호흡한 아이들

지난 10여 년 나에겐 가슴에 돌이 얹힌 듯
깊은 근심이 하나 있었다. '일베 현상'과 '일진 현상'이다.
초등학생부터 청년들까지, 양극화의 좌절감을
약자에 대한 폭력, '여혐'과 성폭행, 민주 진보에 대한
냉소로 쏟아내며 원초적 폭력성에 물들어가고 있었다.

말랑한 감각과 의식에 길이 나는 '결정적 시기'에 새겨진
감정과 언어와 행위의 습성은 나중엔 어찌할 수가 없다.

이번 촛불혁명이 내게 준 희망은 이것이다.
거리와 광장에서 혁명을 호흡한 아이들!
혁명은 최고의 학교가 아닌가.
좁은 교실에 갇혀 서로 경쟁하던 아이들이
이 역사의 현장에서 함께 혁명을 경험하고
공동선의 연대와 정치적 올바름을 실천하고
두고두고 이야기할 공동 체험을 갖게 된 것이다.

어떤 역사적 사건을 함께 겪었는지,
어떤 공동의 꿈과 상처를 가졌는지,
어떤 공동의 적에 맞서 싸웠는지가
그 세대의 미래 좌표를 결정한다.
그 기억과 체험의 '빛의 연대'가 위기의 순간에
그들을 다시 한몸으로 엮어 세우기 때문이다.

혁명이 위대한 것은 혁명의 과정 속에서
다음 혁명의 주체를 잉태한다는 것이다.
촛불혁명은 한국 사회의 향후 30년을 이끌어갈
건강하고 정의로운 새로운 주체를 탄생시켰다.

그러니 촛불을 든 아이들아, 이 혁명의 승리로 만든
오늘의 상식과 합리 이하로 물러나지 말아라.
아니, 오늘의 상식과 오늘의 합리를 넘어서라.
너희의 새로운 상식과 합리를 창출하거라.
오늘의 상식은 어제의 혁명이었으니,
새로운 혁명으로 너희의 상식을 드높여라.

누군가 손해보지 않으면 혁명이 아니다

1,700만 촛불혁명으로 적폐의 수장首長들이 체포됐다.

독재권력 박근혜, 재벌삼성 이재용, 공작정치 김기춘.
아직 살아남은 자들은 무장해제되어 떨거나 숨거나
임박한 심판을 피하고자 발악 중이다.

전율이 흐르지 않는 것은 위대함이 아니다.
누군가 손해보지 않으면 혁명이 아니다.
무언가 타파되지 않으면 혁명이 아니다.
주체가 뒤바뀌지 않으면 혁명이 아니다.

우리가 탄핵한 것은 단지 박근혜 정권 하나가 아니다.
그 뒤에 숨은 더 큰 범죄의 이명박 정권만이 아니다.
박근혜를 통해서 마침내 한국인의 심연에 악령처럼
도사린 '박정희 신화'에서 벗어나게 되었다.
죽어서 산 박정희를 살아서 죽은 박근혜가 청산한 것이다.
촛불혁명으로 저 70년 현대사의 악의 꽃을 꺾고,
그 뿌리까지 청산할 계기를 맞이하게 된 것이다.

그럼에도 저들의 힘은 강력하기만 하다.
오랜 세월 축적해온 악의 힘, 그걸 '적폐'라 한다.
길게는 수백 년, 짧게는 70년 동안 이 나라를 지배해온
부와 권력의 동맹체, "우리가 남이가"라는 운명 공동체.
재벌, 관료, 정치, 군부, 공안, 사법, 언론, 학계, 종교,
문화, TK 지역의 질긴 기득권 동맹체가 적폐의 실체다.

단 한번도 제대로 된 적발과 심판을 받지 않고
'이렇게 해도 된다'고 특권과 범법의 용기를 물려준 자들.
적폐의 과거를 남겨둔다면 미래는 패배한다.
그들은 반드시 돌아온다. 더 사악한 칼을 들고.
적폐 청산 없이 희망은 없다.
과거 청산 없이 미래는 없다.

국가기구와 사회 각 영역에 강력한 세력을 구축한
기득권 세력의 적폐 청산, 이것만 확실히 해낸다면

그 어떤 성장정책과 혁신보다 국부가 늘어나고
생산성이 높아지고 분배 복지가 향상될 것이다.
적폐의 산물인 좌절과 냉소는 줄어들고
신뢰와 희망이 생기차게 살아날 것이다.

"적폐의 뿌리가 깊다"는 것

그런데 "적폐의 뿌리가 깊다"는 것은 무얼 말하는가?
청산되지 않은 적폐의 역사가 오래 지속되면서,
그 무언가 우리 안에 뿌리 뻗고 자라온 것이다.
이 적폐 체제의 가치관과 생활 양식과 관계 방식이
개인의 일상과 내면까지 파고 들어 실핏줄처럼 되어
가는 것, 상호 운동하며 안과 밖에서 강력해지는 것,
그것이 "적폐의 뿌리가 깊다"는 것이다.

그리하여 적폐도 진화한다. '악의 신비'가 작용한다.
적폐 세력이 독점한 것들이 선망과 질투가 될 때,
나의 가치관과 인간성이 탈바꿈되고 내면화되어
다수결 민주로 탈바꿈될 때, 그 적폐는 나를 잠식한다.

이명박 박근혜를 누가 세웠을까.
"남부럽지 않은" 부자의 꿈이, "남"에게 달린 나의 꿈이,
'경제성장'과 '핵발전 가동'의 다수결 여론으로 살아나
압력을 가하고 다시 정치권력을 바꿔 치운다.

하여 '적폐 청산'과 '자기 성찰'은 동시 진행이 아닌가.
바깥의 나쁜 것들에 대해 이건 아니다! 저항하면서
동시에 나 개인의 삶 속에 들어와있는 그 물신성의
근간을 직시하고 성찰하고 단념하는 것이 아닌가.

다가오는 문명의 위기 앞에서

촛불혁명 이후 나라와 사회에 희망의 기운이 감돈다.

그런데, 나의 삶은 왜 여전히 힘든가.
가면 갈수록 왜 불길한 예감에 사로잡히는가.
지금 세계에는 거대한 격변이 몰려오고 있고
삶과 사람의 날들에 위기가 다가오고 있다는 걸
우린 이미 일상에서 겪고 느끼고 있다.

미세먼지와 독이 든 음식물, 기후변화와 신종질병,
산업축산의 대학살, 오염되는 대지와 쇠락하는 농촌,
길어진 수명과 줄어든 출생과 늘어가는 실업.
강한 인공지능과 뇌와 유전자 조작으로
'자연인간'의 역사가 머지않아 종말을 고하고
'기계인간'의 시대가 도래하는 대단절의 변화.
그리고 야수가 되어가는 사내들과 잔혹소녀들과
묻지마 범죄와 테러 등 '인간의 광기' 사태까지.

땅에서 벌어지는 모든 일은 고스란히 내 몸에서 벌어지고
사회에서 벌어지는 일들은 그대로 인간 속에서 벌어진다.

이 근원적 삶의 위기에 사회적 불평등까지 겹치면서
우리는 경쟁과 피로 속에 '제정신'을 유지하기조차 힘들다.
이런 삶의 속도, 삶의 비용, 삶의 질은 지속될 수 없다.

이제껏 우리가 생각해온 좋은 세상은 "잘 살아보세"였다.
보수는 '각자 능력껏 잘 살아보자',
진보는 '다함께 고루 잘 살아보자'.
실상 같은 뿌리의 두 나무 둥치가 아니었던가.
돈만 생기면 다른 문제는 해결되리라 믿어왔다.
현대의 유일신은 '물신物神'이 되고 말았다.

민주화 직후, 우리는 잘 산다는 것이 무엇을 말하는 것인지,
그 삶의 내용과 방식에 대한 깊은 물음을 던지지 못했다.
'잘 살아보자'는 것 이상의 시대정신을 만들어내지 못했다.
'부자 되세요'에서 '대박 나세요' 심지어 "통일 대박"까지,

우리 가치관과 인간성은 쪽박처럼 금이 간 세월이었다.

정점에 달한 성장의 시대에,
성장에서 성숙으로의 도약!
21세기 우리 삶과 세상은 여기서부터 시작해야 한다.
'고도성장'과 '성장중독'의 관성 위에 세워진 가치관과
사회 정치 경제 구조의 혁명적 재설계가 필요하다.

우선 우리가 집중해야 할 촛불혁명의 5대 과제가 있다.
적폐 청산.
경제 민주.
남북 협력.
젊은 농촌.
생명 안전.

지구인류시대의 '안과 밖의 동시 혁명'

세계사에서 처음으로
'촛불'로 '혁명'을 이루어내었다.

촛불은 지극히 개인적이고 내면적인 평정한 불이다.
촛불은 축제와 제의의 불이고 기원의 불이다.
혁명은 지극히 집단적이고 정치적이고 격렬한 행사다.
혁명은 생사의 전율, 타파와 탄생의 피가 흐른다.
촛불과 혁명은 음과 양처럼 상극相剋한다.
그러나 상극이 상생相生이다. 낮과 밤처럼.

지구인류시대의 혁명은 '안과 밖의 동시 혁명'이다.
개인적인 것이 정치적이고
영성적인 것이 혁명적이고
내 삶의 변화가 세상을 바꾸어간다.

세상을 바꾼다는 것, 혁명革命은

안의 명命 - 인간이 새로와짐으로
밖의 혁革 - 거죽을 밀어나가는 것이다.
내가 진정으로 원하는 것이 무언지 알지 못하면
무엇과 싸우고 어떻게 바꿀지 알 수가 없다.

단지 사회 구조와 소유 권력의 변화만이 아니다.
언제부턴가 잃어버린 내 안의 근원적 열망과
우리가 살아온 세월에 대한 깊은 성찰과
다가올 인류 문명의 위기에 대한 직감과
삶의 총체적 해방이라는 격렬한 몸부림이
촛불혁명에 나선 우리 안에 흐르고 있지 않은가.

혁명의 궁극의 목적은 나 자신의 좋은 삶이다.
이 우주에서 단 하나뿐이고 단 한번뿐인 존재로서
세상 한가운데서 진정한 나를 찾아 살아가는 것이다.
몸과 마음의 건강과 평정, 친구와 이웃과의 우애로움,
내 삶과 직결된 '공동의 유산'인 지구 생명의 푸르름,
그러한 사회체제와 생활양식을 이루어나감이다.

더 고귀한 삶을 창출하지 못하면 혁명이 아니다!
더 고유한 인격이 출현하지 못하면 혁명이 아니다!

그리하여 촛불혁명의 진정한 결실은 그 과정에서
잉태한 새로운 감성, 새로운 의식, 새로운 사람이다.
'새로운 내가 되었어!' 이것이 혁명의 눈부심이 아닌가.

달라진 내가 되어 변함없는 일상을

집으로, 직장으로, 학교로 돌아온 우리는
예전보다 더 답답하고 숨이 막힐 것이다.
나는 무언가 달라졌는데, 달라지지 않은 현실에
더 불화하고 부딪치고 상처받을 수밖에 없다.
곳곳에서 낡은 구조가 짓누르는 변함없는 일상이

견딜 수 없을 때, 그때 내 삶의 현장에서
다시 혁명의 불이 살아난다.

민주주의란 내 삶의 결정권을 가지는 것이다.
인생의 가장 많은 시간을 보내는
일터와 삶터에서 공정과 자율과 공평이
작동하지 않으면 민주주의가 아니다.

기존의 방식과 관계에 더는 적응하고 타협할 수 없는,
이 낡고 후진 체제보다 더 앞서 진화한 인간 주체.
촛불혁명의 빛으로 달라진 내가 되어,
달라지지 않은 일상의 체제를 바꿔나가는 것이다.

어떤 나라를 만들 것인가
어떤 삶을 살아갈 것인가
나, 어떤 사람이 되어갈 것인가
묻고 참여하며 나의 길을 찾아가는 것이다.

내 안에 새겨진 '별의 시간'

나는 강력하고 위대한 정부보다
강인한 인간 정신과 위대한 사람들을 믿는다.
아직 나쁜 사회 속에서도 선하고 의로운 사람,
힘든 현실에서도 먼저 나누며 살아가는 사람,
가난해도 고귀한 생각과 말과 품격을 지닌 사람,
그 좋은 사람의 등불이 좋은 세상으로 가는 새벽길이니.

인생에서도 역사에서도 길게 보면
참과 거짓의 싸움, 정의와 불의의 싸움은
물질적 힘으로 이기는 것이 아니다.
인격의 크기로 이기는 거다.
사랑의 깊이로 이기는 거다.
끈질긴 정진이 이기는 거다.

강한 것이 아름다운 게 아니라
진실로 아름다움이 강한 것이다.

그 겨울 촛불광장에 서면 그냥 먹먹해지고
다들 서로 나와주어 고맙고 장하고 짠하고
헌신의 아름다움으로 눈부셨던 '별의 시간'.
우리는 저마다 1,700만 촛불 중의 하나가 아니라
1,700만 촛불과 한몸이 된 크나큰 나를 느끼며
주권자인 나의 존엄을 되찾지 않았는가.

한번 혁명의 승리를 경험한 사람,
정의에 대한 믿음과 희망의 느낌을 간직한 사람,
혁명의 광장에서 빛나는 자신의 얼굴과
역사적 존재로서의 자신의 힘을 경험한 사람은
다시는 예전의 나로 돌아가지 못한다.

그 경험과 기억이, 그 감동과 성찰이,
내 안에 새겨진 별의 지도가 되어
내가 길을 잃고 비틀거릴 때나
내가 쓰러져 주저앉고 싶을 때면
아직 끝나지 않은 나의 길을 가리켜주리라.
이 체험은 하루하루 잊혀져간다 해도
내 삶을 망치는 것들과 대치하는 순간,
언제든 찬연한 불꽃으로 되살아나리라.

겨울이 오고 또 어둠이 와도

서른 살에 나는 수배자의 몸으로
87년 6월항쟁의 전선에 서 있었다.
나의 혁명은 실패했고, 오랜 고문 끝에
사형을 받고 무기수 감옥 독방에 갇혔다.
두 번째 서른에 나는 촛불혁명의 광장에서
작은 촛불 하나 더하며 나의 일을 했다.

내 곁에는 30년 전 스무 살 서른 살에
죽어간 동지들이 젖은 눈으로 서 있었다.
그리고 오늘의 스무 살 서른 살의
젊은 동지들이 나와 함께 걷고 있었다.
30년 전에는 상상도 할 수 없던
이 낯설고 새로운 혁명의 한가운데서
나는 먼저 간 벗들과 오늘의 벗들과 함께
이미 시작된 다음 혁명을 향해 마주 걸어가고 있다.

세계는 갈수록 위험해질 것이다.
사회는 갈수록 거칠어질 것이다.
인간은 갈수록 길을 잃을 것이다.
그런 날에 조용히 귀를 기울이면
촛불의 함성이 내 안의 전율로 되살아온다.
그 사이로 희미하게 좋은 세상이 걸어오는
희망의 발자국 소리를 나는 듣고 있다.

다시 어둠이 오고 또 겨울이 와도
우리가 해낸 이 혁명의 기억으로
우리는 다시 살고 사랑하고 분투할 것이다.
선하고 의로운 이들은 아직 죽지 않았고
소리 없이 희망의 씨를 뿌려가고 있으니.

그 추웠던 겨울 주말마다 촛불광장으로 나와
나라를 살려내고 인간의 위엄을 빛내주신
그대의 언 발등에 입맞춤을 보낸다.
힘겨운 나날 속에서도
곧고 선한 마음으로 인생을 살아가는
그대 젖은 어깨 위에 늘 무지개 뜨기를.

2017년 10월 박노해

차례

이게 나라냐

100만 촛불

국회는 탄핵

숫자로 보는 촛불혁명

16,852,000

촛불집회 총 참가인원
2016.10.29 1차~2017.4.29 23차까지

0

집회 참가자 중 구속자, 사망자
2016.10.29 1차~2017.4.29 23차
촛불집회까지 총 183일 동안

촛불집회 최대 참가인원
광화문 170만 전국 62만 (2016.12.3 6차)
한날한시, 현시대 세계 최대 규모 항쟁

2,321,000

-17

최저기온 -11℃, 체감온도 -17℃
(2017.1.14 12차)

1

헌정 사상 첫
파면 대통령

4

역대 대통령 지지율 최저치
갱신 (한국갤럽, 2016.11.25)

13

박근혜 최순실 김기춘 이재용 등
특검, 역대 최다 13명 구속

36.4

촛불집회 1일
최대 행진 거리 km

67

전국 동시다발 촛불집회
개최 지역 수 (2016.12.3 6차)

1234567891011

국회 탄핵소추안 표결 불참 의원 1명, 찬성 234명, 반대 56명, 무효 7명,
헌법재판관 8인의 만장일치 탄핵 인용, 박근혜 9속, 헌재 선고일 10일 11시

74

세계 각국 촛불집회
개최 도시 수 (2017.1.14까지)

78.2

박근혜 탄핵 찬성 여론 %
(리얼미터, 2016.12.8)

100

사상 처음으로 청와대 100미터
앞까지 행진 (2016.12.3 6차)

183

1차~23차 촛불집회까지 총 일수
(2016.10.29~2017.4.29)

416

세월호 참사일을 상징하는
416개 횃불 (2016.12.3 6차)

2,364

'박근혜정권 퇴진 비상국민행동'
참여 단체 (2016.11.21까지)

촛불혁명 주요 일지

2016

10.24	'최순실 태블릿PC' JTBC 보도. "최순실, 대통령 연설문 등 문건 받아 수정"
10.25	박근혜 1차 대국민담화. 최순실에게 "순수한 마음으로" 도움받았다고 밝혀
10.29	**[1차 촛불집회] 국정농단 사태 첫 촛불집회. 서울 청계광장에 2만 명 참석**
11.04	박근혜 2차 대국민담화. "이러려고 대통령 했나 자괴감이 들 정도로 괴롭다"
11.04	박근혜 지지율 5% (한국갤럽) 역대 대통령 최저 갱신. 20~30대 지지율 1%
11.05	[2차 촛불집회] 광화문 20만, 전국 30만 명. "이게 나라냐", "박근혜는 하야하라"
11.06	검찰, 우병우 소환 조사. 팔짱 끼고 웃으며 조사받는 사진에 '황제 수사' 논란
11.09	1,500여 개 시민사회단체 '박근혜정권 퇴진 비상국민행동' 발족
11.12	**[3차 촛불집회] 광화문 첫 100만, 전국 110만 명. 87년 6월항쟁 이후 최대 규모**
11.17	'최순실 특검법', '국정조사계획서' 국회 통과. 야 3당 대통령 퇴진 목표 합의
11.19	[4차 촛불집회] 광화문 60만, 전국 100만 명. 서울역 광장 첫 '친박 집회' 개최
11.20	최순실 안종범 정호성 구속. 박근혜, 현직 대통령 최초로 '피의자' 입건
11.26	**[5차 촛불집회] 서울 첫눈. 광화문 150만, 전국 190만 명. 청와대 200m 앞 행진**
11.29	박근혜 3차 대국민담화. "임기 단축 포함, 진퇴 문제 국회에 맡기겠다"
12.01	박영수 특검팀 출범. 수사팀장에 '소신 검사'로 알려진 윤석열 검사 영입
12.03	**[6차 촛불집회] 광화문 170만, 전국 232만 명. 현시대 최대 규모의 항쟁**
12.06	1차 국정조사 청문회, 9개 재벌 총수 출석. '5공 청문회' 이후 28년 만의 사건
12.08	국민 78.2% 탄핵 찬성 (리얼미터). 다음 날 발표된 여론조사는 81% (한국갤럽)
12.09	**국회 '대통령(박근혜) 탄핵소추안' 가결. 가 234, 부 56, 기권 2, 무효 7표**
12.10	[7차 촛불집회] 광화문 80만, 전국 104만 명. 세월호 구명조끼 304개 등장
12.17	[8차 촛불집회] 광화문 65만, 전국 77만 명. 헌재 앞까지 행진, 탄핵 인용 촉구
12.24	[9차 촛불집회] 광화문 60만, 전국 70만 명. '하야 크리스마스' 노래
12.31	[10차 촛불집회] 광화문 90만, 전국 100만 명. 누적 인원 1,000만 명 돌파

2017

01.03 헌법재판소 탄핵심판 1차 변론기일. 박근혜 불출석으로 9분 만에 정회

01.07 [11차 촛불집회] 광화문 60만, 전국 65만 명. 세월호 참사 1,000일 추모

01.14 [12차 촛불집회] 광화문 13만, 전국 14만 명. 故박종철 열사 30주기 기념

01.16 특검, 이재용 구속영장 청구. "경제보다 정의를 세우는 일이 더 중요하다"

01.21 특검, 김기춘 이인성 조윤선 구속. 조윤선은 현직 장관 최초의 구속자

01.21 [13차 촛불집회] 서울과 전국에 함박눈. 광화문 32만, 전국 35만 명

01.24 새누리당 탈당 의원 31인 '바른정당' 창당. 보수정당 최초의 분당 사태

02.04 [14차 촛불집회] 광화문 40만, 전국 42만 명. "특검 연장", "즉각 탄핵"

02.11 [15차 촛불집회] 광화문 75만, 전국 80만 명. "이재용을 구속하라"

02.17 **특검, 영장 재청구로 이재용 구속. 삼성 창사 79년 최초의 총수 구속**

02.18 [16차 촛불집회] 광화문 80만, 전국 84만 명. 헌재의 탄핵 인용 촉구

02.22 우병우 구속영장 기각. 검찰에 대한 비난 여론과 검찰 개혁 요구 증가

02.25 [17차 촛불집회] 광화문 100만, 전국 108만 명. 박근혜 정부 4년 "적폐청산"

02.26 국민 78.3% 박근혜 탄핵 찬성. 76.5% 박근혜 구속 찬성 (한국사회여론연구소)

02.27 황교안 권한대행, 70% 여론에도 불구하고 특검 수사기간 연장 승인 거부

03.01 [18차 촛불집회] 광화문 30만 명. 친박 집회는 500만이 모였다고 허위 주장

03.04 [19차 촛불집회] 광화문 95만, 전국 105만 명. 누적 인원 1,500만 명 돌파

03.10 **"대통령 박근혜를 파면한다" 헌법재판관 8인의 만장일치로 탄핵 인용**

03.11 [20차 촛불집회] 광화문 65만, 전국 70만 명. "이게 나라다, 이게 정의다"

03.12 박근혜 청와대 퇴거. "진실은 반드시 밝혀진다"라며 사실상 탄핵 불복

03.31 박근혜 구속, 서울구치소 수감. 세월호는 1,080일 만에 목포신항에 도착

04.29 [23차 촛불집회] 광화문 5만 명. 마지막 촛불집회, 누적 인원 1,700만 명

05.09 **문재인 대통령 당선. 1,700만 촛불로 '무혈혁명' 정권교체를 이뤄내다**

이게 나라냐

경악했고 참담했고 분노했다. 대한민국의 모든 권력은 국민으로부터가 아니라 최순실과 그 측근들로부터 나왔다. 박정희 군부독재 시절부터 최태민, 박근혜, 최순실 일당으로 40여 년간 암약해온 비합법 세력이 대통령 박근혜를 앞세워 합법적으로 대한민국을 장악하고 있었다. 이것은 단지 "국정농단"이라는 현상 정도가 아니었다. 국정 제1과제는 물론 국방, 안보, 예산, 인사, 기밀까지 '비밀정부'의 보이지 않는 손에 조종되어온 초유의 '국가내란' 사태였다. 청와대와 집권 여당, 정부 부처, 재벌 기업, 군부, 국정원, 검찰, 대학 등 곳곳에 드리운 검은 그림자가 드러나기 시작했다. 피와 땀과 눈물로 이루어온 대한민국이, 우리 민주주의의 역사가, 주권자인 나의 존엄이 한순간에 부정당하고 말았다. 그동안 불평등과 불공정의 현실을 견디고 삭여온 고통이 목 끝까지 차오르다 '최후의 믿음'마저 무너진 순간 터져 나온 외침, "이게 나라냐!" 이 땅의 민중 항쟁은 언제나 "이게 나라냐"라는 외침으로 시작되었다. 조선시대 수많은 민란, 한말의 동학혁명, 3.1독립운동, 4.19혁명, 5.18광주민주항쟁, 87년 6월항쟁까지. "이게 나라냐"라는 외침은 촛불혁명의 신호탄이었다. 대통령을 끌어내리겠다. 부패한 기득권력을 갈아엎겠다, 무너진 근본을 다시 세우겠다, 주권자의 존엄을 되찾겠다, 새로운 나라를 만들겠다! 촛불시민의 심장에는 혁명이 타오르고 있었다. 이제까지 이념과 지역과 세대와 계층으로 분열되어 있던 국민 95%가 단숨에 '국민대통합'을 이루어 "박근혜 하야"를 외치며 촛불을 들고 거리로 나섰다. 마지막 단풍잎이 광화문을 붉게 빛내던 10월 29일, "이게 나라냐"라는 부끄러움을 머지않아 "이게 나라다"라는 자부심으로 바꿔낼 촛불혁명의 대장정이 시작되었다.

국정농단은 '비밀정부 국가내란'

혁명은 정명正名에서 시작된다. 사태의 성격과 본질을 어떻게 규정하는가에 따라 저항의 방향과 결과가 달라진다. 이번 사태는 '비선실세'의 '국정농단'이라 불린다. 그러나 박근혜 최순실이 벌인 일들은, 그들의 목적에 비춰볼 때 그 정도의 말로 파악되지 않는다. 한마디로 우리가 목도한 것은 '비밀정부'의 '국가내란' 사태다. 87년 6월항쟁의 피맺힌 결실인 직선제 개헌 이후 대한민국의 합법 정부란 민주적으로 선출된 대통령이 집권한 정부를 가리킨다. 이후 30년 동안 우리는 최소한 헌법을 유린하는 독재 시대로 역행하지는 않으리란 믿음을 가졌다. 그러나 이 믿음은 철저히 배반당했다.

사실상 최순실 일당이 이 나라를 움직여왔다. 최순실은 청와대와 행정부, 군부 등의 인사는 물론 국가 안위가 걸린 외교, 안보, 남북관계에 대한 기밀을 받아봤고, 국정 기조를 천명하는 대통령 연설문을 '컨펌'했다. 자기 뜻대로 정책과 예산을 집행할 사람을 곳곳에 심었고 방해가 되는 공직자에게는 사직을 강요했다. 그밖에도 차명 거래, 밀실 회합, 재산 도피 등 '비밀정부'의 불법 행위는 대통령 박근혜의 '합법 통치'로 실행되었다. "국가기관의 권능행사를 불가능하게 하는" 국헌문란, 명백한 '국가내란'이었다.

그 역사는 무려 40여 년을 거슬러 올라간다. 박정희와 최태민은 일제 시절부터 도움을 주고받던 사이였다. 육영수 여사 피격 이듬해인 1975년 최태민은 박근혜를 만난 뒤 '대한구국선교단'을 설립, 이 단체가 이름을 바꿔 1979년 '새마음봉사단'이 되었다. 총재는 박근혜, 명예총재는 박정희와 최태민이 맡았다. 이들은 재벌 기업인에게 거액의 모금을 받는 한편 전국적으로 지역, 기업, 학교 등 지부 조직을 치밀하게 만들어갔다. 1979년 박정희 전 대통령이 사망한 후 1982년 박근혜가 이사장으로 취임한 '육영재단'은 "작은 청와대"라고 불렸다. 재단 직원들은 "(박근혜가) 최초의 여성 대통령이 될 것"이라는 정신교육을 받았다고 밝혔다. 1994년 최태민이 숨진 뒤 '박근혜 대통령 만들기'는 최순실과 정윤회가 이어갔고 드디어 성공했다.

그러나 끝이 아닌 시작이었다. 청와대와 최순실이 공유한 이메일 아이디는 'greatpark1819'. 18대에 이어 19대에서도 권력을 장악하겠다는 표명이었다. 박근혜 재집권을 위한 계획도 있었다. 최순실 조카 장시호는 박근혜의 "통일 대박"은 "통일을 시키고 대통령을 한 번 더 하자는 이모의 계획"이었다고 밝혔다. 2014년 3월 최순실이 손댄 '드레스덴 선언'의 통일대박론, 2015년 8월 11년 만에 재개한 대북 확성기 방송, 9월 중국 전승절 열병식 참석, 2016년 2월 "최순실의 작품"이라는 개성공단 폐쇄, 그리고 박근혜의 국군의 날 '탈북 권유' 기념사에 이어 '탈북 대책 마련' 지시까지. "2년 안에 북한은 붕괴한다"고 했다던 최순실의 말을 주목해볼 때, 이런 행보의 배후에는 '최초의 통일 대통령'이라는 야심이 있었을 것이다. 그뿐이 아니다. 미얀마 베트남 이란 등 아시아 곳곳에 자기 사람을 심어 벌이려던 일들과 차은택을 내세운 한류 문화 진출, 차병원 김영재 박채윤을 내세운 성형 미용 사업에 그리도 무리한 이유가 있다. "박근혜는 '아시아 지도자'가 될 것이라고 끊임없이 주입받았"(최태민의 의붓아들 조순제 씨)던 것이다.

박근혜 최순실의 최종 목적은 무엇이었을까? "신나게 살지 못했다"던 최순실의 옥중고백처럼, 이들은 왜 그토록 돈에 집착했을까? 돈은 가장 강력한 폭력이다. 끝없는 돈의 축적은 타인에 대한 지배력의 욕망에서 비롯한다. 그 욕망의 끝은 '영원'이리라. 자신의 생애 넘어 사후까지 이어지는 '세습의 욕망'. 그로부터 제기된 의혹이 바로 '정유라 대통령 만들기'다. (정유라가 누구의 딸이던가!) 승마협회 회장사 삼성이 정유라를 2020년 도쿄올림픽에 출전시켜 금메달을 따게 하고, 김종 전 문체부 차관이 정유라를 IOC 위원에 앉히고자 해왔다는 의혹은 다 아는 이야기다. "승마의 국민적 우상(예:골프 박세리, 피겨 김연아) 탄생에 적극 후원"(2015.10 대한승마협회 '중장기 로드맵' 중), 정유라를 '제2의 김연아'로 만들어 띄운 다음 정계에 진출시켜 보수 정당의 차세대 대통령으로 집권시키려 한 프로젝트가 아니던가.

대를 잇는 '영구집권'을 위해 이들에게는 박정희 비자금과 최태민 비밀금고 은닉, 삼성과 재벌의 재단지원금, 록히드마틴을 비롯한 방산비리 자금, 숱한 비밀사업과 국가예산 돌려먹기 등의 천문학적 돈이 필요했던 것이다. 대한민국이 민주화를 이뤄가는 동안, 어둠 저편에서는 친일파를 기반으로 자라난 박정희 군부 재벌 극우 세력의 "상속자"인 박근혜와 최순실 일당이 '합법 영구집권'의 그림을 실행해가고 있었다. 촛불혁명은 어쩌면 현실이 되었을지 모를 이들의 야욕을 막아냈다. 하지만 이런 범죄 행위를 묵인하며 야합해온 수많은 보수 의원, 국정원과 국방부를 동원해 박근혜 당선을 도운 이명박 전 대통령 등의 세력은 여전히 살아 움직이고 있다. 진상규명과 엄중처벌, 박근혜 최순실 일가의 부정 축재 환수를 철저히 이뤄내야 하는 이유다.

박정희 최태민부터 박근혜 최순실로 이어진 비밀정부 세력. 대한민국이 민주화를 이뤄간 40여 년, 어둠 저편에서는 친일 군부 재벌 극우의 진정한 '상속자'인 박근혜가 숱한 불법과 부정 축재 등을 통해 대를 잇는 '영구집권'의 꿈을 실행해가고 있었다.

"우리는 하야세대" 경쾌한 반항아가 걸어오다

마침내 아이들과 청년들이 일어났다. 정유라의 부정입학과 교수들의 학사 비리를 폭로한 이화여대 학생들을 시작으로 각 대학과 중고생들의 선언 및 집회가 줄을 이었다. 특히 10대들은 전국에서 SNS로 연락을 주고받으며 11월 5일부터 독자집회를 개최할 정도로 많은 수가 참여했는데, 12일에는 3천여 명의 청소년이 모여 집회와 행진을 벌였고, 19일에는 전국에서 수능을 마친 수험생들이 기다렸다는 듯이 촛불을 들고 나섰으며, 국정 역사교과서 공개를 앞둔 26일에는 1천여 명의 학생이 항의집회를 개최했다.

그동안 '정치 무관심층'으로 여겨지던 10대 20대가 어떻게 촛불혁명의 한 주역이 되었을까? 언제나 모순과 고통이 집약된 곳에서 저항이 솟구치는 법. 이들은 세월호 참사로 또래 친구들이 어이없이 죽어가는 것을 지켜봐야 했고, 국정 역사교과서로 보수 정권의 역사관을 강요받아야 했으며, 정유라의 부정입학을 보며 출발부터 봉쇄된 자신의 미래에 좌절을 느껴야 했다. 그것은 배반의 연속이었다. 이렇게 쌓일 대로 쌓인 분노에 정유라가 던진 한 점의 불씨, "돈도 실력이야, 니네 부모를 원망해". 더욱이 민주주의의 공기 속에 나고 자란 아이들에게 비선인지 주술인지 독재인지 왕정인지 모를 현실이라니. 자신들의 부모가 목숨 걸고 이뤄낸 민주주의가 한순간에 부정당하는 것을 본 아이들은 정치적 주체로서 목소리를 내기 시작했다.

짱돌 대신 스마트폰을 쥐고 대자보 대신 SNS로 집회 소식을 나누고 "지지율도 실력이야", "경축 박근혜 20대 지지율 0%" 같은 재치있는 피켓을 들고, 헌법 제1조 노래부터 아이돌 가수의 노래를 넘나들며 거침없이 하야를 외치는 반항아들. "학생이 무슨 정치, 공부나 해라"는 훈계에 이들은 말했다. "3.1운동, 4.19혁명, 5.18광주민주화운동, 6월항쟁 때도 학생들이 앞장섰잖아요". 나아가 '18세 선거권'을 요구하며 당당히 말한다. "우리는 미래가 아니라 현재"라고. 자신들을 '미래의 주역'이라며 '오늘의 현실'에서 배제하려는 의도를 뚫어보는 것이다. 지금 여기서 생생히 살아있고 자신의 말을 세상에 외치는 그 현재가 곧 미래임을 알고 있는 것이다.

87년 이후 30년 만에 탄생한 '혁명 세대'야말로 촛불혁명의 가장 빛나는 성취가 아닐까. 이 낡은 지배체제보다 훨씬 커져버린, 이 후진 권력자들보다 한참 앞서버린 경쾌한 반항아가 걸어오고 있다. 새로운 감성과 지성을 지닌 새로운 세대의 다음 혁명이 이미 촛불혁명 안에서 걸어오고 있다.

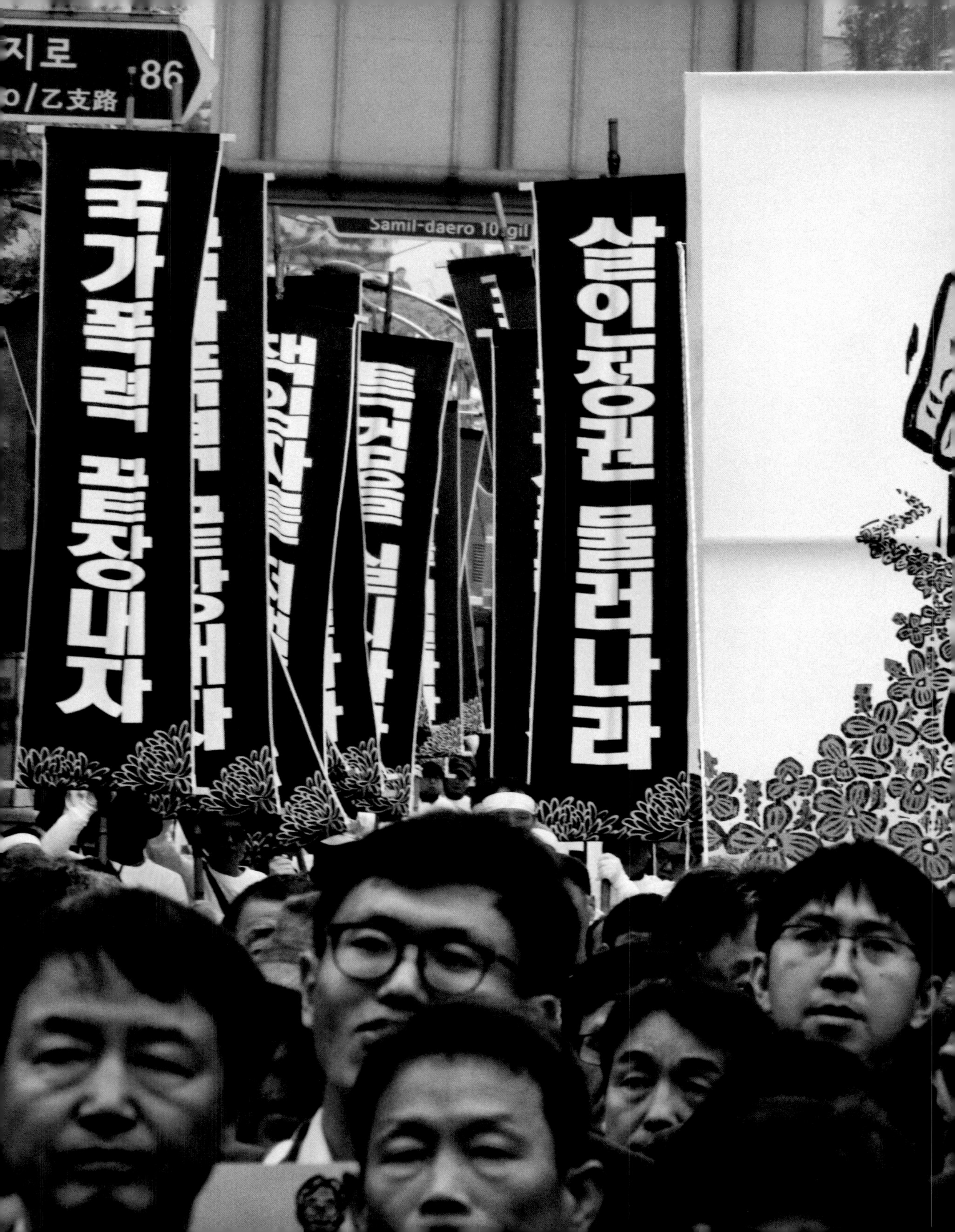
지로
86
乙支路
국가폭력 끝장내자
Samil-daero 10-gil
살인정권 물러나라

박정희 박근혜 시대의 최대 희생자, 농민

11월 12일, 광화문광장에 박근혜 정권의 죽음을 상징하는 거대한 상여가 등장했다. 첨단 고층빌딩에 둘러싸인 숭례문 인근과 광화문광장을 지나 청와대로 가는 길까지 수많은 촛불이 상여길을 밟아갔다. 흰 상복을 입은 일흔여 명의 농민들이 상여가를 합창하며 너울너울 전진하는 전통 장례행렬은, 도시 생활을 해온 시민들의 가슴에 깊은 충격으로 맴놀이쳤다. 상여에는 '박근혜 퇴진'이라는 글씨가 오랜 한만큼이나 크게 적혀있었고 상여를 멘 농민들은 "박근~혜는~하야~하라" 운율에 맞춰 곡을 했다. 해가 지고 밤이 깊도록 백남기 농민, 세월호 아이들, 산재 노동자 등 박근혜 정권에서 희생된 이들을 호명하는 구슬프고 애달픈 장송곡, 그 기나긴 곡소리가 한 시대의 조종弔鐘처럼 울리고 있었다.

농민분들을 만나면 늘 들어온 이야기가 있다. "이대로라면 우리 농촌은 끝나고 말지. 나마저 손 털고 떠나면 내 뒤에는 아무도 없겠지. 언제까지 수입해서 사다 먹을 것 같소. 농촌이 무너지면 도시인들 살 수 있을 것 같소." 그리고 "이 업이 나로서 끝난다면, 내가 이 땅의 마지막 농사꾼이라면, 박근혜와 수탈자들을 이 상여에 함께 묻고 가겠다"는 절박한 의지로 촛불집회의 최전선에 서 있던 농민들. 그 주름진 얼굴과 고단한 어깨에 기대어 우리는 여기까지 왔고, 거기 우리 삶의 역사와 미래가 메여 있었다.

박노해 시인은 말했다. "성장은 무언가를 잡아먹고 자란다"고. 박정희 시절 한국의 기적적인 고도성장은 농촌과 자연을 잡아먹고, 농민과 노동자들의 고통과 희생을 먹고 자란 것이었다. 급격한 농업 개방이 시작되었고 젊은 노동력은 도시로 빠져나갔고 도시 노동자의 저임금을 유지하기 위해 저곡가 정책이 고착되었다. '새마을운동'으로 남은 건 슬레이트 지붕뿐, 쇠락한 농촌은 떠나고 싶은 곳이 되고 말았다. 박정희는 '독재 대 민주'라는 전투 뒤에서 '토박이 농민과 자급의 파괴'라는 전쟁을 치러왔다. 그것이 발전과 진보라는 길이었다. '명절 때 자가용 타고 고향에 가게 하겠다'던 박정희의 꿈, 이제 모두가 자가용을 타지만 그걸 타고 갈 고향은 사라지고 말았다. 그리고 2015년, 박근혜 정부의 '쌀 시장 완전 개방'으로 농민들은 종말적인 파국을 예감했다. 박정희 시대로부터 이어진 농업 말살의 마침표를. 그걸 막아보고자 나선 것이 일흔이 다 된 백남기 농민이었다. "농민 운동 30년을 했는데 정말 더는 농사짓기 힘든 세상이네. 쌀값이 개 사료 값만도 못하네. 밀도 갈아놓고 추수도 해놓았으니 마음 편히 갔다오세.” 그렇게 2015년 11월 14일 광화문에서 열린 민중집회에 참석한 그는 경찰의 물대포에 맞아 사경을 헤매다 2016년 9월 25일 눈을 감았다. 수입 밀가루에 밀려 사라질 뻔한 우리 밀 종자를 살려낸 대지의 파수꾼. 일생을 울며 씨 뿌리며 살다가 목숨까지 씨알로 바쳐준 故백남기 농민. 그가 세상을 떠나고 한 달 뒤, 그가 쓰러졌던 그 광화문에서 촛불이 타올랐다.

농업의 위기는 농민들만의 문제가 아니다. 가속화되는 생태위기 속에 식량안보라는 말까지 나오는 시대, 우리나라 농민은 인구의 5%도 되지 않고 사료를 포함한 식량자급률은 24%에 불과하다. 그런데도 최대 농업 대국인 미국 중국 EU 모두와 FTA를 체결한 나라는 칠레와 페루, 한국뿐이다. 정부의 무리한 쌀 수입으로 쌀값은 폭락하고 농가 부채는 급증했고 생존 자체가 어려워진 나이 든 농민들은 농사를 접고 있다. 그렇게 30여년 전에 비해 이 땅의 논은 33.7% 감소했다. 농촌의 위기는 곧장 밥상의 위기로 닥쳐오고 있다. 어느새 우리 밥상은 안전하지 않은 수입 농산물과 유전자조작식품(GMO)으로 채워지고 있다. 2008년 이명박 정부의 첫 ‘식용 GMO 옥수수’ 수입 결정 이후 한국은 세계 1위의 식용 GMO 수입국이 되었다. 여기 더해, 박근혜 정부는 ‘유전자조작 쌀’ 개발을 시작했는데 정부가 나서서 자국 주식을 GMO로 만드는 시도는 세계에서 처음 있는 일이었다.

농촌이 지닌 가치는 결코 돈이나 숫자로 따질 수 없는 가치들이다. 박물관이나 도서관으로도 보존할 수 없는 문화전통과 지혜와 미덕의 마지막 보루다. 무엇보다 지하수 저장, 토양 유실 방지, 공기 정화, 생명 종의 보존, 대지의 풍경 등 농민들이 자연 보존과 생명 안보에 기여하는 역할을 생각하면 “국토 공무원에 준하는 대접”을 해야 한다는 주장은 마땅하다. 직접 경작하는 농민들에게 우선적으로 ‘농민기본소득’을 지급해가야 한다.

이제 우리는 박정희–박근혜 시대를 뿌리로부터 성찰해야 한다. 이미 파국으로 향해가는 진보의 걸음을 바로잡아야 한다. 농촌이 잘 사는 나라, 농촌 마을이 편하고 아름다운 나라가 좋은 나라다. 젊은이들이 살고 싶어 하고 아이들의 웃음소리가 들리는 농촌이 살아있다면, 그 나라에는 희망이 있다. 누구나 농부로 살 수는 없지만 농부들에 대한 존중과 겸손의 마음을 갖고 우리 농촌과 자연을 함께 지켜나가기를.

농민들은 박근혜 정부의 ‘쌀 시장 완전 개방’으로 박정희 시대부터 이어진 농업 말살의 마침표를 예감했다. 거대한 상여를 짊어 메고 광장으로 나선 머리 흰 농민들의 기나긴 곡소리가 한 시대의 조종 弔鐘처럼 울리고 있었다.

이 역사의 현장에 함께하고 싶어서 나왔어요.

유모차를 끌고 참석한 30대 부부, 광화문 촛불집회, 2016.11.5

촛불로 켜져 있는 광화문역입니다.
이번 역에서 내리시는 분들은 몸조심하시고
대한민국을 위해 힘써 주시기 바랍니다.

지하철 5호선 기관사의 안내 방송. 열차에서 이 방송을 들은 시민들은 박수와 함성을 터트렸다. 2016.11.12

하루 벌어 살아가는 노동자입니다. 일당 포기하고 나왔습니다.
그런데 제 딸이 우리 아버지 자랑스럽다고 응원해줍니다. 열심히
살아가는 이들에게 비참함을 안긴 자들, 다 구속되어야 합니다.

50대 남성, 광화문 촛불집회, 2016.11.19

애비는 유신, 순실을 맹신, 정치는 배신, 경제는 등신,
미국엔 굽신, 외교는 망신, 언론은 간신, 국민은 실신.

손수 만든 등자보를 붙이고 나온 시민, 광화문 촛불집회, 2016.11.12

공무원들에게 속고! 구청장에게 속고! 시장한테 속고!
국회의원한테 속고! 장관한테 속고! 대통령한테 속았습니다.
부탁드립니다. 앞으로는 거짓말 안 하는 사람, 우리 어려운
사람을 대변해줄 수 있는 사람, 그런 사람을 뽑으십시오.

부산 가덕도에서 온 일명 '속고 아지매' 김경덕 님. 광화문 촛불집회, 2016.11.12

여러분. 3.1운동에 참여했던 유관순, 몇 살인지 아십니까?
광주에서 가장 먼저 일어났던 사람들, 누군지 아십니까?
고등학생입니다. 청소년은 결코 미성숙한 존재가 아닙니다.
참정권은 국민으로서 당연히 받아야 하는 권리입니다.

18세, 19세 두 고등학생, 진주 촛불집회, 2017.3.4

국민이 대통령이고, 대통령은 심부름꾼에 불과합니다.

택시노동자, 창원 촛불집회, 2017.3.11

경찰이 시민들을 향해서 평화집회를 하라고 외치고 있는데,
노동자가 사는 게 평화입니다! 농민이 죽지 않는 게 평화입니다!
박근혜가 구속되는 게 평화입니다!

20대 남성, 광화문 촛불집회 후 내자동 사거리, 2016.11.12

어떻게 지켜온 민주주의고 어떻게 이룩한 나라인데,
내 나이 60이 넘었는데 울분이 터져서 나왔어요.
자식들에게 부끄럽지 않기 위해 나왔어요.

60대 남성, 부산 촛불집회, 2016.11.19

염병하네! 염병하네! 염병하네!

특검 사무실 청소노동자 임순애 님. 2017년 1월 25일 특검에 소환된 최순실이 "특검이 자백을 강요하고 있다.
너무 억울하다. 여긴 민주주의 특검이 아니다"라고 소리를 지르자 최순실을 향해 외친 말. 이후 임순애 님은
"이렇게 많은 시민들 앞에서 나도 한 마디 할 수 있구나, 이것이 민주주의인가보다, 그렇게 생각했다"라고 말했다.

이 순간 촛불을 들고 있는 우리 국민이 가장 아름답습니다.

포천에서 온 노동자, 광화문 촛불집회, 2016.11.19

플라톤이 말했습니다. 정치에 참여하지 않고 무관심한
가장 큰 대가는 자신보다 저급한 이의 지배를 받는 거라고요.
우리는 결코 박근혜보다 저급하지 않습니다.

고등학생, 광화문 촛불집회, 2016.10.29

나는 해방 때 태어난 '해방둥이'입니다. 1960년 중학교 다닐 때
자유당 부정선거에 맞서 데모를 했는데 여건이 참 어려웠습니다.
요즘은 축제 분위기 속에 할 말을 할 수 있으니 축하할 일이지요.
옳은 나라를 물려주기 위해 힘을 보태주시기를 부탁합니다.

72세 남성, 울산 촛불집회, 2016.12.3

세상은 저절로 깨끗해지지 않습니다. 누군가 쓸고 닦지 않으면요.
이 세상의 부패한 세력도 청소해야 합니다.
한 번으로 깨끗해지지 않으니 지속적으로 청소해야죠!

청소노동자, 광화문 촛불집회, 2017.1.21

불의에 항거하고 분노할 줄 아는 아름다운 사람들.
우리가 대한민국이다.

블로거 '맛찾사의 [사진] ***', 광화문 촛불집회, 2017.3.4

아이 손 잡고, 부부가, 노인이, 정의로운 마음으로 나오는데
뭐라도 해야 할 것 같아서 쓰레기 줍는 봉사를 하고 있습니다.
수백만이 모여 사고 하나 없는 촛불집회는 노벨상 감입니다.

직접 만든 쓰레기통을 메고 매주 촛불집회에 참석해 거리를 청소한 60대 남성, 서울시청 앞, 2017.1.14

지도자가 앞장서서 원칙을 무시하면 안 된데이.
나라가 이래서 되겠나. 촌에 사는 이보다 못한 기 올라가
있으면 우야노. 언론도 문제라. 국민을 바보로 만들고 있다.
굶어죽는 한이 있더라도 바른 말을 해야 한데이.

경북 의성의 75세 농민, 대구 촛불집회, 2016.12.3

저는 박근혜 대통령이 모든 문제의 책임이라고 말하는 것이 싫습니다.
제게 직접적으로 영향을 미친 것은 박근혜 최순실과 같은 모습을 한
부모님, 친구들, 선생님, 사장, 매일매일 마주하는 이들이었습니다.
내 안의 박근혜를 발견하고 내 옆의 최순실에 분노했으면 좋겠습니다.

19세 여성, 진주 촛불집회, 2016.11.26

과거 청산을 못해서 아쉬웠던 우리 역사책에 더는
아쉬움을 남기지 맙시다. 결국은 끈질긴 국민이 이길 것이고,
미래의 우리 역사책에 민주주의를 위해 촛불을 들었던
민중의 승리가 기록될 것입니다.

교사, 울산 촛불집회, 2016.11.19

100만 촛불

10월 29일 첫 촛불집회 전후로 중고생부터 교사 농민 노동자 예술인 교수 법조인 유림 종교인 주부 자영업자 연예인 출판인 그리고 세계 54개국 재외동포들까지, 서울에서 제주까지 동네마다 거리마다 긴박한 시국선언이 터져나왔다. 11월 9일 1,500여 개 시민단체로 구성된 '박근혜정권 퇴진 비상국민행동'이 발족했고 11월 10일 경희대 서강대 성공회대 성균관대 한양대 등 각 대학의 동맹휴학선언이 잇달았다. 혁명의 기세는 점차 고조되었다. 처음 2만 명으로 시작한 촛불집회는 30만, 100만, 190만, 232만, 매주 사상 최대의 항쟁 인원을 기록해나갔다. 87년 6월항쟁 이후 최대, 아니, 이 나라 역사와 세계사에서도 찾기 힘든 최대 규모의 항쟁이었다. 그중에서도 11월 12일 첫 '100만 촛불' 집회는 거대한 '역사의 분수령'이 된 잊지 못할 현장이었다. 한겨울 찬 바닥에 앉아 뜨겁게 외치는 100만의 함성, 밤의 광장과 거리가 100만 개의 촛불로 빛나는 장관은 전율과 감동 그 자체였다. 한 장소에 100만 명, 분노에 찬 100만 시민이 모였음에도 폭력과 파괴한 건 없었고 사상자와 구속자 한 명 없었다. 그만큼 절박했고 간절했기에, 그렇게 성숙하게 절제하면서 '경이로운 항쟁'을 펼쳐보였다. 세계사에서도 보기 드문 장엄하고 아름다운 100만 촛불혁명을 21세기 인류 앞에 선보이며, 저들이 추락시킨 국격을 우리 손으로 드높였다. 그날 그 자리의 사람들은 혁명의 승리를 직감했다. 늘 패배하고 배반당한 우리 역사에서 처음으로 승리할 수 있다는 자신감, 이번만은 꼭 해내야 한다는 사명감을 가슴에 새긴 현장이었다. "대한민국은 민주공화국이다. 모든 권력은 국민으로부터 나온다." 글자로만 존재하던 헌법이 촛불광장의 함성으로 되살아나 파도를 타던 순간이었다.

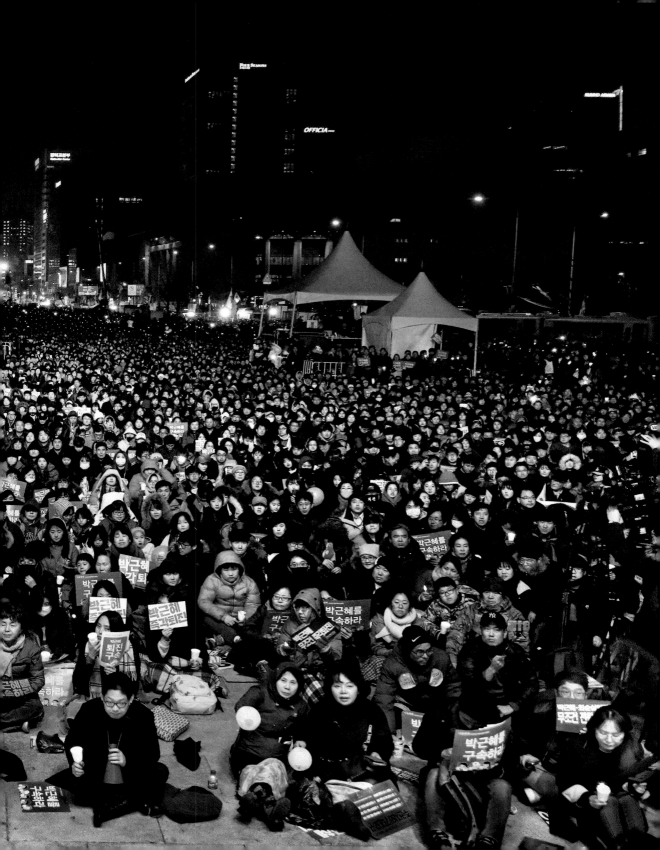

분노의 뿌리, 불평등의 양극화

2016년 10월 29일 첫 촛불집회 날, 광화문광장에 불시에 세워진 4미터 높이의 단두대. 누가 이렇게 공들여 만들었는지 모를 이 단두대는 설치된 지 10여 분 만에 경찰에 의해 철거됐지만, 사진은 SNS상에서 급격히 퍼져나갔다. 이를 의식한 것인지 다음 날 최순실이 귀국했을 때 이경재 변호사는 "최 씨는 단두대에 올라온 것이나 마찬가지"라고 말하기도 했다. 1789년 프랑스혁명의 상징인 단두대의 등장은 촛불을 든 이들의 가슴 속에 일렁이던 분노의 크기를 함축해 보여주었다. 프랑스혁명 당시 "빵을 달라"던 외침은 200여 년 뒤 대한민국에서 "이게 나라냐"라는 외침이 되어 터져 나왔다. 인류 역사 이래 사회의 근본 문제는 결국 '소유 문제'다. 따라서 혁명의 기본 조건은 극심한 경제난과 빈부격차, 이를 불러온 기득권 세력의 수탈과 부패다. 박근혜와 최순실이 재벌 기업으로부터 받은 뇌물 액수는 (밝혀진 혐의만) 592억, 정유라 한 사람을 위해 요구한 액수만 300억 원이었다. 그런데 정직하게 노동하고 꼬박꼬박 세금 내던 다수 국민의 현실은 어떠했는가. 2013년 상위 10%가 전체 부의 66%를 소유, 2014년 세습 부자 비율 74%로 세계 5위, 2016년 가계부채 1,344조 원, 다중채무자 382만 명, 폐업한 자영업자 91만 명, 30세 미만의 부채 6년 만에 70.2% 급증, 그리고 청년실업률은 12.5%로 사상 최대를 기록했다. 소수의 특권층이 금융과 지대, 특혜와 독점, 상속과 증여로 부를 증식하는 동안 다수는 정리해고, 비정규직, 청년실업, 폐업과 도산, 가계부채로 '내몰렸다'.

부와 가난의 세습화, 90대10의 불평등의 양극화 속에 청년들의 바람은 "성공하고 싶다"는 커녕 "생존하고 싶다"는 것. 그들은 오래전부터 "흙수저", "헬조선", "노오력", "이생망(이번 생은 망했다)"이라고 조롱 섞인 절망을 토해내고 있었다. 30년 전에 비하면 절대 빈곤을 벗어났고, 지식과 정보도 넘쳐나고, 민주주의와 자유도 향상되었다고 아무리 강조해봐도 촛불혁명을 불러온 이 심층의 동력, 양극화의 고통은 줄어들지 않는다. 오히려 풍요와 개인의 시대에 상대적 격차와 박탈감은 더 예리하게 일상과 내면을 파고들어 왔다. 스마트폰으로 전 세계와 연결되어 개인 자유와 평등 권리는 뼛속 깊이 새겨져 있는데, 이 똑똑하고 글로벌한 문화감성의 청년 세대에게 현실은 더욱 암울하고 내일의 희망이 없는 사태가 벌어지고 있는 것이다. 다 사르지 못한 잉여생명력은 우울과 비참, 불만과 울분으로 쌓여가고 있었다. 그러다 한순간에 쓰라린 진실이 몰아쳤다. "민중은 개 돼지, 먹고 살게만 해주면 된다. 신분이 정해져 있으면 좋겠다."(나향욱 당시 교육부 정책기획관), "돈도 실력이야, 니네 부모를 원망해."(정유라) 마지막 인간적 자존심마저 여지없이 짓밟아버린, 너무도 솔직한 저들의 고백은 가려져있던 계급적 현실을 적나라하게 드러내 보였다. 그리고 이제껏 밖으로 표출하지 못한 채 고립된 개인으로 신음하던 청년들의 '내면 투쟁'은 박근혜 정권에 대한 공동의 '거리 투쟁'으로 터져 나왔다.

양극화는 벌어지고, 부패는 누적되고, 분노가 임계점을 향해 이글거리는 이 상황은 21세기 세계적인 현상이다. 세계부채가 24경 6천조 원에 달하고 청년실업이 사상 최대에 근접한 2016년의 사건들을 보자. 5월 필리핀의 극단적 민족주의자 두테르테 대통령 당선, 6월 반세기 만에 유럽연합을 박차고 국가주의를 선택한 영국 브렉시트, 7월 전쟁금지 평화헌법 개헌을 추진한 일본 아베 총리의 선거 압승, 11월 백인 하층 노동자의 반란으로 인한 "미국 우선주의" 트럼프 대통령 당선 그리고 남미의 우파 정권 도미노 집권까지. 실패한 분배와 무력한 정치에 대한 '분노의 역습'이 휘몰아쳤다. 살아있는 인간의 생명력은 억제된 만큼 반드시 어딘가에서 터져 나오기 마련이다. 사회적으로 억압된 분출의 폭발적 경로는 두 가지다. '전쟁' 아니면 '혁명'. 2016년, 세계에는 그 두 가지 극적인 현상이 동시에 벌어지고 있었다. 미국에서 유럽까지 번져가는 극우 포퓰리즘, 일상화된 전쟁과 테러, 난민 약자 여성에 대한 폭력과 혐오 등 전쟁의 기운이 일렁이는 세계. 그러나 한국에서는 혁명, 촛불혁명이라는 놀라운 도약의 길을 찾아냈다.

전 세계적 양극화의 시대, 깊어가는 고통과 분노는 공정과 분배를 요구한다. "이게 나라냐"라는 외침은 '공정 사회'와 '분배 복지'에 대한 열망이 아닌가. 더 근원적으로는 고도성장의 경제구조 위에 작동되던 정치 사회 체제, 삶의 양식, 가치관과 내면 그 모든 것에 대한 혁명적 변화의 요구가 아닌가. 촛불혁명은 대통령 하나 쫓아내는 것을 넘어 우리 사회와 일상 구석구석에 뿌리박은 독점권력과 부정부패의 구조를 갈아엎고자 한 것이다. 새 정부의 국정과제 1순위가 '적폐청산'일 수밖에 없는 이유다. 분노의 뿌리인 불공정과 불평등을 해결해나가는 첫걸음, 그로부터 우리는 혁명의 목적지인 좋은 삶으로 나아가는 문을 열어가는 것이다.

2016년, 실패한 분배와 무력한 정치에 대한 '분노의 역습'이 몰아친 세계. 한국은 촛불혁명이라는 놀라운 도약의 길을 찾아냈다. "이게 나라냐"라는 외침은 공정 사회, 분배 복지에 대한 열망이었다.

권력자들의 맨얼굴을 생중계하다

국정농단 청문회에서 "모릅니다, 기억이 안 납니다, 그런 적 없습니다"라고 일관한 분노유발자들. 우리는 청문회를 지켜보며 무언가 속 시원히 밝혀지길 바랐지만, 실은 이 나라를 좌우해온 권력자들의 맨얼굴을 전 국민 앞에 생중계한 것이 가장 큰 폭로가 아니었을까? 재벌 총수, 장차관, 고위 공무원, 국회의원, 대기업 임원, 대통령 비서실장, 검사, 군부 장성, 대사, 병원장, 의사, 대학총장, 교수, 예술인, 각계 전문가 등 이것이 '성공한 인생'이라고 선망하던 권력자들의 실체가 적나라하게 드러났다. 저토록 거짓되고 오만하고 무능하고 부패한 이들이 부와 권력과 명성을 독점하고 "민중은 개 돼지"라며 군림해왔다는 분노, 참담, 울분. 그리고 위에서 시켜서, 어쩔수 없이, 규정대로, 명령대로, 일이니까 그리했다는 '종범'들. 돈과 힘에 굴종한 이들을 바라보며 저들처럼 살지

는 말자. 내 아이는 저렇게 키우지 말자고들 다짐했다. 그리고 자본과 권력의 장막을 다 걷어낸 '인간 그 자체'로 내가 더 잘 살아왔다는 인격의 자부심을 확인했다. 청문회에서 확인한 또 하나의 진실은 이것이다. 저런 재벌 회장들이 군림하고 있는데도 그 기업이 망하지 않고 돌아가는 건 그 직원과 노동자들이 얼마나 훌륭한지를 반증한다! 저런 관료들이 지배하고 있는데도 이 나라가 망하지 않고 돌아가는 건 우리 국민들이 얼마나 위대한지를 입증한다! 그 부패한 정점의 인물이 바로 박근혜, 최순실, 정유라, 이재용, 김기춘, 우병우, 조윤선 등이었으리라. 도저히 참고 볼 수 없는 관상과 태도와 말들. 혁명 대상으로서의 완벽한 캐릭터. 이것이 역사의 무대에 세워진 그들의 배역이었다. 그들이 전 국민의 눈 앞에, 손바닥 안에 출연해 분노를 유발하며 촛불혁명을 선동하고 있었다.

국정조사 청문회
결정적 장면 7

첫 100만 촛불집회 직후인 2016년 11월 17일 〈박근혜 정부의 최순실 등 민간인에 의한 국정농단 의혹 사건 진상규명을 위한 국정조사계획서〉가 찬성 210명, 반대 4명, 기권 11명으로 국회 본회의를 통과했다. 국조특위 위원장은 김성태 당시 새누리당 의원, 국조특위 위원은 새누리당 이만희·이완영·이혜훈·장제원·정유섭·추경호(이후 최교일, 백승주로 교체)·하태경·황영철, 더불어민주당 김한정·도종환·박범계·박영선·손혜원·안민석, 국민의당 김경진·이용주, 정의당 윤소하 의원으로 여야 9명씩 총 18명. 2016년 12월 6일 1차 청문회를 시작으로 2017년 1월 9일 7차 청문회까지 진행되었고 새누리당의 극렬한 반대로 기간을 연장 못하고 1월 15일 활동을 종료했다. 청문회 주제는 재벌 기업의 미르·K스포츠재단 기금 출연, 삼성의 불법 승계를 위한 뇌물공여, 문화예술계 블랙리스트, 정유라 이화여대 부정 입학 및 특혜, 박근혜 대통령의 세월호 7시간 등 광범위했다. 특히 대통령에 대한 비선 진료, 최순실의 청와대 프리패스 및 대통령 의상값 대납과 증거인멸 지시, 박근혜 최순실의 부당 인사 및 사직 강요, 삼성의 최순실 일가 지원 등 중요 진술이 확보되었다. 진행 시간은 1회 평균 7.9시간 총 55.3시간 이뤄졌으며, 채택한 증인은 연인원 132명이었으나 실제 출석은 64명에 그쳤다. 이후 국조특위는 불출석 및 동행 명령에 거부한 35명과 위증죄 혐의 8명을 포함해 43명을 검찰에 고발했다. 이번 청문회는 지상파 3사, 국회방송, 종편채널, 인터넷 방송에서 생중계되었고 실시간 댓글이 폭주하는 등 전 국민적 관심 속에 진행되었다. '국민의 소환 명령'의 하나인 국회 청문회가 남긴 결정적 장면을 돌아본다.

1 재벌 총수 9명이 한자리에 끌려 나왔다, 28년 만의 일이다

12월 6일, 1차 청문회는 역사에 남을 청문회가 되었다. 이재용 삼성전자 부회장, 신동빈 롯데그룹 회장, 정몽구 현대자동차그룹 회장, 최태원 SK그룹 회장, 구본무 LG그룹 회장, 손경식 CJ그룹 회장, 김승연 한화그룹 회장, 조양호 한진그룹 회장, 허창수 GS그룹 회장 등 시가총액 686조 원에 달하는 9개 재벌 그룹 총수가 한자리에 '끌려 나와' 국민 앞에 앉혀진 것이다. 1988년 전두환 대통령의 일해재단 비리 관련 '5공 청문회' 이후 28년 만의 일이다. 이들의 주요 혐의는 박 대통령에 대한 '대가성 뇌물'로 미르·K스포츠재단에 수십 수백억 원대의 기금을 출연한 것. 독재 시절부터 이어져온 정경유착이 다시 터져 나온 것이다. 이날 청문회는 사실상 '삼성 청문회'였을 만큼 이재용 부회장에게 질의가 집중되었다. 삼성의 주요 혐의는 미르·K스포츠재단에 최다 기금 출연, 정유라 승마 지원, 장시호가 운영한 한국동계스포츠영재센터 지원 등의 뇌물공여. 그 대가로 삼성물산의 최대 주주인 '국민연금공단'이 대통령 지시로 최소 1,388억 원의 피해를 감수하고 '삼성물산−제일모직' 합병에 찬성했다는 의혹이 제기됐다. 삼성의 3대 세습을 위해 국민들의 피땀 어린 노후자금이 동원된 것이다. 다른 재벌 총수들도 박 대통령과의 독대에서 여러 '민원 청탁'을 넣은 정황이 확인되었다. 온갖 부정과 특혜로 부를 독점하고 증식해온 재벌들의 행태는 양극화와 실직으로 고통받는 국민들의 분노를 샀고, 재벌개혁과 경제민주에 대한 요구를 촉발시켰다.

2 김기춘을 잡다! 관중을 넘어 직접 참여로 청문회를 이끈 시민들

12월 7일, 2차 청문회에는 박근혜 정권의 최고 실세로 '왕실장'이라 불려온 김기춘 전 비서실장이 출석했다. 그는 예상대로 모든 혐의를 부인하며 12시간 가까이 "최순실을 모릅니다"라고 일관했다. 다들 포기 상태가 될 무렵 "주식 빼고 다 잘한다"는 인터넷 커뮤니티 '디시인사이드 주식갤러리'의 네티즌이 역전극을 만들어냈다. 2007년 한나라당의 대선 경선 후보 청문회 당시, 박근혜 후보가 최순실 일가에 관한 의혹을 해명하던 자리에 김기춘이 참석한 영상을 찾아 청문회장에 있는 박영선 의원의 SNS로 제보한 것이다. 박 의원이 이 영상을 공개하며 "그런데 최순실을 몰랐다, 이게 앞뒤가 안 맞죠?"라고 추궁하자 김기춘은 결국 "저도 이제 나이가 들어서… 최순실이란 이름은 이제 보니까 제가 못 들었다고 말할 수는 없습니다"라고 실토했다. 답답한 속에 '사이다를 들이킨 것 같은 순간'이었다. 이처럼 청문회 내내 국민들은 그저 '관중'에 머물지 않았다. 생중계를 지켜보며 실시간으로 메시지를 보내 건의하고, 위증의 결정적 증거를 찾아내고, 행방이 불분명한 증인들의 소재지를 제보했다. 청문회장에서는 국회의원들이 수시로 스마트폰을 확인하고 이를 전하는 진풍경이 펼쳐졌다. 뿐만 아니라 시민들은 위증 교사 혐의가 불거진 이완영 새누리당 의원에게 '문자 행동'과 '18원 후원금 보내기' 등으로 항의, 결국 그를 국조특위에서 하차시키기도 했다. 박근혜 최순실 사태로 대의 민주주의의 한계를 느낀 국민들이 직접 나서 민주주의를 실현해간 유례없는 청문회였다.

3 잠적한 우병우, 네티즌들의 '현상수배'로 청문회에 나오다

수많은 TV 카메라 앞에서 기자를 내리깔며 노려보던 '레이저 눈총', 팔짱 끼고 웃으며 검찰 조사를 받던 '황제 수사'로 공분을 일으킨 우병우 전 민정수석. 그가 청문회 출석을 거부하고 잠적하자 시민들은 '우병우 수배령'을 내렸다. 인터넷과 SNS에 현상수배 포스터가 퍼지고 그의 행로를 추적 중이라는 글이 올라왔으며 제보 독려를 위한 현상금 펀딩까지 시작됐다. 결국 우병우는 12월 22일 5차 청문회에 자진 출석했다. 우병우는 장모 김장자와 최순실의 골프 회동 이후 2014년 5월 민정비서관에 임명됐는데, 민정수석으로 승진하기까지 8개월간 세월호 수사 외압과 정윤회 문건 사건 조작이 벌어졌고, 민정수석으로 재직한 2015년 1월부터 22개월간 국정농단 범죄의 대부분이 벌어졌다. 대통령 친인척 비위 및 고위 공직자 직무 감찰, 인사 검증, 대통령과 사정기관 소통 조율 등 막강한 권한을 가진 민정수석 우병우가 국정농단의 공범이라는 건 자명한 사실이다. 하지만 우병우 역시 청문회에서 "최순실을 모른다"고 잡아뗐고 그의 거짓말 역시 시민들의 제보로 뒤집어졌다. 우병우의 가족 회사인 '정강'의 전무이자 집사 격인 이정국이 최순실 변호사인 이경재, 청문회 위원인 이완영 의원 등과 '고령향우회'로 엮여있음을 보여주는 과거 사진이 폭로된 것이다. 청문회 이후, 우병우의 장인 이상달 또한 고령향우회 회장 출신으로 최태민과 절친했으며 장모 김장자도 최순실과 수십 년 된 인연이라는 여러 증언과 사진이 보도되기 시작했다.

4 최순실, 안 나오면 찾아간다 19년 만에 열린 구치소 청문회

최순실은 "공항장애", "심신회폐"(불출석 사유서에 공황장애와 심신피폐를 잘못 씀) 등 온갖 이유로 출석을 거부했다. '최순실 없는 최순실 청문회'였다. 이에 국조특위 위원들은 12월 26일 직접 서울구치소를 찾았다. 19년 만에 열린 구치소 청문회였다. 그래도 최순실이 나타나지 않자 아예 수감동으로 향했다. 이어 위원들은 안종범 전 경제수석, 정호성 전 비서관이 있는 남부구치소까지 찾아갔다.

5 고영태, 노승일, 박헌영 최순실 최측근 3인의 '내부 고발'

정유라의 강아지 한 마리가 나라를 뒤흔들었다. 최순실의 최측근이던 고영태 전 더블루K 이사는 정유라의 강아지를 돌보지 않았다는 이유로 최순실과 다투고 난 후, 국정농단 최초 폭로자로 돌아섰다. 고영태 전 이사는 2차 청문회에서 대통령 의상값을 "최순실이 계산했다", "최순실이 연설문을 고치는 것 같았다", "최순실이 곧 통일될 것 같다고 했다", (최순실이 권력 1위라는 말에) "동의한다"는 진술을 쏟아냈다. 독일에서 일방적 해고를 당한 후 오랫동안 자료를 모아온 노승일 전 K스포츠재단 부장 또한 5, 7차 청문회 및 언론 인터뷰를 통해 "미행을 당했다, 신변의 위협을 느낀다"면서도 "박근혜 대통령은 퇴임 후 미르·K스포츠 통합재단 이사장을 맡을 계획이었다", "(차은택에게) 김기동(검사장)을 우병우 수석이 소개해줬다고 들었다"는 폭로와 함께 이완영 의원이 최순실 태블릿PC에 대해 위증을 교사한 사실을 밝히며 청문회를 뒤흔들었다. 당시 백승주 새누리당 의원이 "최순실 컴퓨터에서 정보를 카피하는 것은 범죄"라고 하자 "처벌받겠다"라며 "깨끗한 나라가 되었으면 했다. 부정부패를 알리는 것은 국민의 의무라고 생각한다"고 밝혀 큰 지지를 받았다. 4, 5차 청문회에 출석한 박헌영 전 K스포츠재단 과장은 태블릿PC 관련 위증 의혹을 받기도 했으나, 최순실이 재벌 기업으로부터 재단 출연금을 받아낸 정황 등을 증언했다.

6 도종환, 박범계, 박영선, 안민석, 윤소하 등 국회의원들의 활약

증인들의 무더기 불출석, 기본 7분에 불과한 질의 시간 등 여러 한계에도 국회의원들의 활약이 빛난 순간이 있다. 박영선 더불어민주당 의원은 "최순실 모른다"던 김기춘의 위증을 뒤집었고, 최순실이 노승일 전 부장에게 거짓 진술과 증거 인멸을 지시한 녹취 파일을 공개해 청문회장을 뒤흔들었다. 안민석 더불어민주당 의원은 세월호 7시간의 핵심 증인으로 꼽힌 조여옥 대위를 소환하기 위해 미국 텍사스까지 찾아갔고, 장시호를 지목해 구속으로 이끌었으며, 최순실의 불법 재산 추적을 위해 독일을 수차례 오갔다. 손혜원 더불어민주당 의원은 고영태 전 이사에게 최순실이 대통령 의상값을 대납했다는 증언을 끌어냈고, 박범계 더불어민주당 의원은 군부 내 사조직인 '알자회'를 우병우가 봐주고 있다는 의혹을 최초로 제기했다. 김한정 더불어민주당 의원은 피멍 자국이 있는 박 대통령 얼굴 사진을 들고 나와 최순실 단골 성형외과 김영재 의원으로부터 "필러 자국"이라는 답변을 받아냈다. 도종환 더불어민주당 의원은 2015년 국정감사에서 처음으로 '블랙리스트' 의혹을 제기, 이용주 국민의당 의원은 조윤선 장관에게 "블랙리스트 존재한다, 안 한다"를 18번이나 물어 결국 "있었던 것으로 파악된다"는 답변을 받아냈다. 김경진 국민의당 의원은 선배 검사인 우병우를 상대로 "독일에 있던 최순실이 검찰의 압수수색 정보를 어떻게 알아쓰까. 대통령이 알려줘쓰까. 우 수석이 알려줘쓰까. 검찰총장이 알려줘쓰까"라며 압박, "쓰까 요정"이라는 별명을 얻기도 했다. 윤소하 정의당 의원은 "(삼성반도체 백혈병 사망 노동자) 故황유미에게는 500만 원, 정유라에게는 300억 원을 내미는 게 삼성"이라며 이재용 부회장을 질타했다. 당시 "야당 같은 여당"으로 불린 의원들도 있었다. 장제원 새누리당 의원은 이선우 청와대 의무실장으로부터 대통령이 미용주사 처방을 받았다는 증언을, 김재열 제일기획 사장에게는 한국동계스포츠영재센터 지원에 김종 전 문체부 차관의 압박이 있었고 이를 결정한 것은 삼성전자라는 증언을 끌어냈다. 황영철 새누리당 의원은 김상만 전 대통령 주치의가 위촉되기 전 민간인 신분으로 청와대에서 박 대통령을 진료했다는 시인을 끌어냈다. 김성태 위원장은 증인들을 향해 "똑바로 대답하라", "자세 바로 하라"는 호통으로 속을 시원하게 해주기도 했다. 물론 이들이 다시 수구 본색으로 날아가기까지는 그리 오래 걸리지 않았다.

7 김상조, 노태강, 여명숙, 조한규, 주진형 등 청문회를 빛낸 '양심 증언'

그리고 남은 과제, 청문회 법안 개정과 공익제보자에 대한 보호 및 지원

1차 청문회 날, 주진형 전 한화투자증권 대표가 삼성물산−제일모직 합병에 반대하는 보고서를 쓴 후 삼성과 한화 양측에서 "사임 압력을 받았다"고 폭로해 청문회장을 뜨겁게 달궜다. 이어 "재벌들은 조직폭력배식 운영을 한다", "거역하면 확실히 응징해야 다른 사람들이 따를 거라는 논리 때문"이라고 말했다. 함께 출석한 김상조 경제개혁연대 소장 또한 삼성의 지배구조 및 미래전략실 문제 등을 명쾌하게 비판하며 화제가 되었는데, 그는 이후 문재인 정부의 첫 공정거래위원장이 되었다. 2차 청문회 때는 2016년 4월 미래창조과학부 문화창조융합 본부장으로 임명되고 두 달도 안 돼 사직한 여명숙 게임물관리위원장이 "형식적으로는 사임이었지만 실질적으로는 사직 명령이었다"며 "김종덕 문체부 장관이 대통령이 내려 보내라고 했다"고 폭로했다. 또한 합법적 시스템을 가장해 국고가 새어나간 문화농단은 4대강 사업과 다름없다며 "국가적 자존심과 정신을 난도질하는 것"이라고 증언했다. 4차 청문회 때는 2016년 이화여대 사상 최초의 교수 시위를 주도한 김혜숙 교수가 증인으로 출석, 점거 농성을 하던 제자들이 경찰에 진압당하는 영상을 보며 눈물을 보였다. 김혜숙 교수는 2017년 5월 25일 이화여대 131년 역사상 첫 직선제로 총장에 선출되었다. 2014년 정윤회 문건 보도로 해임된 조한규 전 세계일보 사장은, 국정원 작성으로 추정되는 양승태 대법원장 등에 대한 사찰 문건을 공개했다. 그 외에도 박 대통령으로부터 "나쁜 사람"이라고 찍혀 공직에서 물러난 노태강 전 문체부 체육국장, 미르·K스포츠재단과 우병우를 감찰하다 누명을 쓰고 사임한 이석수 전 특별감찰관, 김영재 의원의 중동 진출에 부정적 의견을 냈다가 보복성 세무조사 등을 당한 이현주 대원어드바이저리 대표, 차은택 및 송성각 등에게 회사 지분을 강탈당할 뻔한 한상규 컴투게더 대표 등의 증언은 거짓과 변명으로 점철된 청문회의 양심으로 빛났다.

텅 비어있는 증인석, 모르쇠와 거짓말로 일관하는 증인들. 국민들은 촛불광장의 민심이 반영되지 못하는 청문회에 실망했고 1988년 첫 청문회 이후 30년간 크게 달라지지 않은 법안 개정 요구가 거세졌다. 그 결과 국회에는 십여 개의 '국회에서의 증언·감정 등에 관한 법률' 개정안이 발의됐다. 불출석에 대해서는 기존보다 벌금이 더 강화되었고, 강제 구인과 수사권이 없는 한계를 보장하기 위해 '국가기관의 증인 소재지 파악을 위한 정보 요청 권리 부여' 등이 신설되었으며, 그밖에 위증 교사자 또한 위증한 사람과 똑같이 '1년 이상 10년 이하의 징역형'에 처하도록 하는 법안이 계류되어 있다. 하지만 우선되어야 할 것은 공익제보자들에 대한 보호 및 지원이다. 박근혜 정부 4년간 침묵했던 이들을 탓할 일만은 아니다. 진실을 밝힌다 해도 죄지은 자들이 처벌받거나 자신의 신변을 보호받을 수 있다는 믿음이 없기 때문이다. 현재 관련 법률은 실효성이 거의 없는 실태다. 이번 청문회에서 결정적 증언을 한 공익제보자들도 신변의 위협을 받거나 생계의 어려움에 처해있다. 공익제보자들의 보호를 위해서는 우선 정부와 수사기관으로부터 독립성이 보장된 별도의 기구를 만들어야 한다. 또한 보호기금 등을 신설해 생계를 보장하고, 조직에 남게 될 경우에는 오히려 더 중용하는 방안을 마련하며, 취직이 어려워진 이들을 공공기관 등에 채용하는 방법도 있다. '내부제보실천운동', '아름다운재단', '참여연대' 등 여러 시민사회단체가 공익제보운동을 진행하고 있다. 무엇보다 중요한 것은 공익제보자에 대한 인식을 바꾸는 것이다. '조직의 배신자'라는 낙인을 찍고 기피하는 것이 아니라 '공공의 기여자'라는 훈장을 주고 격려해야 한다. 누구라도 법 앞에 평등하게 심판하는 정의, 그리고 공익제보자들을 보호하고 중용하는 문화. 올바른 '처벌과 보상'만 확실히 지켜가도 우리 사회에 큰 변화를 불러올 수 있을 것이다.

100만 명이 모인 집회에서 왜 폭력이 일어나지 않았을까?
아니, 100만 명이 모였기에 평화혁명이 가능했던 것이다.
언제든 폭력의 가능성을 지닌 100만이라는 인간 몸의 위력,
절제된 분노를 품은 100만 평화집회의 도덕의 높이.

100만 함성의
전율, 감동, 공포

100만 200만이 한날 한 장소에 모인 역사적 장관 앞에 두 가지 상반된 감정의 일렁임이 있었다. 감동의 전율과 공포의 전율. 총도 죽창도 화염병도 아닌 작은 촛불을 들고, 더없이 정연하고 아름답고 평화로운 집회였는데 권력자들은 왜 공포에 떨 수밖에 없었는가? 한쪽에서는 '기존의 폭력집회와는 다른 평화집회'라는 극찬이, 또 한쪽에서는 '평화집회에 머물러서는 안 된다'는 논쟁이 있었다. 100만 명이 모인 집회에서 왜 폭력이 일어나지 않았을까? 우린 왜 폭력을 행사하지 않았는가? 촛불시민 스스로 폭력을 유도하는 움직임에 휩쓸리지 않고 현명하고 성숙하게 항쟁했기 때문이다.

하지만 더 본질적인 이유가 있다. 100만 그 자체가 거대한 폭력이기 때문이다! 자연은 만물을 길러내는 생명력이자 그 모든 것을 한번에 휩쓸어버릴 파괴력이듯, 살아있는 인간의 '육체'는 그 자체로 '폭력'을 내장하고 있다. 언제든 폭력의 가능성을 품은 100만이라는 물질적 위력이 있었기에 평화혁명이 가능했던 것이다. 거대한 숫자만큼의 가공할 무력이, 무장할 손들이, 봉기의 함성이, 점령할 발들이, 방화할 불들이, 분노가 축적된 몸체가 광장과 거리로 진격할 때, 어찌 전율이 흐르고 공포가 어리지 않겠는가.

그래서 시민들도 청와대도 정치권도 언론도 초미의 관심은 집회 참석 인원이었다. 철저히 촛불시민의 숫자와 힘에 따라 한 걸음 멈추고 한 걸음 나갔다. 100만이 내지르는 함성으로 공기가 진동하고 100만이 포위하는 행진으로 지축이 흔들릴 때, 나는 '부역자'가 아님을 증명해 보이겠다고 보수 언론이 혁명 방송인양 앞장서고, 법원은 청와대 앞까지 야간 행진을 전격 허가하고, 검찰은 수사를 급선회하고, 국회는 서둘러 특검법을 통과시키고, 집권당의 이탈 행렬이 시작되고, 재벌 총수들은 청문회에서 고개를 숙였다.

이것이 진실이 몰아쳐 오는 혁명의 시간이다. 이것이 역사의 냉엄한 진실이다. 가진 자는 스스로 내놓는 법이 없다. 권력자는 스스로 내려오는 법이 없다. 재산과 지위의 박탈, 감금과 처형으로 귀결될 '민중 봉기'의 두려움 앞에서만 물러나고 영악한 타협으로 양보할 뿐이다. 시간이 갈수록 더 전율이 흐르는 100만의 연좌농성, 인내와 질서, 함성과 행진. 100만의 평화 집회가 갖는 도덕적 위력은 직접 폭력이라는 물리적 위력을 압도하고도 남았다. 우리는 촛불혁명으로 그 힘을 체험했다. 권력자들에게는 잘못하면 당신도 그렇게 될 수 있다는 두려움을 새겨놓았고 주권자인 우리 자신, 특히 젊은 세대에게는 민주주의의 등뼈인 봉기 정신의 혁명 체험을 새겨놓았다.

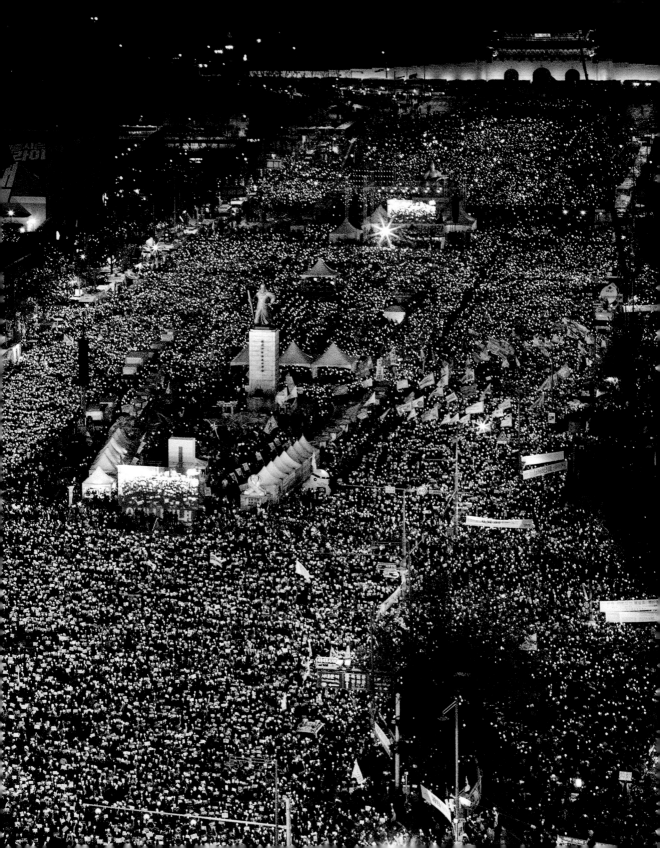

퇴진을 외치는 시위대가 서울을 뒤흔들었다.

미국 〈CNN〉, 2016.11.13 (전국 110만 명이 모인 3차 촛불집회 이후)

100만 명의 민중이 흩날리는 눈발에도 불구하고 박근혜 정부를 향해 포효했다.

중국 〈인민망〉, 2016.11.27 (전국 190만 명이 모인 5차 촛불집회 이후)

집회의 어느 순간에 이르러서는 참가자 수를 측정하는 것이 불가능할 정도였다. 규모는 엄청났지만 매우 질서정연했다.

카타르 〈알 자지라〉, 2016.11.12 (전국 110만 명이 모인 3차 촛불집회 당일)

민주주의 역사에 기록될 만한 전무후무한 만장일치 시위.

프랑스 〈아시알리스트〉, 2016.11

촛불집회는 김치만큼이나 한국적. 식민지에서 군사독재를 거쳐 불완전한 민주주의로 이행해온 과정에는 평범한 사람들이 중심에 있었다.

미국 〈포린 폴리시〉, 2016.12.2 (전국 190만 명이 모인 5차 촛불집회 이후)

학생들과 유모차를 끌고 나온 젊은 부부들이 곳곳에서 보였다. 이전 시대의 양상과는 달랐다.

영국 〈로이터〉, 2016.11.12 (전국 110만 명이 모인 3차 촛불집회 당일)

고궁 앞 어두운 밤거리가 빛의 바다가 되었다.

미국 〈AP〉, 2016.11.28 (전국 190만 명이 모인 5차 촛불집회 이후)

한국인들은 대중의 시위가 강력하고 평화적이며
심지어 정중하지만 여전히 효과적일 수 있음을 보여주었다.

미국 〈워싱턴 포스트〉, 2016.12.8 (전국 232만 명이 모인 6차 촛불집회 이후)

청와대에 있다면 벗어날 수 없는 함성을 듣게 될 것.

영국 〈BBC〉, 2016.11.12 (전국 110만 명이 모인 3차 촛불집회 당일)

퇴보하는 한국 정부, 전진하는 한국 사회.

미국 〈블룸버그〉, 2016.12.1 (전국 190만 명이 모인 5차 촛불집회 이후)

시민들은 자부심이 넘쳤고 매주 대규모 집회를 통해
망가진 민주주의를 손수 바로잡았다고 믿는 모습이었다.

프랑스 〈AFP〉, 2016.12

한국인들이 시위문화의 새 장을 열었다.

중국 〈신화통신〉, 2016.11.26 (전국 190만 명이 모인 5차 촛불집회 당일)

민주주의 역사가 긴 유럽과 미국이 오히려 배워야 한다.

독일 〈프랑크푸르터 알게마이네 차이퉁〉, 2016.12

국회는
탄핵

매주 100만 촛불집회가 계속되고, 지지율이 4%까지 바닥을 치고 국민 80%가 '즉각 하야'를 외쳐도 박근혜는 꿈쩍하지 않았다. 11월 12일 첫 100만 촛불집회 다음 날, 청와대는 "대통령으로서 책임을 다하고 국정 정상화를 위해 고심 중"이라며 '결코 하야는 없다'는 확고한 의지를 표명했다. 국민과의 전면전, 장기전을 선포한 것이다. 민심과 언론과 야당의 총공세 속에서도 박근혜는 '질서 있는 퇴각'과 '한발 앞선 반격'으로 국면을 주도해나갔다. 일관되게 최순실을 주범으로 박근혜 자신과 재벌은 피해자로 몰아갔고, 신임 민정수석에 친이명박계 인사로 불린 검찰 출신 최재경을 임명하며 '보수 결집'과 '검찰 장악'을 노렸다. 동시에 신임 비서실장에 한광옥(전 김대중 정부 비서실장)을 임명, 책임총리에 김병준(전 노무현 정부 청와대 정책실장)을 추천하며 강력한 대선 후보인 문재인을 막는 창과 방패로 삼아 '야권 분열'을 시도했다. 한편 한중일 정상회의 참석 계획을 밝히고 엘시티 비리에 대한 강력 수사를 지시하고 트럼프 미국 대통령 당선인과 "역대 가장 빠른 시간 내 통화"하는 등 국정 복귀 의지를 노골화해갔다. 박근혜는 여전히 대통령, 살아있는 권력이었다. 국가가 독점한 합법적 폭력인 권력기구를 움직여 사건을 은폐하고, 검찰과 의회 등으로 전선을 분산시키고, 경제위기와 안보위기를 조성하고, 흩어진 지지층을 결집하며 집권 연장을 시도해갔다. 박근혜가 물러나고 정권이 교체될 경우 그동안의 부정 비리가 드러나게 될 수구 기득권 세력이 총력으로 움직였다. 또한 '박사모'를 앞세워 탄핵 반대 '친박 집회'를 조직적으로 키우고 띄우며 시위 충돌을 조장했다. 촛불 민심에는 분노와 불안이 교차하고 있었다. 하야건 퇴진이건 스스로 대통령직을 내려놓지 않을 것이라는 예상이 명확해져갔다. 하지 않겠다면 하게 하는 수밖에 없다. 길은 두 가지, 법에 의한 '탄핵'과 힘에 의한 '타도'. 광장에 모여든 100만 촛불시민과 국민들은 마지막 인내심으로 정치권에 탄핵을 요구하며, 최초로 피의자 대통령이 된 박근혜에 대한 구속을 외쳤다. "거국내각"이냐 "질서 있는 퇴진"이냐 이리저리 흔들리던 정치권은 하야도 탄핵도 안 되면 타도의 길로 진격하고야 말 혁명적 민심을 직감하며, 2004년 노무현 대통령 탄핵 이후 헌정 사상 두 번째로 국회 탄핵 가결 절차를 밟기 시작했다.

좀 더 꼼꼼하게 챙겨보고자 하는 순수한 마음으로 한 일.

1차 대국민담화, 최순실이 대통령 연설문과 보고서 등 국가기밀을 사전에 받아보고 수정한 것에 대해, 2016.10.25

내가 이러려고 대통령을 했나
자괴감이 들 정도로 괴롭기만 합니다.

2차 대국민담화, 2016.11.4

검찰의 조사에 성실하게 임할 각오이며
특별검사에 의한 수사까지도 수용하겠습니다.
모든 책임을 질 각오가 돼 있습니다.

2차 대국민담화, 2016.11.4

오로지 국가와 국민을 위하는 마음으로
단 한 순간도 저의 사익을 추구하지 않았고,
작은 사심도 품지 않고 살아왔습니다.

3차 대국민담화, 2016.11.29

제 대통령직 임기 단축을 포함한 진퇴 문제를
국회의 결정에 맡기겠습니다. 방안을 만들어주시면
그 일정과 법 절차에 따라 대통령직에서 물러나겠습니다.
저는 이제 모든 것을 내려놓았습니다.

3차 대국민담화, 2016.11.29

완전히 엮은 것입니다.

직무정지 상태에서 검찰 출석을 거부한 채 기습적으로 연 신년 기자간담회. 노트북 등 기자들의 취재 도구 반입조차 금지했다.
"대통령이 삼성 합병 도와주라고 지시를 내렸고 최순실에게 삼성이 지원한 것과 엮어서…"라는 질문에, 2017.1.1

저를 도와줬던 (기업인들이) 휴일도 없이 일하고 뇌물 받고 그런 것 없는 분들인데 이렇게 말려가지고 압수수색까지 받고 고초를 겪는 모습을 보면서 굉장히 마음이 아프고 미안스럽고.

신년 기자간담회, 2017.1.1

너무나 많은 왜곡, 허위가 남발되고 그런 것 중의 하나가 세월호 문제인데, 작년인가? 재작년인가요? (세월호 구조 대응과 관련) 대통령으로서 제 할 것은 다 했다고 생각.

신년 기자간담회, 2017.1.1

향정신성 약품을 먹었다든지 굿을 했다든지 대통령 끌어내리기 위해 그토록 어마어마한 거짓말을 만들어내야만 했다고 한다면 탄핵 근거가 얼마나 취약한가.

보수 친박 성향의 인터넷 방송 〈정규재TV〉 단독 인터뷰, 2017.1.25

뭔가 오래전부터 기획된 것이 아닌가.

〈정규재TV〉 인터뷰 "이번 사건을 누군가 뒤에서 자료를 주거나 스토리를 만들어간다는 일부 주장이 있다"는
한국경제신문 정규재 주필의 말에 고개를 끄덕이며, 2017.1.25

박근혜의 말 한 마디가

대통령의 통치는 '말'이다. 최순실이 작성하고 컨펌한 박근혜 대통령의 말 한마디, 연설 하나가 만들어낸 일그러진 우리 현실.

5.16, 유신, 민혁당 사건 등은 헌법 가치가 훼손되고 대한민국의 정치 발전을 지연시키는 결과를 가져왔다.

새누리당 대선 후보 당시, 박정희 정권의 과거사 관련 사과 기자회견에서 '인혁당'을 '민혁당'으로 잘못 말함. 2012.9.24

한마디로 '통일은 대박이다'.

신년 기자회견, 평화통일 기반 구축 방안에 대한 질문에, 2014.1.6

쓸데없는 규제는 쳐부술 원수, 제거해야 할 암덩어리.

청와대 수석비서관회의, 2014.3.10

다 그렇게 구명조끼를, 학생들은 입었다고 하는데 그렇게 발견하기가 힘듭니까?

세월호 참사 당일 첫 서면보고 이후 7시간이 지난 오후 5시 15분 중앙재난안전대책본부에 나타나 던진 첫 질문, 2014.4.16

대한민국 청년이 텅텅 빌 정도로 한번 해보세요. 다 어디 갔느냐, 저 중동에 갔다고 (할 만큼).

무역투자진흥회의에서 중동 교역의 중요성을 강조하며 고용노동부 장관에게, 2015.3.19

(메르스 환자들이) 여기 계시다가 다시 건강하게 나간다는 것은 다른 환자분들도 우리가 정성을 다하면 된다는 얘기죠.

국내 첫 메르스 확진 환자가 나온 후 17일 만에 국립의료원을 방문해서, 2015.6.5

(대면보고) 그게 필요하다고 생각하세요?

신년 기자회견. 대면보고 자리를 늘릴 의향이 있냐는 질문에 장관들을 돌아보며. 2015.1.12

당선된 후에 신뢰를 어기는 '배신의 정치'는
반드시 선거에서 국민들께서 심판해주셔야 할 것.

청와대 국무회의. 유승민 당시 새누리당 의원을 염두에 둔 발언으로 해석됨. 2015.6.25

(역사교과서) 전체 책을 다 보면 그런 기운이 온다.

여야 지도부 회동. 이종걸 당시 새정치민주연합 원내대표가 "부끄러운 역사로 보이는 게 어떤 부분이냐" 묻자. 2015.10.22

자기 나라 역사를 모르면 혼이 없는 인간이 되는 것이고,
바르게 역사를 배우지 못하면 혼이 비정상이 될 수밖에 없다.

청와대 국무회의. 현행 근현대사 교과서가 한쪽으로 치우쳐 있음을 지적하며. 2015.11.10

특히 복면시위는 못 하도록 해야 한다.
아이스(IS)도 그렇게 지금 하고 있지 않은가, 얼굴을 감추고서.

청와대 국무회의. 백남기 농민이 경찰의 물대포에 맞고 쓰러진 집회를 가리켜. IS를 아이스라고 잘못 말함. 2015.11.24

모두 물에 빠뜨려놓고, 꼭 살려야만 할 규제만 살려두도록.

무역투자진흥회의. 세월호 참사를 떠올리게 하는 표현으로 논란이 됨. 2016.2.17

어떤 나라에도 있을 수 없는 기가 막힌 현상.

국민경제자문회의. 테러방지법 제정을 막기 위한 야당의 합법적 의사진행 방해 '필리버스터'에 대해. 2016.2.24

"헌법 1조 2항, '모든 권력은 국민으로부터 나온다'. 헌법을 통틀어 '권력'이라는 말은 오직 여기에만 나옵니다. 나머지는 다 '권한'입니다. 여기 모인 권력자 여러분들 환영합니다! 또 헌법에는 '대통령은 국가를 보위하고' 라고 나와 있는데 여기서 국가는 누구입니까? 국가란 추상적인 개념이 아닙니다. 국가는 가방 메고 수학여행 가는 아이들이고, 촛불을 들고 주권을 주장하는 시민들입니다. 열심히 아이들 키우고, 학교 다니고, 군대 가고, 결혼하고, 세금 내는 사람들 하나하나가 국가이고, 이 사람들을 지키는 것이 국가를 지키는 것입니다. 이런 이야기를 하면 '전문대밖에 안 나온 네가 뭘 아냐, 초등학생이 뭘 아냐'라고 하는 사람들이 있습니다. 전문대 나온 나도 압니다. 아이들은 더 잘 압니다. 그런 말 하는 사람들은 많이 배운 게 아니고 잘못 배웠습니다. 전문가는 전문적인 것을 알지만 모든 이들은 모든 것을 압니다. 시민들의 수준은 여기까지 올라와 있는데, 국회의원이나 대통령이라고 하는 분들이 잘 따라오지 못하는 것 같아요. 어떻게 보면 그분들보다 우리 삶이 더 나은 것 같고요. 우린 빨간 카페트 안 깔아줘도 잘 다니잖아요. 땅콩 까서 던지는 게 아니라 나도 먹고 너도 먹고 하는 재미로 살잖아요. 앞으로 우리나라가 잘 되는 길은 촛불에서 찾을 수 있다고 생각합니다. 꿈쩍도 않던 새누리당 의원들이 탄핵으로 돌아선 것은 대통령의 명이 아니라 촛불의 명이었습니다. 헌법재판소의 길도, 새누리당 의원들이 사는 길도, 촛불이 가르쳐주고 밝혀주어야 한다고 생각합니다."

김제동 방송인, 광화문 촛불집회 사전행사 만민공동회, 2016.11.12 / 국회 탄핵소추안 가결 전날 국회 시국 대토론회, 2016.12.8

"이번 사태의 가장 중심적인 뿌리는 재벌 체제입니다. 우리나라 노동자가 2천만 명입니다. 1995년 이후 경제가 성장했음에도 불구하고 노동자들, 즉 가계의 몫은 전혀 늘지 않았습니다. 성장의 몫을 거의 다 기업, 그중에서도 소수의 재벌이 가져갔기 때문입니다. 애를 낳으면 나보다 더 불행할 것 같은데 누가 애를 낳겠어요. 이게 나라가 망해가는 징조입니다. 이걸 뜯어고치는 방법, 간단합니다. 재벌 가문의 지분만큼 딱 5%의 권한만 행사하게 해야 합니다. 그리고 노동법에 주 52시간 이상 일 시키지 말라고 정해놨는데 이걸 지키는 회사가 거의 없습니다. 그런 회사 대부분이 재벌 기업입니다. 법이 정한 대로 노동자들을 52시간만 일하게 하고 그만큼 신규 고용하면 20만에서 80만 개의 일자리가 순식간에 생깁니다. 대기업에 있든 중소기업에 있든, 정규직이든 비정규직이든 다 노동자입니다. 우리 스스로 노동자의 권리를 지켜야 나도 잘 살 뿐 아니라 이 나라 경제가 삽니다. 노동자들이 존중받고 노동한 만큼 분배받는 공정한 나라, 평등한 나라 만들어야 합니다. 지금 대한민국은 모든 영역에서 불공정 그 자체입니다. 국가 권력이 국민 다수를 위해 작동되지 않습니다. 검찰, 경찰, 국세청, 국정원 등 국가 권력 기관들을 반드시 민주화해야 합니다. 지난 70년 동안 우리는 치열하게 싸우고 피 흘렸지만 그 결과물을 언제나 빼앗겼습니다. 평등하고 자유롭고 평화롭고 통일된 나라 우리가 만들어야 합니다. 미완의 건국, 미완의 혁명, 이번엔 꼭 이룹시다!"

이재명 성남시장. 광화문 촛불집회가 끝난 뒤 시민들의 연호로 '밥 먹다가 소환'되어 내자동 거리에서 한 즉석 연설. 2016.12.3

"우리 국민들은 매일매일 부끄럽습니다. 매일매일 분노가 커져가고 도저히 참을 수가 없어서 '이게 나라냐'
라는 통탄이 절로 나옵니다. 박근혜 대통령은 최순실과 함께 불법 사설정부를 운영해서 헌법을 유린하고,
국정을 농단하고, 교육도 농단하고, 인사를 주물렀습니다. 나라가 나라가 아닙니다. 정치가 못 하는 일을 직접
민주주의로 나서서 해주고 계신 전국의 수백만 촛불시민들께 정치인의 한 사람으로서 부끄럽다는 말씀과
함께 존경과 감사의 인사를 드립니다. 특히 우리 대구 시민들, 얼마나 마음이 아프고 배신감이 크겠습니까?
그렇지만 한 가지 꼭 생각해봐야겠습니다. 대구는 국채보상운동으로 보여줬듯이 민족정신이 드높은 애국
도시입니다. 또 2.28의거로 4.19혁명을 일으켜 자유당 독재정권을 끝장냈던 민주화의 성지입니다. 이런
대구에서 왜 이명박, 박근혜 대통령에게 몰표를 던졌습니까? 저는 그분들이 보수의 가치를 대변하고 실현해
줄 것으로 믿고 지지를 보내주었다고 생각합니다. 그런데 겪어보니 어떻습니까? 군대 안 가고, 세금 안 내고,
부동산 투기하고, 방산비리하고, 의무는 이행하지 않으면서 반칙과 특권만 일삼았던 이런 사람들이 진짜 보수
입니까? 보수는요, 국가와 민족을 위해서 자기 한 몸 희생할 줄 아는 사람들입니다. 우리의 목표는 박근혜
대통령 하야만이 아닙니다. 우리의 목표는 더욱 원대합니다. 국가 권력을 사사롭게 행사하고 사욕을 추구
해온 가짜 정치세력 확실하게 심판하고 진정한 민주공화국, 국민이 주인 되는 나라 만드는 것입니다!"

문재인 당시 더불어민주당 전 대표, 대구 동성로 촛불집회, 2016.11.21

"어떻게 우리나라가 이 지경에 이르렀는지, 어떻게 우리의 지도자들이 이렇게 타락해왔는지…. 그러나 이 비참한 현실 속에서 우리 민중은 세계에서 가장 위대한 국민으로 성장하고 있다고 생각합니다. 우리는 단지 '박근혜 정권 퇴진'을 위해 여기 앉아있는 게 아닙니다. 우리가 진정 원하는 것은 새로운 삶이고 새로운 철학입니다. 우리는 진정으로 새로운 삶을 원하는데, 낡아빠진 삶을 지속시키려는 무리들이 보이지 않는 곳곳에 꽉 차 있습니다. 이것은 정치인들의 탄핵만으로 될 일도 아니요, 국민의 의식과 민중의 행진으로써 이들을 정치의 장으로부터 쓸어버려야 하는 것입니다. 이 현장은 우리 민족사의 그 어떤 집회 현장과도 다릅니다. 우리는 1945년의 해방을 넘어 우리를 압제해온 모든 사슬로부터 진정으로 해방을 맞이하는 그날을 향해 전진하고 있는 것입니다. 이것은 우리 희망의 출발입니다. 이 순간에 우리가 생각하고 있는 모든 것이 바로 우리 민족의 새 역사를 쓸 수 있는 위대한 헌법이고 위대한 철학입니다. 지금부터 우리는 단군 이래 없었던 새로운 역사를 써 나가야 합니다. 우리는 혁명을 해야 합니다. 우리의 삶을 혁명하고, 우리의 제도를 혁명하고, 우리의 의식을 혁명하고, 모든 압제를 혁명해야 합니다. 오늘 이 자리는 우리 민족의 역사를 구성해온 모든 조상들과 단군 이래 우리를 키워줬던 모든 뿌리가 만나 진정한 혁명의 역사를 쓰고 있는 자리입니다. 우리 같이 행진해 나갑시다. 민중의 함성이 곧 헌법입니다!"

도올 김용옥 한신대학교 석좌교수, 광화문 촛불집회, 2016.11.5

동학의 후예 '전봉준투쟁단'의 트랙터 상경 투쟁

1894년 조선왕조 말, 인구의 1/4에 달하는 300만 명이 '이게 나라냐'라며 들고 일어섰던 동학혁명. 일어서면 온산이 흰옷으로 덮이고 앉으면 손에 쥔 죽창이 빽빽해 '서면 백산 앉으면 죽산'이었다 전해진다. 동학농민들은 외세의 침략에 맞서 나라를 지키는 동시에 그 낡고 타락한 나라를 바로 세우고자 했다. '시천주 인내천 侍天主 人乃天', '사람이 하늘이다'라는 정신으로 수천 년 지속된 '왕정'을 종식하고 '민주정'을 꿈꿨던 최초의 혁명, 그것이 동학혁명이었다. 그리고 122년 후, 동학의 후예들이 다시 일어섰다. 동학의 지도자 전봉준의 이름을 딴 '전봉준투쟁단' 농민들이 11월 15일부터 전국 각지에서 트랙터와 농기계 1,000여 대를 몰고 서울로 향했다. 시속 30~40km의 트랙터가 서울에 모두 도착하기까지 꼬박 열흘. 그러나 경찰은 트랙터의 진입을 막아섰고 농민들은 밤새 대치해야 했다. 영하의 날씨, 생중계로 지켜보던 시민들이 먹을거리와 보온물품을 보내기 시작했다. 농민들의 연행과 부상이 계속되자 보다 못해 달려가 함께 밤을 지샌 이들도 많았다. "위대한 국민 여러분, 우리는 역사의 격랑을 헤치고 나아가고 있습니다. 새로운 시대를 향한 발자국이 여기서 시작되고 있습니다. 저희는 밭농사 논농사도 짓지만 잘못된 나라를 바로잡기 위해 아스팔트 농사도 짓습니다. 이 썩은 세상 갈아엎고 희망의 씨앗을 뿌리기 위해 우리 농민들은 목을 걸었습니다. 경찰들이 막아 세운 트랙터에 다시 시동을 걸겠습니다. 민중의 항쟁만이 박근혜 대통령을 물러나게 할 것입니다."(12월 8일, 전봉준투쟁단 전국농민회총연맹 김영호 의장) 약속대로 트랙터는 다시 달렸다. 탄핵안 가결 날, 국회 앞까지 올 수 있었던 트랙터는 단 3대. 거기 천만 촛불과 농민들의 꿈이 함께 타고 있었다.

친박 집회, 태극기가 곤욕이다

아주 오래된 태극기를 본 적이 있다. 아버지의 아버지들이 일제 때 숨어숨어 목각에 찍은 태극기. 어머니의 어머니들은 해방되던 날 이 태극기를 들고 울며 노래했고 전쟁 때도 품에 넣고 피난길을 걸었다고 했다. 4. 19의 학생들도 6월항쟁의 청년들도 모두의 눈물 어린 태극기를 휘날렸다. 그러나 붉고 푸른 원이 돌지 못한 시대, 이 나라 태극기가 고생이 많다. 11월 19일 시작된 '친박 집회', 일명 '태극기 집회'부터 태극기는 극우 세력의 도구로 전락했다. 거대한 태극기와 그보다 더 거대한 성조기가 펄럭였고 그 아래 육사 깃발과 기독교 깃발과 계엄령 피켓이 난무했다. 군복을 입고 선글라스 쓴 어르신들은 "좌빨들의 조작에 맞서 박근혜를 지키자"고, 아니 여전히 왕정을 살고 있는지 "국모"와 "주군"과 "공주"를 지키자고 외쳤다. 박근혜 지지율만큼이나 쪼그라든 극우 보수의 실체가, 친일 친미 독재 군부 재벌 토호 동맹이라는 한국 현대사의 적폐가 일제히 펄럭이며 드러났다. 그것은 '국가안보'와 '경제성장'을 앞세워 박정희 군부독재를 옹호하고 이를 거부하면 '빨갱이'로 몰아 적대하던 분단된 대한민국의 아픔이기도 했다. 그런 모습을 보며 이제 '나는 보수다'라고 말하기에 뭔가 낯부끄러워진, 슬그머니 발을 빼고 싶은 사람이 한둘이었겠는가. 촛불 이후, 자신을 보수라고 말하는 사람(25.9%)보다 진보라는 사람(34.5%)이 더 많아졌다. (한국갤럽, 2017. 5. 1) 보수와 진보의 이념 지형의 역전, 해방 이후 70년 만의 일이다. 이제 진정으로 적폐와 적대의 역사를 청산하고 전쟁과 빈곤 속에서도 이 나라를 일궈온 어른 세대가 정치적 도구로 이용되거나 사회적 비용으로 취급받지 않는 나라로 나아가기를. 그 여정에서 우리의 태극기도 흰 백의 깨끗한 얼굴로, 빨강 파랑의 조화로 생동할 수 있을 것이다.

돈도 실력이야. 능력 없으면 니네 부모를 원망해.
있는 우리 부모 가지고 감 놔라 배 놔라 하지 말고.

정유라, 자신의 페이스북에 쓴 글 중, 2014.12.3

큰일났네. 그러니까 고(고영태)한테 정신 바짝 차리고
이게(JTBC가 입수, 보도한 최순실 태블릿PC) 완전히 조작품이고
얘네들이 훔쳐가지고 이렇게 했다는 걸로 몰아야 되고
이성한(전 미르재단 사무총장)이도 계획적으로 돈도 요구하고
이렇게 했던 걸로… 분리를 안 시키면 다 죽어.

최순실, 노승일 전 K스포츠재단 부장이 녹취한 통화 내용 중, 2016.10.27

(촛불집회는) 불순세력이 포함됐다.
(집회 참가한) 중고생들 배후에 종북주의 교사가 있지 않겠나.

서경석 목사, 서울역 광장 친박 집회, 2016.11.17

민노총, 전교조가 다 동원됐고 시민들은 몇 명 없었다.

고영주 방송문화진흥회 이사장, 방송문화진흥회 정기 이사회, 2016.11.17

죽일 놈을 살려두니 이렇게 된 것.
군대가 나와 탱크로 죽이고 총으로 죽이고,
대한민국을 살리기 위해 계엄령을 선포하라.

윤용 부정부패추방시민연합회 대표, 서울역 광장 친박 집회, 2016.11.10

대통령이기 전에 여성으로서 사생활을 고려해달라.

유영하 박근혜 측 변호인, 박 대통령의 검찰 소환조사 연기를 요청하며, 2016.11.15

촛불 현장 쫓아다니면서 대안 없이 국민을 선동하는 사람 이런 군상을 보고 국민들의 절망은 깊어져 간다.

홍준표 당시 경남도지사, 자신의 페이스북에 쓴 글 중, 2016.11.28

야당이 그걸 실천한다면 뜨거운 장에 손을 지지겠다.

이정현 당시 새누리당 대표, 야 3당이 박근혜 대통령 탄핵을 추진하기로 한 것에 대해, 2016.11.30

촛불 시위의 정연한 질서와 일사불란한 통제 상태에서 (북한의) '아리랑 축전' 같은 거대한 집단 체조의 분위기까지 느껴지더라는 사람도 있었다. 특히 지난 주말 시위의 마지막 순간의, 기계로 조작해도 어려울 만큼 정연한 촛불 끄기 장면에선 으스스한 느낌마저 들었다고도 했다.

이문열 작가, 〈조선일보〉 기고문 중, 2016.12.2

홍위병들을 앞세운 대중 선동에 의한 정치가 떠올랐다.

정진석 당시 새누리당 원내대표, 시민들이 새누리당 의원들의 휴대전화로 탄핵 요구 문자를 보내자, 2016.12.2

촛불은 촛불일 뿐, 바람 불면 꺼지게 되어 있다.

김진태 당시 새누리당 의원, 국회 법제사법위원회 전체회의, 2016.11.17

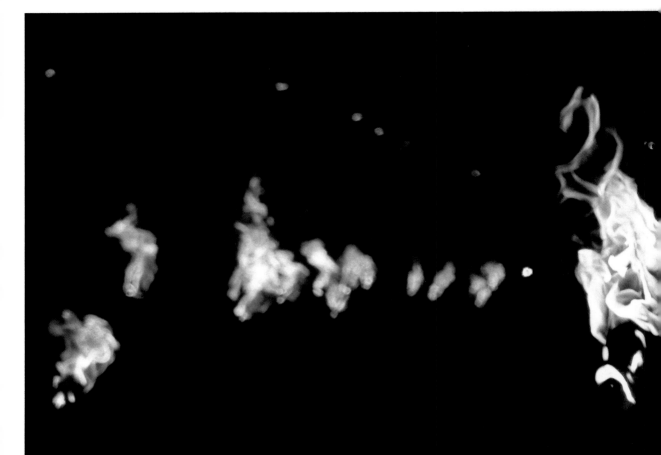

국민이 이끌고, 정치가 따랐다

11월 19일 100만 촛불의 민심을 직시한 야 3당은 21일 '대통령 탄핵'으로 당론을 모았다. 하지만 야 3당과 무소속 의원 전원이 탄핵에 찬성해도 29표가 모자라는 상황. 캐스팅 보트를 쥔 것은 집권당인 새누리당의 비박계 의원들이었다. 박근혜 대통령은 곧바로 국회 흔들기에 나섰다. 29일 "임기 단축을 포함한 진퇴 문제를 국회에 맡기겠다"는 3차 대국민담화는 실상 탄핵 저지용 '대 새누리당 담화'였고 임기 단축에 필요한 '개헌'이라는 미끼를 던진 '야권 분열 담화'였다. 전략은 적중했다. 12월 1일 새누리당은 탄핵이 아닌 '4월 퇴진-6월 대선'을 당론으로 결정, 국민의당은 기존에 야 3당이 합의한 '2일 탄핵 추진'을 거부하고 발의일을 미뤘다. 그러나 누가 알았겠는가. 역사는 반동을 만나면 자신의 응축된 생명력을 더 강렬히 분출한다는 것을. 박근혜의 3차 대국민담화는 전 국민에게 보내는 촛불항쟁의 초대장, 사실상 촛불혁명을 결판 지을 총동원령이 되고 말았다. 분노한 민심을 직감한 더불어민주당·국민의당·정의당 및 무소속 의원 171명은 12월 3일 새벽 4시 '대통령 탄핵소추안'을 발의했고, 그날 저녁 전국에서 232만 명이 광장과 거리로 모여들었다. 이 나라 역사상 최대 규모의 집회, 세계사에서도 유례없는 집회 투쟁이었다. 광화문에는 횃불이 등장했으며 처음으로 청와대 100미터 앞까지 포위 행진을 벌였다. 이것으로 탄핵은 거스를 수 없는 흐름이 되었다. 시민들은 탄핵안 표결 당일까지 '문자 행동'으로 자기 지역구 국회의원을 압박했고 야당 의원들은 표결 하루 전날 "부결 시 의원직 총사퇴"라는 배수진으로 비박계 의원들을 압박했다.

2016.12.9 국회 '탄핵소추안' 가결

드디어 12월 9일 오후 3시 24분, '대통령 박근혜 탄핵소추안' 국회 본회의 표결이 시작됐다. 재적의원 300명 가운데 새누리당 친박계 최경환 의원 1명만 불참, 299명의 의원이 무기명 투표를 시작했다. 오후 3시 54분, 정세균 국회의장이 투표 종료를 선언하고 개표가 이뤄지는 동안 온 나라가 숨을 죽인 채 결과를 기다렸다. 오후 4시 10분, "투표수 299표 중 가可 234표, 부不 56표, 기권 2표, 무효 7표로써 가결되었음을 선포합니다"라는 정세균 의장의 발표에 이어 의사봉 소리가 울리자 불안과 긴장 속에 지켜보던 국민들은 참았던 눈물과 환호를 터뜨렸다. 결과는 78.2%의 탄핵 찬성 민심과 정확히 일치한 압도적 찬성이었다. 역사의 투표지에 '가可'라는 이 한 글자를 새기게 하기까지 얼마나 긴 촛불의 겨울밤이었던가. 그동안 의회 제도 내의 동맹자이자 대리자 역할을 다하도록 정치권을 압박하고 견인해온 것은 수백만의 촛불 국민이었다. 뜨거운 분노와 냉철한 지성으로 숱한 정치공학을 뚫어보며 한순간에 판을 뒤흔들고 모든 향배를 바꿔버린 힘, 그것은 바로 공동선을 위한 마음으로 한겨울 광장과 거리로 모여든 우리 한 사람 한 사람 촛불 국민의 힘이었다. 이후, 탄핵소추안 표결 불참 의원 1명, 찬성 234명, 반대 56명, 무효 7명, 탄핵소추안 국회 본회의 발의일 8일, 가결일 9일, 이 숫자들을 이으면 123456789가 된다는 네티즌들의 발견이 화제가 되었다. 이것이야말로 '우주의 기운'이고 이것이야말로 '천심인 민심'이다. 앞으로도 국회가 국민을 대신해 새기는 한 글자의 무거움을 부디 잊지 않기를.

해방 광장

해방 체험이 없이는 자유를 쟁취할 수 없다. 해방구가 없이는 자유의 나라를 이룰 수 없다. 대한민국 권력의 중심부 광화문광장은 촛불집회가 열리는 주말마다 저항과 축제의 해방구로 변신했다. 집회를 위해 광화문 8차선 도로가 전부 열린 것은 헌정 사상 처음 있는 일. 연인들은 자동차가 멈춘 거리를 산책하고 아이들은 광장을 뛰놀고 가족들은 잔디밭에 둘러앉아 이야기를 나누었다. 온갖 동문회와 동창회가 열리고 세월호 분향소를 찾아가 추모하고 고통받는 현장 소식에 관심을 나누었다. 외로움과 차가움이, 비정함과 공허함이 흐르던 이 도시에서 전혀 다른 세상에 와 있는 듯 이제야 숨이 쉬어지는 해방감. 촛불의 광장에서 우리는 살아있음을 느꼈다. 바로 이 자리에 참여하는 것이 오늘의 역사에서 가장 중요한 일이었고, 내 시간을 내서 내 두 발로 걸어 여기 함께 있는 것이 최고의 기여였다. 나의 존재 자체로 무언가 할 게 있다는 기쁨. 역사의 광장 한가운데 서 있다는 벅참. 새로운 나라를 만들어가고 있다는 희망. 해방 광장은 점차 촛불혁명의 임시정부가 되었다. 여기에서 외치는 촛불의 함성이 국민의 명령이었고, 국회도 언론도 헌재도 광장의 민심을 따를 수밖에 없었다. 내 삶의 결정권을 내가 주인이 되어 행사하는 현장. 권력은 바로 그 자리에 있었고 그 자리에서 나왔다. 우리는 촛불혁명을 통해 현실의 광장과 디지털 광장에서 동시에 살아 움직이는 직접 민주주의를 체험했다. 그리고 선과 정의의 공동체, 평등과 나눔의 공동체를 체험했다. 나이 든 자 어린 자, 없는 사람 있는 사람, 이런 생각 저런 생각, 서로 다르고 낯선 사람들이 하나가 되어 새로운 민주공화국을 이루어 나갔다. 분노와 슬픔에 기쁨과 희망이라는 강력한 연료가 더해지면서 촛불은 더 크게, 더 밝게, 오래도록 타오를 수 있었다.

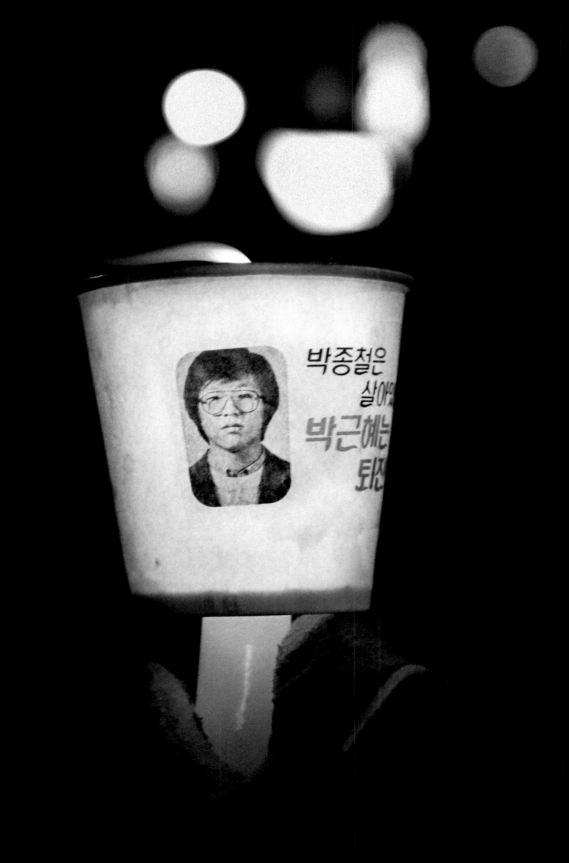

역사의 광장

광화문光化門은 '빛으로 여는 문', 빛의 사람들이 새로운 세상을 열어온 역사적 현장이다. 1893년 2월 11일, 동학도들은 수운 최제우의 억울한 죽음을 풀고 폭정을 멈추기 위해 이곳에 모여 집단 상소를 올렸다. 1919년 3월 1일, 일제 치하의 선조들은 대한독립만세를 외치며 조선총독부가 있던 광화문으로 행진하다 붉은 피를 물들이며 쓰러졌다. 1960년 4월 19일에는 교복 입은 학생들이 총구 앞에 나서서 이승만 대통령을 하야시켰고 1987년 6월 10일 100만의 민주항쟁으로 전두환 군부독재를 끝내고 직선제를 쟁취했다. 그리고 2002년 11월 30일을 시작으로, 미군 장갑차에 깔려 죽은 효순이 미선이의 죽음에 항의하는 최초의 대규모 촛불집회가 광화문에서 이어졌다. 이후 촛불집회의 역사는 2004년 노무현 대통령 탄핵 반대, 2008년 광우병 쇠고기 수입 반대, 2014년 세월호 진상규명 촛불집회로 이어졌고, 2016년 촛불혁명이라는 또 하나의 '빛의 역사'가 광화문광장에 새겨졌다.

나눔의 광장

작고 힘없고 억울한 자들은 크게 울고 크게 외쳐야 세상이 귀를 기울인다. 광장은 그 소리들이 모이는 곳이다. 촛불광장에서는 6월항쟁의 기폭제가 된 박종철 열사, 위안부 피해 할머니, 군 의문사 희생자 등 이 땅의 오랜 원혼들이 되살아났다. 억울하게 희생된 용산 철거민, 가습기 살균제 피해자, 부당 해고 노동자, 백남기 농민, 세월호 아이들을 애도했고 비정규직, 양심수, 장애인, 성소수자 등 묻혀있던 목소리들에 귀를 기울였다. 나아가 18세 투표권, 공정 언론 회복, 남북평화, 탈핵으로 안전한 세상 등 좋은 나라의 꿈을 함께 키워갔다. 민주주의는 더 많은 목소리가, 더 다른 화음들이 생생히 살아있는 것. 촛불광장은 '함께하는 다름'의 장이었다. 공동의 요구를 외치면서도 저마다의 목소리를 내고, 차이를 품으면서도 우정의 연대를 이루는 '나눔의 광장'에서 우리는 더 큰 존재가 되어갔다.

세계의 광장

"도시가 시위의 불빛으로 이렇게 빛나는 걸 본 적이 있는가? 아름답다. #Seoul #Korea" (해외 네티즌) 촛불혁명은 대한민국의 국격을 드높였고 광화문광장은 한국의 상징으로 떠올랐다. 메가시티 한가운데 수백만 명이 모여 촛불과 스마트폰을 들고 빛의 파도타기를 하는 모습은 어디서도 보기 힘든 장관이었다. 거기다 고층빌딩 사이로 수백 년 된 고궁이 어우러져 있고, 수도의 한중심이 푸른 산으로 둘러싸인 풍경은 촛불집회의 아름다움을 한껏 드높였다. 백의민족, 고요한 아침의 나라, 다이나믹 코리아, 이제는 촛불혁명의 코리아! 모스크바의 붉은 광장, 베이징 천안문 광장, 뉴욕 타임스 스퀘어 광장, 멕시코 소칼로 광장, 파리 콩코드 광장, 베를린 브란덴부르크 광장 등 전 세계 혁명의 광장처럼 정의를 열망하는 인류의 가슴에 저항의 용기와 영감으로 살아 숨쉬는 광화문광장이기를.

대통령도 국민이 뽑습니다. 그런데 검찰총장, 공영언론사 사장 왜 국민이 못 뽑습니까. 국민이 뽑아야 국민의 눈치를 봅니다. 국민의 것은 국민에게 돌려줍시다!

이용마 MBC 해직 기자, 광화문 촛불집회, 2017.3.11

삼성의 세상에서 우리는 얼마인가요? 돈과 권력으로 순위를 매기는 세상이 아닌, 사람의 존엄과 가치가 존중받는 세상이 되어야 합니다.

삼성 LCD 직업병 피해자 한혜경 님의 어머니 김시녀 님, 광화문 촛불집회, 2017.1.14

저의 첫 직장이었습니다. 1년만 비정규직으로 일하면 정규직이 된다는 국가의 말을 믿고 일했는데 해고노동자가 됐습니다. 싸웠습니다. 그런데 국가의 힘은 너무나 셌습니다. 그 압박을 견디지 못해 사랑하는 친구가 목숨을 끊었습니다. 친구가 두고 간 딸 아이에게 할 말이 없었습니다. 하지만 촛불이 이뤄낸 것을 보았습니다. 이제 5살이 된 그 아이에게, 너의 엄마는 옳은 일을 했다고 전해주고 싶습니다.

부당 해고에 맞서 4,000일간 저항해온 김승하 철도노조 KTX 승무지부장, 광화문 촛불집회, 2017.3.11

아무리 작은 전쟁도 좋은 게 없고, 아무리 작은 평화도 나쁜 게 없습니다. 지금 성주에서는 7살 아이부터 어르신까지 추운 날씨에도 매일 촛불을 듭니다. 대한민국의 안전과 평화는 사드 배치를 철회하는 데서 시작될 것입니다.

이재동 사드 반대 성주투쟁위원회 부위원장, 2016.12.31

광화문 지하차도에는 장애인 부양의무제 때문에 돌아가신 12분의 영정이 모셔져 있습니다. 장애인 문제 해결보다 삼성 경영권 승계에 매달린 문형표 복지부 장관이 얼마 전 체포되었습니다. 죽음에 책임을 져야 할 사람들이 제대로 처벌받고, 장애인도 인간답게 살아가는 세상 만들어 가겠습니다.

부양의무제 폐기를 요구하며 수화로 발언한 청각장애인 김세식 님, 광화문 촛불집회, 2016.12.31

종철이가 남영동에서 '탁치니 억하고 죽었다' 했을 때, 이 부모는 어떻게 살아가나 싶었습니다. 그런데 얼마 안 돼서 내 아들이 그 더러운 자들의 손에 죽어갔습니다. 세월호 가족들이 30년 전 이 애미의 모습이 아닌가 생각하니 가슴이 아픕니다.

이한열 열사의 어머니 배은심 님, 박종철 열사 30주기를 맞아 광화문 촛불집회, 2017.1.14

30년 전 '행복은 성적순이 아니잖아요'라는 중3 소녀의 유서를 가슴에 안고 태어난 전교조입니다. 지금은 세월호 아이들의 절규를 가슴에 안고 교단에서 광장에서 촛불을 들었습니다. 적폐 중의 적폐, 국정 역사교과서 반드시 막아내겠습니다.

조창익 전국교직원노동조합 위원장, 광화문 촛불집회, 2017.2.4

15살 밤에 일본 군인에게 끌려갔습니다. 갖은 고문을 당했습니다. 저희는 돈이 아니라 사죄를 받아야 합니다. 후손들에게 올바른 역사를 남겨줘야 합니다.

일본군 위안부 피해자 이용수 할머님, 광화문 촛불집회, 2017.3.1

대한민국의 위대한 역사를 새로 쓰는 지금, 우리 아이들에게 국정 역사교과서를 가르쳐서야 되겠습니까? 제가 서울시 교육감으로 있는 한 서울의 학교에는 국정교과서가 발 붙일 수 없도록 하겠습니다. 학생 여러분, 1960년 4.19세대, 1987년 6월항쟁 세대처럼, 2016년 촛불시민혁명의 세대로서 자부심을 가지십시오. 부모 세대가 상상하지 못했던 새로운 대한민국을 만들어 주십시오.

조희연 서울시 교육감, 광화문 촛불집회, 2016.12.31

이제 곧 저는 살아오는 종철이를 만날 것입니다. 시퍼렇게 되살아오는 민주주의를 만날 것입니다. 저는 종철이를 부둥켜안고 고맙다고, 다시는 헤어지지 말자고, 다시는 쓰러지지도 말자고 말할 것입니다. 여러분, 우리는 반드시 승리합니다.

박종철 열사의 형 박종부 님, 박종철 열사 30주기를 맞아 광화문 촛불집회, 2017.1.14

새로운 사람, 새로운 집회

100만 개의 촛불만큼 100만 개의 아이디어가 빛났다. 시민들은 인터넷과 SNS를 통한 적극적 참여로 새로운 집회
문화를 만들어갔다. 김진태 의원의 "촛불은 바람 불면 꺼진다"는 발언 직후 11월 19일부터 '바람 불어도 안 꺼지는'
LED촛불이 등장했고, 스마트폰 화면에 촛불을 띄우는 무료 앱도 만들어졌다. 국회 탄핵 소추를 앞둔 12월 1일에는
IT 업계 강윤모 씨와 지인들이 만든 홈페이지 '박근핵닷컴'이 돌풍을 일으켰는데, 오픈 다음 날 실시간 검색어 1위를
기록하며 92만 건이 넘는 탄핵 청원 메일이 국회의원에게 날아갔다. 화가 이강훈 씨가 "시민들을 가로막은 차벽을
꽃들로 채워보면 어떨까"라고 제안, 크라우드펀딩으로 만들어진 '꽃 스티커'는 수백 대의 경찰 차벽을 꽃벽으로 바
꾸어 놓았다. 촛불집회 최고의 명장면으로 꼽히는 '촛불 파도타기'와 '소등 점등 퍼포먼스' 또한 시민들의 아이디어
였다. 저마다 직접 만들어온 피켓에는 분노를 승화시킨 풍자와 해학이 넘쳤다. 최순실에 대해서는 "대통령도 1+1이
냐", 역대 최저 지지율에 대해서는 "저성과자 박근혜 해고!", "지지율도 실력이야", "배터리도 5%면 교체한다", 하야
와 구속에 대한 요구로는 "퇴근혜", "검찰은 똑바로, 순실은 빵으로, 근혜는 우주로", 청와대가 세금으로 비아그라를
샀다는 보도 후에는 "박근혜 하야하그라", "청와대 비워주그라" 등의 피켓이 등장했다. 문화예술인들은 광화문광장
에 박근혜 정권의 '블랙리스트'를 빗댄 '블랙텐트'를 설치해 다양한 공연을 이어갔다. 나규환 조각가와 이윤엽 판화
가가 만든 '포승줄 조형물'과 광화문미술행동이 만든 '광화문 구치소'는 최고의 포토존이자 촛불광장의 트레이드마
크가 되었다. 웃음은 우리의 진정한 무기였다. 그리고 불가능해 보였던 유쾌한 상상은 하나둘 현실이 되고 있다.

'장수풍뎅이연구회'부터 '민주팬덤연대'까지

"지금껏 집회는 '남의 일'이라고 생각했는데 이제는 '우리 일'이라는 생각이 들었어요."(촛불집회에 참석한 고등학생) 촛불혁명은 집회를 바라보는 인식도, 집회를 주도하는 주체도 변화시켰다. '집회가 의사를 표현하는 효과적인 방법'이라는 응답은 74.5%, '축제처럼 즐길 수 있는 문화'라는 응답은 69.2%였고, 집회 참가자의 86.2%는 '나 하나가 큰 보탬이 됐다고 생각한다'고 답했다.(엠브레인 트렌드모니터, 2017.2.21~23) "토요일엔 광화문으로 출근한다"던 '프로참석러'들은 "재미있고 의미있다", "지혜롭고 멋있어진 집회", "살아있는 교육의 시간"이라며 집회를 생활의 우선순위에 두고 보람과 성취를 느꼈다. 혼자 참여하는 것을 넘어 인터넷과 SNS를 이용한 다양한 네트워크 모임도 생겨났다. 11월 12일 100만 촛불집회에서 시민들의 폭소를 유발한 깃발이 있었으니, 바로 '장수풍뎅이연구회'. "이런 연구회가 정말 있냐"라는 궁금증을 자아냈는데, 3년 전 친구들과 함께 이 모임을 만든 대표는 곤충과는 전혀 상관은 이름이라며, 이 깃발로 "누구나 참여할 수 있다는 메시지를 보여줄 수 있다면 목표 달성"이라고 전했다. 이후 촛불집회에서는 얼룩말연구회, 고산병연구회, 민주묘총, 전견련, 햄네스티, 전국아재연합, 행성연합 지구본부 한국지부, 심야독대환영, 인왕산 해발시팔메다 거주주민연대, 혼자온사람들, 우리는 서로의 용기당 등 1인 혹은 가상의 조직, 급조된 모임의 기발한 깃발들이 광장에 펄럭였다. 팬덤으로 뭉친 모임 또한 새로운 특징이었다. 여러 아이돌 그룹의 10대, 20대 팬들이 주축이 된 '민주팬덤연대'가 대표적. 나아가 이재명 성남시장의 '손가락혁명군', 문재인 더불어민주당 전 대표의 '문팬' 등 정치 팬클럽 현상은 촛불집회 이후 대선 유세 기간까지 뜨겁게 이어졌다.

거대 언론의 여론 독점이 깨지다

언론은 사회의 공기다. 2008년 광우병 쇠고기 수입 반대 촛불시위 이후 이명박 정부가 곧바로 시작한 일은 '언론 장악'이었다. 이명박 대선캠프 및 인수위 출신이 공영방송사 최고위직에 임명됐고, 이에 반대하는 기자들은 줄줄이 해고되거나 징계를 받았다. 2009년 7월, 대기업과 보수 신문사에 종편 개국을 허용한 '미디어법'은 이명박 정부 언론 장악의 정점이었다. 신문 시장의 70% 이상을 장악한 '조중동(조선 중앙 동아)'이 방송에까지 진출하면 여론 독과점은 더욱 심화될 것이었다. 실제로 2012년 박근혜 대통령 당선에 보수 종편이 큰 영향을 미친 것으로 분석된다. 그런데 종편이 촛불혁명의 도화선이 될 줄 누가 알았을까? 역사의 아이러니다.

2016년 7월 26일 TV조선이 미르·K스포츠재단 관련 의혹을 최초 보도했고, 10월 24일 JTBC 〈뉴스룸〉이 최순실 태블릿PC라는 '스모킹 건(결정적 증거)'을 내놓았다. 이어 진보 보수를 넘어 언론의 특종 보도가 연일 쏟아졌고, 그동안 "뉴스 보기 싫다"던 젊은 세대는 "뉴스가 재미있다"는 첫 체험을 했다. 실제로 2016년 11월 극장 관객 수는 전년 대비 17%나 감소한 반면 뉴스 시청 시간은 전월 대비 월평균 17시간 증가했다. 1~2%에 불과하던 종편 뉴스 시청률은 한때 두 자릿수를 기록하며 촛불혁명의 열기를 더했으니, 2009년 미디어법 날치기 처리를 주도했던 홍준표 당시 한나라당 의원이 촛불 이후 "종편 만든 것 참 후회한다"고 말할 법도 하다.

일부 종편이 촛불혁명 기간 동안 '반짝 반란'을 일으킨 것이라면, 보수 정권이 짜 놓은 미디어 지형 바깥에서 여론 독점을 깨뜨려온 것이 바로 팟캐스트다. 영향력 있는 정치 시사 팟캐스트의 시초는 2011년 4월에 시작된 〈나는 꼼수다〉(김어준 김용민 정봉주 주진우 진행). 그해 여론조사에서 〈나는 꼼수다〉는 신뢰도 40%를 기록, 17.2%에 불과한 조중동을 훨씬 앞질렀으며(엠브레인, 2011.12.1) 2012년 회당 다운로드 700만 이상으로 세계 팟캐스트 오디오 부문 1위를 차지했다. 국내 팟캐스트는 현재 1만여 개가 넘는데, 상위권 대부분이 정치 시사 프로그램이며 주요 청취자는 진보 성향의 20~40대다. 이들은 팟캐스트를 통해 정치에 관심을 갖게 되었을 뿐 아니라 정치를 내 삶의 문제로 받아들이고 적극적으로 참여한다. 보수 언론 및 종편과의 '미디어 전쟁'에서 전위를 맡아온 것이 팟캐스트라고 해도 과언이 아니다.

이를 가능하게 한 핵심 요인은 스마트폰이었다. 2016년 한국의 스마트폰

보급률은 91%. 촛불혁명이 이전의 모든 혁명과 결정적으로 다른 것은 이 '신무기'가 모두의 손에 쥐어진 것이다. 스마트폰을 쥔 지민知民의 탄생. 이들은 매스미디어에만 의존하지 않는다. 온갖 분야의 팟캐스트를 챙겨 들으며 '검색의 고수'로 정보를 찾고 '팩트 체크'로 자체 검증하고 SNS와 커뮤니티에서 실시간으로 토론하며 '좋아요'와 댓글로 진실을 생산한다. 신경망처럼 이어져 반복되는 이런 행위들이 여론을 형성하고 유통시킨다. 언론 장악의 현실에서도 시민들은 이렇게 진화해왔다. 그 결과 촛불혁명 기간 동안 청와대와 정치권의 셈법, 보수 언론의 여론 조작, 악의적인 가짜 뉴스를 간파하며 반년 넘게 '박근혜 탄핵'과 '정권교체'라는 민의를 결집해냈다.

이렇듯 공영방송과 소수 일간지로 여론이 형성되는 시대가 저물면서, 보수 언론의 영향력은 물론 그와 '대항적 공생' 관계를 이뤄온 진보 언론에 대한 무조건 지지 또한 옅어졌다. 이제 독자들은 '기계적 중립'과 '비판을 위한 비판'을 경계하며 어떤 '사심의 저변'까지를 읽어낸다. 아직도 '계몽의 시대'를 사는 듯한 엘리트적 태도에는 "어디서 가르치려 들어!" 일갈하고, 편파적 주장과 의도적 오보에는 "삭제보다 빠른 캡쳐"를 내밀며 책임있는 사과와 조치를 요구하고, 끝내 "안 사요"라며 구독을 중단하기도 한다.

이 현상은 촛불 이후 대선 국면을 거치며 극적으로 드러났는데, 문재인 대통령의 열성적 지지층에 대한 몇몇 진보 언론인의 "덤벼라 문빠들", "좌표 찍고 달려드는 개떼" 등의 대응이 '한경오(한겨레 경향 오마이뉴스)' 논란에 불을 지핀 것이다. '한경오'가 진보 언론 권력을 비판하는 대명사가 된 데에는 '이성적 이유' 못지않은 길고 깊은 '감정의 이력'이 있다. 2009년 보수 진보 할 것 없이 도를 넘은 언론의 왜곡과 공격이 노무현 대통령을 죽음으로 내몰았다고 느꼈던 이들은, 2017년 대선 당시 문재인 후보에 대한 진보 언론의 보도를 지켜보며 돌이키기 힘든 불신과 배신을 느낀 것이다.

그럼에도 87년 6월항쟁의 피와 눈물의 성취인 진보 언론을 함께 키워가는 일은 정말로 소중하다. 우리가 "노무현 대통령을 지키지 못했다"는 아픔을 되풀이하지 않기 위해, 새 정부가 강고한 기득권에 맞서 개혁을 성공하기 위해서도 말이다. 그리하여 진정한 성찰과 신뢰로 새로이 진보하는 진보 언론을 바라본다. 헌신적인 취재와 보도로 촛불혁명을 이끈 언론에 아낌없는 박수를 보내며, 앞으로 언론 개혁과 진실 보도의 힘찬 걸음을 기대한다.

이전의 혁명과 결정적으로 다른 '신무기', 스마트폰을 쥔 지민知民의 탄생. 신경망처럼 이어진 스마트한 시민들은 언론을 검증하고 여론을 형성하며, 반년 넘게 탄핵과 정권교체까지 이끌어냈다.

"국가는 왜 존재하며 좋은 국가란 어떤 것인가. 학교에서 배운 홉스의 사회계약론은 이랬습니다. 인간은 자연에서 개인으로 살아갈 수도 있지만 고독과 불안을 피할 수 없어서 자연인으로 남는 것을 포기하고 사회적으로 계약을 한 것이라고. 그래서 국가라는 공동체에 개인의 자유와 권리를 양도해서 자신의 생명과 안전을 보장받는다고 말입니다. 국가의 존재 이유입니다. 그리고 그 국가를 좋은 국가로 만들기 위해서 우리가 택한 것이 헌법을 기초로 한 민주주의 공화국이었습니다. 지난 한 달 동안 우리를 괴롭혀왔던 것들, 자괴감과 수치심, 분노와 허탈감들이었습니다. 일일이 다 열거하는 것을 포기해야 할 정도의 최순실 국정농단의 증거들. 이 모든 것이 그저 잘 알고 지낸 지인의 도움일 뿐이라는 대통령의 해명은 허허롭고, 쏟아지는 의혹의 근거들은 그 허허로움을 국가의 미래에 대한 두려움으로 바꿔놨습니다. 근본적으로 훼손되어 버린 우리의 민주주의에 대한 치유와 비전을 제시하는 것이야말로 지금의 정치가 해야 할 일은 아니냐고 거리의 시민들은 외치고 있습니다. 그래서 우리가 마지막으로 희망을 걸 수밖에 없는 그 이름. 다시 민주주의. 오늘의 앵커브리핑이었습니다."

손석희 앵커·JTBC 보도담당 사장, JTBC 〈뉴스룸〉, 2016.11.7

"프랑스 혁명이 세계사적 의미를 가진 이유는, 왕이 백성 위에 군림하던 군주 시대를 시민들 자신의 손으로 끝내고 공화국 시대를 스스로 열었기 때문입니다. 저는 그들의 역사가 많이 부러웠습니다. 우리는 분단과 쿠데타와 군사정권을 거치며 색깔과 지역에 흔들리는, 시민이 아닌 백성에 머무는 미숙한 민주주의를 최근까지 겪어왔습니다. 이번 대선의 의미가 각별한 건 그래서입니다. 정치가 머뭇거리고 우왕좌왕할 때 시민이 먼저 거리로 나섰고 시민들이 길을 만들어냈습니다. 살아 있는 권력을 헌법 질서 내에서 평화적으로 견제하는 역사를 시민의 손으로 직접 이뤄낸 겁니다. 다른 나라에서도 독재나 부정부패나 폭정 등으로 실각하는 대통령들이 있었지만, 그 과정에 예외 없이 폭력이 동반되고 사상자가 생기고 엄청난 혼란이 있었죠. 현직 대통령을 법이 정하는 절차에 따라서 탄핵하고 다음 정부를 탄생시킨 사례는 제가 아는 한 없어요. 그래서 다른 나라 역사책에도 등장하는 사례, 세계사적으로 중요한 사건으로 기록될 것이 틀림없습니다. 이제 저는 프랑스 혁명이 부럽지 않습니다. 오늘 하루 우리 스스로를 대견하게 여깁시다."

김어준 딴지일보 총수, tbs 라디오 〈뉴스공장〉, 19대 대선 다음 날인 2017.5.10

촛불을 살린 언론, 언론을 살린 촛불

*2016년 10월~2017년 5월 기준 (가나다순) 〈관훈나이트클럽〉 언론계를 향한 직설 비평. 김용민 시사평론가, 민동기 미디어오늘 편집국장, 정상근 미디어오늘 기자 진행. 〈그것은 알기 싫다〉 불편한 진실에 직면하는 용기. 래퍼 UMC/UW(유승균) 진행. 〈김어준의 뉴스공장〉 거침없이 진실로 직진! 야수적 촉과 예리한 분석, 거기에 미친 유머까지. 매일 아침 tbs 라디오 방송을 타고 전달된 촛불혁명의 1일 텍스트. 시사 라디오 방송 최초로 청취율 종합 2위 기록. 〈김어준의 파파이스〉 정치가 놀이가 되고 생활이 된다. 2014년부터 각 분야 전문가와 진보 정치 이슈의 전천후를 깊이 있게 다뤄온 한겨레TV 온라인 방송. 〈김용민 브리핑〉 '진실'과 '진심'이 있는 뉴스브리핑. 이완배 민중의 소리 기자의 〈경제의 속살〉, 정선태 국민대학교 교수의 〈오늘을 읽는 책〉 등 알찬 고정 코너까지. 〈나는 꼽사리다〉 "대한민국 99%를 위한 편파 경제방송". 방송인 곽현화, 선대인 선대인경제연구소 소장 진행. 〈떡국열차〉 우리 삶에 살아 숨쉬는 민초들의 역사. 김영우 SBS PD, 정승민 전 서울신문 기자, 방송인 정영진 등 진행. 〈맘마이스〉 유력 인사와 유머가 있는 시사토크. 김용민, 정영진, 방송인 최욱 진행. 〈망치부인의 시사수다〉 이경선 BJ가 10년 넘게 진행해온 시사평론 1인 방송. 〈미디어몽구〉 그의 발바닥은 우리의 눈, 10년 이상 현장을 지켜온 김정환 씨의 영상 취재 1인 미디어. 〈미오캣〉 미디어오늘 팟캐스트. 〈민동기의 뉴스바〉 "국내 유일 종합시사정보 팟캐스트". 〈민심이 갑이다〉 "혁명적 교양 시사". 갑쌤(김갑수), 대교수(김대규) 진행. 〈민주종편TV〉 "민주정부 수립을 위한 종일 편파 방송". 〈벙커 1 특강〉 딴지일보가 운영하는 카페 '벙커 1'에서 펼쳐지는 실전파 지식인들의 릴레이 특강. 〈새가 날아든다〉 "트위터가 진짜 언론입니다." 푸른나무(권현문), 신비(김상호), 찌라시(송명훈), 황진미 등 진행. 〈서당캐〉 더불어민주당 서울시당 팟캐스트. 〈시사타파 TV〉 이종원 기자의 시사평론 1인 방송. 〈시사통 김종배입니다〉 김종배 시사평론가의 깊이 있는 뉴스 팟캐스트. (2016년 12월까지) 〈신넘버쓰리〉 세 남자의 유쾌한 시사잡담. 남태우, 송명훈, 윤종훈 진행. (2017년 5월까지) 〈씨네타운 나인틴〉 영화를 통해 세상을 본다. SBS 라디오 PD 이승훈, 이재익, 김훈종 진행. 〈언니가 보고 있다〉 한겨레신문 정치부 기자들의 취재 뒷 이야기. (2017년 5월까지) 〈이런 법이 있나〉 아는 만큼 잘 싸우는 '법'. 이정렬 전 판사, 가수 손병휘 진행. (2017년 5월까지) 〈이박사와 이작가의 이이제이〉 지금 여기, 현실에서 현대사와의 대화. 이작가(이동형), 이박사(이종우), 세작(윤종훈) 진행. (2017년 2월까지) 〈자로〉 국정원의 불법 정치 활동 트위터 계정을 찾아내고 세월호의 진실을 추적해온 '네티즌 수사대'. 〈장윤선의 팟짱〉 오마이뉴스 팟캐스트. 눈이 오나 비가 오나 촛불집회를 생중계했다. 장윤선, 박정호 기자 진행. (2017년 4월까지) 〈정봉주의 전국구〉 "정통 정치 팟캐스트". '나는꼼수다' 원조 멤버였던 정봉주 더불어민주당 전 의원, 최강욱 변호사, 이재화 변호사 등 진행. 〈정봉주의 품격시대〉 정봉주 전 의원의 tbs 방송. 〈정치, 알아야 바꾼다〉 내 삶을 바꾸는 정치. 이동형 작가, 정청래 더불어민주당 전 의원, 손혜원 더불어민주당 의원 진행. 〈정치신세계〉 "깨어있는 시민들"을 위한 정치 대담. 권(권순욱), 갑(윤갑희), 장(김반장), 송(송은정), 김(김남훈) 진행. 〈주진형과 손혜원의 경제 알아야 바꾼다〉 내 삶을 바꾸는 경제. 손혜원 의원이 묻고 주진형 전 한화투자증권 대표가 답하다. (2017년 2월까지) 〈진짜가 나타났다〉 더불어민주당 팟캐스트. 이동형, 금태섭 더불어민주당 의원, 최민희 더불어민주당 전 의원 진행. 〈청래시대〉 정청래 전 의원의 팬카페 '청래당' 팟캐스트. 〈청정구역〉 "청년들의 정치 공동구역." 이동형, 오창석 전 팩트TV 아나운서, 박누리 아나운서 진행. 〈하승주의 더비평〉 진지하고 시원한 정치평론. 하승주 동북아정치경제연구소 소장 진행. 〈The 아이엠피터〉 "상식적 사회와 정치를 꿈꾸는" 임병도 파워블로거의 1인 미디어.

〈경향신문〉 "민중은 개 돼지", "돈도 실력이야" 등의 발언을 단독 보도. 최순실 정유라 모녀의 K스포츠재단 횡령 의혹을 제기해 검찰 수사에 불을 붙였다. 〈고발뉴스〉 이상호 MBC 해직 기자가 설립한 독립 언론. 그가 감독한 세월호 다큐 〈다이빙벨〉은 블랙리스트 외압의 대표 사례가 되었다. 〈국민TV〉 "정치, 자본, 수구언론 권력으로부터 자유로운 공정언론"을 지향하는 미디어협동조합. 〈그것이 알고 싶다〉 SBS 탐사저널리즘. '비선의 그림자 김기춘—조작과 진실' 편을 추천. 〈김현정의 뉴스쇼〉 김현정 PD의 품격 있는 인터뷰가 빛나는 CBS 라디오 방송. 〈노컷뉴스〉 발 빠르게 현장 소식을 전하며, 위트 있는 #해시태그가 화제. 〈뉴스타파〉 이명박 정부 당시 해직 언론인들이 설립, 성역 없는 탐사 보도로 무너진 공영방송 대신 공정방송을 지켰다. 최승호 PD의 영화 〈자백〉, 〈공범자들〉로 보수 정권의 실상을 폭로했다. 〈뉴스프로〉 '정의와 상식을 추구하는 시민네트워크'가 창간한 비영리 외신 번역 전문 언론. 〈딴지일보〉 1998년 김어준 총수가 설립. 권위주의에 대항하는 신랄한 패러디와 유머 감성의 모태가 되었다. 〈레디앙〉 진보 정당과 노조의 깊은 담론을 접할 수 있다. 〈미디어스〉 "우리 모두가 미디어"라는 신조의 미디어 비평 언론. 〈미디어오늘〉 "팩트 너머의 진실"을 추구하는 미디어 비평 언론. 〈민중의 소리〉 현장 깊숙이 파고드는 취재와 다양한 동영상 콘텐츠가 돋보인다. 〈민플러스〉 민民의 소리를 대변하며 현장 소식과 통일, 국제 이슈를 집중 조명한다. 〈색다른 시선, 김종배입니다〉 "날카롭지만 따뜻한 시선"의 시사 뉴스, tbs 라디오 방송. 〈선데이저널 USA〉 군부정권에 저항했던 35년 전통의 미주 한인 시사주간지. BBK 주가 조작, 정윤회 최순실 비선실세설 등을 특종 보도했다. 〈세계일보〉 2014년 정윤회 문건 보도로 비선실세 의혹을 본격 제기. 당시 조한규 사장은 부당하게 해임됐다. 〈스브스 뉴스〉 감각적인 동영상 콘텐츠의 대표적 생산 기지. 〈슬로우 뉴스〉 속보와 단신의 홍수 속에서 긴 호흡의 기사를 볼 수 있다. 〈시사IN〉 정의로운 '악마 기자' 주진우 기자를 필두로, 국정농단의 특종을 쏟아냈다. 최순실 사진을 최초 공개하기도 했다. 〈시사자키 정관용입니다〉 정관용 시사평론가의 명쾌한 진행이 빛나는 CBS 라디오 방송. 〈시사저널〉 2014년 정윤회의 박지만 미행 의혹을 단독 보도, 최순실 일가를 수면 위로 등장시켰다. 〈썰전〉 노무현 정부 내각 경험과 풍부한 교양, 재미까지 겸비한 유시민 작가와 방송인 김구라의 JTBC 시사토크쇼. 〈오마이뉴스〉 "모든 시민은 기자다". 2000년 창간 당시 이 한 줄의 표어로 모두가 미디어가 되는 시대를 열었다. 〈주간경향〉 2005년 김정일에게 비공개로 전달된 박근혜의 편지, 최순실 정윤회의 출입국 기록 등을 단독 보도했다. 〈진실의길〉 천안함 참사, 세월호 의혹, 대선 부정 등 국가 권력의 진실 조작을 정면으로 제기해온 신상철 대표가 운영. 〈참세상〉 "다른 세상, 참세상을 바라는" 민중 언론. 〈팩트올〉 광고 없이 운영되는 "기자들이 만든 첫 비영리언론". 〈팩트TV〉 급박한 현장과 민주 인사의 동정을 생중계로 전하는 대안 방송. 〈프레시안〉 심층 분석 기사와 전문가 칼럼이 빛난다. 〈한겨레〉 K스포츠재단의 배후로 최순실을 지목한 1면 보도를 시작으로 국정농단 사태의 포문을 열었다. 김의겸 기자 등 '미르팀'은 최순실 게이트 특종 보도로 2017 '한국신문상'을 수상했다. 〈한겨레21〉 댓글 부대 등 국정원의 불법 정치 개입 특종으로 촛불혁명에 이어 적폐청산에 힘을 싣고 있다. 〈한국일보〉 블랙리스트 문건을 촬영한 사진, 세월호 참사 7시간의 단서가 된 박근혜 피범 자국 얼굴 사진 등을 최초 보도했다. 〈JTBC 뉴스룸〉 최순실 태블릿PC 보도로 촛불혁명의 '국민 방송'이 된 손석희 앵커의 뉴스 방송. 전진배 기자 등 '최순실 국정개입 특별취재팀'의 공로가 빛난다. 〈KBS 스페셜〉 2017년 3월 촛불 민심을 다룬 '광장의 기억' 편이 불방됐으나 PD들의 릴레이 시위로 결국 6월에 방영됐다. 〈SBS 8시 뉴스〉 "SBS 8시 뉴스의 출발점은 반성입니다". 2016년 12월 보도국 개편 이후, 지상파 방송 중 유일하게 촛불 민심을 대변했다.

광장을 지켜준 박원순 서울시장

박원순 서울시장이 아니었다면 세계 유례없는 평화집회가 가능했을까? 아니, 박근혜 정권 하에서 이런 집회 자체가 가능했을까? 100만 명이 넘는 시민들이 한자리에 모인 집회에서 별다른 사고 하나 일어나지 않은 데에는 노심초사 시민들을 걱정하고 지원해준 박원순 시장의 역할이 컸다. 지하철역 안전요원 배치, 응급환자 대비 구급차 및 소방인력 배치, 대중교통 연장 운행, 이동식 및 개방 화장실 확보, 환경미화원과 자원봉사자 지원 등 11월부터 3월까지 5개월 동안 행정력을 총동원해 촛불시민과 광화문광장 보호에 나섰다. 특히 2015년 백남기 농민이 경찰의 물대포에 맞아 쓰러진 이후 경찰 살수차의 소화전 사용을 거부했던 박원순 시장은 촛불집회 당시 경찰의 거듭된 요청에도 불구하고 물을 끊었다. 세월호 유가족들도 3년 넘게 광화문광장의 세월호 농성장을 지킬 수 있었던 것은 박원순 시장의 지원 덕분이라고 말한다. 2015년 한 보수단체가 세월호 천막을 두고 박원순 시장과 서울시 공무원 3명을 직무유기 혐의로 고발했을 당시, 박원순 시장은 "법령 위반도 아니고 유족들의 슬픔과 아픔과 한을 생각하면 그것 좀 해드리는 게 뭐가 문제인가. 잡아가려면 나를 잡아가라"라고 말하기도 했다. 박원순 시장의 표현대로 "우렁각시 같은" 서울시 직원들과 시장님께 감사를! 헌법이 보장한 집회 시위의 자유를 침해받지 않고 언제든 주권자의 저항을 행사할 수 있도록, 우리 앞으로도 서울시장만큼은 꼭 제대로 뽑자.

"여러분, 비가 오는 이 순간에도 촛불은 빛입니다. 촛불은 정의입니다. 촛불은 민주주의입니다. 촛불은 하나됨입니다. 촛불은 승리입니다. 반드시 촛불이 이깁니다. 98년 전 오늘, 이 땅에는 수만, 수십만 개의 촛불이 켜졌습니다. 바로 3.1독립운동이었습니다. 그 힘으로 1919년 임시정부가 수립되었고 마침내 1945년 대한민국이 해방되었습니다. 오늘 이 자리에 모이신 여러분들은 진정한 독립과 새로운 대한민국을 만들겠다는 그 뜻으로 모이셨습니다. 여러분 한 분, 한 분이 유관순 열사입니다. 돌이켜보면 지난 겨우내 매주 100만 명이 넘는 인파가 모였습니다. 그러나 단 한 건의 안전사고, 단 한 번의 폭력도 없었습니다. 불의한 권력, 부패한 정치에 분노하고 절망해서 여기 이 광장에서 서로가 서로를 격려하고 응원하며 민주주의에 대한 열망을 키웠습니다. 세계 역사상 이렇게 평화롭고 위대한 시민 명예혁명은 없었습니다. 저는 서울시장으로서 탄핵이 완수되고 정권이 교체되고 온전한 민주주의가 회복되는 그날까지 한 치의 빈틈도 없이 광장을 수호하고 국민을 보호하겠습니다. 끝까지 여러분과 함께하겠습니다. 감사합니다."

박원순 서울시장, 98주년 3.1절에 열린 광화문 촛불집회, 2017.3.1

혁명은 노래한다

어둠은 빛을 이길 수 없다 / 거짓은 참을 이길 수 없다 /
진실은 침몰하지 않는다 / 우리는 포기하지 않는다

〈진실은 침몰하지 않는다〉 작곡/작사 윤민석

하야 하야하야 하야하야 하야야 (X4) / 꼭두각시 노릇하며 나라 망친 박근혜야 / 아버질랑 최태민이
제아무리 좋아도 / 동네방네 나라 꼴을 굿판 치면 되오리까 / 박근혜 구속 (박근혜 구속) 순실이 구속
(순실이 구속) / 이제는 감방으로 들어가 주소 / 하야 하야하야 하야하야 하야야 (X2) / 꼭두각시 앞세
우고 뒷돈캐는 순실이야 / 말 못타는 딸자식이 제아무리 답답해도 / 동네방네 그네 팔아 삥 뜯으면
되오리까 / 박근혜 구속 (박근혜 구속) 순실이 구속 (순실이 구속) / 이제껏 처먹은 돈 다 토해내소 /
하야 하야하야 하야하야 하야야 (X6)

〈하야가〉 원곡 '아리랑 목동' 작곡 박춘석, 작사 강사랑, 개사/노래 임한빈

사랑도 명예도 이름도 남김없이 / 한평생 나가자던 뜨거운 맹세 / 동지는 간데없고 깃발만 나부껴 /
새날이 올 때까지 흔들리지 말자 / 세월은 흘러가도 산천은 안다 / 깨어나서 외치는 뜨거운 함성 /
앞서서 나가니 산자여 따르라 / 앞서서 나가니 산자여 따르라

〈임을 위한 행진곡〉 원작 시 백기완 '묏비나리', 작곡 김종률, 작사 황석영

(하야~ 하야~ 하야~) 하야 하야 하야 / 하야 하야 하야 / 이게 나라냐 이게 나라냐 / 근혜 순실 명박
도둑 간신의 소굴 / 범죄자 천국 서민은 지옥 / 이제 더는 참을 수 없다 / 하야 하야 하야 하야하여라 /
박근혜는 당장 하야하여라 / 하옥 하옥 하옥 하옥시켜라 / 박근혜를 하옥시켜라 / 2014년 4월 16일 /
일곱 시간 동안 너는 무얼 했더냐 / 무참히 죽어간 우리 아이들 / 그 원한을 풀어주리라 / 하야 하야
하야 하야하여라 / 박근혜는 당장 하야하여라 / 하옥 하옥 하옥 하옥시켜라 / 박근혜를 하옥시켜라 /
하야 하야 하야 / 하야 하야 하야 / 새누리당아 조선일보야 / 너희도 추악한 공범이 아니더냐 / 쇼 하지
마라 속지 않는다 / 너희들도 해체해주마 / 하야 하야 하야 하야하여라 / 박근혜는 당장 하야하여라 /
하옥 하옥 하옥 하옥시켜라 / 박근혜를 하옥시켜라 / 우주의 기운 무당의 주술 / 다까끼 마사오까지
불러내어도 / 이젠 끝났다 돌이킬 수 없다 / 좋은 말할 때 물러나거라 / 하야 하야 하야 하야하여라 /
박근혜는 당장 하야하여라 / 하옥 하옥 하옥 하옥시켜라 / 박근혜를 하옥시켜라

〈이게 나라냐 ㅅㅂ〉 작곡/작사 윤민석, 노래 우리나라

대한민국은 민주공화국이다 / 대한민국은 민주공화국이다 /
대한민국의 모든 권력은 국민으로부터 나온다

〈헌법 제1조〉 작곡/작사 윤민석

그네는 아니다 그네는 아니다 / 아무리 생각하고 또 생각해봐도 그넨 아니다 / 그네는 아니다 그네는
아니다 / 가면을 벗고 생각해봐도 정말 그넨 아니다 / 역사를 되돌리는 국정교과서 / 노동자 피박쓰는
노동개악법 / 얼굴을 가렸다고 IS라는데 미치겠다 / 역사를 되돌리는 국정교과서 / 노동자 피박쓰는
노동개악법 / 얼굴을 가렸다고 IS라는데 미치겠다 / 그네는 아니다 그네는 아니다 / 아무리 생각하고
또 생각해봐도 그넨 아니다 / 그네는 아니다 그네는 아니다 / 가면을 벗고 생각해봐도 정말 그넨
아니다 / 국정화 중단해야 메리 크리스마스 / 악법도 중단해야 메리 크리스마스 / 노동자 행복해야
메리 크리스마스라네 좋구나 / 쌀수입 중단해야 메리 크리스마스 / 물대포 사라져야 메리 크리스마스
/ 농민이 일어나야 메리 크리스마스라네 좋구나 / 그네는 아니다 그네는 아니다 / 아무리 생각하고 또
생각해봐도 그넨 아니다 / 그네는 아니다 그네는 아니다 / 가면을 벗고 생각해봐도 정말 그넨 아니다

〈그네는 아니다〉 원곡 'Feliz Navidad', 작곡/작사 Jose Feliciano, 개사/노래 연영석

내 몸에 날개가 돋아서 / 어디든 날아갈 수 있기를 / 내 꿈에 날개가 돋아서 / 진실의 끝에 꽃이 필
수 있길 / 세상은 거꾸로 돌아가려 하고 / 고장난 시계는 눈치로 돌아가려 하네 / no way no way
and no way / 난 길을 잃고 / no way no way and no way / 다시 길을 찾고 / no way no way
and no way / 없는 길을 뚫다 / no way no way and no way / 길가에 버려지다 / 내 몸에 날개가
돋아서 / 무너지는 이 땅을 지탱할 수 있길 / 내 의지에 날개가 돋아서 / 정의의 비상구라도 찾을 수
있길 / 세상은 거꾸로 돌아가려 하고 / 고장난 시계는 눈치로 돌아가려 하네 / no way no way and
no way / 난 길을 잃고 / no way no way and no way / 다시 길을 찾고 / no way no way
and no way / 없는 길을 뚫다 / no way no way and no way / 길가에 버려지다

〈길가에 버려지다〉 (part.1) 작곡/작사 이규호, 노래 전인권 이승환 이효리

동해물과 백두산이 마르고 닳도록 / 하느님이 보우하사 우리나라 만세 / 무궁화 삼천리 화려강산
대한사람 대한으로 길이 보전하세 / 무궁화 삼천리 화려강산 대한사람 대한으로 길이 보전하세

〈애국가〉 2016년 11월19일 광화문 촛불집회에서 전인권 밴드 노래, 수십만 시민의 합창이 어우러져 크나큰 감동을 선사했다

그 모든 것은 세월ㅎ

2014년 4월 16일. 세월호가 침몰하던 그 날, 박근혜 정권의 침몰이 시작됐다. 김기춘이 유가족에 "국민적 비난이 가해지도록 언론을 지도"하고, 우병우가 세월호 검찰 조사에 개입하고, 조윤선이 블랙리스트로 문화예술인의 목줄을 조이고, 최순실은 세월호 이후 노란색을 '질색'했다. 그랬다. 가라앉은 세월호는 그들에게 악몽으로 떠올랐다. 세월호의 침몰 의혹과 구조 방기, 이에 대한 은폐와 조작, 음해와 탄압에 사활을 건 총력 동원, 바로 그로부터 박근혜 정권은 내파되기 시작했다. 수직으로 침몰하는 미끄러운 바닥을 기어 오르던 세월호 아이들의 손이 어둠의 장막을 찢고 숨은 악의 실체를 드러낸 것이다. 청와 대 국정원 군부 경찰 검찰 국회 언론 전문가 극우 세력, 이 모든 걸 움직이는 거대하고 압 도적인 힘. 한국 사회의 모순과 억압, 부실과 부패, 거짓과 폭력이 여기 세월호에 극적으 로 응축되어 있었다. 그날 이후, 진실은 수면 아래 잠겨있고 고통은 목 끝까지 차올랐다. 그러나 악이 깊어지면, 절망이 바닥까지 침몰하면, 마침내 진실의 시간이 솟아오른다. "이게 나라냐!" 304명의 생명이 수장당하는 동안 대통령과 국가가 보여준 비상식적 대 응에 대한 분노가 촛불집회에서 폭발했다. 촛불혁명 기간 동안 가장 많이 등장한 키워드 중 하나가 '세월호', '세월호 7시간'이었다. 대통령이 참사 7시간 동안 성형시술을 받았다 는 의혹이 제기되었고 올림머리를 하는 데 90분 이상을 허비했다는 사실이 드러났다. 국 가적 재난의 순간, 대통령은 없었다. 국가는 없었다. 그리고 3년의 시간이 흐르고서야 진 실은 조금씩 서서히 떠오르고 있었다. 광화문광장에는 304명의 희생자를 상징하는 304 개의 구명조끼가 놓여졌고, 세월호 7시간의 진실을 밝히자는 뜻으로 저녁 7시에 진행한 '어둠과 정적'의 소등 이후 '빛과 함성'의 점등 행사는 촛불집회의 상징이 되었다.

로부터 시작되었다

304명의
대투
"
아
무엇을

1970년 노동자들의 고통을 안고 분신한 전태일 열사가
1980년 계엄군에 학살당한 광주의 시민들이
1987년 박종철과 이한열과 수많은 청년들이 2014년의 세월호였다.
여기 광화문광장에 잠들지 못한 세월호 텐트가,
꺼지지 않는 노란 불빛이, 쓰라린 양심의 가시로 박혀 있었기에
정의는 되살아나고 진실은 드러나기 시작했다.

대한민국
심장에 박힌
양심의 가시

광화문광장을 지날 때마다 나는 발목에 닻이라도 매달린 듯 걸음을 멈추게 된다. 누군들 그러지 않았겠는가. 거기 잠들지 못한 세월호 텐트가, 꺼지지 않는 노란 불빛이, 대한민국의 심장에 쓰라린 양심의 가시로 박혀 나를 못살게 했고 아프게 했고 깨어있게 했다. 3년 동안 박근혜 정부의 혹독한 탄압 속에서도 그 '최후의 진지'를 지켜낸 것은 '슬픈 기적'이었다.

정부는 아무것도 하지 않았다. 아니, 조작하고 은폐하고 방해했다. 아이 잃은 부모 가족들은 광장에 천막을 세우고 진실을 호소했고 침몰 현장을 볼 수 있는 동거차도 외딴 산정에 텐트를 치고 정부를 감시했다. 해수부와 해경이 침몰 현장 접근을 막자 돈을 모아 배를 사고 자격증을 따서 직접 배를 몰았다. 도대체 왜 침몰했는지, 왜 구하지 못했는지, 누구의 잘못인지, 자료를 모아가며 공부했다. 서명운동, 노숙농성, 삼보일배, 삭발과 단식으로 저항하며 진상규명과 책임자 처벌을 요구해온 유가족들. 그러나 정부의 대답은 '보상금 줄 테니 이제 그만하라'는 것이었다. 세월호를 침몰시킨 돈과 탐욕, 거짓과 강압, 또다시 그것으로 진실을 침몰시키려 한 것이다.

유가족만이 아니었다. 대통령도 군대도 경찰도 안 하고 못 한 일에 목숨을 걸고 나선 이들이 있었다. 세월호 안에서 아이들과 친구들을 먼저 구하고 끝내 빠져나오지 못한 선생님과 선원과 학생들. 세월호 밖에서 죽어가는 이들을 보다 못해 바닷물에 뛰어들어 심장이 터지도록 더듬으며 같이 가자고, 집에 가자고, 한 명 한 명 끌어안아 구조하고 수습해낸 의인들. 그 참혹한 현장을 목격한 이들은 살려내지 못한 자책에 시달리다가, 고독하게 진실을 외치다가, 병이 들고 생계가 끊겼다. 그렇게 누군가는 세월호 아이들 곁으로 떠나갔고 누군가는 여전히 죽음의 공포를 살고 있다.

"당신 원통함을 내가 아오. 힘내소, 쓰러지지 마시오."(5.18 엄마가 4.16 엄마에게) 1970년 노동자들의 고통을 안고 분신한 전태일 열사가, 1980년 계엄군에 학살당한 광주의 시민들이, 1987년 박종철과 이한열과 수많은 청년들이 2014년의 세월호였다. 그토록 거대한 권력과 두터운 거짓 속에서도 광화문광장에 세월호라는 '영혼의 농성장'이 버티고 있었기에 정의는 되살아나고 진실은 드러나기 시작했다. 아, 끈질긴 주체가 희망의 모든 것이다! 세월호에서 타오른 촛불혁명. 언제나 맨 앞자리엔 세월호의 엄마 아빠들이 서 있었고, 우리 마음속엔 세월호의 아이들이 함께하고 있었다.

전 국민이 가슴 졸이며 지켜볼 때 단 한 사람만 없었다.
대통령이 사라졌던 7시간. 그 시간 동안 '무얼 했는가'보다
중요한 것은 반드시 해야만 할 '무얼 하지 않았는가'이다.

밝혀야 한다, 세월호의 진실

전 국민이 가슴 졸이며 지켜볼 때 단 한 사람만 없었다. 국민이 준 권한과 세금으로 국민의 생명과 안전을 지켜야 할 대통령이 사라졌던 7시간. 그 시간 동안 대통령이 '무얼 했는가'보다 중요한 것은 '무얼 하지 않았는가'이다. 권력의 힘은, 무언가를 하는 힘과 하지 않는 힘이다. '하는 힘'을 가진 자는 '하지 않는 힘'도 가진다. 대통령으로서 반드시 해야 할 것을 하지 않은 죄, 끝끝내 밝혀야 할 세월호의 의혹과 진실이 있다.

첫째. 왜 무리하게 출항했는가? 악천후로 당시 인천항의 가시거리는 800미터. 출항한 배는 세월호 단 한 척뿐이었다. **둘째. 왜 갑자기 침몰했는가?** 검찰이 밝힌 이유는 "급변침". 그러나 급변침은 '결과'일 뿐. 정확한 사고 시간조차 밝혀지지 않았다. 고의 침몰, 외부 충격 등 검찰의 발표와 상반되는 증거와 증언은 계속 제기되고 있다. **셋째. 왜 한 명도 구조하지 않았는가?** 8:52 최초 신고, 9:26 해경 도착, 10:17 해경 헬기와 선박 돌연 철수. 아무도 퇴선 명령을 내리지 않았고 구조 요청은 묵살되었으며 미군과 어선의 구조는 가로막혔다. **넷째. 왜 정부는 아무것도 하지 않았는가?** "YTN 속보를 보고 알았다"는 안전행정부 중앙안전상황실, 책임을 부인한 청와대, 그리고 대통령의 사라진 7시간. 세월호 참사는 정부의 구조 방기가 불러온 조직적 살인이었다. **다섯째. 왜 국정원은 거듭 등장하는가?** '국가보호장비'이자 사고 시 국정원에 최초 보고 의무를 가진 세월호, 그리고 세월호 안에서 발견된 국정원 지적사항 문서 등 국정원이 실소유주라는 의혹은 풀리지 않았다. **여섯째. 왜 증거는 조작되고 은폐됐는가?** 항적기록, 교신기록, CCTV 등 핵심 증거가 조작 또는 누락됐다. 당시 우병우 민정비서관은 해경과 청와대의 통신 내역이 담긴 서버 압수수색을 막고자 외압을 행사했다. 해수부는 가장 결정적 증거인 세월호 선체를 훼손하고 인양을 지양시켰다. **일곱째. 왜 언론보도는 통제됐는가?** 잇따른 오보를 낸 언론, "정부의 압력이 들어온다"며 침묵하기 시작한 전문가, 청와대 지침으로 방송사 통제 및 대응 임무를 하달한 방송통신위원회. 누구의 지시였는가?

그동안 "음모론자"로 내몰리면서까지 진실을 찾아온 많은 분들의 노력으로 여러 정황과 증거가 밝혀졌다. 박근혜는 황교안 권한대행의 손을 빌려 대통령 기록물을 최장 30년간 봉인했지만, 진실은 반드시 드러난다. 30년이 걸리더라도 우리가, 우리 아이들이 세월호의 진실을 밝혀낼 것이다.

그날, 세월호의 의인들

*2017년 9월 기준 **[세월호의 의인들] 故강민규**(단원고 교감) 학생과 시민 20여 명의 탈출을 도왔다. **故고창석**(단원고 교사) 자신의 구명조끼를 벗어주며 학생들을 구조했다. **故김기웅, 故정현선**(세월호 승무원) "승객들을 구하려고 기울어지는 선내에 진입했어요" 두 승무원 덕분에 목숨을 구했다는 생존자의 증언. 두 사람은 결혼을 약속한 연인이었다. **故김응현**(단원고 교사) 학생들을 갑판 출입구까지 인솔해 대피시켰다. **故김주아, 故양온유**(단원고 학생) 탈출할 수 있는 갑판까지 나왔지만 친구들을 구조하러 함께 선내로 돌아갔다. **故김초원, 故이지혜**(단원고 교사) 탈출할 수 있는 5층 객실에 있었지만 제자들을 구하기 위해 3,4층 객실로 내려갔고 구명조끼도 없이 4층에서 발견됐다. 이들의 희생은 '비정규직'이라는 이유로 순직 인정을 받지 못하다가 2017년 5월 문재인 대통령의 지시로 순직 인정되었다. **故남윤철**(단원고 교사) 학생들에게 구명조끼를 던져주며 비상구로 인도했다. **故박육근**(단원고 교사) 학생들을 데리고 갑판 출입구로 올라왔지만 "죽더라도 학생들을 살리겠다"며 선내로 들어갔다. **故박지영**(세월호 승무원) "누나는 왜 구명조끼 안 입어?" "너희들 다 탈출시키고 나갈거야" 3층에 있는 학생들을 위해 4층에서 구명조끼를 찾아 전했고, 침몰 순간까지 승객들을 구조했다. 함께 있던 학생들은 모두 생존했다. **故안현영**(이벤트 업체 대표) 아이들을 탈출시키고 마지막까지 선내에 남았다. **故양대홍**(세월호 선원) 키 높이까지 물이 찬 상황에도 승객을 구조하러 갔다. 마지막으로 남긴 말은 "지금 아이들 구하러 들어가야 해"였다. **故양승진**(단원고 교사) 4층 객실을 뛰어다니며 구명조끼를 챙기고 학생들에게 "탈출하라"고 소리쳤다. **故유니나**(단원고 교사) 학생들을 구하러 4층으로 내려갔다. **故이광욱**(민간잠수사) 베테랑 잠수사로 참사 현장에서 수중 수색 활동 중 숨을 거두었다. **故이해봉**(단원고 교사) 학생 10여 명을 구조한 뒤 남은 학생들을 구조하러 선내로 돌아갔다. **故전수영**(단원고 교사) 5층 객실에 있었지만 구명조끼도 입지 않은 채 3층으로 내려와 학생들을 밀어올렸다. **故정차웅**(단원고 학생) "내 구명조끼 얼른 네가 입어!" 친구에게 구명조끼를 주고 다른 친구를 구하기 위해 맨몸으로 바다에 뛰어들었다. 참사 당일 오전, 구명조끼를 입지 않은 채 어선에 의해 발견됐지만 끝내 숨을 거두고 말았다. **故최덕하**(단원고 학생) 최초 신고자로 174명의 생존에 결정적 역할을 했고, 친구에게 구명조끼를 양보했다. **故최혜정**(단원고 교사) 5층 객실에서 학생들이 있던 4층으로 내려가 10여 명을 구조했다. **김동수**(일반인 승객) 자신의 몸에 소방호스를 감고 10여 명의 학생들을 끌어올려 구조했다. **김성묵**(일반인 승객) 탈출하기 직전까지 많은 사람들을 구조했다. **신OO**(단원고 학생) 기울어진 선내에서 객실 6개를 돌며 친구들에게 구명조끼를 나눠주었다. **이종인**(민간 잠수업체 알파잠수기술공사 대표) '다이빙벨'을 이용해 구조활동을 벌였다. **홍가혜**(민간잠수사) 처음으로 구조 방기의 진실을 알렸다. **진도해역 어민들**(90여 명) 해경이 구조를 방기하고 심지어 가로막을 때 짧은 시간 동안 많은 생존자를 구조했다. **그리고… 故김관홍**(민간잠수사) 참사 현장에 달려간 민간잠수사. 그는 목숨 걸고 수색 작업에 뛰어들었지만 정부는 민간잠수사들에게 구조 실패의 책임을 떠넘겼다. 결국 그는 "뒷일을 부탁한다"는 마지막 말을 남기고 2016년 6월 스스로 목숨을 끊었다. **[304명의 희생자]** 단원고 2-1반 고해인 김민지 김민희 김수경 김수진 김영경 김예은 김주아 김현정 문지성 박성빈 우소영 유미지 이수연 이연화 정가현 조은화 한고운 **2-2반** 강수정 강우영 길채원 김민지 김소정 김수정 김주희 김지윤 남수빈 남지현 박정은 박주희 박혜선 송지나 양온유 오유정 윤민지 윤 솔 이혜경 전하영 정지아 조서우 한세영 허다윤 허유림 **2-3반** 김담비 김도언 김빛나라 김소연 김수경 김시연 김영은 김주은 김지인 박영란 박예슬 박지우 박지윤 박채연 백지숙 신승희 유예은 유혜원 이지민 장주이 전영수 정예진 최수희 최윤민 한은지 황지현 **2-4반** 강승묵 강신욱 강 혁 권오천 김건우 김대희 김동혁 김범수 김용진 김웅기 김윤수 김정현 김호연 박수현 박정훈 빈하용 슬라바 안준혁 안형준 임경빈 임요한 장진용 정차웅 정휘범 진우혁 최성호 한정무 홍순영 **2-5반** 김건우 김도현 김민석 김민성 김성현 김완준 김인호 김진광 김한별 문중식 박성호 박준민 박진리 박홍래 서동진 오준영 이석준 이진환 이창현 이홍승 인태범 정이삭 조성원 천인호 최남혁 최민석 **2-6반** 구태민 권순범 김동영 김동협 김민규 김승태 김승혁 김승환 박새도 서재능 선우진 신호성 이건계 이다운 이세현 이영만 이장환 이태민 전현탁 정원석 최덕하 홍종영 황민우 **2-7반** 곽수인 국승현 김건호 김기수 김민수 김상호 김성빈 김수빈 김정민 나강민 박성복 박인배 박현섭 서현섭 성민재 손찬우 송강현 심장영 안중근 양철민 오영석 이강명 이근형 이민우 이수빈 이정인 이준우 이진형 전찬호 정동수 최현주 허재강 **2-8반** 고우재 김대현 김동현 김선우 김영창 김재영 김제훈 김창헌 박선균 박수찬 박시찬 백승현 안주현 이승민 이승현 이재욱 이호진 임건우 임현진 장준형 전현우 제세호 조봉석 조찬민 지상준 최수빈 최정수 최진혁 홍승준 **2-9반** 고하영 권민경 김민정 김아라 김초예 김해화 김혜선 박예지 배향매 오경미 이보미 이수진 이한솔 임세희 정다빈 정다혜 조은정 진윤희 최진아 편다인 **2-10반** 강한솔 구보현 권지혜 김다영 김민정 김송희 김슬기 김유민 김주희 박정슬 이가영 이경민 이경주 이다혜 이단비 이소진 이은별 이해주 장수정 장혜원 **교사** 강민규 고창석 김응현 김초원 남윤철 박육근 유니나 이지혜 이해봉 전수영 최혜정 **일반승객** 김순금 김연혁 리상하오 문인자 박성미 백평권 서규석 서순자 신경순 심숙자 우점달 윤순연 이광진 이도남 이세영 이영숙 이은창 이재창 인옥자 전종현 정명숙 정원재 정중훈 조지훈 조충환 지혜진 최순복 최승호 최창복 한금희 현윤지 **선원** 구춘미 김기웅 김문익 박지영 방현수 안현영 양대홍 이묘희 이현우 정현선 **미수습자 5명** 권재근 권혁규 남현철 박영인 양승진

236

당시 식암, 새판 결과는 2016년 2월 기준 [정부] 박근혜(대통령) 정홍원(총리) 김기춘(청와대 비서실장, 여론 조작) 민경욱(청와대 대변인, 책임 부인) 이정현(청와대 홍보수석, 여론 조작) 우병우(청와대 민정비서관, 검찰 조사 개입) 조윤선(청와대 정무수석, 여론 조작) 박준우(청와대 정무수석, 대통령 보고 책임) 구은수(청와대 사회안전비서관, 책임 방기) 이명준(청와대 사회안전비서관실 행정관, 해경 파견 요원) 김장수(국가안보실장, 책임 부인) 이주영(해양수산부 장관, 세월호 참사 주무장관) 황교안(법무부 장관, 수사 외압) 김진태(검찰총장, 수사 외압) [국가안전보장회의NSC 상임위원회] 김규현(국가안보실 제1차장, NSC사무처장) 주철기(국가안보실 제2차장) 김관진(국방부 장관) 남재준(국가정보원장) [중앙재난안전대책본부(안전행정부)] 강병규(안전행정부 장관) 이경옥(안전행정부 제2차관) 이재율(안전관리본부장) 김석진(대변인) 정종제(안전정책국장) 윤재철(재난관리국장) 한성원(중앙안전상황실장) [해경 지휘부, 상황실, VTS] 김석균(해경청장, 불기소) 최상환(해경차장, 무죄) 이춘재(경비안전국장, 불기소, 해경 차장으로 승진) 여인태(경비과장, 불기소, 해양수색구조과장으로 승진) 황영태(상황실장, 불기소, 3012함장으로 승진) 고명석(장비기술국장, 불기소, 서해청장으로 승진) 김수현(서해청장, 해임) 김정식(서해청 경비안전과장, 불기소, 목포서장으로 승진) 유연식(서해청 상황담당관, 불기소, 완도서장으로 승진) 김민철(상황실장, 불기소) 김문홍(목포해경서장, 불기소, 1513함장으로 승진) 조형곤(목포해경 상황담당관, 불기소) 백남근(목포해경 상황실장, 불기소) 이병윤(목포해경 상황실장, 불기소) 고성은(목포해경 상황부실장, 불기소) 문명일(목포해경 상황요원, 불기소) 이치만(목포해경 상황요원, 불기소) 김형준(진도VTS 센터장, 무죄) 김종기(진도VTS A관제팀장, 무죄) 정안철(진도VTS C관제팀장, 무죄) 이원영(진도VTS 관제사, 무죄) 이갑열(진도VTS 관제사, 무죄) 정영민(진도VTS 관제사, 무죄) 이건호(진도VTS 관제사, 무죄) 기선영(진도VTS 관제사, 무죄) 노영현(진도VTS 관제사, 무죄) [해경 출동 세력] 〈123정〉 김경일(정장, 징역 3년) 김종인(부정장, 불기소) 최완식(기관장, 불기소) 박성삼(항해팀장, 불기소) 이형래(병기팀장, 불기소) 박은성(안전팀장, 불기소) 이종운(정비팀장, 불기소) 김용기(보수팀장, 불기소) 박상욱(전기팀장, 불기소) 이민우(행정팀장, 불기소) 강두성(항공기 703호 기장, 불기소) 〈헬기 511호〉 양회철(기장, 불기소) 김태호(부기장, 불기소) 박훈식(항공구조사, 불기소) 김재현(항공구조사, 불기소) 이명중(전탐사, 불기소) 김범준(정비사, 불기소) 〈헬기 512호〉 김재전(기장, 불기소) 김태일(부기장, 불기소) 권재준(항공구조사, 불기소) 김세종(정비사, 불기소) 전○○(정비사, 불기소) 〈헬기 513호〉 고영주(기장, 불기소) 이성환(부기장, 불기소) 류규식(항공구조사, 불기소) 심재우(전탐사, 불기소) 박순율(정비사, 불기소) [인천해경] 오상권(인천해경서장, 불기소, 동해해양경비안전 본부장으로 승진) 장지명(인천해경 해상안전과장, 징역 4개월) 이재현(해상교통계장, 불기소) 이성일(해상교통계, 선고유예) 김재학(해상교통계, 불기소) [인천항만청] 문해남(전 인천항만청장, 자진 사퇴) 박성규(전 선원해사안전과장, 무죄, 파면) 김봉섭(전 선원해사안전과 해무팀장, 무죄, 명예퇴직) 문병일(전 선원해사안전과) 김수곤(전 인천항만청장, 불기소) 김영소(선원해사안전과장, 불기소) 이인수(선원해사안전과 해무팀장, 불기소) 박현우(선원해사안전과, 불기소) [한국해운조합] 김주성(인천지부 운항관리실장, 무죄) 한병천(전 운항관리실장, 집행유예) 전정윤(운항관리자, 징역 2년) [한국선급] 이율성(한국선급 본부 기본기술팀장, 불기소) 조용선(수석검사원, 불기소) 전종호(선임검사원, 무죄) [청해진해운] 유병언(회장, 사망) 유섬나(검찰 조사 중) 김한식(대표, 징역 7년) 박기청(전 상무, 집행유예) 김영붕(상무, 금고 3년) 안기현(해무 이사, 징역 6년) 송기채(여수지역본부장, 집행유예) 이성희(제주지역본부장, 집행유예) 박기훈(제주지역본부 과장, 집행유예) 남호만(물류팀장, 금고 4년) 김정수(물류팀 차장, 금고 3년) 김재범(기획관리팀장, 불기소) 조용준(여객영업팀장, 집행유예) 박희석(해무팀장, 집행유예) 홍용기(해무팀 대리, 불기소) 문기한(우련통운 항만운영본부장, 무죄) 이준수(우련통운 현장팀장, 집행유예) [세월호 선장, 선원] 이준석(참사 당시 선장, 무기징역) 신보식(선장, 집행유예 3년) 강원식(1등항해사, 징역 12년) 신정훈(1등항해사 견습, 징역 1년6개월) 김영호(2등항해사, 징역 7년) 박한결(3등항해사, 징역 5년) 조준기(조타수, 징역 5년) 박경남(조타수, 징역 2년) 오용석(조타수, 징역 2년) 박기호(기관장, 징역 10년) 손지태(1등기관사, 징역 3년) 이수진(3등기관사, 징역 3년) 전영준(조기장, 징역 1년6개월) 이영재(조기수, 징역 3년) 박성용(조기수, 징역 3년) 김규찬(조기수, 징역 3년) 강혜성(매니저, 불기소) [세월호 진상규명 방해 새누리당 국회의원] 권은희 김순례 김무성 김용남 김재원 김정훈 김종태 김종훈 김진태 김태흠 박민식 심재철 안홍준 안효대 원유철 이완구 이완영 이헌승 정유섭 조명철 조원진 주호영 최봉홍 하태경 한기호 황우여 황진하 [세월호 특조위 활동을 방해한 특조위원] 이헌(부위원장) 고영주 석동현 이상철 차기환 황전원 [세월호 '보도참사' 언론] 길환영(KBS 사장) 김시곤(KBS 보도국장) 임창건(KBS 보도본부장) 안광한(MBC 사장) 김장겸(MBC 보도국장) 박상후(MBC 전국부장) 이진숙(MBC 보도본부장) 정연국(MBC 시사제작국장) 김광현(채널A 부장) 서승만(피플뉴스 편집국장) 정규재(한국경제 논설위원실장) 지만원(극우 언론인) KBS MBC YTN [세월호 비하 극우단체] 서북청년단 어버이연합 엄마부대 일베 [세월호 비하 인사] 김호월(홍익대 교수) 김동길(연세대 명예교수) 정미홍(정의실현국민연대 대표, 더코칭그룹 대표) 박승춘(국가보훈처장) 조광작(한국기독교총연합회 부회장) 전광훈(사랑제일교회 목사) 오정현(사랑의 교회 목사) *416연대, 416가족협의회, 416세월호참사특별조사위원회, 416세월호참사 국민조사위원회, 재단법인 진실의 힘 세월호 기록팀, 민주사회를 위한 변호사모임 등에서 발표한 자료를 참고해 게재함 저희는 세월호 생존 학생들입니다. 그간 용기를 주신 많은 시민들께 감사를 드리고 싶습니다.
아시는지 모르겠지만, 저희는 구조된 것이 아닙니다. 스스로 탈출했다고 생각합니다. 배가 기울고
한순간에 머리 끝까지 물에 잠겨 공포에 떨었습니다. 많은 친구들이 안에 있다고 구조해달라고
직접 요구하기도 했지만 그들은 무시하고 지나쳤습니다. 우리는 사랑하는 친구들을 보고 싶어도
볼 수 없게 되었습니다. 저희가 살아나온 것이 유가족들께 죄를 지은 것만 같습니다. 그런데 오히려
저희를 걱정하고 챙겨주시는 모습을 보면서 더 죄송했습니다. 그동안 지난 날들처럼 비난 받을
것이 두려워 숨어있기만 했지만 이제는 저희도 용기를 내보려 합니다. 나중에 친구들을 다시 만날
때 너희들 보기 부끄럽지 않게 잘 살아왔다고, 우리를 멀리 떨어뜨려 놓았던 사람들 다 찾아서
책임을 묻고 제대로 죄값을 치르게 하고 왔다고 당당히 말할 수 있게 되기를 바랍니다.

단원고 2학년 1반이었던 세월호 생존 학생 장애진 님, 세월호 참사 1,000일을 이틀 앞두고 열린 광화문 촛불집회, 2017.1.7

지금도 2014년 4월 16일을 살고 있습니다. 세월호 인양은 미수습자에게는 가족을 만나는 것이고,
희생자에게는 진상규명입니다. 마지막 한 명까지 가족의 품으로 돌아갈 수 있도록 도와주십시오.

당시 세월호 미수습자 단원고 2학년 1반 故조은화 양 어머니 이금희 님, 광화문 촛불집회, 2016.12.3

세월호 참사는 우리 가족들과 국민들에게 잊을 수 없는 교훈을 안겨주었습니다.
'가만히 있지 말라', 이 일곱 글자는 모두의 마음에 새겨졌습니다. 정의롭지 못한 것을 그대로 둘
수 없다고 생각했습니다. 반드시 참사의 원인을 규명하고 책임자를 단죄할 것을 약속했습니다.
그것이 국민의 생명권과 인간 존엄을 회복하는 길이라고 믿었기 때문입니다. 지난 1,000일 동안의
천만 서명, 천만 리본이 오늘의 천만 촛불이 되었음을 믿습니다. 국민 여러분, 정말 고맙습니다.

단원고 2학년 7반 故전찬호 군 아버지 전명선 님(416가족협의회 운영위원장), 세월호 참사 1,000일 안산 추모음악회, 2017.1.9

성호가 어느 날 저에게 물었어요. 세상에 이렇게 문제가 많은데 왜 어른들은 아무 일도 없는
듯이 살아가느냐고…. 그저 가만히 있었던 것만으로 내가 잘못된 세상의 협조자가 되어왔구나,
그게 내 자식의 희생으로 돌아왔구나 아프게 깨달았습니다. 아이를 잃고 가장 후회되는 건
더 많이 사랑하지 못했다는 거예요. 지금 이 순간 더 많이 사랑받고 더 많이 사랑해주세요.

단원고 2학년 5반 故박성호 군 어머니 정혜숙 님, 광화문 세월호 농성장, 2014.11.6

아이들이 3년 만에 세월호와 함께 돌아왔습니다. 저 배에 우리 아이들도, 우리 양심도 타고 있었구나 싶어요. 이리저리 긁히고 녹슬고 엉망인 세월호를 보면서, 참사에 관련된 사람 중에 양심 있는 사람은 '저게 바로 내 모습이구나' 느끼지 않을까요. 누군가 한 사람이라도 양심 선언을 시작한다면 그 용기가 전해질 거라고 생각해요. 박근혜 파면 사유에 세월호가 빠져서 많이 낙심했지만 가야 할 길이 더 뚜렷이 보였습니다. 끝이 아니라 시작이라는 것을요.

단원고 2학년 8반 故이재욱 군 어머니 홍영미 님, 세월호가 거치된 목포신항 앞, 2017.4.1

세월호 이전과 이후는 다른 세상이어야 합니다. 우리 아이들은 떠나고 없지만 남겨진 다른 사람들이 이런 세상을 살아가지 않도록 노력하겠습니다.

단원고 2학년 4반 故박수현 군 아버지 박종대 님, 안산 단원고등학교 앞, 2015.2.28

단원고 2학년 4반 7번으로 16년 4개월 15일을 살다간 동혁이 아빠입니다. 2014년 4월 16일 이전에 저는 나이만 어른이었지 세상을 너무 모르고 살았습니다. 우리 가족만 잘 살면 된다고 열심히 일만 하고 살아왔습니다. 동혁이가 제게 큰 아픔을 주었지만 큰 선물도 주고 갔다고 생각합니다. 바보 같았던 아빠가 동혁이 덕분에 세상을 알게 되고, 이 세상의 악도 선도 알게 되었으니까요. 이 나라에 큰 아픔과 고통 속에 살아가는 분들이 많습니다. 그런 분들께 조금이나마 도움이 되고 세월호의 진상이 규명될 수 있도록, 할 수 있는 한 그 길을 갈 것입니다.

단원고 2학년 4반 故김동혁 군 아버지 김영래 님, 2016.11.24

박근혜가 파면된 날 세월호 인양을 발표했고, 박근혜가 구속된 날 세월호가 돌아왔습니다. 인양은 의지의 문제였고 의도의 문제였습니다. 앞으로 진상규명의 과제는 크게 세 가지입니다. 침몰 원인을 밝히는 것. 구조하지 않은 이유와 책임을 밝히는 것. 진상규명 요구를 무시하거나 방해하거나 피해자들을 모독한 행위들에 대한 책임을 밝히는 것. 정부 책임이 크기 때문에 정부 스스로 해결할 수 없는 문제가 많습니다. 그래서 특별법을 제정하고 제2의 특조위를 만들어야 합니다. 국민의 힘으로 탄핵을 이루었듯, 우리의 힘으로 세월호의 진실을 밝혀낼 수 있으리라 믿습니다. 그동안 함께 고통받으며 고생해주신 국민 여러분 진심으로 감사합니다.

단원고 2학년 3반 故유예은 양 아버지 유경근 님(416가족협의회 집행위원장), 세월호가 거치된 목포신항 앞, 2017.4.1

세월호 참사는 '우리가 살아온 세월'의 맨얼굴이었다.
이제 우리는 유보되고 가려져온 이 체제와 문명,
삶의 실상을 깊이 돌아봐야 한다. 어떤 나라를 세울 것인가?
어떤 아이로 키울 것인가? 어떤 삶을 살아갈 것인가?
세월호는 우리에게 던지는 '진실의 뜨거운 물음표'다.

우리가
살아온 세월,
우리가
살아갈 세월

모두의 눈앞에서 충격적으로 벌어진 한 시대의 종언. 세월호 참사는 한 정권의 문제를 넘어 '우리가 살아온 세월'의 맨얼굴이었다. 식민지배와 전쟁과 가난과 독재를 뚫고 세계 10위권의 부자 나라로 올라섰지만, 그 화려한 삶의 실상이 무엇인지 우리는 세월호를 통해 아프게 직시해야 했다. 참사 당시 "가만히 있으라"는 방송으로 희생을 키운 선장과 주요 선원은 가장 먼저 탈출했다. 선원들의 상당수가 비정규직·계약직이었다. 노동 윤리도 구조 의무도 도덕적 책임도 기대하기 어려웠다. 언제든 대체되고 폐기되는 '비즈니스 상품 인간'이 된 시대, 무슨 짓을 해서든 '살아남는 것'이 능력이자 미덕이 되고 만 인간성의 침몰을 상징적으로 보여준 것이다. 그 희생자는 마이크를 쥔 이들의 명령에 따라야 했던 아이들이었다. 우리는 나만의 질문보다 하나의 정답을 맞추는 교육을 강요해왔다. 자기 삶에 닥치는 문제를 스스로 판단하고 앞가림해나갈 인간 능력을 체계적으로 박탈해왔다. 그렇게 교실에 갇혀 있던 아이들은 모처럼의 여행길에서도 선실에 갇혀 죽어가고 말았다. 차라리 맘껏 뛰놀고 맘껏 꿈꾸게 할 걸, 이토록 무능하고 무책임한 자들에게 삶을 내맡기지 말라고 할 걸… '세월호의 선실'은 거대한 수용소에서 길러지고 관리되는 우리 삶에 대한 극적인 은유였다.

무엇보다 세월호는 '믿음의 침몰' 사태였다. 국가, 과학, 전문가, 정치, 언론, 상식 등 그 모든 것에 대한 우리의 믿음은 세월호와 함께 침몰하고 말았다. '전쟁이 터져도, 재난이 터져도, 나는 국가를 믿지 않는다. 이 시스템을 믿을 수 없다. 내 가족과 생명을 맡길 수 없다!' 그 반란은 '세월호 세대' 아이들로부터 이미 시작되었다. 2016년 경주 지진 당시 아이들은 교실에 있으라는 지시를 따르지 않고 학교 밖으로 뛰쳐나가 버렸다. 그리하여 우리는 외친다. 세월호의 진실이 밝혀지고 책임자들이 처벌받지 않는 한, 난파 위기의 모든 곳에서 재구축을 시작하지 않는 한, 우리에게 믿음은 없다고.

이제 우리는 유보되고 가려져온 이 체제와 문명, 삶의 실상을 깊이 돌아봐야 한다. 어떤 나라를 세울 것인가? 어떤 아이로 키울 것인가? 어떤 삶을 살아갈 것인가? 세월호는 우리에게 던지는 뜨거운 물음표다. 우리를 이토록 불편하게 하고 고통스럽게 하고 고개 돌리게 하는 '진실의 뜨거운 물음표'. 그로부터 우리는 가만히 있지 않겠다고, 또 다른 '세월호들'을 만들어내지 않겠다고, 그렇게 촛불을 들고 믿음의 손을 맞잡고 나아가고 있었다.

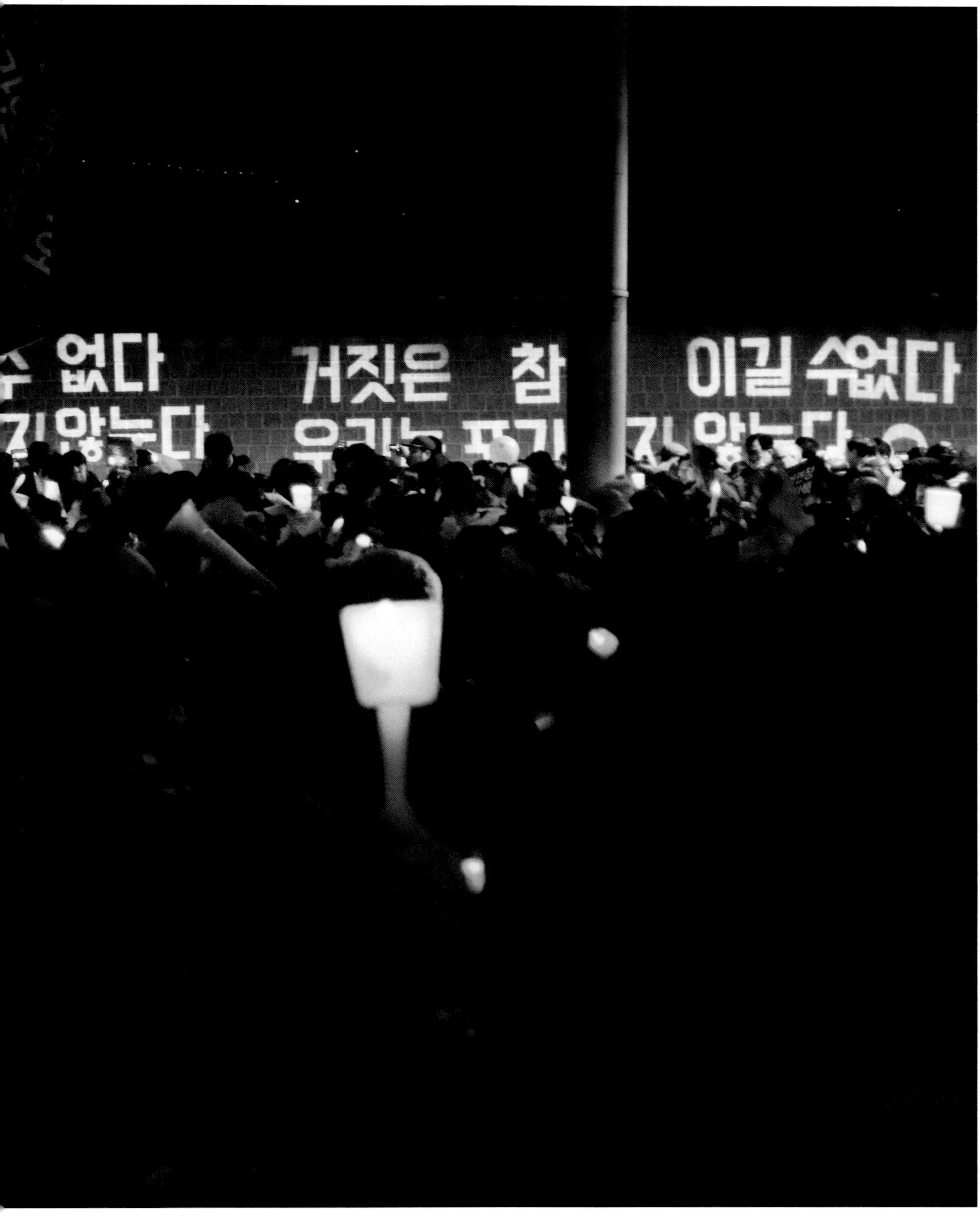
수 없다
거짓은 참
이길 수없다

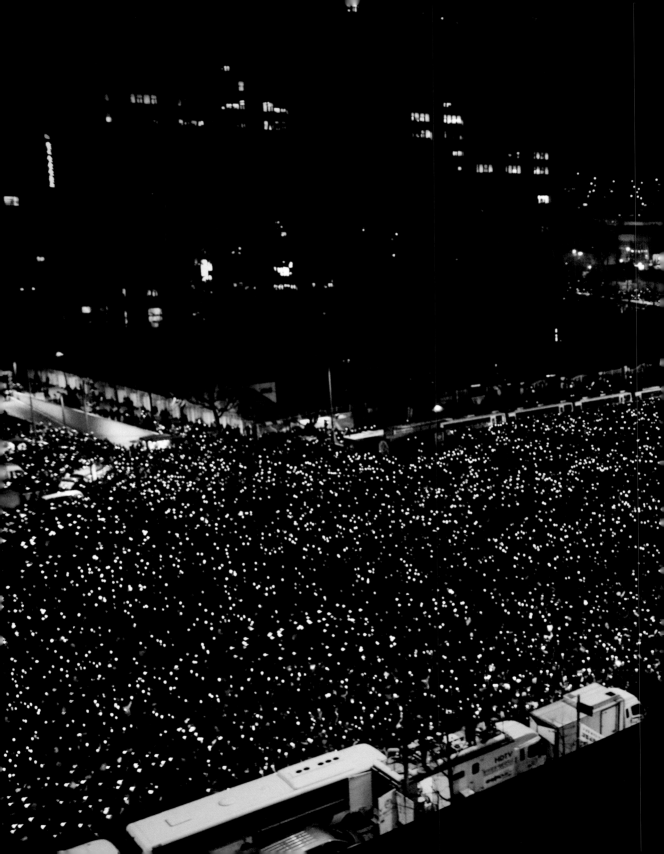

박근혜가 구속된 날 세월호가 돌아왔다.
비참하게 무너진 권력의 맨얼굴로
처참하게 상처 난 녹슬은 세월호로.
2017년 3월 31일, 대한민국의 모습이었다.
이제부터 시작이다. 여기에서 시작한다.
세월호로부터 진실을 밝혀내고
새로운 나라를 함께 만들어가자.

2017.4.16
세월호 3년
우리의 약속

<세월호 참사 3주기 기억식에 함께한 문재인 당시 더불어민주당 대선 후보 연설 중>

"세월호 희생자들을 추모하면서 유가족분들, 미수습자 가족분들, 그리고 고통을 나누어서 안아주신 안산 시민들, 진도 군민들께 위로의 말씀을 드립니다. 아픔이 치유되어간 3년이 아니라 갈수록 커져간 3년이었습니다. 그러나 그냥 흘러간 3년은 아니었습니다. 촛불도, 새로운 대한민국의 다짐도 세월호로부터 시작되었습니다. 세월호의 아이들이 촛불광장을 밝혀준 별빛이 되었습니다. 지금까지 박근혜 정부는 그저 세월호를 덮으려고 했습니다. 국민들 가슴 속에서 세월호를 지우려고 했습니다. 그러나 정권교체로 들어설 새 정부는 다릅니다. 지금 가장 중요한 것은 9명의 미수습자를 찾는 일입니다. "유가족이 되고 싶다", 세상에 이렇게 슬픈 소원이 또 있겠습니까. 현철이, 영인이, 은화, 다윤이, 고창석 양승진 선생님, 권재근 님과 아들 혁규, 이영숙 님을 찾는 일에 최우선의 노력을 기울이겠습니다. 반드시 가족들 품으로 돌려드리겠습니다. '세월호는 그날의 진실을 알고 있다', '진실을 말해주기 위해 아이들이 약속한 금요일에 돌아왔다', 세월호의 어머니들은 그렇게 믿고 계십니다. 저도 그렇게 믿습니다. 새 정부는 곧바로 제2의 특조위를 구성해서 진실을 낱낱이 규명하겠습니다. 국회에서 법 통과가 안 되어도 대통령 권한으로 특조위를 재가동시키겠습니다. 선체 조사위도 최대한 빨리 인력과 예산을 배정해서 본격적인 활동을 할 수 있도록 하겠습니다. 기간제 교사라서 순직에서 제외된 김초원, 이지혜 선생님도 순직을 인정하고 명예를 회복해 드리겠습니다. 피해재난지역 안산에 제대로 된 회복 조치가 이뤄지지 않았습니다. 공동체 회복을 위해서 정부가 도대체 한 일이 없습니다. 안산에 추모안전공원을 조성하고 생명과 안전을 상징하는 도시로 만드는 일에 책임있게 나서겠습니다. 노란 리본은 이제 민주주의의 새로운 상징이 되었습니다. 그리고 새로운 대한민국의 이정표가 되었습니다. 세월호의 아이들을 잊지 않고, 사람이 먼저인 나라 반드시 만들어내겠습니다." 참으로 오랜 세월 기다려온 말이다. 금요일에 돌아온다던 아이들은 약속을 지켰다. 이제 우리가 지킬 차례다. 이 다짐을, 이 약속을. 세월호 진상 규명을 시작으로 박근혜, 이명박 9년 동안의 반反역사를 청산해가야 한다. 악한 자들은 아직 힘을 잃지 않고 있으니, 그러나 선하고 의로운 이들 또한 아직 살아있으니!

눈발을 뚫고 왔다

이토록 '뜨거운 겨울'이 있었을까. 촛불혁명의 또 하나의 신기록은 '겨울 혁명'이라는 것. 동토의 땅이라 불리는 러시아 혁명 이후 세계 혁명사에 없던 겨울 혁명이었다. 촛불혁명의 드라마를 완성한 것은 날씨였다. 서울에 첫눈이 내린 11월 26일. 한 달째 이어진 주말집회에 매일같이 일한 피로감과 밀린 집안일에 오늘은 좀 쉬어야지 했던 날. 그런데 굵은 눈발이 흩날리기 시작하자 '사람들이 못 나오면 어쩌나, 이러다 광장이 비면 어쩌나' 덜컥 불안한 마음에 우산을 쓰고 우비를 입고 아이를 안고 하나둘 광장으로 나온 사람들. 그렇게 광화문광장에만 150만 명, 전국에 190만 명이 모였다. 오후까지도 썰렁하던 광장을 중계하던 언론은 예상치 못한 광경이 벌어지자 일제히 감격에 찬 보도를 쏟아냈다. '나라도 나가야지, 나라도 채워야지' 하는 마음으로 나선 우리 한 사람 한 사람은 발 디딜 틈 없는 광장에서 서로가 서로에게 놀라고, 고맙고, 감동했다. 벅차고 눈부시고 뜨거웠다. 그날 집회 현장의 기온은 주변보다 무려 6도나 높았다. 긴 촛불혁명 기간 중 다들 첫 손에 꼽는 감동의 명장면, 역사의 명장면이 펼쳐진 날이었다. 영하의 날씨와 눈비 내리는 주말은 13주간(서울 기준) 계속됐다. 촛불집회 시작 이후 가장 추운 주말인 12월 10일(최저 -6℃)에도, 새해 최강 한파를 기록한 1월 14일(-11℃)에도, 함박눈이 펑펑 쏟아지던 1월 21일(-10℃)에도, 살을 에는 강풍이 몰아친 2월 18일(-7℃)에도, 종일 비가 내린 3월 1일(2℃)에도 수백, 수십만의 촛불은 꺼질 줄 몰랐다. 눈발은 하얗게 날리는데 양손에 피켓과 촛불을 들고서 앉지도 못한 채 발을 동동 구르며 서성이는 사람들. 나쁜 조건과 나쁜 사회 속에서도 선하고 의로움을 지켜온 사람처럼, 눈발을 뚫고 나온 우리는 얼마나 큰 존재인가. 그 애틋하고 간절한 마음 하나 하나가 매주 새로운 역사를 써 나갔다. 추위와 눈발도 막을 수 없는 분노와 의지는 '박근혜 구속'으로 '특검 연장'으로 '헌재는 탄핵'으로 최후의 승리를 향해 더욱 뜨겁게 타올랐다.

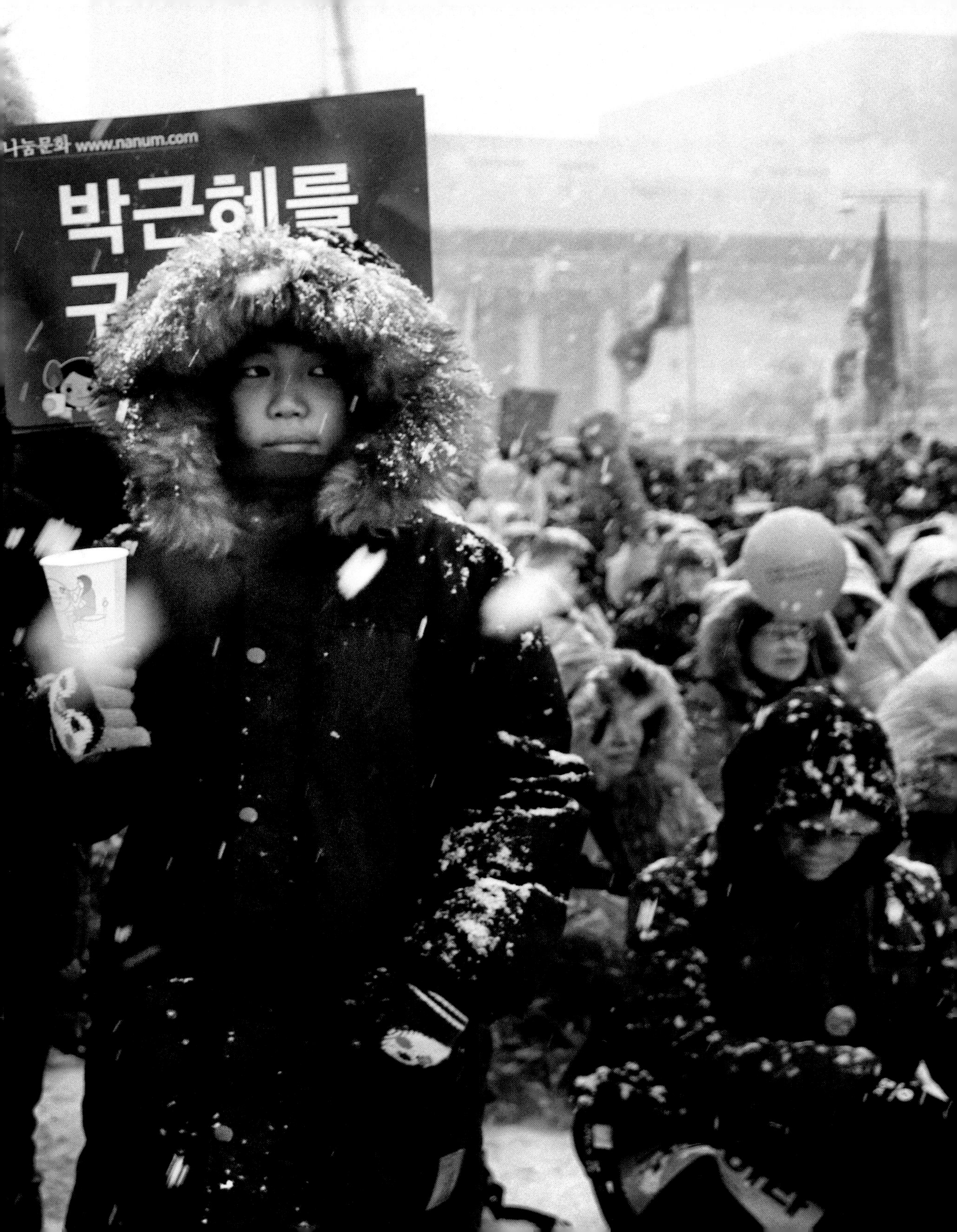

나눔문화 www.nanum.com
박근혜를

대를 이은
독재의 칼,
김기춘

박근혜와 최순실 다음으로 전 국민적 공분을 산 두 세력이 있다. 박정희 시대부터 한번도 권력의 중심에서 내려온 적 없고, 그 많은 죄악을 저지르고도 한번도 죄값을 받지 않고 오늘날 훨씬 더 강력해진 불패의 존재. 바로 재벌 삼성과 정치 검찰이다. 그 대표 얼굴이 이재용과 김기춘이다.

현대사의 어두운 질곡마다 등장하는 이름, 김기춘. 그는 5.16장학회(이후 정수장학회) 출신으로 25살에 검사가 된 후 박정희 독재의 '사형집행자' 역할을 하며 검찰총장, 법무부 장관, 3선 의원으로 승승장구했다. 그리고 박근혜 정권에서 74세 최고령 비서실장으로 임명되었다. 박정희 대통령에게는 "김똘똘"이라 불렸고 박근혜 정권에서는 권력 실세 "기춘대원군"이라 불렸으나 많은 사람들은 그를 비적 중에서도 가장 악랄한 '법비法匪'라 불렀다. 법을 앞세워 무고한 목숨을 앗아간 그는 한번도 법의 심판을 받지 않았다. 그렇게 잘라내지 못한 악의 뿌리에서 김기춘의 적자와도 같은 우병우가 커나왔다. 일명 '우병우 사단'은 검찰 국정원 등에 암처럼 퍼져 국가 기구를 타락시켜왔다. 수사 대상이 된 이후에도 검찰 수뇌부와 2천여 건의 문자와 전화를 주고받은 우병우의 구속영장은 두 번이나 기각되었다.

촛불시민의 분노가 '검찰 개혁'의 함성으로 치솟던 2017년 1월 21일, 특검은 김기춘을 구속했다. 그가 박정희의 유신헌법을 설계한 이래 무려 45년만의 일이다. 그러나 7월에 선고된 김기춘의 1심 형량은 불과 3년. 박정희 박근혜 2대에 걸쳐 그가 저질러온 범죄의 형량은 과연 얼마인가?

1972년 10월, 박정희 대통령은 장기집권을 위해 국회 해산 및 비상계엄을 내리며 '유신헌법'을 선언했다. 국민의 투표권을 제한하고 언제든 준계엄령을 내릴 수 있는 이 헌법의 설계자가 바로 33살 김기춘이었다. 그가 신직수 중앙정보부장의 법률보좌관으로 발탁된 이듬해인 1974년 4월, 중앙정보부는 야권의 배후에 북한이 있다며 1,024명을 조사, 고문해 203명을 구속했다. '민청학련'과 '2차 인혁당' 사건이었다. 1심 재판부는 사형 9명, 무기징역 21명 등 민청학련 피고인에게 도합 1,650년의 형량을 선고했다. 이어 1975년 4월, 대법원이 인혁당 관계자 8명의 사형을 확정짓자 박정희 정부는 단 18시간만에 형을 집행했고 고문을 은폐하기 위해 시신을 탈취해 화장했다. 고인들은 2007년에야 무죄 판결을 받았다.

1974년 8월, '육영수 여사 피격 사건'을 맡아 피의자 진술을 받아내며 대공수사국장으로 승진한 김기춘은 1975년 11월 22일, 재일동포 유학생 17명을 포함해 21명의 간첩을 검거했다고 발표했다. 일명 '학원 침투 간첩단 사건'. 김기춘이 총지휘를 맡았다. 이들은 고문 끝에 '간첩 자백'을 강요받았고 대부분 사형, 무기, 10년 이상의 징역 후 일본으로 추방되었다. 첫 임기제 검찰총장에 취임한 김기춘은 1989년 4월, '문익환 목사 밀입북 사건'을 빌미로 공안합동수사본부를 설치, 77일간 317명을 구속하며 공안정국을 조성했다. 검경의 진압 과정에서 의문사가 잇따랐고 김기춘은 사상 최대의 구속자를 낸 임기제 검찰총장으로 기록되었다. 반면 5공화국의 비리 주역 47명 중 4명을 제외하고는 모두 1년도 안 돼 석방되었다. 1991년 4월, 대학생 강경대 씨가 시위 도중 '백골단'에 맞아 숨진 사건으로 분신이 잇따르면서 노태우 정권 최대 위기가 찾아왔다. 법무부 장관 김기춘은 이 희생을 '기회'로 삼았다. 강경대 씨의 친구 강기훈 씨가 유서를 대필, 자살을 기획했다고 조작한 것. 이를 계기로 여당은 광역의회선거에서 압승했다. 당시 3년 형을 산 강기훈 씨는 2015년에야 무죄 판결을 받았다. 14대 대선 일주일 전인 1992년 12월 11일, 김기춘은 부산의 유명 식당 '초원복집'에 부산시장, 검사장, 안기부 지부장 등을 불러 "우리가 남이가"라는 그 유명한 말로 지역감정을 조장, 부정선거를 모의했다. 이 녹취가 정주영 후보 측의 도청으로 밝혀지자 김기춘은 사태의 프레임을 '불법 도청'으로 뒤바꿨다. 그의 기획대로 보수 언론은 도청을 집중 보도했고 결국 '부산 출신' 김영삼 대통령이 당선, 김기춘은 신한국당 국회의원에 당선됐다. 2004년, 한나라당 의원 김기춘은 국회 탄핵소추위원단장으로 노무현 대통령 탄핵에 앞장섰다. "대통령이 감정 조절 못하고 휘하를 감독하지 못해 국법을 위반하거나 불성실하게 직무를 수행하면 마땅히 탄핵해야 한다", "헌법재판소에 불출석하는 건 탄핵 사유를 인정하는 것" 등 노무현 대통령을 공격했던 김기춘의 발언은 '박근혜 탄핵'으로 이렇게 되돌아왔다. 2012년 18대 대선 당시, 문재인 후보를 비난하고 박근혜 후보를 옹호하는 수십만 개의 글을 퍼뜨린 국정원의 불법 대선 개입, 2013년 "문화계 종북세력" 블랙리스트 작성, 2014년 세월호 참사 여론 조작. 2015년 '정윤회 문건' 관계자에 대한 면죄부 수사와 '성완종 정치 자금 스캔들'까지. 이 모든 범죄에 김기춘이 관여했거나 관여했다는 의혹을 받고 있다.

현대사의 어두운 질곡마다 등장하는 이름, 김기춘. 법을 앞세워 무고한 목숨을 앗아 간 그는 한번도 법의 심판을 받지 않았다. 45년 공작 정치, 김기춘의 형량은 얼마인가?

이토록 특별한 특검
결정적 장면 7

박영수 특검팀 특별검사 박영수(64, 연수원 10기) **특검보** 박충근(60, 17기) 이용복(55, 18기) 양재식(51, 21기) 이규철(52, 22기) **파견검사** 윤석열 수사팀장(대전고검, 56, 23기) 한동훈(부패범죄특별수사단 2팀장, 43, 27기) 신자용(서울중앙지검 형사4부장, 44, 28기) 양석조(대검 사이버수사과장, 43, 29기) 고형곤(서울중앙지검 특수1부, 46, 31기) 김태은(서울중앙지검, 44, 31기) 김창진(서울중앙지검 특수2부, 41, 31기) 이복현(춘천지검, 44, 32기) 조상원(서울남부지검, 44, 32기) 배문기(인천지검, 43, 32기) 박주성(서울서부지검, 38, 32기) 이방현(광주지검, 43, 33기) 김영철(부산지검 특수부, 43, 33기) 이지형(서울중앙지검, 40, 33기) 강백신(울산지검, 43, 34기) 김해경(광주지검, 42, 34기) 최순호(대검, 41, 35기) 문지석(대구서부지청, 39, 36기) 호승진(대구지검, 41, 37기) 최재순(서울중앙지검, 38, 37기)

박근혜라는 이름에 드리운 '어두운 과거'의 그늘은 짙고도 깊었다. 친일독재 박정희, 일제순사 최태민, 공안검사 김기춘, 반공수구 새누리당, 정경유착 재벌까지. 오늘의 국정농단 사태는 실패한 적폐청산에서 기인하는 바가 크다. 무엇보다 해방 이후 처음으로 친일 청산에 나선 '반민족행위특별조사위원회(반민특위)'의 좌절, 그 한 번의 패배는 치명적이었다. 1948년 9월 제헌국회가 구성해 수사권과 기소권을 행사한 반민특위는 친일 반민족행위자 7천여 명을 파악, 거물급 친일파를 줄줄이 체포하며 민중의 압도적 지지를 받았다. 그러나 친일파가 주요 지지기반인 이승만 대통령은 반민특위 위원들을 간첩 혐의로 구속하는 등 각종 공작을 벌이며 반민특위를 1년여 만에 해체시켰다. 이후 반민특위 위원들은 투옥되거나 의문사당했다. 반면에 반민특위 조사를 받은 680여명 중 실형을 산 사람은 7명뿐이었다. 그렇게 면죄부를 받은 친일파들이 반공과 친미로 갈아타며 우리 사회 요직을 차지해왔다. 친일 경찰 노덕술, 친일 군인 김창룡 등을 시조로 군사독재 하에서 악명을 떨친 이후락, 박처원, 이근안, 신직수, 김기춘 그리고 광주학살의 주범 정호영 등에 이르기까지. 이들에게 '빨갱이'로 몰려 억울하게 죽어간 목숨은 이루 헤아릴 수가 없다. 단죄에 실패하면 더 큰 보복을 당하는 것이 역사의 법칙. 70여년 만에 다시 찾아온 기회 앞에 국민들의 적폐청산 의지는 강력했다. 국정농단 사태가 불거진 후 "특검이 필요하다"고 답한 국민은 76.5%, (한겨레, 한국리서치, 2016.10.26) 실제로 최순실 '늦장 수사', 우병우 '황제 수사', 재벌 총수 '봐주기 수사' 등이 계속되자 검찰에 대한 불신은 걷잡을 수 없이 커졌다. 결국 새누리당의 반대에도 불구하고 독립된 수사권과 기소권을 갖는 '별도 특검법'이 2016년 11월 17일 통과되었다. 반민특위 좌절 이후 70년 만에 촛불의 힘으로 세워낸 '혁명 검찰'이었다.

1 박영수 특별검사, 윤석열 수사팀장 등 촛불이 세운 특검다운 특검

특검 1명과 특검보 4명, 파견검사 20명, 특별수사관 31명, 파견공무원 40명, 행정지원요원 26명 등 총 122명으로 역대 최대 규모. 활동 기간 총 90일로 역대 최장 기간. 1999년 이후 12번째 특검으로 어떤 특검보다도 강력했다. 팀을 이끌 특별검사에는 SK 최태원, 현대차 정몽구 회장을 구속시켜 '재계의 저승사자'로 불려온 서울고검장 출신 박영수 변호사가 임명되었다. "국민주권의 명령에 따라 좌고우면하지 않고 철저히 수사할 것"이라는 의지를 밝힌 박영수 특검은 제1호 인사로 윤석열 수사팀장을 영입하며 국민들의 우려를 불식시켰다. '소신 검사'로 이름난 윤석열 검사는 2013년 국정원의 불법 대선 개입을 수사할 당시, 국정감사에서 검찰 수뇌부의 외압을 폭로한 뒤 좌천되었다. "위법한 지시는 따르면 안 된다", "저는 사람에 충성하지 않는다" 등의 강직한 발언을 남겨 많은 국민들이 그를 기억하고 있었다. 특검팀은 12월 21일 서울 대치동 특검 사무실의 현판식을 갖자마자 국민연금공단과 보건복지부 등 10여 곳을 압수수색하고 정유라의 체포영장을 발부했다. 이어 24일 최순실 소환조사, 26일 김기춘 조윤선 자택 및 문체부 압수수색, 28일 문형표 긴급체포 등 숨가쁜 수사를 이어갔다. 박영수 특검팀은 갈수록 성과와 신뢰를 더하며 '국민 특검'이라 불렸다.

2 이규철 대변인의 국민브리핑 국민의 '알 권리'를 보장한 첫 특검

박영수 특검팀을 출범시킨 '특검법'에는 이제까지의 특검법에 없었던 새로운 조항이 담겼다. 제12조(사건의 대국민보고) "특별검사 또는 특별검사의 명을 받은 특별검사보는 (중략) 국민의 알권리 보장을 위해 피의사실 외의 수사과정에 대해 브리핑을 실시할 수 있다"라는 내용이

었다. 박영수 특검은 지명 수락 후 인터뷰에서 "주권자인 국민이 수사를 통해 진실을 알고 싶어하는 여망이 있기에 검사로서의 생애를 다 바쳐서 국민의 뜻에 부응하겠다"고 밝힌 만큼, 국민에게 진실을 전하는 언론브리핑에도 많은 신경을 썼다. 특검팀은 이규철 대변인을 통해 하루에도 몇 차례씩 수사 진행 상황을 보고했다. 국가 권력기관이 국민의 '알 권리'를 위해 날마다 성실하고 정확하게 이런 보고를 올린 적이 있던가. '특검의 얼굴'이 된 이규철 대변인은 군더더기 없는 브리핑, 단호하면서도 겸손한 태도, 사안에 따른 표정과 어조 변화까지 선보이며 신뢰받았고, 매일 아침 멋진 '의관정제'를 선보인 출근룩으로 "코트왕", "패션왕"이라는 별명까지 얻으며 사랑받았다. 이규철 대변인뿐 아니라 박영수 특검팀 검사들의 숨겨진 일화와 미담은 그 자체로 뉴스가 되었다. 매일 특검의 브리핑을 기다린 시간, 가끔 그립다.

3 박근혜가 주범이다! 대통령을 정조준한 수사

2016년 11월 4일, 박근혜 대통령은 2차 대국민담화를 통해 검찰 및 특검 수사 수용을 약속했다. 그러나 끝내 검찰 대면 조사와 청와대 압수수색을 거부했고 11월 20일, 검찰은 헌정 사상 최초로 대통령을 피의자로 입건했다. 최순실, 안종범 전 수석, 정호성 전 비서관과 '공모'하여 재벌 기업에 재단 기금 출연을 '강요'하고 청와대 보안 문서를 유출한 혐의였다. 특검은 검찰보다 한 발 더 진실에 다가섰다. 재벌 기업의 기금 출연을 '강요'가 아닌 '대가성 뇌물'로 규정하고 검찰이 배제한 '뇌물죄'를 이재용 부회장과 최순실 그리고 박근혜에게 적용한 것이다. 검찰이 적용한 '직권남용죄'나 '공무상비밀누설죄' 등보다 훨씬 높은 형량의 중죄였다. 특검은 끝내 '뇌물공여죄'를 입증, 이재용 부회장을 구속시킴으로써 박근혜와 최순실의 '뇌물수수죄'까지 처벌할 수 있는 길을 열었다. 특검은

'블랙리스트' 수사에서도 박근혜를 '최종 지시자'로 지목하며 구체적 발언과 정황을 제시했다. 그 밖에도 국정농단 사태가 불거진 9월 이후에도 박근혜와 최순실이 차명폰을 사용해 127차례나 통화했다는 사실, 박근혜가 직접 찍어낸 부당한 인사 조치, 비선 진료 등 특검 수사를 통해 "헌법 가치를 위배한 중대 범죄"가 밝혀짐으로써 박근혜 파면에 이어 구속까지 가능했다고 평가된다.

4 재벌 서열 1위 이재용 구속 정경유착 단절의 신호탄

"법원은 우리가 관리 가능하다."(삼성 관계자가 삼성 출입 기자들에게 한 말로, 장윤선 〈오마이뉴스〉 기자가 밝힘, 2017.1.20) 그러나 이번엔 좀 예외였을까. 특검은 국정농단의 한 축인 삼성에 수사력을 집중했고 2017년 1월 16일, 이재용 부회장에 대한 구속영장을 청구했다. 삼성 총수에게 구속영장이 청구된 것은 처음이었다. 그러나 조의연 판사는 영장을 기각하며 '뇌물죄 성립에 대한 소명 부족' 등의 사유를 들었는데, 이후 '피의자의 주거 및 생활환경 고려'가 포함되었다는 사실이 알려지면서 "이재용 감옥은 호텔이어야 하냐"라는 공분을 샀다. 수사 종료를 불과 11일 앞둔 2월 17일, 특검은 결국 이재용 구속에 성공했다. 박영수 특검은 수사를 종료하며 "앞으로 전개될 삼성 관련 재판은 세계적으로도 관심을 갖게 될 세기의 재판이 되지 않을까"라고 밝혔고, 이후 공소유지를 위해 특검팀에 남은 8명의 파견검사와 함께 5개월간 무려 55회(준비기일 포함)의 이재용 공판기일을 진행했다. 드디어 8월 7일 결심공판이 열렸고 박영수 특검은 직접 논고문을 낭독했다. "이 사건 범행은 전형적인 정경유착에 따른 부패범죄로 국민주권의 원칙과 경제민주화라는 헌법적 가치를 크게 훼손하였습니다. 역사는 거짓말을 하지 않습니다. 대통령과의 독대라는 비밀의 커튼 뒤에서 이루어진 은폐된 진실은 시간이 지나면 드러나기 마련입니다. 이

들에 대한 공정한 평가와 처벌만이 국격을 높이고, 경제성장과 국민화합의 발판이 될 수 있다고 확신합니다." 이어 "법정에 '정의가 살아있음'을 보여주실 것"을 강조하면서 "피고인 이재용에 징역 12년"을 구형했다. 그러나 8월 25일, 재판부의 1심 선고는 징역 5년. 뇌물공여죄, 횡령죄, 국외재산도피죄, 범죄수익은닉죄, 위증죄 등 모든 혐의를 유죄로 인정하고도 '중대범죄'에 '최소형량'을 내린 것이다. 앞으로 이재용 부회장의 2심, 3심은 물론 SK·롯데·CJ 등 다른 재벌 기업에 대한 수사와 판결이 제대로 이뤄지도록 국민들은 엄중히 지켜볼 것이다.

5 역대 최다 구속, 최다 기소 그러나 놓쳐버린 우병우

박영수 특검팀은 구속 13명, 기소 30명으로 역대 특검 중 최대 기록을 세웠다. 숫자보다 중요한 것은 구속된 피의자들 중 '권력 실세'인 장차관급 인물이 다수 포함되었다는 사실. 특히 주목받은 인물은 김기춘 전 비서실장이었다. 온갖 악행을 저지르고도 처벌받지 않은 '불사의 악령'이 드디어 수갑을 차고 감옥에 가는 모습에 시민들은 환호했다. 김기춘의 혐의는 '블랙리스트'를 주도했다는 것. '블랙리스트'는 애초 특검법안에 명시된 14개 수사 항목에 포함되지 않았지만, "수사 과정에서 인지된 관련 사건"도 수사할 수 있다는 15번째 항목에 "중대한 헌법 위반"이라는 특검의 판단이 더해져 이뤄낸 결과였다. 거기다 관련 공무원들은 이때를 기다렸다는 듯 숨겨놓았던 중요 자료를 특검에 건넸다. 그 결과 '블랙리스트' 운용은 물론 '관제데모'를 주도한 조윤선 장관까지 현직 장관 최초로 구속할 수 있었다. 하지만 특검도 구속에 실패한 인사가 있으니 바로 우병우 전 민정수석이다. 특검 종료 전, 박영수 특검은 "우병우 영장 재청구하면 100% 구속"이라며 검찰의 보강 수사를 촉구했지만 검찰은 혐의 내용을 대폭 축소했고 결국 구속영장은 기각됐다. 그 이

후 우리가 목격한 것이 소위 '우병우 라인'이라 불린 안태근 전 검찰국장이 이영렬 전 서울중앙지검장과 함께 검찰 수사팀에 돈을 건넨 '돈 봉투 만찬 사건'이다. 우병우 구속영장이 두 번이나 기각되면서 검찰은 물론 사법부에 대한 분노가 거세졌다. 법원은 특검 기간 동안 이재용 부회장의 첫 구속영장과 김상률 전 교육문화수석, 최경희 전 이대 총장, 박상진 삼성전자 사장, 이영선 행정관 등의 구속영장을 기각했다. 뿐만 아니라 특검의 청와대 압수수색을 '불승인'하는 등 번번이 수사의 발목을 잡았다.

6 염병하네 최순실! 힘내세요 특검!
촛불시민의 열렬한 응원과 지지

최순실은 첫 특검 소환 조사 이후 건강 문제와 강압 수사 등을 이유로 수차례나 소환에 불응했고 결국 특검은 2017년 1월 25일 체포영장을 발부받아 최순실을 강제 소환했다. 이때 호송차에서 내린 최순실이 기습적으로 "특검이 자백을 강요하고 있다. 너무 억울하다, 여기는 더 이상 민주주의 특검이 아니다"라며 소리를 질렀다. 마침 이날 박근혜는 보수 성향의 인터넷 방송 〈정규재 TV〉에 출연해 "엮어도 너무 엮었다"며 모든 혐의를 부인했다. 국회 탄핵안 가결로 궁지에 몰린 두 사람이 특검을 공격하며 지지층 결집에 나선 것이다. 국민들이 이 기막힌 장면을 어이없이 지켜보고 있을 때, 어디선가 들려온 통쾌한 호통. "염병하네! 염병하네! 염병하네!" 특검 사무실 청소노동자 임애순 씨(63)의 외침이었다. "자식 손자 키우며 부끄럽지 않게 살아왔다"는 한 노동자의 일갈은 홧병 직전이던 민심을 대변하며 큰 호응을 받았다. 특검을 향한 시민들의 응원은 날로 뜨거워졌다. 특검 사무실 앞에는 "힘내세요 특검!", "정의는 승리한다", "국민 믿고 끝까지 가세요" 등 수많은 응원의 글이 붙었고 사무실에는 날마다 꽃바구니가 배달됐다. 온라인에서는 '#특검힘내라' 해시태그 붙이기 운동이 확산됐으며, 촛불집

회에서는 "특검 연장", "힘내라 특검" 등이 적힌 피켓과 현수막이 등장했다. 수사 결과와는 별도로, 박영수 특검팀이 남긴 가장 의미있는 성과는 국민들에게 "정의로운 검찰에 대한 희망"을 보여주었다는 것. 그것만으로도 박영수 특검팀에 마음 깊은 박수를 보낸다.

7 박사모의 특검 테러 위협과
황교안의 특검 연장 불승인, 그리고–

특검은 열렬한 지지만큼 극렬한 견제를 받았다. '박근혜 탄핵 반대' 친박 단체들은 특검이 "인민재판"을 하고 있다며 특검 사무실 앞에서 집회를 열고 난동을 부렸다. 박영수 특검 자택 앞에서는 "몽둥이 맛을 봐야 한다"(장기정 자유청년연합 대표)며 야구방망이를 흔들고 "목적은 박영수를 때려잡는 것"(주옥순 엄마부대 대표)이라며 박 특검의 사진을 불태우는 '화형식'을 거행(?)했다. 살해 위협까지 받으면서도 특검팀은 수사 의지를 굽히지 않았고, 황교안 대통령 권한대행에게 '특검 연장'을 요청했다. 채동욱 전 검찰총장은 "이 정도 사건을 제대로 수사하려면 유능한 검사 40명이 1년을 수사해야 한다"며 특검 연장의 필요성을 강조하기도 했다. 특검 연장을 요구하는 여론은 65.7%에 달했다.(리얼미터, 2017.2.16) 그러나 최종 시한인 2월 27일 황교안은 끝내 연장을 불승인하며 사실상 특검을 강제 해산시켰다. 3월 6일 박영수 특검의 최종 수사 결과 발표를 끝으로 공식 수사 활동은 종료되었지만, 촛불혁명이 이뤄낸 정권교체로 '일상 특검'이 시작되었다. 문재인 정부는 윤석열 검사를 서울중앙지검장에 파격 임명하고 특검 출신 인사들을 대거 중용하면서 검찰 개혁, 사법 개혁에 박차를 가하고 있다. 수사권과 기소권, 영장청구권 등을 모두 쥐고 대한민국 형사사법체계의 정점에 있는 검찰을 바로잡는 일. 70여 년 동안 이뤄내지 못한 과제이자 염원이다. 특검의 활약이 빛났던 시간에 이어, 촛불혁명이 또 한 번의 빛나는 역사를 쓰게 되기를.

경제보다
정의라는
역사적 선언

87년 6월항쟁 이후 30년 만에 중요한 '선언' 하나가 터져 나왔다. 2017년 1월 16일 특검이 이재용 부회장의 구속영장을 청구하며 했던 말, "국가경제에 미치는 상황도 중요하지만 정의를 세우는 일이 더욱 중요하다." 지난 반세기 동안 '경제'와 '성장'은 우리사회 제1의 가치였다. 권력은 강하나 짧지만 재벌은 길고도 강력한 역사였다. 그런데 촛불이 세운 특검이 재벌, 그것도 삼성 총수를 구속하겠다며 '경제보다 정의'라는 선언을 한 것이다.

이재용 부회장은 2월 17일 구속되어 8월 25일 1심에서 징역 5년을 선고받았다. 삼성 창사 79년 만에 총수가 구속된 것도, 실형을 받은 것도 최초다. 재벌도 죄 지으면 처벌받는다는 '경제보다 정의'를 세우는 데 70여년이 걸렸다. '삼성 총수 구속=삼성 경영 위기=국가경제 위기'라는 오래된 주술을 넘어서는 데 무려 70여년이 걸렸다. 다시 한번, 촛불은 혁명이었다.

우리 역사에서 삼성은 정경유착과 유전무죄의 상징이었다. '삼성의 세습'은 '범죄의 세습'이었고 '삼성의 축적'은 '국민의 수탈'이었다. 박정희 정권이 "부정축재자 1호"로 지목한 이병철 회장은 1966년, 박정희 정치 비자금과 삼성 계열사 건설자금 마련을 위한 것으로 추정되는 희대의 '사카린 밀수'를 저질렀으나 아무런 처벌도 받질 않았다. 이건희 회장 역시 삼성 임직원 486명 등의 차명계좌를 동원해 약 4조 5천억 원을 비자금으로 빼돌렸지만 2009년 조준웅 특검 결과 집행유예를 받았고 그마저도 이명박 대통령이 단독 사면을 단행했다. 그리고 이재용 부회장은 뇌물공여, 횡령, 국외재산도피, 범죄수익은닉 및 '3대 불법 승계'를 위해 삼성물산과 제일모직을 합병하면서 국민연금까지 도둑질했다. 합병 과정에서 챙긴 부당이득만 3조 원으로 추정되는데, 그의 형량은 죄에 비해 공정한가.

그동안 삼성은 어떻게 '삼성공화국'을 경영해왔는가? 그 실체가 적나라하게 드러난 것은 2005년 당시 이상호 MBC 기자가 폭로한 〈삼성X파일〉을 통해서였다. 1997년 대선을 앞두고 안기부가 불법 도청한 이 파일은 "삼성이 수백억 원대 뇌물을 대선 후보들에게 제공하고 검찰 수뇌부와 언론을 돈으로 매수해왔음을 '자백'하는 결정적 증거"(이상호)였다. 그러나 당시 수사를 맡은 황교안 검사는 삼성 관계자들을 무혐의 처리하고 이상호 기자를 기소했다. 삼성 측의 뇌물을 받은 '떡값 검사' 7명의 실명을 공개한 노회찬 당시 진보정의당 의원도 대법원의 유죄 확정 판결로 2013년

의원직을 상실했다. 최근까지도 일명 '대관팀'이라 불리는 조직과 삼성 임원들이 정관계 인사들을 수십 년째 '관리'해왔다고 알려진다.

삼성은 그 막강한 힘으로 어떤 일을 벌여왔는가? 삼성 반도체·LCD공장에서 일하다 직업병으로 숨진 노동자만 79명. 그러나 사죄와 산재 인정은 커녕 유가족에게 돈봉투를 내미는 회유와 감시, 탄압을 벌여왔다. 2007년 삼성중공업의 태안기름유출 사태에 대한 책임 회피, 2009년 4대강 공사와 용산참사 현장의 재개발 수주, 2013년 폭로된 '노조 와해 전략 문건' 작성 등. 그러나 삼성은 한번도 잘못을 인정하지 않았고 한번도 제대로 처벌받지 않았다. 삼성만이 아니었다. 지난 수십년 동안 "국가경제발전"을 위한다는 명목 아래 재벌의 이익은 극대화되었고 책임은 최소화되었다.

현재 30대 재벌 기업의 자산은 국가총자산의 37%, 사내유보금은 약 700조 원으로 정부의 1년 예산을 훨씬 뛰어넘는다. 그러는 사이 중소기업은 독점 재벌의 하청업체로 전락해 나날이 도산 위기에 내몰리고 있다. 상위 100개 기업이 국내 기업 부문 이익의 60%를 가져가는 반면 고용률은 고작 4%에 불과하다. 원청과 하청 기업간 임금 격차는 60%가량이나 차이가 난다. "재벌 개혁은 경제민주화의 출발점이다. 재벌은 성장하지만 국민은 가난해지고 있다. 선순환의 생태계를 만들어내기 위해서는 재벌의 힘이 오남용되는 것을 막는 게 무엇보다 시급하다."(김상조 공정거래위원장) "법적, 정치적 압력은 재벌을 길들일 흔치 않은 기회. 삼성 합병을 되돌려놓는 것은 부패는 득 될 게 없다는 강력한 신호를 보내는 일이 될 것."(월스트리트저널, 2017.1.16) 이제 국민들은 '재벌 총수가 구속되면 국가경제가 나빠질 것'이라는 주술에 속지 않는다. 만약 총수 한 명의 구속으로 기업이 망하고, 그 기업의 실적 악화로 나라 경제가 망한다면, 그건 이미 망해야 할 기업이고 망할 나라가 아닌가. 다시, '경제보다 정의'라는 역사적 선언을, 가치 혁명의 선언을 생각한다. 경제보다 정의다. 재벌보다 민생이다. 성장보다 성숙이다. 공정과 공평이 좋은 경제의 토대다. 독점과 특혜를 없애야 모두에게 공정하고 공평한 기회가 열린다. 박근혜 최순실 국정농단에 공모하며 이 나라의 뿌리까지 부정부패로 물들여온 정경유착 재벌을 엄벌하는 것으로부터, 나라다운 나라는 이제 시작이다. 지난 30년간의 정치민주화를 딛고 경제민주화를 이루고 삶의 민주주의로 나가기 위해!

지난 시절 '경제'와 '성장'은 우리 사회 제1의 가치였다. 권력은 강하나 짧고 재벌은 길고도 강한 역사였다. 이제, 경제보다 정의다. 성장보다 성숙이다. 공정과 공평은 그 자체로 좋은 경제의 토대다.

13차 범국민

범죄자

공범자들 구속! 적폐 청산!

뜨거웠던
그 겨울,
우리는
나눔으로
하나였다

1980년 5월, 전두환 일당의 계엄군 탱크 앞에 저항하던 광주의 시민들은 총검을 헤치고 줄을 서 헌혈하고 주먹밥을 나누었다. '피'와 '밥'을 나누었던 뜨거운 항쟁의 역사는 이번 촛불집회에서도 이어졌다. 한겨울 바람 찬 거리에서 추운 몸과 마음을 따뜻하게 덥혀준 것은 소리없는 나눔의 손길들이었다. 광장을 걸어가다 보면 불쑥불쑥 간식이며 핫팩이 선물처럼 안겨왔다. 시민들을 대신해 정성껏 제작한 손피켓과 유인물을 나눈 '퇴진행동'과 여러 단체들. 무료로 화장실을 열어주고 언 몸을 녹이고 가라며 손을 이끌던 광화문광장 인근의 가게들. 세월호를 기억해준 시민들에게 감사를 전하며 핫팩을 나눈 '416연대'와 4,160그릇의 컵밥을 나눈 '416가족협의회'. "박근혜 그만두유"라는 스티커가 붙은 두유로 웃음까지 선물한 '봄꽃밥차'(한 달에 한 번 그늘진 현장을 찾아가는 공동체 밥차, 카페봄봄·서울노동광장·봄꽃장학회 운영). "9년 만에 처음 여기까지 오시느라 수고하셨습니다"라는 문구 아래 청와대로 행진하는 시민들에게 보리차를 나눈 '통인동커피공방'. "82(빨리) 하야하라, 오천 잔의 커피를 나눈 인터넷 커뮤니티 '82쿡' 회원들. 강원도 원주에서 광화문까지 차를 몰고 와 핫팩과 과자를 나눈 인터넷 커뮤니티 '토닥토닥 원주맘' 엄마들. "추운 날씨에 온기를 전하고자" 2천 잔의 커피를 나눈 지적장애인들의 이동카페 '해피드림카페'. "하야커피", "탄핵커피", "구속커피"라는 이름을 붙여 직접 내린 커피를 나눈 바리스타 박종성 씨. '박(근혜)하(야)사탕'을 나누며 답답한 마음까지 시원하게 해준 임좌진 씨. "주머니 사정이 넉넉치 않은 학생들을 위해" 동네 주민들과 주먹밥 230인분을 만들어 나눈 경기도 우호창 씨. 집회에 참석한 시민들에게 100인분의 칼국수를 무료로 나눈 '종로얼큰버섯칼국수 인사동점 대표 맹충숙 씨. 특검 수사가 한창일 때 "특겸" 스티커를 붙인 겸을 나눈 회사원 정윤범, 노기탁 씨. 노란 목도리를 판매하고 수익금 전액을 퇴진행동에 기부한 상인 장동혁 씨. 시민들이 저마다의 바람을 담을 수 있게 하얀 깃발 1,000개를 나눈 '최게바라 기획사' 송지선 씨와 친구들. 시민들을 위한 의료지원에 나선 대한전공의협의회와 대한의과대학·의학전문대학원학생협회 분들. 촛불집회 무대의 이야기를 온몸으로 전하며 감동과 화제를 지아낸 12분의 '수화통역사팀'과 수많은 자원봉사자 분들. 그밖에 여기 다 적지 못한 1,700만 모든 시민 한 분 한 분께 존경과 감사의 마음을 전한다. 촛불의 광장에서 어느 때부턴가 잃어버린 공동체 정신을 되살려간 우리들. 눈비를 맞고 추위에 떨어도, 정겹고 따뜻한 나눔의 마음씨 덕분에 고생도 달았다.

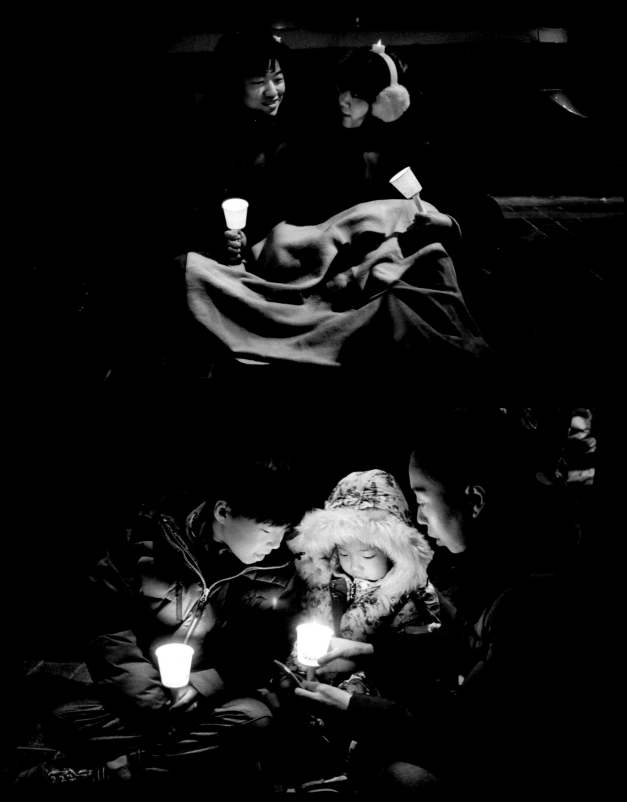

청산 없이
미래 없다

시민혁명의 태동지 프랑스를 지탱해온 두 가지 정신이 있다. 다름에 대한 관용을 의미하는 '톨레랑스'와 잘못에 대한 처벌을 상징하는 '콜라보라시옹'이다. '콜라보라시옹(Collaboration)'은 제2차 세계대전 당시 독일 점령 치하의 프랑스에서 "나치에 협력한 민족 반역 행위"를 가리키는 말로 우리의 '친일'과 비슷한 의미다. 그러나 두 용어의 운명은 너무도 달랐다. 2014년 파리 해방 70년을 맞아 프랑스는 국가적인 〈라 콜라보라시옹〉 전시회를 개최했다. 반면, 2015년 해방 70년을 맞아 박근혜 정부가 내건 구호는 "갈등과 분열을 넘어 미래로"였다. '미래'와 '화합'을 강조하며 '과거'와 '청산'을 건너뛴 자리에는 친일 독재 미화 국정 역사교과서, 굴욕적인 한일 '위안부' 합의 등이 벌어졌다. 심지어 한 공영방송사에서는 "친일"이라는 단어가 금기어가 되었고 〈민족문제연구소〉가 20여 년에 걸쳐 편찬한 『친일인명사전』은 교육부 등의 훼방으로 제대로 배포조차 되지 못했다.

두 나라의 행로가 이렇게 달라진 이유가 있다. 과거청산의 역사가 달랐기 때문이다. 프랑스의 레지스탕스(Resistance, 저항운동 및 단체)는 해방 즉시 주요 반역자 9천여 명을 약식 처형했다. 이후 드골 임시정부는 12만여 명을 재판에 넘겼고, 9만 7천여 명에게 최소 5년형부터 최대 사형이 선고되었으며 1,500여 명에 대한 사형이 집행되었다. 나치에 협력해 모은 부당재산은 몰수해 국유화했다. 이러한 과정에서 가장 먼저 청산 대상이 된 것은 언론이었다. 나치 점령기에 15일 이상 발행된 신문과 잡지는 모두 발행이 금지되었고, 재판에 기소된 언론사 538개 중 115개가 유죄를 선고받아 폐쇄되거나 재산을 몰수당했다. 상당수의 언론인이 사형 혹은 종신 노동형에 처해졌다. "언론인은 도덕의 상징이기 때문에 첫 심판대에 올려 가차 없이 처단했다."(드골) 더 나아가 '정의의 집행에는 시효가 없다'는 것을 보여주었다. 1964년 반인륜적 범죄의 공소시효를 없앴고, 반역자들을 지구 끝까지 추적해 재판에 세웠다. 대신에 저항운동에 참여했던 레지스탕스는 응당한 보상과 존경을 받았다. 이념을 넘어 전 국민이 합심해서 이뤄낸 일이다. 이러한 청산과 반성의 역사는 오늘도 계속되고 있다.

그러나 우리는 해방 이후 한번도 제대로 된 과거청산을 하지 못했다. '독립운동을 하면 3대가 망하고 친일을 하면 3대가 흥한다'는 자조가 만연했다. 양심과 정의와 원칙을 지키는 이들이 도리어 무시를 당하고 고난을 받았다. 그럴수록, 돈과 힘을 가지려면 법을 지키지 않아야 하고 불의에 눈 감고 타협해야 한다는 신념이 뿌리 깊게 자리 잡았다. 청산되지 않고 처벌받지 않은 자들은 두려움을 몰랐다. 반면에 그들은 '아니오! 잘못됐다! 밝혀내라! 책임져라! 처벌하라!' 외치고 나서는 사람들을 두려움의 본보기로 확실하게 응징했다. 생계와 직위의 박탈만이 아니었다. 사회적으로 인간적으로 철저히 낙인찍고 매장하고 따돌리고 고립시키면서 소리없이 학살했다. 실제로 이명박 박근혜 정부가 국정원 군부 국세청 검찰 등 국가 권력 기관을 앞세워, 진보 운동가는 물론 언론인 법조인 정치인 예술인 연예인 민간인에게까지 자행해온 일이 하나둘 드러나고 있다.

이명박 박근혜 정권의 적폐청산은 아직 시작에 불과하다. 불법 대선 개입, 4대강 죽이기, 자원 외교, 방산 비리, 천안함 침몰, 용산 참사, 세월호 참사, 백남기 농민 살인, 과거사위원회 폐지, 건국절 왜곡, 국정 역사교과서, 한일 위안부 합의, 불법적 사드 배치, 노동법 개악, 노조 탄압, 전교조 불법화, 검찰 및 사법부 장악, 민간인 사찰, 블랙리스트, 테러방지법 제정, 공영방송과 언론 장악, 남북 대결, 개성공단 폐쇄, 원전 확대, 공공부문 민영화, 규제완화, 친재벌 정책 등. 더 거슬러 올라가 친일 독재부터 전두환 노태우 신군부의 광주 학살까지. 다 적을 수도 없을 만큼 많은 불법과 악정을 하나하나 밝혀내고 책임자를 처벌하고 관련 기관과 제도를 바로잡기까지 얼마나 어렵고 지난한 과정인지, 또 한번 혁명에 가까운 의지를 필요로 하는지 우리는 알고 있다. 새 정부 초기부터 보수 야당은 청문회 파행과 인사 비토, 국정감사 거부, 언론 공작 등 무늬만 '협치'이지 실상은 '협박'으로 개혁의 발목을 잡고 있지 않은가. 이에 맞서 국민들은 "이게 다 야당 때문이다!"라며 문재인 대통령에 대한 압도적 지지로 힘을 실어주고 있다. 다시 없을 적폐청산과 개혁의 기회라는 걸 알기 때문이다.

"어제의 죄악을 오늘 벌하지 않는 것은 내일의 죄악에 용기를 주는 것이다."(알베르 카뮈) 엄정한 처벌에서 신뢰가 바로 선다. 잘못하면 벌 받는다는 '두려움의 전율'이 사회 구성원 속에 흐르게 하는 것, 그것이 살아있는 개혁이고 정의다. 그와 함께 공동선을 위해 앞장선 이들은 더욱 귀하게 여기고 보상하고 존중하는 나라가 되었으면 좋겠다. 그럴 때에 불의와 고난에 맞선 선과 정의, 진실과 양심의 맥박이 힘차게 살아 띌 것이다.

오늘의 악을 벌하지 않는 것은 내일의 죄악에 용기를 주는 것. 제대로 된 과거청산 한번 하지 못한 이 땅에서, 이제는 잘못하면 벌 받는다는 '두려움의 전율'이 흐르게 해야 한다. 청산이 곧 미래다.

마침내 승리,
혁명은 시작

2017년 3월 9일, 헌법재판소의 탄핵심판 하루 전. 혁명의 유산이냐 승리냐, 역사의 반동이냐 도약이냐. 대한민국에는 폭풍 전야의 긴장이 감돌았다. 여야 정치권과 언론에서는 "결과에 승복해야", "극단적 감정 자제", "차분한 대응"을 말하고 친박 세력은 "자결할 것", "피의 항전" 등 험악한 막말을 토해냈다. 서울에는 최상위 비상령인 '갑호비상'이 예고된 한편 미국의 사드 배치, 중국의 경제 보복, 북한의 미사일 발사로 긴박하게 치닫는 국제 정세. 그 날 법정에선 삼성 이재용 부회장의 첫 재판이 시작되었고, 극우 기득권 세력은 '친박 결사대'를 등 떠밀며 어둠 속에서 최후의 발악을 하고, 누군가는 그 중간 지대에서 연신 두리번거리며 갈팡질팡하는데…. 132일 동안 국회·특검·헌재라는 대의정치와 법적 절차를 추동하며 19차례의 촛불집회로 탄핵 흐름을 이끌어온 시민들은, 그 애타고 절박한 시간의 끝자락에서 사태의 향방을 지켜보고 있었다. 양쪽이 대치한 전선 한가운데 헌재가 놓인 채, 마치 대표 장수를 내보내 전쟁을 결정짓는 듯한 상황. 역사의 기로가, 나라의 명운이 불과 8인의 판사에게 달려있다는 기묘한 심정 속에 탄핵심판의 초침이 서서히 흘러가고 있었다. 마침내 승리, 혁명의 시작 D-1.

"대통령 박근혜를 파면한다"

2017년 3월 10일, 헌법재판소 탄핵 인용

촛불집회가 열린 지 133일, 국회 탄핵소추안 가결 이후 92일 만인 2017년 3월 10일 오전 11시. 헌법재판소의 최종 탄핵심판이 열렸다. 전 국민이 지켜보는 생중계 카메라가 재판정에 등장한 8인의 헌법재판관을 비추고 이정미 헌재소장 권한대행의 결정문 낭독이 시작되었다. 21분간의 조마조마한 시간 끝에 "재판권 전원의 일치된 의견"으로 들려온 주문, "피청구인 대통령 박근혜를 파면한다". 그 순간 참았던 눈물과 박수가 터져나왔다. 온 동네에 들리는 환호성, 광장으로 달려가 서로를 부둥켜안고 눈물 흘린 사람들. "마침내 우리가 해냈다!" "국민이 승리했다!" 1,700만 촛불혁명으로 거짓과 불의를 탄핵하고 진실과 정의를 이뤄낸 것이다. 헌법재판관들이 만장일치로 '역사의 투표지'에 정의를 새기도록 한 것은 바로 촛불의 힘이었다. 마음 속에서는 이미 탄핵도 심판도 끝냈지만 시민들은 절제된 분노를 지키며 입법부 국회의 탄핵안 가결로 직무를 정지시켰고, 이어 사법부 헌재의 탄핵 선고로 마침내 박근혜를 파면시켰다. 지난 30년간 피와 눈물로 이뤄낸 민주주의 안에서, 공동의 약속인 헌법을 통해서 끝내 목적을 달성한 것이다. "민중의 함성이 진정한 헌법이다"라는 끈질긴 외침 끝에 법 위의 법인 헌법, 그 헌법의 유일 권력은 국민임을 다시 한번 확인했다. 그리고 국민이 뽑은 대통령도 국민을 배신하고 나라를 망치면 언제든 끌어내릴 수 있다는 것을 역사에 새겨넣었다. 앞으로 모든 권력자들이 이를 기억하도록 3월 10일을 '탄핵절'로 삼자는 주장도 나왔다. 무엇보다 이 촛불혁명의 혼은 아이들 속에 살아 숨쉬고 있다. 탄핵 전날과 당일, 중고등학생은 물론 초등학생까지 "수업시간에 탄핵 선고를 볼 수 있게 해달라"는 요구를 쏟아냈다. "나라의 운명을 결정짓는 일인데 이보다 더 중요한 수업이 있나요?"라고 요구하던 아이들은 이제 교과서에서 자신들이 광장에 나가 촛불을 들고 이루어낸 이 혁명을 배우게 될 것이다. "이게 나라냐"라는 분노를 "이게 나라다!"라는 희망으로 바꿔낸 위대한 국민들. 역사는 2017년 3월 10일을 '촛불혁명'의 날로 기록하리라.

헌정 최초의 대통령 파면까지, 헌재의 결정적 장면 5

헌법재판관 9명 중 6명 이상이 찬성해야 가능한 탄핵. 하지만 이명박·박근혜 대통령, 양승태 대법원장, 새누리당이 임명한 인사가 6명이었다. [1] 컴퓨터 '무작위 배당'으로 강일원 재판관이 주심 재판관으로 지정된 것은 '신의 한 수'였다. 차분하게 급소를 논파하는 강 주심의 재판은 "레전드급 설전"으로 화제가 되었는데, 박근혜 측 변호인단은 "국회 소추위원단의 수석대리인이냐"며 기피신청을 냈을 정도. 헌재의 만장일치 결론에는 강 주심의 역할이 컸다고 평가된다. [2] 1월 31일 박한철 헌재소장 퇴임 이후, 유일한 여성 재판관이자 진보 성향의 이정미 재판관이 권한대행으로 임명되었다. 이 재판관의 임기는 3월 13일까지로 신속한 심판의 배경이 되었다. [3] "촛불 민심은 민의가 아니다"(서석구), "아스팔트가 피로 덮일 것"(김평우) 등 변호인단의 막말은 오히려 변호에 악영향을 미쳤다. [4] '심판에 관여한 재판관은 결정서에 의견을 표시하여야 한다.'(헌법재판소법 36조 3항) 2004년 노무현 대통령 탄핵심판 당시 무기명 결정문에 대한 비판으로 개정된 조항이다. 자신의 이름이 역사에 기록된다는 엄정함 앞에, 오직 민의와 헌법에 근거한 만장일치 결론이 난 것이 아닐까. [5] 탄핵심판을 앞둔 3월 10일 오전, 긴장감 속에 시선을 사로잡은 한 장면이 있었다. 이정미 재판관이 '분홍색 헤어롤'을 미처 떼지 못한 채 출근한 것. 이는 세월호 참사 당시 '올림머리'로 시간을 허비한 박 대통령과 극적으로 대비되며 열렬한 반응을 자아냈다. 이후 '강일원 주심 추천 컴퓨터'와 '이정미 헤어롤'을 헌재에 영구보관하자는 제안이 쏟아지기도 했다.

"2014년 12월 정윤회 문건 보도 이후, 피청구인이 청와대 외부 유출을 국기문란 행위라고 강력히 말했는데 그 후에도 많은 자료가 나갔다. 정호성 비서관이 대통령 뜻에 반해서 임의로 자료를 전달했다는 것인가?" (박근혜가 KD코퍼레이션에 특혜를 준 것은, 정유라 친구 부모의 회사라서가 아니라 정호성이 우수 기업으로 소개했기 때문이라는 주장에 대해) "부속비서관이 기술력이 뛰어난 업체를 대통령에게 소개하는 일도 하나?" (박근혜가 차은택 지인 2명을 KT에 채용하게 한 것에 대해) "(대통령이) 유능한 인재를 공적 사업도 아니고 사기업에 취업시켜줘라 했다는 건데, 이상하지 않나? 그런 전례가 있나?" "재단 설립이 문제가 되자 안종범 수석은 '증거를 없애라', '청와대 관련 얘기를 일체하지 말라'고 했다. 관계자들이 청와대 압력 때문에 국회에서 위증을 했다. 피청구인은 국정 과제와 관련해 좋은 취지에서 재단을 만든 것이라고 일관되게 말하고 있고, 대통령 공약을 시행하는 좋은 사업이었는데, 왜 경제수석이 증거를 인멸하고 위증을 지시했나?"

헌재 탄핵심판 12차 변론기일 강일원 주심 재판관이 10분간 쏟아낸 '송곳 질문' 중. 대통령 측 변호인단은 거의 답변하지 못함. 2017. 2. 9.

"놀랍다, 부럽다, 배우자" 전 세계 민주주의의 박동

2017년 3월 10일, 세계의 눈과 귀는 한국을 주목했다. 수많은 외신 취재진이 새벽부터 헌법재판소 앞으로 몰려왔다. 영국 〈BBC〉는 정규 뉴스를 끊고 긴급 속보로 탄핵 소식을 전했고, 미국 〈CNN〉은 특파원을 연결해 생방송을 이어갔으며, 중국 관영 〈CCTV〉는 최대 정치 행사인 양회兩會 생방송을 중단하면서까지 탄핵심판 과정을 동시통역으로 생중계했다. 일본 〈NHK〉와 〈TV아사히〉 역시 동시통역 생중계를 진행, 〈아사히신문〉과 〈도쿄신문〉은 긴급 호외를 발행했다. 12월까지 한 주도 빠짐없이 촛불집회를 보도하고 이후에도 탄핵 정국을 비중있게 다뤄온 아랍권 방송 〈알 자지라〉도 탄핵 전 과정을 상세히 전했다. 그밖에 유럽의 주요 언론에서도 현지시각 새벽에 전해진 탄핵 소식을 인터넷판 머릿기사로 올리거나 긴급 방송을 통해 보도했다. 많은 외신들은 한국의 수준 높은 민주주의에 대해 '경의'에 가까운 찬사를 보냈다. 불과 몇 달 전까지 한국을 "샤머니즘의 국가", "꼭두각시 대통령의 나라"라며 조롱 섞인 보도를 내보낸 매체에서조차 말이다. 세계 언론의 뜨거운 관심에는 여러 이유가 있지만 '트럼프 충격'과의 극적인 대비가 한몫을 했다. 전 세계가 정치경제적 위기와 민주주의 퇴행 사태에 빠져 있는 지금, 한국은 오히려 성숙하게 역동하는 민주주의의 길을 열어 보인 것이다. 실제로 트럼프 대통령 탄핵을 바라는 미국 시민들이 가장 감격에 찬 반응을 보였다. 미국 내 대표적인 반反 트럼프 운동 커뮤니티 '트럼프저항운동(Trump Resistance Movement)'은 공식 SNS에 촛불집회 사진과 함께 "한국인들이 할 수 있다면, 우리도 할 수 있다"라는 글을 올렸고

의 수많은 댓글이 달렸다. 〈워싱턴 포스트〉, 〈뉴욕 타임스〉 등의 기사에도 "대한민국 국민들에게 축하를! 우리를 위한 좋은 선례를 만들어줘서 고맙다", "질투나!", "한국의 헌법재판소가 트럼프도 탄핵해주면 안 될까?", "미국은 한국인들에게 민주주의를 배워야 한다", "한국이 다시 위대해졌다", "그래, 우리도 할 수 있다는 희망의 목소리가 들리기 시작했다"라는 댓글이 이어졌다. 러시아에는 한국의 촛불 민주주의가 '수출'되는 모습까지 보였는데, 2017년 3월 26일 공직자 부패 척결을 요구하는 대규모 시위를 생중계하던 팟캐스트 진행자 레오니드 볼코프가 "한국의 촛불집회처럼 유모차 끌고 아이들 손잡고 평화적으로 진행하자"고 말했고 집회 참가자들 또한 "우리라고 못할 것 있나"라며 용기를 냈다. 반면에 독재적 국가에서는 한국의 촛불혁명을 두려워하는 모습을 보였다. 1인 미디어 〈하베르 코레〉를 운영하는 알파고 시나씨는 〈경향신문〉 인터뷰를 통해, 터키 언론이 한참 동안 한국의 촛불집회를 보도하지 않았다며 "터키 국민들이 영향을 받을까 두려워서"라고 말했다. 당시 에르도안 대통령은 장기 집권을 준비하며 대대적 숙청에 나선 때였다. 지구상에는 여전히 부패하고 무자비한 독재자가 국민들을 고통에 빠뜨리고 있는 나라가 많다. 그런 나라의 시민들에게 평화로운 항쟁으로 살아있는 권력을 탄핵한 2017년 한국의 촛불혁명은 '모든 권력은 국민에게 있다'라는 희망을 타전했다. 대한민국의 가장 빛나는 수출품이 된 '촛불광장, 평화혁명, 대통령 탄핵'. 기뻐하자, 세계인의 용기와 모범이 된 촛불혁명을!

지난해 말, 충격적인 부패 스캔들에 많은 한국인이 부끄러워했지만 이제 그들은 자랑스러움을 느껴야 한다. 헌법 수호의 의무를 저버린 대통령의 파면을 결정한 것은 한국을 넘어 더 광범위한 지역에 중요성을 지닌다. 한국은 전 세계에서 민주주의가 가장 번창하는 나라라는 신뢰를 강화했으며, 세계에서 위협받고 있는 자유 민주주의에 힘을 불어넣었다. 이제 한국은 전환점에 서 있다. 이번 일을 계기로 재벌이 주도하는 허약한 경제뿐 아니라, 정치 문화와 외교 정책에 이르기까지 광범위하게 중요한 개혁을 추진해갈 기회를 얻게 됐다. 지난 50년간 비약적 발전을 이뤄 경제 선구자의 명성을 얻은 한국이 이제 세계 신생 민주주의 국가의 정치 모델이자 지역 내 지정학적 핵심 플레이어가 되려는 순간과 마주 섰다. 차기 대통령에게 많은 것이 달려 있다.

영국 〈파이낸셜 타임스〉 사설, '위기에서 빛난 한국의 민주주의 South Korea's democracy shines through in a crisis', 2017.3.13

한국은 민주주의 체제의 가장 까다로운 과업을 수행했다. 극도의 압박 속에서 법치를 통해 권력을 이양한 것이다. 유혈 쿠데타 없이 정권을 이양하는 것은 민주주의를 독재와 구별하게 만드는 신호다. 특히 지난 몇 달간 거리를 가득 메운 시민들의 비폭력 시위가 많은 기여를 했다. (헌법재판소의 판결에서) 국민과 헌법이 전부였다. 헌법재판소의 결정이 더욱 큰 반향을 낳은 것은, 박근혜 전 대통령과 이재용 삼성그룹 부회장의 운명이 함께 엮였기 때문이다. 숱한 위기와 도전에도 불구하고 한국은 민주적 제도들을 진화시키면서 확대해나갈 것이다.

미국 〈워싱턴 포스트〉 사설, '한국의 민주주의는 옳은 일을 했지만 모든 것을 해결하지는 못한다 South Korea's democracy does the right thing but that won't solve all its problems', 2017.3.11 / '한국은 민주주의가 어떠해야 하는지 세계에 보여주고 있다 South Korea shows the world how democracy is done', 에디터 크리스찬 카릴, 2017.3.10

헌법재판소의 박근혜 탄핵 인용과 거대기업 삼성의 후계자 이재용 체포, 한 달 이내에 일어난 이 두 사건은 정경유착으로 유지되어온 한국의 권력 체계를 뒤흔들었다. 이 시스템은 박근혜 전 대통령의 아버지이자 독재자였던 박정희의 유산으로, 한국이 아시아의 경제대국으로 발돋움하는 기반이 된 반면, 대다수의 국민들은 그 시스템을 지탱하기 위해 수반되는 고통과 부작용을 짊어져야 했다. 탄핵을 반대하는 노인 세대는 "한강의 기적" 그 눈부신 도약을 기억하고 있지만 다른 노인들과 젊은이들에게 이 시대는 다르게 기억된다. 반정부 인사에 대한 불법 체포와 고문, 납치 그리고 또 다른 독재자인 전두환이 벌인 1980년 5월 광주학살 등이다.

프랑스 〈르 몽드〉, '변화의 기회를 맞은 한국, Une chance de changement en Corée du Sud', 도쿄 특파원 필립 폰즈, 서울 특파원 필립 메스머, 2017.3.14

한국 대통령이 대중의 압력으로 지위를 상실했던 것은 1960년, 당시 경찰은 이승만 대통령의 하야를 촉구하는 대중을 향해 총을 겨누었다. 한국의 민주주의가 대단히 발전했다는 증거로서, 박근혜 대통령 탄핵은 단 한 건의 폭력 사태도 없이 몇 개월간 대규모 평화 시위가 진행된 후 이루어졌다. 시민들은 단지 임기가 1년 남은 대통령의 퇴진만을 요구하는 것이 아니었다. 수십 년간 한국을 지배해온 정치적 질서에 저항한 것이고, 그 질서는 이제 국내외적 압박으로 인해 깨지고 있다. 문재인 대통령 후보는 "국가적 청산이 필요하다. 낡은 체제를 버리고 새로운 대한민국을 건설해야 한다. 그래야만 촛불시민들이 시작한 혁명을 완결할 수 있다"고 말했다.

미국 〈뉴욕 타임스〉, '한국, 대통령 박근혜를 탄핵하다 South Korea Removes President Park Geun-hye', 한국 특파원 최상훈, 2017.3.9

한국인들의 평화 시위는 부패 스캔들의 정점에 있는 박근혜 대통령을 탄핵시켰다. 5월 초, 박근혜와는 완전히 다른 견실한 진보주의자인 문재인 대통령이 높은 득표율로 당선되었고 취임 둘째 주 설문조사에서 국민 87%가 '국정수행을 잘 해낼 것'이라고 응답하며 어마어마한 지지율을 기록하고 있다. 이제 한국인들은 워싱턴의 극적인 정치 상황으로 눈을 돌리고 있다. 온라인상의 수많은 한국 청년들은 미국인들도 대통령을 탄핵시킬 수 있도록 돕자며 여러 제안을 하고 있다. "탄핵 노하우를 미국에 수출할 수 있지 않을까?"(네티즌 Fatima20) "한국의 촛불집회를 처음으로 수입하는 나라가 미국이길 바란다."(트위터 @TC_thunder) "박근혜 탄핵의 돌이킬 수 없는 물결을 만들어낸 것은 17주간 이어진 거대한 민중들의 집회, 바로 그 유명한 촛불집회였다."(블로거 Ask a Korean) 한국의 수도 서울 한중심의 광장에서 벌어진 촛불집회는 유모차를 끌고 나온 가족들이 함께하는 축제였다. 그동안 미국이 스스로를 민주주의의 전형으로 여겨왔고, 한국이 민주화를 이룬 지 불과 30년이라는 걸 생각하면 정말 경이로운 진보다.

미국 〈워싱턴 포스트〉, '미국인들은 대통령을 어떻게 탄핵시킬지 한국인들에게 배우면 된다 South Koreans to Americans: We'll teach you how to impeach a president', 동아시아 지국장 안나 파이필드, 기자 서윤정, 2017.5.19

감격적인 것을 보았다. 만약 한 시민이 부정과 무능에 대항하여 싸워야 할 때, 민주주의가 심각한 위기에 놓여있을 때, 국민과 국회는 어떻게 국가의 꼭대기를 바로 잡을 수 있을 것인가. 이에 대한 사례가 바로 한국에 있다. 유럽과 미국인들은 서울의 용감한 그리고 열정적인 민주주의자들을 배워야 할 것이다. 그들의 투쟁은 오직 찬미해야 한다.

독일 〈디 자이트〉 '민주주의에 대한 하나의 예시 Ein Beispiel an Demokratie', 국제부 편집국장 마티아스 나스, 2016.12.14
《오마이뉴스》 권은비 시민기자 기사에서 재인용)

①2012.12 미국 시사주간지 〈TIME〉은 18대 대선을 앞두고 박근혜 후보를 "독재자의 딸"로 소개했다. ②2017.3.10 영국 일간지 〈가디언〉, 헌재의 탄핵 인용을 전한 웹페이지 첫 화면. ③2017.3.10 독일 공영방송 〈ARD〉, 탄핵은 "하나의 역사적 결정"이라고 보도. ④2016.11.28 영국 경제신문 〈파이낸셜 타임스〉 11면, 특집 기사. ⑤ 2017.3.10 미국 방송 〈CNN〉, "Park OUT"이라는 강렬한 헤드라인으로 탄핵 긴급 속보를 타전. ⑥현지 시간 새벽 3시 36분, 〈CNN〉 긴급 속보 화면. ⑦2017.3.10 영국 국제통신사 〈로이터〉 웹페이지 첫 화면. ⑧2017.3.10 미국 경제신문 〈월 스트리트 저널〉 웹페이지 첫 화면. ⑨2017.3.10 영국 방송 〈BBC〉, 탄핵의 이유로 "민주주의 정신을 훼손했다"고 전했다. ⑩2017.3.10 〈TIME〉 웹페이지 첫 화면, 박근혜 구속 촉구 퍼포먼스 사진. ⑪2017.3.10 프랑스 일간지 〈르 몽드〉 웹페이지, "박근혜 대통령이 탄핵되고 새로운 선거를 준비하는 한국". ⑫2017.3.11 미국 일간지 〈뉴욕 타임스〉 1면, "한국, 대통령 파면으로 진보 세력 집권 유력해져"라며 정권교

朝日新聞

3月10日
金曜日

号外

朝日新聞
DIGITAL

速報も詳報もデジタル版で

⑭

⑮

WORLD NEWS

South Korea's President Park removed from power

Constitutional Court unanimously rules to formally remove impeached President Park Geun-hye from office

⑯

⑰

朴大統領を罷免

韓国憲法裁

60日以内に大統領選

⑱

⑲

S KOREAN COURT THROWS PRESIDENT OUT OF OFFICE

RULING TRIGGERS SNAP ELECTION TO ELECT NEW LEADER

GN ◆ WEEKEND

Asia faces a shift as South Korea leader is ousted

㉑

首位南韓女總統遭彈劾

㉒

TIME

THE NEGOTIATOR

㉓

체 가능성을 높게 봤다. ⑬2017.3.12 미국 일간지 〈워싱턴 포스트〉, 탄핵 축하 집회 보도. ⑭2017.3.10 일본 방송 〈NHK〉, 헌재 판결 과정을 동시통역으로 생중계. ⑮ 2017.3.11 싱가포르 일간지 〈스트레이트 타임스〉, 헌재 앞 친박 집회 보도 "박근혜 축출, 격렬한 항의 시위". ⑯2017.3.10 카타르 방송 〈알 자지라〉 모바일 첫 화면. ⑰ 2017.3.11 러시아 독립 언론 〈노바야 가제타〉, "독재자 딸의 추락"이라는 기사로 집권부터 탄핵까지의 과정을 보도. ⑱2017.3.10 일본 일간지 〈아사히신문〉 긴급 호 외. ⑲2017.3.22 중국 일간지 〈베이징청년보〉 1면, 박 전 대통령의 검찰 출석 보도. ⑳2017.3.11 쿠웨이트 일간지 〈쿠웨이트 타임스〉 1면, "한국 법원, 대통령을 파면하 다".㉑2017.3.11 아랍에미리트 영자신문 〈걸프 뉴스〉, "남한의 리더가 쫓겨나면서 아시아는 변화에 직면했다".㉒2017.3.11 대만 일간지 〈빈과일보〉 1면, "남한 최초의 여자 대통령 탄핵". ㉓2017.5 〈TIME〉은 19대 대선을 앞두고 문재인 후보를 "The Negotiator(협상가)"라고 소개하며 "김정은을 상대할 리더가 되려 한다"고 적었다.

역사적인 시민혁명의 날이다.

광화문광장에서 탄핵심판 생중계를 지켜보던 시민들, 2017.3.10

촛불을 들었던 1,500만 명 중 한 사람이 나였다는 사실에
제 자신과 아이들에게 부끄럽지 않을 것 같습니다.

헌법재판소 앞에서 탄핵의 순간을 지켜본 시민, 2017.3.10

'국민이 정부를 두려워해선 안 돼. 정부가 국민을 두려워해야지'라는
글귀를 봤는데 우리에게도 이런 날이 왔네요. 우리 힘으로 정부가
국민을 두려워하게 만들다니. 이제 당연하도록 만들어야겠어요.

'예술가***', 인터넷 커뮤니티 〈오늘의 유머〉, 2017.3.11

광복절, 삼일절처럼 3월 10일을 '탄핵절'로 제정합시다!

다수의 네티즌들, 2017.3.10

프랑스는 68혁명을 통해 근대의 권위로부터 새로운 문화를 만들었다.
2017년 한국의 촛불혁명은 권력에 대한 국민 존엄의 승리다. 그로부터
새로운 역사와 문화가 만들어지고 있다. 촛불혁명은 문화혁명이다.

블로거 '삶의**', 2017.3.12

이제 강력한 개혁을 추진해 나가야 합니다. 어렵더라도
기본 바탕을 깨끗이 만들어야 멋진 그림을 그릴 수 있을테니.

'닭모***', 인터넷 커뮤니티 〈오늘의 유머〉, 2017.3.10

그냥 웃음이 나요. 이것이 희망인가 봐요.

헌법재판소 앞에서 탄핵의 순간을 지켜본 시민, 2017.3.10

임진왜란의 의병들, 조선말 동학농민들, 일제시대 독립군들,
4.19혁명의 의인들, 광주의 민주영령들, 87민주화 투쟁의 열사들,
그들의 피가 우리들 속에 흐르고 흘러 이룬 날, 2017년 3월 10일.

김대영 님의 시 '3.10 탄핵절' 중, 2017.3.10

우리 아이들이 이 역사를 어떻게 배우게 될지 기대가 됩니다.
이 순간을 자랑스럽게 이야기할 수 있다는 것이 너무나 기쁩니다.

'페페페***', 인터넷 커뮤니티 〈오늘의 유머〉, 2017.3.10

법 앞에 만인이 동등하다는, 대통령도 공정하게 처벌되는 세상이
도래했음을 모든 국민이 지켜보았다. 아니, 국민의 힘으로 이뤄냈다.
주권은 국민에게 있음을 체험한 것이다. 경험은 힘이 되어 쌓인다!

블로거 '거울닦는***', 2017.3.10

100만 함성이 파도처럼 몰려오던 전율, 그 감동을 잊지 못할 거예요.

탄핵 당일 저녁 광화문 촛불집회에 참석한 시민, 2017.3.10

새로운 대한민국을 시작하는 날.
정의로운 민주공화국을 시작하는 날.

헌법재판소 앞에서 탄핵의 순간을 지켜본 시민, 2017.3.10

2017.3.10 박근혜 탄핵 직후, 촛불시민 모두가 한마음으로 외친 말. "이게 나라다 이게 정의다".

박근혜-최순실 등의 '비밀정부 국가내란' 사태에 대한

주권자의 7대 요구

1 대통령 '내란죄'로 구속 수사   2 정경유착 삼성과 재벌 처벌

3 최순실 박근혜 부당재산 몰수   4 새누리당 의원은 전원 사퇴

5 정치 검찰 청산 및 검찰 개혁   6 박근혜 정책 재검토 및 폐기

7 세월호 7시간 진실을 밝혀라   2016.12.31 여긴 내 나라다! 이건 우리 삶이다!

최근기사와 행동 제안은 facebook.com/nanummunhwa | www.nanum.com 나눔문화

2016.10.29 첫 촛불집회부터 시민들과 나눠온 〈나눔문화〉의 빨강피켓. 우리 삶의 요구는 이제부터 시작이다.

촛불혁명이 이뤄낸 것

대통령 박근혜 파면, 구속

1,700만 명, 183일간의 유례없는 항쟁으로 헌정 사상 최초로 대통령을 탄핵하고 구속시키다.

문재인 대통령 당선, 정권교체

'패배와 미완의 혁명사'를 넘어 마침내 무혈혁명 정권교체 성공까지, 촛불혁명이 세운 정부.

적폐청산 시작, 국정과제 1순위

청산 없이 미래 없다. 뿌리 깊은 친일, 독재, 극우, 부패 기득권 세력에 대한 청산이 시작되다.

삼성 이재용 구속, 1심 5년 선고

'정경유착', '무전유죄'의 상징. 삼성 창사 79년 이래 총수 구속도 실형 선고도 최초의 일이다.

미래 희망의 '촛불세대' 탄생

거리와 광장에서 혁명을 호흡한 10대, 20대. 최고의 희망이자 유산인 새로운 진보 주체 형성.

박근혜 최순실 **국정농단 사태의 전모**가 드러나다

박정희 최태민부터 이어진 국정농단의 주범 **최순실 구속**

유신독재 정치검찰의 망령 **김기춘 구속** 그런데 우병우는…

탄핵 찬성 78.2% 지역 세대 이념 분열 넘어 **'국민 대통합'**

23차 촛불집회 연인원 **1,700만 명, 183일**의 유례없는 항쟁

구속자, 사망자 0명 평화롭고 축제 같은 집회 문화 형성

법원, 사상 최초로 **청와대 100미터 앞까지 행진** 허가

문자 행동 등 '수동적 유권자'에서 '적극적 주권자'로

최초, 특종, 단독! **언론의 진실 보도** 야성이 깨어나다

스스로 진실을 검증하고 여론을 형성하는 **지민知民의 탄생**

삼성 현대 롯데 등 9개 **재벌 총수 청문회** 28년 만의 사건

1961년 삼성 이병철 회장이 설립한 **전경련 해체 수순**

"경제보다 정의다" 반세기를 지배한 가치관의 변화

영남 지역 50~60대 기반의 **'콘크리트 보수' 균열, 각성**

헌정 최초의 **보수 정당 분당** 자유한국당, 바른정당으로

망언과 폭력, 관제 데모 등 **친박·극우 단체 실체 드러나**

진보 34.5% 보수 25.9% 최초의 이념 지형 역전

'무관심과 혐오'에서 '즐거운 의무'로 **정치 관심 커졌다** 79.1%

"헬조선" "흙수저"라는 절망의 용어가 수그러들다

친일 군부 독재 성장제일주의 **박정희 신화가 무너지다**

"이니~ 하고 싶은 거 다 해" 압도적 지지율로 개혁 지지

국정과제 1순위 **적폐청산 34.3%** 경제 이슈가 아닌 건 처음

세월호 인양 미수습자 수색 작업, 기간제 교사 순직 인정

독재 미화, 건국절 왜곡 **국정 역사교과서 완전 폐기**

"불가역적" **한일 위안부 합의 문제** 원점에서 검토 시사

5.18광주민주화운동 기념식 **'임을 위한 행진곡' 제창**

국방부 5.18 특조위 출범 발포 명령자, 헬기 사격 등 조사

공공부문 기간제·비정규직 노동자 **정규직 전환** 추진

박근혜 노동개악 **'쉬운 해고, 성과연봉제' 폐기** 선언

故백남기 농민 유족에 정부 사죄, 국가폭력 진상규명 시작

집회현장 살수차, 차벽 무배치 등 **경찰, 인권 보호 강화**

최악의 국토 파괴 **4대강 보 상시 개방** 및 4대강 사업 감사

신고리 5,6호기 건설 중단 공론화 등 **탈원전 시대** 첫걸음

검찰 개혁 인사 쇄신, 공수처 신설·기소권 수사권 분리 추진 등

김명수 대법원장 파격 임명 등 **사법 개혁** 신호탄

대선 개입, 민간인 사찰, 블랙리스트 조사 등 **국정원 개혁** 박차

재벌 개혁 및 대기업의 불공정, 독점, 착취, 갑질 엄벌

공영방송 정상화 및 **언론 개혁** 그리고 진보언론 쇄신 요구

4대강, 자원외교, 방산비리 등 **이명박 적폐 수사** 본격 시작

"이게 다 야당 때문이다!" 개혁 막는 보수 심판 의지

촛불혁명이 세운 문재인 정부 등 **품격에서 앞선** 민주 진보

"내가 나서면 바꿀 수 있다" 역사적 승리의 경험과 자신감

학교 직장 군대 등 일상 적폐를 바로잡는 **삶의 민주주의로**

"한국의 민주주의를 배우라" 세계에 드높인 국격과 희망

'이게 나라냐'라는 슬픔과 분노를
'이게 나라다'라는 희망으로 바꿔낸 우리들.
광장의 촛불은 각자의 자리로 돌아갔으나
1,700만 촛불의 빛과 함성은 내 안에 살아있다.
새로운 삶의 혁명은 이제 시작이다.

촛불혁명

2 0 1 6 겨울

그리고

2 0 1 7 봄 ,

빛 으 로 쓴 역 사

전국 각지
대동하야
촛불집회

3.1독립운동 이후 최초의 일이다. 전국 150여 개 시군 광장마다 촛불이 켜졌다. 2016년 11월부터 온라인상에서는 '대동여지도'를 패러디해 전국 촛불집회 일정을 담은 '대동하야지도'가 퍼져나갔다. 한반도 역사상 가장 많은 사람이 한날 한시 거리 저항에 나선 12월 3일 전국 232만 촛불집회. 당시 지역에서만 부산 22만, 광주 15만, 대구 5만, 대전 5만, 전남 2만, 춘천 2만, 전주 1만 5천, 울산 1만 5천, 제주 1만 1천 등 62만 명이 촛불을 들었다. 지역집회 최대 인파를 기록한 부산에서는 22만 명이 750미터에 달하는 도로를 가득 메웠다. 박근혜 전 대통령의 고향이자 보수의 텃밭이라 불려온 대구에서도 최대 규모인 5만 명이 거리로 쏟아져나왔다. "촛불은 바람 불면 꺼지게 돼 있다"고 말한 김진태 의원의 지역구 춘천에서는 김진태 퇴진을, 이정현 당시 새누리당 대표의 지역구 순천에서는 이정현 퇴진을 거세게 요구했다. 처음 횃불이 등장한 것은 11월 19일 광주 촛불집회로, 1980년 5.18민주화운동 당시 옛 전남도청 앞에서 횃불을 들었던 '민주화대성회'가 36년 만에 부활한 것이다. 도민 10명 중 1명이 목숨을 잃은 1948년 4.3항쟁의 한이 서린 제주에서도 박근혜 정부의 역사왜곡 등을 규탄하며 역대 최대 1만 1천여 명이 촛불을 밝혔다. 이명박 정부 때부터 10년째 제주 해군기지 건설을 막아온 강정마을 주민들도 함께했다. 세월호 희생자 아이들이 살던 경기도 안산에서는 세월호 진상규명을, 경북 성주에서는 한반도 사드 배치 반대를, 경찰의 물대포에 맞아 숨진 백남기 농민의 고향 전남 보성에서는 책임자 처벌을, 경남 밀양에서는 송전탑 송전 중단을, 충남 당진과 강원 삼척, 경북 영덕에서는 화력발전소 및 원자력발전소 건설 중단을, 경남 거제에서는 조선업 하청노동자들의 노동권 보장을 요구하는 등 박근혜 탄핵과 함께 지역사회의 열망이 타올랐다. 촛불은 광장을 넘어 골목과 섬마을까지 퍼져나갔다. 인구가 적은 읍면에서는 주로 농민들이 나서 수십 명 단위의 집회를 이어갔고, 전남 신안군 흑산도에서는 제주도 외의 섬마을 사상 첫 집회가 열렸으며, 전남 여수시 거문도 주민들은 어선 10척에 "박근혜를 즉각 구속 수사하라"는 깃발을 달고 해상 퍼레이드를 벌이기도 했다. 여기 온 지역 마을 산천마다 정의와 민주의 피가 흐르지 않은 곳이 어디 있으랴. 역사와 겨레가 위기에 처할 때마다 이름도 없이 이 땅을 지켜온 사람들. 죽창을 들고 횃불을 들고 돌멩이를 들고 화염병을 들고, 그마저 안 될 땐 맨손 맨몸으로 나서고, 저항자들을 숨겨주고 밥이라도 나눠주며 그렇게 왕정도 일제도 독재도 이겨내온 우리가 아닌가. 다시 한번 온겨레가 저항의 불을 든 2017 촛불혁명에는 '역사의 한', '한의 사랑'이 빛나고 있었다.

광주

세종

대구

울산

제주

강원 춘천

강원 강릉

강원 고성

강원 동해

강원 속초

강원 양구

강원 양양

강원 영월

강원 원주

강원 철원

강원 태백

강원 홍천

강원 횡성

경기 가평

경기 고양

경기 광명

경기 광주

경기 구리

경기 군포

경기 김포

경기 남양주

경기 동두천

경기 부천

경기 성남

경기 시흥

경기 수원

357

경기 안산

경기 안성

경기 안양

경기 양주

경기 양평

경기 여주

경기 오산

경기 용인

경기 의왕

경기 의정부

경기 이천

경기 파주

경남 양산

경북 경산

경기 평택

경기 포천

경기 하남

경기 화성

인천

경남 거제

경남 거창

경남 고성

경남 김해

경남 남해

경남 마산

경남 밀양

경남 사천

100만 촛불 국민의 명령
박근혜 퇴진 사천시국대회
2016. 11. 19.(토) 오후 5시 삼천포봉

경남 산청

경남 의령
더 이상 묵인하는 것은 주권자임을
포기하는 것이기에 우리는 행동한다
일시 및 장소: 2016. 12. 9.(금) 18:30, KT 앞 너른 터

경남 진주
진주 망신 박대출 즉각 퇴출!
진주비상시국회의

경남 진해

경남 창녕

경남 창원
박근혜 퇴진 촉구 창원 촛불

경남 통영

경남 하동
박근혜 퇴진

경남 함안
박근혜 퇴진!! 함안촛불집회

경남 함양
박근혜 퇴진 "함양 5차 촛불"

경남 합천
모이자 뭉치자!
내려와라! 박근혜
박근혜 퇴진 합천군민행동

경북 경주

경북 고령
벼 수매가 환수, 직불금 감축은 농민수탈 행위
전봉준 투쟁단 3차결기 투쟁 선포
2017년 2월 28일 고령군 농민회

경북 구미

경북 김천
김천시민 촛불 집회

경북 문경

경북 봉화
새 누리당 해체 박근혜 즉각

360

경북 성주

경북 안동

경북 영주

경북 영천

경북 예천

경북 울진

경북 의성

경북 포항

전남 강진

전남 고흥

전남 곡성

전남 광양

전남 구례

전남 나주

전남 담양

전남 목포

전남 무안

전남 보성

전남 순천
전남 신안 임자도
전남 신안 흑산도
전남 영광
전남 영암
전남 완도
전남 장성
전남 장흥
전남 진도
전남 함평
전남 해남
전남 화순
전남 진도 동거차도

박근혜를 구기라
완도가 명령한다. 박근혜는 퇴진하라!
박근혜 퇴진
박근혜정권 퇴진촉구 진도 촛불문화제

전남 여수

박근혜를 즉각 구속 수사하라

이제부터 진짜시작

불법 대형투기 손실하라

청와대로! 전북농민 농기계투쟁
일시:2016년11월18일(10시) 장소:고 전북고창

매주 토요일 '군산시국촛불'
오후5시, 군산롯데마트건너편
전북 군산

전북 김제

전북 남원

전북 무주

모이자 분노하자 박근혜는 퇴진하라
전북 부안

전북 순창

전북 완주

익산시민 촛불집회
전북 익산

전북 임실

전북 장수

전북 전주

충남 아산

전북 정읍

박근혜 퇴진 대전 10만
#일시: 2016년 11월 19일(토) 오후 5시 #장소: 둔산동 타임월드 앞 #주최

대전

근혜구속

충남 공주

충남 금산

충남 논산

이게나라냐?
박근혜 퇴진

충남 당진

충남 보령

박근혜는 차야하라 부여군민 촛불대회
-박근혜정권퇴진 부여군비상국민

충남 부여

서산시민 촛불 집회

충남 서산

끝장을 보자!
서천군민 시국 촛불문화제

충남 서천

충남 예산

충남 천안

#탄핵인용# 특검연장 #청양군민의 힘으로
탄핵이 민심이다?! 박근혜 즉각퇴진 청양군민 촛불집회

충남 청양

충남 태안

충남 홍성

충북 단양

충북 보은

충북 영동

가자 청와대로! 충북농민 농기계 상경투쟁 출정 기자회견
2016년 11월 21일 10시 옥천군청

충북 옥천

이게 나라냐?! 박근혜는 퇴진하라!

충북 음성

박근혜 퇴진

충북 제천

박근혜 퇴진 1,000인 시국선언

충북 진천

박근혜 퇴진

충북 청주

박근혜 퇴진

충북 충주

부산

세계 각국 교민들의 촛불집회

선언이 먼저 길을 열었다. 2016년 10월 26일 "박근혜 하야"를 요구하는 재외 동포 시국선언이 발표된 이후, 58개국에서 1만여 명이 동참했다. 세계 동시다 발 촛불집회가 본격적으로 시작된 날은 11월 12일, 한국에서 첫 100만 촛불집 회가 열린 날이었다. 그날 프랑스 파리에만 800여 명, 미국 1,300여 명, 독일 1,200여 명, 호주 1,200여 명 등이 모여 촛불을 밝혔고 전 세계 공동 촛불은 매 주 이어지며 6대주 30개국 74개 도시로 번져갔다. 한인사회가 잘 발달한 미국 에서는 뉴욕, 로스앤젤레스, 북가주, 애틀랜타 등 지역마다 교민들이 모였고 MIT, 컬럼비아, 하버드, 뉴욕시립대 등 유학생들도 촛불을 들었다. 최순실 일 가가 정착하려 했던 독일에서는 프랑크푸르트, 베를린, 뮌헨 등에 연인원 수천 명이 모였으며 특히 프랑크푸르트 촛불집회는 현지 교포 사회 사상 최장기 연 속 집회를 기록했다. 정유라가 구금된 덴마크 올보르 구치소 앞에서는 정유라 의 국내 송환을 촉구하는 촛불행진이 이어지기도 했다. 이탈리아 로마의 베네 치아 광장에서 열린 촛불집회에는 시민들은 물론 로마에 유학 중인 신부와 수 녀 등 성직자들도 함께 촛불을 밝혔다. 호주, 뉴질랜드 등지의 교포들은 '오세 아니아 햇불연대'를 만들어 함께했다. 베트남 교포들은 최순실이 주베트남 한 국 대사 임명에 개입했다는 사실에 분노하며 총영사관 별관의 한인회관에서 집 회를 열려 했으나 거부되어 시내의 건물에 모여 촛불을 들었다. 중국 교포들 또 한 중국 정부가 집회를 불허하자 베이징과 칭다오 등의 한인식당에서 집회를 열었고, 홍콩 타마르파크에서는 홍콩시립대 등 한인 유학생들 중심으로 촛불 집회가 열렸다. 동포들은 조국의 고난 앞에 자신이 할 수 있는 일을 다 하고자 했다. SNS를 통해 전 세계 공동행동 포스터가 공유되고, 시시각각 내가 사는 지역의 집회 장소가 추가되고, 집회 소식을 댓글로 나누고, '촛불 인증샷'이 번 져갔다. 거주지와 먼 곳에서 집회가 열리면 몇 시간이라도 달려가고, 배낭여행 을 하던 젊은이들은 일부러 집회 장소까지 찾아간 경우도 많았다. 집회 신고를 할 수 없는 곳에 사는 교민들은 시국 토론회나 선언문 낭독 등을 이어갔으며, 교 민 수가 적은 곳에서는 1인시위에 나서거나 집에서 촛불을 밝히거나 식당에 모 여서라도 피켓을 들었다. 동포들은 한국 촛불집회의 '소등 점등 행사'시간에 맞 춰 함께 불을 끄기도 했다. 국경과 시차를 넘은 '마음의 공동체'. 겨레, 민족, 핏 줄, 뿌리, 공동체라는 말이 이렇게 뜨겁게 다가온 때가 있었을까? 미처 사진을 구하지 못해 여기 싣지 못한 지역의 교민께 죄송한 마음을 전한다. 세계 곳곳 의 광장을 밝힌 촛불 동포들, 그리고 함께해준 현지 시민께 경의를 보내며.

중국 베이징

중국 선전

대만 타이베이

박근혜 대통령은 물러나십시오! 국정농단! 국기문란!
비선실세 최순실 게이트에 대한 베트남교민 시국선언
- 조국을 사랑하는 사람들 일동 / 2016 베트남 하노이

베트남 호치민

필리핀

국민의 명령이다, 박근혜는 퇴진하라

인도네시아 자카르타

캄보디아 씨엠립

캄보디아 교민도
촛불 민심에 동참합니다 캄보디아 프놈펜

인도 뉴델리

태국 방콕

태국 치앙마이

동티모르

네팔 포카라

네팔 카트만두

일본 나고야

일본 도쿄

일본 오사카

일본 후쿠오카

독일 프랑크푸르트

독일 라이프치히

독일 슈투트가르트

독일 보훔

독일 뮌헨

네덜란드 암스테르담

독일 베를린

덴마크 올보르

네덜란드 흐로닝언

벨기에 브뤼셀

영국 런던

영국 옥스퍼드

아일랜드 더블린

에스토니아 탈린

터키 이스탄불

프랑스 스트라스부르

뉴질랜드 오클랜드

이탈리아 로마

스웨덴 스톡홀름

오스트리아 빈

호주 멜버른

박근혜는퇴진하라

호주 퍼스

케냐 나이로비

호주 애들레이드

남아프리카공화국 케이프타운

호주 시드니

미국 애틀랜타

미국 시애틀

미국 샌디에고

미국 뉴욕

미국 보스톤

미국 하와이

미국 샬럿

미국 로스엔젤레스

미국 미시간

미국

미국 북가주

미국 필라델피아

미국

미국 워싱턴

미국 뉴저지

미국 시카고

미국 산타클라라

브라질 상파울로

캐나다 벤쿠버

캐나다 빅토리아

캐나다 에드먼튼

캐나다 토론토

캐나다 오타와

캐나다 몬트리올

촛불혁명 일지

2007 7.19 17대 대선 후보 선출을 위한 한나라당 경선 후보 검증 청문회에서 '최순실'이라는 이름이 등장. 2007년 8월, 이명박 대선캠프에서 박근혜 후보 검증을 총괄한 정두언 한나라당 의원은 〈MBC〉 라디오에서 "최태민, 박근혜 관계를 낱낱이 밝히면 박근혜를 좋아하는 사람들도 며칠 동안 밥을 못 먹을 것"이라고 발언. 정 전 의원은 구체적 내용이 담긴 '조순제 녹취록'을 2016년 12월 박영수 특검에게 넘김. 조순제 씨는 최태민의 의붓아들이자 최순실의 이복오빠로, 2007년 경선 당시 한나라당에 녹취록을 넘겼으며 대선 다음 날 돌연 사망함. 녹취록 전문은 2017년 2월 〈월간조선〉에 최초 공개됨. **2012** 12.11 18대 대선을 8일 앞두고 당시 민주통합당은 서울 강남구 역삼동 오피스텔에서 국정원 직원이 온라인상에서 불법 선거 활동을 하고 있다는 전 국가정보원 직원 김상욱 씨의 제보를 받고 중앙선거관리위원회와 경찰에 신고. 강기정, 김현, 이종걸, 문병호 의원 등이 선관위 관계자와 권은희 수서경찰서 수사과장 등과 함께 오피스텔을 급습했으나 국정원 여직원 김하영 씨는 '셀프 감금'으로 대치. 다음 날 민주당은 김 씨를 공직선거법 위반 혐의로 경찰에 고발. 13일 오전 민주당 철수 후 김 씨는 문을 열었으나, 압수수색 영장이 없는 경찰에 휴대전화와 USB 제출을 거부하고 노트북 등을 임의 제출. 12.14 박근혜 대선캠프 선대본부장 김무성 새누리당 의원이 부산지역 유세에서 '2007년 남북정상회담 회의록'에 나와 있는 노무현 대통령의 NLL(북방한계선) 관련 발언을 낭독. 회담 당시 비서실장이었던 문재인 후보를 "친북 좌파 세력"이라고 비난. 회의록은 국정원이 소장한 2급 국가기밀 문건으로 불법 유출이 논란이 됐으나, 검찰은 2014년 6월 김무성에 무혐의 처분. 새누리당의 '노무현 대통령 NLL 포기 발언' 주장은 2013년 6월 회의록 전문 공개를 통해 '허위 정치공작'으로 밝혀짐. 12.16 새누리당의 SNS 불법 선거운동 그룹, 일명 '십알단'(십자군 알바단) 의혹을 9월 27일 처음 제기한 팟캐스트 〈나꼼수〉의 김어준(딴지일보) 총수, 주진우 〈시사인〉 기자, 김용민 시사평론가가 십알단 지휘자 윤정훈 목사의 녹취록 공개. "새누리당과 박근혜 후보, 국정원이 윤 목사의 불법 선거운동을 직접 지원했다"고 주장해 큰 파문. 12.16 18대 대선 마지막 TV 토론에서 박근혜 새누리당 후보가 아직 수사 결과가 나오지 않은 '국정원 여직원' 사건에 대해 "증거를 못 내놓고 있다"고 말하자, 문재인 민주통합당 후보는 "수사 중인 사건이다. 아니라고 단정해서는 안 돼"라고 지적. TV 토론이 끝난 직후 밤 10시 40분 박선규 당시 박근혜 후보 대변인은 기자들에게 "국가적 관심사라 오늘 조사결과가 나올 것"이라고 말했고, 밤 11시 경찰은 "양당 후보에 대한 비방·지지 게시글과 댓글이 발견되지 않았다"는 긴급 기자회견 개최. 그러나 대선 이후 검찰 수사 결과, 김용판 당시 서울지방경찰청장이 수사 범위를 제한하고 디지털 분석 결과에 대해 은폐 및 왜곡 발표를 지시했다는 혐의가 제기됨. 당시 국정원, 새누리당, 김용판이 수차례 통화한 사실도 드러남. 그러나 2015년 대법원은 김용판에 무죄 판결. 12.17 〈리얼미터〉 여론조사 결과, 16일에 박근혜 후보(47.5%)와 문재인 후보(48%)의 지지율에 '골든크로스(역전)'가 있었으나, 당일 밤 '국정원 여직원' 사건에 대한 경찰의 '허위 발표' 이후 17일부터 다시 박 후보의 우세로 원상복귀. 12.19 박근혜 새누리당 후보 18대 대통령 당선. 문재인 민주통합당

후보와 불과 3.6% 차이. **2013** 1.11 국정원, 2004년에 탈북한 화교 출신 서울시 공무원 유우성 씨를 국가보안법 위반 혐의로 체포. 검찰은 여동생 유가려 씨가 '오빠는 간첩'이라고 한 진술을 토대로 유우성 씨를 구속기소. 그러나 4월, 유가려 씨는 국정원의 불법 구금과 가혹 행위로 "허위 자백"했다고 폭로. 2015년 10월, 대법원은 1·2심에 이어 유우성 씨의 국가보안법 위반 혐의에 대해 무죄 판결. 2.25 박근혜 대통령 취임. 4.18 서울중앙지검, '국정원 대선·정치개입 의혹 사건' 특별수사팀(윤석열 팀장) 구성. 5.17 〈뉴스타파〉, 네티즌 '자로'가 찾아낸 국정원의 불법 정치 개입 트위터 계정 사용자가 국정원 직원임을 확인. 6.14 검찰, 원세훈 전 국정원장을 공직선거법 위반 및 국정원법 위반 혐의로 불구속 기소. 2015년 2월, 항소심 재판부는 1심과 달리 공직선거법 위반도 유죄 판결. 그러나 2015년 7월, 대법원은 원심 파기 환송. 2017년 8월, 새 정부 출범 후 열린 파기환송심에서 원세훈 전 원장에게 징역 4년·자격정지 4년 선고 및 법정구속. 8.5 '박정희 유신헌법' 기초자 김기춘, 대통령 비서실장에 발탁. 8.21 박 대통령, 유진룡 문화체육관광부 장관에게 노태강 국장과 진재수 과장이 "참 나쁜 사람이라더라"며 인사조치 지시. 2014년 4월 정유라가 한국마사회컵 승마대회에서 우승을 못 하자 청와대 지시로 문체부가 승마협회를 감사했는데, 두 사람이 작성한 보고서가 마음에 들지 않았기 때문. 두 사람은 좌천 후 결국 공직에서 사임. 노태강 씨는 2017년 문재인 정부의 문체부 차관에 발탁. 9.13 국정원의 대선 개입 사건 수사를 총괄한 채동욱 검찰총장이 〈조선일보〉의 '혼외자 의혹' 보도로 사퇴. 이 보도는 불법 사찰을 동원한 청와대와 국정원의 정치 공작이었다는 의혹. 당시 채 총장이 '윗선'과 갈등을 겪었기 때문. 2017년 7월 〈JTBC〉 인터뷰에서 채 전 총장은 "(원세훈 전 국정원장과 김용판 전 서울청장에 대해) 청와대와 법무부에서 공직선거법 위반 적용과 구속은 곤란하다는 말이 있었다"고 밝힘. 당시 법무부 장관은 황교안 전 국무총리. 10.14 김광진 민주당 의원이 국회 국방부 국정감사에서 국군사이버사령부 산하 심리전단 530부대가 댓글 등으로 대선에 불법 개입했다고 주장. 2017년 검찰 수사 결과, 당시 김관진 국방부 장관뿐만 아니라 이명박 대통령도 보고를 받은 정황이 드러남. 10.21 국회 법제사법위원회 국정감사에 출석한 윤석열 검사, 자신이 국정원 대선 개입 사건 특별수사팀에서 배제된 연유와 관련해 상부의 수사 외압이 있었다고 폭로. "저는 사람에 충성하지 않는다", "위법한 지휘, 감독은 따를 필요가 없다"는 소신을 밝혀 큰 파문. 당시 좌천됐던 윤 검사는 2016년 국정농단을 수사한 박영수 특검팀에서 활약. 2017년 문재인 정부에서 서울중앙지검장으로 파격 발탁. 당시 윤영찬 청와대 국민소통수석비서관이 인사 발표를 하던 순간 기자들이 "왜"라고 탄성을 터뜨리는 모습이 TV 생중계로 방영되어 화제. 국정원 대선 개입 사건 특별수사팀의 부팀장에서 좌천되어 사임한 박형철 검사는 2017년 문재인 정부의 청와대 민정수석실 반부패비서관으로 발탁. **2014** 3.22 〈시사저널〉, '박지만 미행설' 보도. 2013년 11월부터 박 대통령의 동생 박지만 씨가 한 달여간 미행을 당했는데, 지시자가 비선 실세 의혹을 받던 정윤회라는 내용. 그러나 2015년 1월, 검찰은 미행설이 허위라며 수사 종료. 3.26 안철수 새정치연합 중앙운영위원장과 김한길 민주당 대표의 합

의로 '새정치민주연합' 창당. 그해 7월, 재·보선 참패의 책임을 지고 두 공동대표 모두 사퇴. 4.8 안민석 새정치민주연합 의원, 국회 대정부 질문에서 "청와대 지시로 국가대표가 되기에 부족한 정 씨(정윤회)의 딸(정유라)이 승마 국가대표가 되었다는 제보가 있다"고 폭로. 4.11 안민석 의원, 국회 교육문화체육관광위원회 전체 회의에서 정유라에 대한 추가 의혹 제기. 당시 새누리당 의원 강은희·김장실·김희정·박윤옥·박인숙·염동열·이에리사 등 7인이 "우수한 승마 유망주를 죽이려 한다"는 등 집단 반박. 14일에는 김종 문체부 차관이 반박 기자회견 후, 〈YTN〉 취재진을 따로 만나 승마협회 임원 모 교수에 대한 추문 제보. 해당 교수는 정유라의 국가대표 선발 과정에서 원칙을 강조해 갈등을 빚은 인물로 알려짐. 4.16 세월호 참사로 304명 희생. 전 국민이 선체 침몰을 생중계로 지켜봐야 했던 초유의 충격적 사건. 그러나 박 대통령은 청와대가 밝힌 첫 보고 시점에서 7시간이 지나서야 재난안전대책본부에 나타나 "구명조끼를 학생들은 입었다고 하는데 그렇게 발견하기가 힘듭니까?"라고 말해 상황 파악을 못 하는 모습을 보여줌. 국민의 분노와 비통함이 커지며 '이게 나라냐'는 탄식이 흐르기 시작. 2016년 12월, 국회 '박근혜 탄핵소추안'의 사유에 '세월호 7시간'이 포함됨. 탄핵 국면에서 당시 우병우 민정비서관, 황교안 법무부 장관, 김기춘 비서실장, 김진태 검찰총장 등이 세월호 수사에 외압을 가했던 정황과 의혹이 제기됨. 2017년 10월, 문재인 정부의 임종석 대통령 비서실장은 긴급 브리핑에서 세월호 참사 당시 국가안보실이 대통령 첫 보고 시간을 30분 늦춰 조작한 보고서가 발견됐다고 발표. '세월호 7시간'이 실상은 '세월호 7시 30분'임이 드러남. 당시 박 대통령이 10시 15분에 첫 구조 지시를 내렸기에 구조의 '골든 타임'을 허비했다는 비난을 피하려고 조작했다는 의혹. 4.25 김종 문체부 차관, 〈YTN〉 기자들에게 "대통령께서 세월호 다음 날, 체육 개혁을 확실히 하라고 오더 내려왔다", "세월호에 빠지지 말고, 승마 빨리빨리"라며 승마협회 임원의 추문 취재를 재촉. 5.12 우병우 민정비서관 내정. 2016년 '최순실 국정농단' 국정조사 청문회 등을 통해, 우병우 임명 전 장모 김장자 씨가 자신의 골프장 '기흥 CC'에서 최순실과 수차례 골프 회동을 한 증언이 나옴. 5.16 박 대통령, 청와대에서 세월호 참사 유족 대표단 17명과 면담. "진상규명에 있어 유족 여러분의 여한이 없도록 하겠다", "언제든 다시 만나겠다"고 약속. 그러나 이후 유족의 숱한 면담 요청 무시. 5.19 박 대통령, 세월호 참사 34일 만에 대국민담화. "최종 책임은 대통령인 저에게 있다"고 했으나 대통령이 사라진 7시간에 대한 해명은 없었고, "필요하다면 특검을, 진상조사위원회를 포함한 특별법 제안"을 했으나 이후 정부와 여당은 조직적으로 '세월호 특조위' 활동 방해. 6.4 제6회 전국동시지방선거. 세월호 참사에도 불구하고 시도지사 17곳 중 8곳에서 새누리당 소속 후보 당선 반면 전국 교육감 17곳 중 13곳에서 진보 성향 교육감 당선. 6.20 김기춘 비서실장이 주재한 청와대 수석비서관 회의에 당시 김영한 민정수석 참석. 고인이 된 그가 남긴 업무수첩에 이날 적은 "삼성그룹 승계과정 모니터링"이라는 메모가 발견됨. 이건희 삼성전자 회장이 쓰러진 후 한 달여 뒤의 일. 7.7 김기춘 비서실장, '세월호 침몰 사고 국정조사' 기관보고에 출석해 "재난의 최종 지휘본부는 안전행정부"라며 청와대가 '컨트롤 타워'라는 책임 회피. 당시 김기춘의 거짓말을 진실로 바꾸기 위해 김관진 안보실장의 지시로 '국가위기관리기본지침'(대통령 훈령 318호)에서 재난의 컨트롤 타워가 국가안보실에서 안전행정부로 적법 절차 없이 수정됨. 2017년 10월, 문재인 정부 임종석 비서실장의 긴급 브리핑으로 드러난 사실. 7.14 세월호 유족, 수사

권·기소권이 포함된 '세월호 특별법' 제정을 요구하며 국회와 광화문광장에 농성장을 세움. 유가족 20여 명 무기한 단식 돌입, 시민들도 동조 단식. 故김유민 양의 아버지 김영오 씨는 8월 28일까지 46일간 단식. 문재인 새정치민주연합 의원, 김영오 씨가 단식을 중단한 날까지 열흘간 동조 단식. 7.22 전남 순천에서 한 달여 전에 발견된 변사체가 유병언 전 세모그룹 회장으로 확인. 故유병언 씨는 세월호 선사인 청해진해운의 실소유주로, 박근혜 정부가 세월호 참사 책임자로 지목했던 인물. 9.6 극우 성향 인터넷 커뮤니티 〈일간베스트〉와 〈자유청년연합〉 회원 500여 명이 단식 중인 세월호 유가족을 조롱하며 광화문광장 세월호 농성장 앞에서 피자, 치킨 등을 펼쳐 놓고 '폭식 투쟁'. 9.15 대구 창조경제혁신센터 개소식에서 박 대통령과 이재용 삼성전자 부회장이 1차 독대. 박 대통령, '승마협회 회장사를 삼성에서 맡아주고 승마 유망주들이 올림픽에 참가할 수 있도록 좋은 말도 사주는 등 적극 지원해달라'고 당부. 11.7 국민 서명 650여만 명의 힘으로 '세월호 특별법' 제정. 그러나 유가족이 요구한 수사권과 기소권은 빠짐. 11.27 박 대통령, 청와대 안가에서 손경식 CJ그룹 회장과 독대. "CJ 방송과 영화 사업에 좌편향이 심하다"고 질책하자 손 회장은 "죄송하다. 방향이 바뀌게 될 것"이라고 답변. 앞서 2013년 7월 박 대통령은 조원동 청와대 경제수석을 통해 손 회장에게 이미경 CJ그룹 부회장의 사퇴를 요구. 2014년 10월 이 부회장은 경영 일선에서 물러남. 11.27 박 대통령, 정몽구 현대자동차그룹 회장과 김용환 부회장 면담. 배석한 안종범 경제수석이 김 부회장에게 'KD코퍼레이션이라는 회사를 협력회사로 채택해 줬으면 좋겠다'고 청탁. KD코퍼레이션은 정유라 동창 부모의 회사로 이후 현대자동차에 납품. 11.28 〈세계일보〉, 청와대 공직기강비서관실에서 작성한 일명 '정윤회 문건' 폭로. 문건에는 정윤회가 '십상시'라 불리는 청와대 인사 10명을 정기적으로 만나 국정에 개입했고, 김기춘을 흔들기 위해 사퇴설 유포를 지시했다는 내용 등이 담김. 같은 날, 민경욱 청와대 대변인 '찌라시에 불과'하다고 일축. 11.28 이재만 청와대 총무비서관 등 8명, 〈세계일보〉를 명예훼손으로 고소. 문건 유출 경위 수사 의뢰. 12.7 박 대통령, 새누리당 지도부 등과 청와대 오찬에서 "찌라시에 나오는 얘기들에 나라 전체가 흔들린다는 것은 대한민국이 부끄러운 일". 12.8 〈동아일보〉, '정윤회 동향 보고 작성, 김기춘 비서실장 지시'라고 보도, 문건 작성자로 지목된 조응천 전 청와대 공직비서관과 박관천 전 청와대 공직비서관실 행정관의 검찰 조사 진술에 근거한 보도로, 김기춘 〈동아일보〉를 명예훼손으로 고소. 12.9 검찰이 문건 유출자로 지목한 최경락 서울경찰청 경위와 한일 경위를 긴급 체포. 12.10 서울중앙지검에 출석한 정윤회, "이런 엄청난 불장난을 누가 했는지, 불장난에 춤춘 사람들이 누구인지 다 밝혀질 것". 12.12 〈TV조선〉에 출연한 박 대통령 동생 박근령 씨, '정윤회, 박지만 권력 암투설'에 대해 "지만이가 피보다 진한 물도 있더라고 하더라". 12.13 구속영장 기각으로 12일 풀려났던 최경락 경위가 스스로 목숨을 끊음. 12.13 故김영한 전 민정수석의 수첩을 보면, 이날 김기춘이 정윤회 문건 수사를 "조기 종결토록 지도"하라고 지시. 12.14 故최경락 경위 유족이 유서 공개. 최 경위에게 문건을 넘겼다고 진술한 한일 경위가 민정비서관실의 압박과 회유를 받았음이 암시된 내용. 2016년 11월 한 전 경위는 〈세계일보〉, 〈중앙일보〉와의 인터뷰에서 "민정비서관실에서 '문건을 최 경위에게 넘겼다고 진술하면 불기소도 가능하다'고 종용했다"며 그 배후를 "우병우 당시 민정비서관으로 생각했다"고 밝힘. 12.16 최민희 새정치민주연합 의원, 국회 긴급현안질의에서 조달청의 '대통령 비서실 및 국가안보실

물품취득원장' 공개. 청와대가 2013년 5월 '시계형 몰래카메라' 2대를 구매했다고 밝힘. 또한 청와대가 고가의 물품 779개를 허위 기재해 구매했고, 특히 고가의 침대 3개를 반입했다고 2015년 5월에 추가 폭로. 12.19 헌법재판소, 박근혜 정부가 청구한 '통합진보당 해산' 심판에서 인용 8명, 기각 1명으로 해산 선고. 12.28 미주 한인신문 〈선데이저널〉, "정권 후반 최순실이 반드시 정국의 핵 될 것"이라고 보도. **2015** 1.3 검찰, 정윤회 문건 유출 혐의로 박관천 경정 구속기소. 7일 〈동아일보〉는 박 경정이 검찰에서 "우리나라 권력 서열은 최순실 1위, 정윤회 2위 그리고 박근혜는 3위에 불과하다"고 말했다고 보도. 1.5 검찰 중간 수사 결과 발표, "정윤회 문건은 박관천 경정이 풍문을 과장해 짜깁기"한 것, 문건 유출 혐의로 조응천 전 비서관과 한일 경위 불구속 기소. 그러나 검찰이 문건 유출 종착지라고 밝힌 박지만은 불기소. 정윤회 측, "희대의 국정 농단자라는 오명을 벗게 돼 다행". 1.9 정윤회 문건 사건과 관련, 국회 운영위원회에 증인 출석을 요구받은 김영한 민정수석이 돌연 사의 표명. 김기춘 비서실장의 출석 지시를 어긴 것으로 '항명 사태'라 불림. 1.22 대법원, 이석기 전 통합진보당 의원에게 내란선동과 국가보안법 위반으로 징역 9년, 자격정지 7년 선고. 1.23 우병우 민정비서관이 민정수석에 내정. 2.8 새정치민주연합 대표에 문재인 의원 선출. 2.17 김기춘, 비서실장 사임. 3.25 박상진 삼성전자 대외협력담당 사장, 대한승마협회 회장 선출. 4.9 성완종 경남기업 회장, 이명박 정권의 자원외교 비리 연루 의혹으로 구속영장이 청구되자 스스로 목숨을 끊음. 다음 날 〈경향신문〉은 사망 직전의 통화 내용 보도. 숨진 성 회장의 주머니에서 일명 '성완종 리스트' 메모지 발견. 이와 관련해 금품 수수 의혹이 제기된 인물은 당시 이완구 국무총리, 김기춘 전 비서실장, 허태열 전 비서실장, 이병기 비서실장, 홍준표 경남지사, 홍문종 새누리당 의원, 서병수 부산시장, 유정복 인천시장 등. 5.26 삼성물산과 제일모직, 합병 결의 공시. 6.23 이재용 부회장, 메르스를 확산시킨 삼성서울병원의 초기 대응 실패에 대해 대국민사과. 그러나 2017년 5월, 삼성서울병원은 보건복지부의 업무 정지 15일 처분 등에 불복하며 행정처분 취소 소송. 7.5 이탈리아 해킹업체 〈해킹팀〉의 내부 문서 유출. 문서에 따르면 한국 국정원도 2012년부터 '육군 5163부대'라는 명칭의 고객이었고 한국산 스마트폰과 카카오톡 해킹을 문의한 사실이 드러남. 국정원의 대선 개입과 정부 비판 인물 및 민간인 사찰 의혹이 불거짐. 14일, 이병호 국정원장은 국회 정보위원회 전체회의에 출석해 해킹 프로그램 RCS(원격제어시스템) 구매를 시인하면서도 "북한 해킹용, 시민 대상 해킹은 없었다"고 주장. 18일, 해킹 프로그램 구매를 진행한 국정원 직원이 '빨간 마티즈' 자동차 안에서 숨진 채로 발견. 경찰은 '자살'로 판정, 국정원은 "내국인에 대한 사찰은 없었다"는 유서를 근거로 사건을 무마. 7.10 삼성물산 최대주주인 국민연금공단이 투자위원회를 열고 손해를 볼 걸 알면서도 제일모직과의 합병 찬성을 결정. 일주일 뒤 주주총회에서 합병안 통과, 제일모직 최대주주 이재용 부회장은 삼성물산 최대주주가 됨. 이로써 삼성 총수 일가의 그룹 지배력은 높아졌지만, 국민연금은 최소 1,388억 원의 손해. 2016년 박영수 특검팀이 국민연금의 찬성 결정에 청와대 개입 사실을 밝힘. 7.24 박 대통령, 대기업 총수 17명과의 간담회에서 '한류 확산을 위해 대기업들이 재단을 만들어 지원했으면 좋겠다'는 취지의 발언. 그리고 정몽구 현대자동차그룹 회장과 김용환 부회장, 손경식 CJ그룹 회장, 김창근 SK이노베이션 회장과 단독 면담. 7.25 박 대통령, 이재용 삼성전자 부회장과 2차 독대. 구본무 LG그룹 회장, 김승연 한화그룹 회장, 조양호 한진그룹 회장과도 단

독 면담. 7.27 박상진 삼성전자 사장, 독일 출국. 최순실 측과 '정유라 승마 지원' 건으로 접촉 의혹. 8.12 이재현 CJ그룹 회장, 광복절 특별 사면복권. 8.14 최태원 SK그룹 회장, 광복절 특별 사면복권. 8.26 삼성전자, 최순실 모녀가 설립한 독일 현지 법인 '코레스포츠'(이후 '비덱'으로 법인명 변경)와 213억 원 규모의 컨설팅 계약 체결. 9~10월 280만 유로(약 35억 원) 송금 등으로 약 78억 원 지급. 10.26 삼성그룹, 미르재단에 125억 원 출연. 10.27 문체부, 신청 하루 만에 미르재단 설립 허가. 10.27 박 대통령, 국회 2016년도 예산안 시정 연설에서 재벌들에 유리한 '서비스산업발전기본법', '관광진흥법', '국제의료사업지원법'과 '의료법', '노동개혁 5대 법안', '한중 자유무역협정(FTA) 비준 동의안' 등의 처리 촉구. 11.10 박 대통령, 10월 12일 교육부가 행정 예고한 '역사교과서 국정화' 문제와 관련해 국무회의에서 "역사를 모르면 혼이 없고, 잘못 배우면 혼이 비정상"이라고 발언. 23일 〈리얼미터〉 여론조사에는 국정교과서 반대 60.4% 찬성 19.9%. 11.14 광화문에서 열린 '제1차 민중총궐기 대회'에서 백남기 농민이 경찰의 물대포를 맞고 쓰러져 서울대병원으로 실려 감. '외부 충격에 의한 두개골 골절과 뇌출혈로 수술해도 회복이 힘들다'는 의료진의 진단이 있었으나, 1시간여 후 등산복 차림의 백선하 신경외과 교수(담당 주치의)가 나타나 무리하게 수술. 혼수상태이던 백남기 농민이 2016년 9월 25일 사망하자, 백선하 교수는 가족들이 연명 치료를 거부했다며 사망진단서에 사인을 '외인사'가 아닌 '병사'로 기록. 2017년 1월, 유족은 치료 경과를 청와대에 수시로 보고한 의혹으로 서창석 서울대병원장(박 대통령 전 주치의)을 특검에 고소. 2017년 6월, 사망 9개월 만에야 사인을 '외인사'로 바로 잡음. 2017년 10월, 사건 발생 23개월 만에 경찰은 '국가의 법적 책임'을 인정. 11.19 전국경제인연합회(전경련) 회장단, 황교안 국무총리를 초청해 "이번 국회 회기 내에 경제활성화법안, 노동개혁 5대 법안, FTA 비준 동의안이 처리될 수 있도록 정부가 나서달라"고 촉구. 11.30 '한중FTA 비준동의안' 등 국회 본회의 통과. 12.3 의료민영화 논란 '국제의료사업지원법'과 학교 주변 호텔 건립 허용 논란 '관광진흥법 개정안' 국회 본회의 통과. 이재용 부회장이 박상진 사장을 통해 전경련에 건의했던 '기업활력제고를 위한 특별법'(일명 원샷법)은 2016년 2월 국회 본회의 통과. 12.10 한상균 전국민주노동조합총연맹(민주노총) 위원장, 민중총궐기 대회를 주도한 혐의로 경찰에 체포. 서울 종로구 조계사로 피신한 지 25일째 되던 날. 전날 경찰은 그를 체포한다며 8천 명의 병력을 동원해 사찰을 에워싸고 진입을 시도했으나 승려와 신도들의 항의로 철수, 다음 날 한 위원장이 스스로 걸어 나와 체포됨. 12.13 문재인 대표 사퇴 등을 요구해온 안철수 의원이 "정권교체를 할 수 있는 정치세력을 만들겠다"며 새정치민주연합 탈당 선언. 12.28 새정치민주연합, 더불어민주당으로 당명 변경. 12.28 한일 외교부 장관 공동기자회견, "최종적 불가역적" 한일 위안부 합의 발표. 일본 정부의 공식 사과는 없었으며, 10억 엔 출연 대가로 '소녀상 철거' 요구. **2016** 1.12 삼성그룹, K스포츠재단에 79억 원 출연. 1.12 최순실, K스포츠재단 기금 유용을 위해 스포츠 매니지먼트 회사 '더블루K' 설립. 1.13 문체부, 신청 하루 만에 K스포츠재단 설립 허가. 미르재단과 K스포츠재단에 18개 그룹 53개 기업이 총 774억 원 출연. 삼성이 204억 원으로 최대. 현대자동차 128억, SK 111억, LG 78억, 포스코 49억, 롯데 45억, GS 42억, 한화 25억, KT 18억, LS 16억, CJ 13억, 두산 11억, 한진 10억, 금호아시아나 7억, 대림 6억, 신세계 5억, 부영 3억 원 등. 1.13 박 대통령, 신년 대국민담화에서 "경제활성화법과 노동개혁법을 1월 국회에서 반드시 처리해야". 1.19 문재인

더불어민주당 대표, 신년 기자회견에서 1년여만에 대표직 사퇴 표명. 당내 '반문 세력의 거듭되는 "친문 패권" 비난과 흔들기, 안철수, 김한길 의원 등 10여 명의 탈당으로 내홍이 심해지자 3개월 남은 총선을 염두에 두고 내린 결정. 26일 공식 사퇴 후, 김종인 비상대책위원회 위원장 체제로 돌입. 2.2 안철수, 천정배 의원 공동대표로 '국민의당' 창당. 3월 18일, 의석 21석을 확보해 원내교섭단체 등록. 2.10 박 대통령, 북한의 4차 핵실험과 장거리 미사일 발사를 이유로 개성공단 전면 중단 발표. 다음 날 북한도 개성공단 폐쇄 선포. 2.15 박 대통령과 이재용 부회장 3차 독대. 박 대통령 측은 최순실과 장시호가 운영하는 한국동계스포츠영재센터 지원 계획안 전달, 이후 삼성은 약 16억 원을 지급. 이후 대통령 지시사항을 받아쓴 안종범 업무수첩에서 "금융지주회사" 메모 발견. 삼성 총수 일가의 금융계열사 지배력을 강화하기 위해 삼성생명을 금융지주회사로 전환하는 일을 청탁한 것으로 추정. 한편, 이날 박 대통령은 이 부회장에게 "왜 이리 정부를 비판하냐"며 〈JTBC〉와 홍석현 〈중앙일보〉 회장에 대한 강한 불만 제기. 2.15 박 대통령과 정몽구 현대자동차그룹 회장 독대. 그 자리에서 안종범은 김용환 부회장에게 최순실의 광고회사 '플레이그라운드'의 홍보자료 전달. 이후 현대자동차는 플레이그라운드에 70억여 원의 광고 발주. 2.16 박 대통령과 최태원 SK그룹 회장 독대. 2015년 11월 SK가 심사 탈락한 면세점 사업권에 대한 논의가 나왔고, 실제로 독대 2개월 후 SK워커힐면세점은 사업권을 재승인받음. 그밖에 최 회장은 SK텔레콤의 CJ헬로비전 인수, 수감 중인 동생 최재원의 가석방 등을 청탁. 안종범은 최 회장에게 플레이그라운드의 홍보자료를 건넴. 29일에는 K스포츠재단 측이 89억 추가 출연을 요구했으나 SK 측이 거절. 2.17 박 대통령 주재로 청와대에서 열린 제9차 무역투자진흥회의에 재계 인사와 기관장 다수 참석. 정부는 이날 차은택 창조경제추진단장이 추진한 'K-컬처밸리' 조성과 최순실이 기획한 'K스포츠클럽' 설립 및 확장 등에 대한 지원책을 내놓음. 회의 이후 허창수 GS그룹·전경련 회장과 독대, 플레이그라운드 홍보자료를 건넴. 2.18 박 대통령, 황창규 KT 회장과 독대. 황 회장은 SK텔레콤과 CJ헬로비전의 합병을 막아 달라고 청탁했다는 의혹. 실제로 2016년 7월 합병이 무산됨. 이날 박 대통령은 더블루K의 연구용역 제안서와 한국동계스포츠영재센터의 스키단 창단 제안서를 건넸으나 KT가 두 제안 모두 거절. 그러나 KT는 이후 플레이그라운드에 68억 원 상당의 광고를 몰아주고, 차은택의 지인 2명도 KT의 광고업무 책임자로 채용함. 2.22 박 대통령, 권오준 포스코그룹 회장과 독대해 여자 배드민턴팀 창단 지원을 요구. 포스코는 배드민턴팀 대신 더블루K가 관리하는 펜싱팀 창단, 16억 원 지원. 2.23 정의화 국회의장, '국민보호와 공공안전을 위한 테러방지법안' 직권상정. 야당 의원 38명이 국회 본회의장에서 3월 2일까지, 세계 최장기록인 192시간 27분 동안 필리버스터(무제한 토론)를 진행해 법안 통과 저지. 그러나 필리버스터 종료 당일, 결국 다수 여당에 의해 가결. 2.26 안종범과 정현식 K스포츠재단 사무총장, 이중근 부영그룹 회장을 만나 K스포츠재단의 '5대 거점 체육 인재 육성 사업'과 관련 70~80억 원 지원 요구. 부영 측이 세무조사 무마를 청탁하자 거래 무산. 3.14 박 대통령, 신동빈 롯데그룹 회장과 독대. K스포츠재단의 경기도 하남시 체육시설 건립을 위해 75억 원 지원 요구. 롯데 측은 면세점 특허 갱신 등을 청탁했다는 의혹. 5월 롯데는 70억 원을 송금. 그러나 6월, 롯데 일가의 비리 의혹을 수사하던 검찰이 본사 압수수색을 하기 직전에 전액을 반환받음. 당시 우병우 민정수석이 최순실에게 사전에 정보를 알려줬다는 의혹. 3.17 현대자동차 부품납품업체

유성기업의 노조탄압으로 한광호 노동자가 스스로 목숨을 끊음. 1년여 만인 2017년 2월 17일 유시영 유성기업 회장이 구속되면서 3월 4일 故한광호 열사 장례식이 치러짐. 3.25 정부공직자윤리위원회가 고위 공직자들의 재산을 공개하면서, 진경준 검사장이 김정주 넥슨 대표에게 받은 공짜 주식을 매각해 120억 원대 시세차익을 거둔 사실이 드러남. 4.11 〈시사저널〉, 대한민국어버이연합의 집회 회계장부 입수, 관제 데모 의혹 보도. 이후 특검 수사를 통해 전경련이 청와대의 지시로 친박 단체에 활동비를 지원했음이 밝혀짐. 4.12 불법 도박으로 수감된 정운호 네이처리퍼블릭 대표가 수임료를 돌려달라며 부장판사 출신 최유정 변호사를 폭행. 이후 50억 원 수임료가 부각되자, 최 변호사는 정 대표가 작성한 '8인 로비스트 명단' 공개. 이로써 법조계, 군 간부, 대기업 등이 얽힌 '정운호 게이트'가 열렸고, 6월에는 롯데 일가 비리에 대한 검찰 수사로 확대. 4.13 20대 국회의원 선거 및 재보궐 선거 시행. 노무현 대통령 탄핵 후폭풍이 있었던 2004년 총선 이후 처음으로 새누리당이 제1당의 지위를 잃음. 새누리당 122석, 더불어민주당 123석, 국민의당 38석, 정의당 6석, 무소속 11석. 2000년 총선 이후 16년 만에 여소야대 국회 구성. 달라진 민심이 확인되자 민주진보 진영의 기운이 바뀌고 언론과 시민사회가 자신 있게 활약하며 정세가 바뀌기 시작함. 4.18 〈리얼미터〉 여론조사, 정당 지지율에서 더불어민주당이 창당 이후 처음으로 새누리당을 앞섬. 더불어민주당 30.4%, 새누리당 27.5%, 국민의당 23.9%, 정의당 9%. 박 대통령 지지율은 집권 후 최저치인 31.5%. 7.8 한미 양국, 고고도미사일방어체계(THAAD, 사드)를 주한미군에 배치하기로 했다며 공동발표문 공개. 7.17 진경준 검사장, 뇌물수수 혐의로 구속. 현직 검사장 구속은 최초. 7.18 〈조선일보〉, 넥슨이 우병우의 처가 땅을 시세보다 비싸게 사줬다며 진경준 검사장이 우병우를 넥슨과 연결해줬을 가능성 제기. 7.19 〈경향신문〉, 우병우가 일명 '정운호 리스트 8인'의 한 명인 홍만표 변호사와 함께 정운호의 원정도박 사건에 대해 선임계를 내지 않고 몰래 변론했다는 의혹 보도. 7.20 〈한겨레〉, 우병우 아들의 의무경찰 보직 특혜 의혹 보도. 7.21 박 대통령, 국가안전보장회의(NSC)에서 사드 문제와 함께 우병우 거론, "소명의 시간까지 의로운 일에는 비난을 피해 가지 마시고, 고난을 벗 삼아 당당히 소신을 지켜가시기 바란다". 7.25 이석수 대통령 직속 특별감찰관, 우병우 감찰 착수. 2014년 3월, '박근혜 대선 공약'인 특별감찰관 제도를 도입한 이래 고위 공직자에 대한 첫 조사. 7.26 〈TV조선〉, 미르재단 관련 의혹 최초 보도, "미르재단 설립 두 달 만에 대기업에서 500억 원 가까운 돈을 모았는데, 안종범 정책조정수석이 깊숙이 개입한 정황이 드러났다". 7.27-28 〈TV조선〉, 차은택 거론. "안종범 말고도 미르재단에 영향력을 행사한 막후 실력자가 있었다". "공직사회에선 차 씨가 하는 행사마다 대통령이 나타나 장관보다 센 비상근 공직자로 불렸다. 대통령에게 심야 독대 보고를 한다고 자랑했다는 증언까지 나왔다". 7.28 이화여대 학생 200여 명, 평생교육 단과대학(미래라이프대학) 설립 계획을 철회하라며 본관 점거 농성 시작. 7.30 최경희 이화여대 총장, 경찰에 직접 전화해 본관에 있는 교직원을 빼달라고 요청. 경찰 1,600여 명이 학교에 투입, 학생들은 아이돌 그룹 '소녀시대'의 노래 '다시 만난 세계'를 부르며 경찰과 맞섰고, 이를 찍은 동영상이 화제가 됨. 8.2-3 〈TV조선〉, "전경련이 K스포츠재단에도 380억 원 넘게 걷어준 것으로 확인됐다"며 두 재단의 창립총회 회의록 내용이 거의 똑같다는 것을 근거로 "수상한 두 재단의 배후가 동일 인물일 가능성이 높아졌다"고 보도. 8.3 이화여대, 미래라이프대학 설립 철회 결정. 학생 측은 "철회 공문이 교육부에

접수돼 확정될 때까지 농성 계속" 발표. 재학생 및 졸업생 1만여 명, 총장 사퇴를 요구하는 1차 대규모 집회. 휴대폰 불빛으로 어둠을 밝히며 행진. 8.10 이화여대 재학생 및 졸업생 35,000여 명(경찰 추산 3,500여 명) 총장 사퇴 요구 2차 대규모 집회. 8.16 〈MBC〉, 이석수 특별감찰관이 '특정 언론사'(조선일보)에 우병우 감찰 내용을 누설한 의혹 보도. 다음 날 이석수는 전면 부인. 8.19 청와대, 김성우 홍보수석을 통해 "감찰 내용 유출은 중대한 위법행위이자 묵과할 수 없는 사안, 국가를 흔드는 일"이라며 진상조사 강조. 8.21 청와대 관계자, 〈연합뉴스〉와의 통화에서 "일부 언론 등 부패 기득권 세력과 좌파 세력의 우병우 죽이기"라며 "임기 후반기 식물정부를 만들겠다는 의도"라고 발언. 8.26 김진태 새누리당 의원, 기자회견을 열고 "유력 언론사 언론인이 대우조선해양의 호화 전세기에 탔던 것이 확인됐다"고 폭로, 29일 기자회견에서 "〈조선일보〉 송희영 주필"이라고 실명 공개. 8.29 검찰, 특별감찰관 사무실과 〈조선일보〉 기자 휴대폰, 우병우 가족회사 '정강' 등 압수수색. 이석수 특별감찰관 사퇴. 8.30 〈조선일보〉, 송희영 주필 사표 수리. 9.3 최순실, 독일 출국. 10월 30일 귀국할 때까지 57일간 박 대통령과 차명폰으로 127회 통화. 9.20 〈한겨레〉, "박 대통령의 비선실세 최순실 씨가 K스포츠재단 설립과 운영에 깊숙이 개입한 정황이 드러났다"며 최순실의 존재를 드러냄. 청와대 관계자 말을 인용, "권력의 핵심 실세는 정윤회가 아닌 최순실", "문고리 3인방은 생살이고, 최순실은 오장육부. 생살은 피가 나도 도려낼 수 있지만 오장육부에는 목숨이 달려 있다"고 보도. 당일 정연국 청와대 대변인, "일방적 추측성 기사, 언급할 가치 없다". 9.20 조응천 더불어민주당 의원, 국회 대정부질문에서 "미르재단과 K스포츠재단 설립에 박 대통령 측근인 최순실이 개입했다", "대통령이 착용한 액세서리도 최순실이 청담동에서 구입해 전해준 것", "우병우 민정비서관 발탁과 윤전추 행정관 청와대 입성 배경도 최순실 인연" 주장. 다음 날 정연국 청와대 대변인, "언급할 만한 일고의 가치도 없다." 9.23 도종환 더불어민주당 의원, 유럽의 승마 전문 매체 〈유로드레사지〉의 보도를 근거로 삼성이 독일의 승마장을 구매하는 등 정유라의 승마 연수를 지원하고 있다는 의혹 제기. 9.25 경찰의 물대포를 맞고 쓰러져 317일간 의식불명이던 백남기 농민이 서울대병원에서 사망. 28일 법원이 유족의 거부에도 부검영장을 발부, 영장 유효기간인 10월 25일까지 유족과 시민들이 시신을 지켜냄. 9.26 20대 국회 첫 국정감사 시작. 이정현 새누리당 대표가 '김재수 농림부 장관 해임 건의안'을 직권상정한 정세균 국회의장 사퇴를 요구하며 단식농성에 돌입하는 등 여당의 전면 거부로 국정감사 파행. 4일 새누리당은 국감에 복귀했으나 최순실, 차은택 등 증인 채택 반대. 우병우는 불출석. 9.27 〈한겨레〉, "정유라의 지도교수가 제적 경고를 하자 최순실 모녀가 찾아와 그날로 교수가 교체됐다"며 정유라의 이화여대 특혜 의혹 제기. 9.27 정유라, 이화여대 휴학. 9.29 〈뉴스타파〉, 20대 영애 박근혜와 최순실이 1979년 한양대학교에서 열린 '제1회 새마음제전'에 함께 있는 모습의 동영상 공개. 두 사람의 '40년 인연'이 확인됨. 10.1 박 대통령, 국군의날 기념식에서 탈북 촉구. "북한 군인과 주민 여러분, 언제든 대한민국의 자유로운 터전으로 오시기를 바란다". 26일 〈한겨레〉는 "개성공단이 폐쇄될 무렵 최순실이 '앞으로 2년 안에 통일이 된다'는 말을 자주 했다"는 최순실 지인의 증언을 전해. 장시호는 2017년 3월 〈JTBC〉의 '이규연의 스포트라이트'와의 옥중 인터뷰에서 "(박 대통령의) '통일 대박'은 통일을 시키고 나서 대통령을 한번 더 하자는 이모의 계획"이었다고 말함. 10.5 검찰, 시민단체 '투기자본감시센터'의 고발 6일 만에 미르·K스포

초재단 관련 의혹 사건을 서울중앙지검 형사8부(한웅재 부장검사)에 배당. 채동욱 전 검찰총장, 2016년 11월 〈CBS〉 라디오 인터뷰에서 "서울중앙지검 형사8부에 배당한 것은 검사 혼자 못 하니 그냥 가지고 있으라는 얘기", "결국 증거 인멸 시간을 벌어준 꼴"이라고 지적. 10.7 이화여대 재학생 및 졸업생 14,000여 명(경찰 추산 8000여 명) 3차 대규모 집회. 10.7 김행민(SBS CNBC) PD, 페이스북을 통해 "앞으로 모든 포스팅에서 '#그런데최순실은?'을 붙이자'고 제안. 10.7 〈한국갤럽〉이 발표한 박 대통령 지지율이 취임 후 최저치인 29% 기록. 2016년 4.13 총선 직후, 2015년 6월 메르스 사태 때와 같은 수치로 이른바 '콘크리트 지지율 30%'가 깨진 것. 10.10 도종환 더불어민주당 의원, 국정감사에서 한국문화예술위원회 회의록을 근거로 '블랙리스트'가 있다고 주장. 10.12 〈한국일보〉, 2015년 청와대가 문체부로 내려보낸 '블랙리스트' 문서의 표지 사진과 구체적 내용 공개. 리스트에 오른 인물은 총 9,473명으로 세월호 정부 시행령 폐기 촉구 선언, 세월호 시국선언, 문재인 후보 지지 선언, 박원순 후보 지지 선언 등 네 부류로 작성됨. 10.15 이정현 새누리당 대표, 국회 탈북민 행사 직후 기자들에게 송민순 전 외교통상부 장관의 회고록을 언급하며 "(문재인은) 북한과 내통한 것"이라고 발언. 송민순은 회고록에서 2007년 유엔의 북한인권결의안 표결 당시 참여정부가 문재인 대통령 비서실장의 주도로 북한에 의견을 물어본 뒤 기권했다고 주장. 10.16 김경수 더불어민주당 의원, 송민순 회고록 반박 기자회견, 18일 〈CBS〉 라디오 인터뷰에서는 "송민순 회고록 파문은 최순실 의혹을 덮기 위한 새누리당의 정치 공세"라고 비판. 10.17 정연국 청와대 대변인, "(송민순 회고록이) 사실이라면 충격적인 일". 10.18 〈경향신문〉, 최순실 정유라 소유의 독일 회사 '비덱'에 "K스포츠재단 등의 자금 일부가 흘러 들어갔을 가능성도 배제할 수 없다"고 보도. 같은 날 〈JTBC〉, 최순실의 회사 더블루K가 "K스포츠재단을 배경으로 돈벌이를 해왔던 것으로 확인됐다"고 보도. 10.19 〈SBS〉, "비덱이 K스포츠재단을 등에 업고, 국내 대기업들에 거액의 투자를 요구한 걸로 드러났다"고 보도. 지상파 3사 가운데 처음으로 최순실 관련 보도를 주요하게 다룸. 10.19 〈경향신문〉, 정유라가 2014년 12월 3일 자신의 SNS에 올린 "돈도 실력이야! 니네 부모를 원망해"라는 글 보도. 10.19 정유라 사태의 진상규명과 최경희 총장 사퇴를 요구하며 이대 사상 최초로 교수 시위가 벌어짐. 교수 150여 명과 학생 5,000여 명이 참석했고, 교내 행진 후 학생들은 '스승의 은혜'를 부름. 당시 교수협의회 공동회장으로 시위를 주도한 김혜숙 교수는 2017년 5월 25일 이화여대 최초의 직선제 총장에 선출. 10.19 최경희 이화여대 총장 사임. 10.19 〈JTBC〉, "회장(최순실)이 제일 좋아하는 건 (대통령) 연설문 고치는 일"이라는 최순실 최측근 고영태 전 더블루K 이사의 증언 보도. 10.20 박 대통령, 청와대 수석비서관 회의에서 최순실이 미르·K스포츠재단 자금을 유용했다는 의혹에 대해 "누구라도 불법행위를 저질렀다면 엄정한 처벌을 받을 것", "재단들이 저의 퇴임 후를 대비해서 만들어졌다는데 그럴 이유도 없고 사실도 아니다"라는 첫 입장 표명. 10.21 이원종 대통령 비서실장, 국회 국정감사에서 대통령 연설문 유출 의혹에 대해 "봉건시대에도 있을 수 없는 일"이라며 일축. 10.24 박 대통령, 2017년 예산안 국회 시정연설에서 '임기 내 개헌' 제안. 뉴스 어젠다를 개헌으로 바꿈. 10.24 손석희 앵커의 〈JTBC 뉴스룸〉, '최순실 태블릿PC'를 입수해 최순실이 대통령 연설문을 미리 받아보고 수정까지 했다고 보도. 숱한 '의혹'을 '사실'로 만든 명백한 물증 '스모킹 건'이 나오자, 이날부터 다음 날까지 '탄핵', '하야' 관련 키워드가 각 포털사이트 검색어

상위권을 차지. 10.25 〈한겨레〉, 이성한 전 미르재단 사무총장 인터뷰 보도. "최순실이 거의 매일 청와대로부터 30cm 두께의 대통령 보고 자료를 건네받아 검토했다", "정호성 청와대 제1부속실장이 들고 왔다", "최 씨가 대통령한테 '이렇게 하라 저렇게 하라' 시키는 구조. 청와대 문고리 3인방도 최 씨의 심부름꾼". 10.25 박 대통령, 사전 녹화한 1차 대국민담화 발표. "일부 연설문이나 홍보물"에서 "좀 더 꼼꼼하게 챙겨보고자 하는 순수한 마음으로" 최순실의 도움을 받았으며, "청와대 및 보좌 체제가 완비된 이후"에는 그만뒀다는 요지. 10.25 〈JTBC〉, 태블릿PC에 대통령 연설문뿐 아니라 안보 기밀이 포함된 청와대 및 정부부처 문건 등 총 200여 개 파일이 있으며, 태블릿PC 사용 시기도 2012년 6월부터 2014년 3월까지라고 보도해 대통령 대국민담화가 거짓임을 입증. 또한, 대통령 취임식에 '오방낭'(오색 비단을 사용해 만든 전통 주머니)을 사용한 것도 최순실이 연관돼 있음을 밝혀 '주술 국정' 논란이 일어남. 10.25 〈TV조선〉, 박 대통령 의상을 전담한 것으로 알려진 강남 의상실에서 최순실이 의상 제작을 지시하는 모습이 담긴 CCTV 영상 공개. 2014년 11월 3일에 찍힌 이 영상에는 윤전추, 이영선 청와대 행정관이 등장, 이영선이 휴대폰 액정을 옷에 닦아 두 손으로 건네는 장면은 청와대와 최순실의 관계를 드러냄. 10.26 문재인 더불어민주당 전 대표, 긴급 성명에서 박 대통령의 새누리당 탈당과 거국중립내각 구성 촉구. 10.26 이재명 성남시장, SNS에 "박근혜 대통령은 하야하고 야권은 탄핵 준비해야"라는 글을 올려 유력 대선주자 중 처음으로 '하야' 주장. 10.26 국회 앞에서 '탄핵'을 요구하는 기습시위를 벌인 '박근혜 탄핵 대학생 운동본부'의 대학생 4명이 경찰에 연행. 10.26 이날 서강대와 이화여대를 시작으로, 각 대학 및 각계의 시국선언 시작. 10.26 새누리당, 긴급 의원총회에서 야당이 제안한 특별검사제 수용. 특검 방식을 놓고 여야 협의 시작. 10.26 검찰, 시민단체 '투기자본감시센터' 고발 27일 만에야 미르·K스포츠재단, 더블루K, 최순실·차은택의 주거지, 전경련 등 압수수색. 10.27 검찰, 이영렬 서울중앙지검장 등 검사 15명으로 구성된 '특별수사본부' 설치. 10.27 심상정 정의당 대표 기자회견, "오늘부터 국민과 함께 박근혜 하야 촉구 행동 나설 것". 원내 정당 처음으로 '하야' 요구. 10.27 〈KBS〉, 1975년 최태민 총재가 주관한 '대한구국선교단' 구국기도회에 23살 영애 박근혜가 참석한 영상 공개. 대한구국선교단은 최태민이 창시한 사이비 신흥종교 영세교의 후신이며, 당시 기도회에서 박근혜가 명예총재로 추대됨. 10.27 〈중앙일보〉, 세계적인 폭로 사이트 〈위키리크스〉가 공개한 2007년 주한 미국대사관의 17대 대선 보고서 보도. 보고서는 당시 한나라당에서 이명박과 경선 경쟁 중이던 박근혜에 대해, "경쟁자들이 '한국의 라스푸틴'이라고 부르는 최태민이 인격형성기에 박근혜의 심신을 완전히 지배했고, 그 결과로 최태민의 자제들이 엄청난 재산을 축적했다는 루머가 파다하다"고 적음. 10.27 김무성 새누리당 전 대표, "박 대통령 옆에 최순실이 있다는 걸 몰랐다고 하면 거짓말". 전여옥 전 한나라당 의원, 29일 〈조선일보〉와 30일 〈중앙일보〉 인터뷰에서 "유승민 의원이 쓴 연설문이 모처에 다녀오면 '걸레'가 되어 돌아왔다". "최순실을 모른다는 친박 실세라는 분들은 거짓말하는 것". 10.27 광화문 동화면세점 앞에서 시민 400여 명이 '박근혜 하야' 요구 촛불집회 및 행진. 10.27 '21세기청소년공동체희망'의 청소년 10여 명이 광화문광장에서 청소년 시국선언 개최. 10.28 〈한국갤럽〉 여론조사, 박 대통령 지지율 17%. 취임 후 최초로 10%대로 추락. 10.28 〈세계일보〉, 독일에 있던 최순실 인터뷰 보도. "태블릿PC는 내 것이 아니다", "국가기밀인지 몰랐다" 등 의혹

과 혐의 전면 부인. 10.28 '민중총궐기 서울지역투쟁본부' 주최로 서울 종로구 영풍문고 앞에서 '박근혜 하야' 요구 촛불집회. 시민 2,000여 명 참석. 10.29 검찰, 안종범 수석과 정호성 비서관 집무실 압수수색 영장 집행에 나섰으나 청와대가 우병우 민정수석의 지시로 '불승인 사유서' 제출. 그러나 정호성 자택에서 압수한 휴대폰에서 최순실, 박근혜 등과의 통화 녹음 파일 확보. 안종범 자택과 11월 16일 청와대 3차 압수수색 시도 당시 임의 제출받은 자료에서 업무수첩 17권 확보. 녹음 파일과 업무수첩은 또 다른 '스모킹 건'이 됨. 10.29 [1차 촛불집회] 서울 청계광장에서 오후 6시, 민중총궐기투쟁본부의 주최로 첫 대규모 촛불집회가 열림. 2만여 명의 시민들은 주최 측이 준비한 "이게 나라냐", "박근혜 퇴진" 등의 피켓과 "대통령은 1+1이 아니다" 등 직접 만든 피켓을 들고 "박근혜는 하야하라" 구호를 외침. 촛불집회 후 청와대를 향해 행진, 그러나 광화문광장 세종대왕 동상 인근에서 방패를 든 경찰의 폴리스라인에 막힘. 다음 날 30일 서울지방경찰청은 이례적으로 "경찰의 안내에 따라주고 이성적으로 협조해 준 시민들에게 감사드린다"는 입장 표명. 촛불집회에 앞서 오후 2시 인사동에서는 20여 명의 청소년이 중고등학생 149명이 서명한 선언문을 낭독, 퍼포먼스와 행진을 벌임. 오후 4시 30분 동숭동 마로니에 공원에서는 13개 청년단체 소속 대학생, 청년 200여 명이 집회 후 청계광장으로 행진해 촛불집회에 합류. 오후 4시 종로구 파이낸스센터 앞에서는 '최순실시민행동'이 집회 개최. 이날 오후 3시 50분 광화문광장에는 높이 약 4m의 칼날까지 재현한 목조 단두대 모형이 등장. 10여 분 만에 경찰이 철거했으나, SNS에서 사진이 퍼져나가며 폭발적 반응을 얻음. 이날 전북 전주에서는 '전북버스노동조합' 주도로 버스 300여 대가 오후 4시부터 3분 동안 경적 시위를 벌임. 1987년 6월항쟁의 상징인 경적 시위의 재등장은 성난 민심을 대변. 울산에서는 '울산범시민시국회의'가 주최한 범시민 총궐기대회에 시민들과 노동자 1,000여 명이 참여. 10.30 박 대통령, 우병우 민정수석과 안종범 정책조정수석, '문고리 3인방' 이재만·정호성·안봉근 비서관 등 사표 수리. 신임 민정수석에 최재경 전 인천지검장 내정. 10.30 최순실, 영국에서 인천공항으로 오전 일찍 극비 입국. 이후 행방이 묘연, 검찰이 증거 인멸 및 입 맞추기 시간을 벌어줬다는 비난 여론 확산. 10.30 검찰, 청와대 2차 압수수색 시도. 청와대는 또다시 불승인, 검찰이 요청한 자료를 임의 제출키로 일방 결정. 10.30 새누리당 지도부, 긴급 최고위원회의 소집. 박 대통령에 거국중립내각 구성 촉구. 10.31 문재인 전 대표, 여당에 총리 추천권을 주자는 새누리당의 거국중립내각 제안 거부. "분노를 느낀다. 거국중립내각은 국민이 만드는 것", "국회 추천 총리의 제청으로 새 내각이 구성되면 대통령은 국정에서 손을 떼라". 10.31 최순실, 귀국 31시간 만에 서울중앙지검에 출석. 소환 조사 8시간 만에 긴급 체포. 검찰 출석 당시 "죽을죄를 지었습니다", "국민 여러분 용서해주십시오. 죄송합니다"라며 울먹임. 청사로 밀려 들어가다가 명품 브랜드 '프라다' 신발이 벗겨짐. 미국 영화 〈악마는 프라다를 입는다〉를 패러디한 '악마는 프라다를 신는다'는 말이 회자되었고, 한동안 백화점에서는 프라다 매출이 10% 이상 감소. 10.31 교육부, 정유라의 이화여대 부정 입학 및 특혜 의혹에 대해 특별감사 착수. 10.31 정유라, 이화여대에 자퇴서 제출. 10.31 〈고발뉴스〉 이상호 기자, 최순실이 정기적으로 의사를 청와대로 데리고 가 박 대통령에게 보톡스 미용시술을 해줬다는 최순실 최측근 인터뷰 보도. 해당 시술은 주삿바늘을 이용해 실을 얼굴에 매립하는 것으로, 성형외과 전문의는 "프로포폴 등 수면유도제를 이용해 환자를 잠재우는 게 통례이며, 시술에

서 정상적 회복까지는 통상 7시간가량이 소요된다"고 밝힘. 세월호 참사 당일 대통령이 부재했던 7시간 동안 '성형시술 의혹'이 제기됨. 11.1 조윤선 문체부 장관, 국회 교육문화체육관광위원회 전체회의에서 "정무수석으로 11개월 일하는 동안 대통령과 독대한 적이 있느냐"는 질문에 "없다"고 답해. 다음 날 국회운영위원회 전체회의에서 김규현 외교안보수석도 "독대한 적 없다". 11.1 문체부, 최순실과 차은택 등이 관계된 문제 사업을 점검하는 특별전담팀(TF) 구성. 당시 팀장을 맡은 정관주 제차관은 2017년 1월 '블랙리스트' 관여 혐의로 구속. 11.1〈한겨레〉, 최순실이 '프리패스'로 청와대를 수시로 출입했다는 내부 관계자 증언 보도. 11.1〈디오피니언〉여론조사, 박 대통령 지지율 9.2%로 한 자릿수 기록. 11.2〈TV조선〉, 무기 로비스트 린다 김의 지인 등의 말을 인용해 린다 김이 최순실, 박 대통령과 "30년 전부터 알고 지낸 사이며 청와대 관저에도 들어간 적이 있다"고 보도. 일각에서는 2014년 차세대 전투기 도입 당시 거래사가 보잉에서 록히드마틴으로 갑자기 바뀐 이유가 린다 김과 최순실, 정윤회, 김관진 등이 개입했기 때문이라는 의혹 제기. 무기 사업은 막대한 리베이트가 발생하는데, 록히드마틴은 박근혜 정부 출범 이후 10조 원이 넘는 무기를 수주함. 11.2 박 대통령, 신임 국무총리에 참여정부 청와대 정책실장 출신 김병준, 경제부총리와 국민안전처 장관에 각각 호남 출신 임종룡과 박승주 내정. 3일에는 신임 대통령 비서실장에 김대중 전 대통령 비서실장 출신 한광옥을 내정. 이는 '하야는 없다'는 강력한 표명이자 '야권 분열 인사 책략'. 문재인 전 대표, "정치적 해법을 찾는 것이 불가능하면 중대한 결심을 할 수밖에 없다", "즉각 하야, 퇴진이라는 국민들의 압도적 민심에 공감". 11.3 최순실 구속. 11.4 검찰, 특별수사본부를 검사 32명의 역대 최대급 규모로 재편. 11.4 박 대통령 2차 대국민 담화. "특정 개인이 이권을 챙기고 위법행위까지" 저질러 "선의의 도움을 주셨던 기업인 여러분께도 큰 실망을 드려 송구"하다며 최순실에게 모든 책임을 전가. "저 역시 검찰 조사에 성실히 임할 각오, 특검에 의한 수사도 수용"하겠다고 약속했으나 지키지 않음. "내가 이러려고 대통령을 했나라는 자괴감 들어"라는 말은 온갖 패러디를 낳음. 11.4〈한국갤럽〉여론조사, 대통령 지지율 5%. 역대 대통령 지지율 최저치 경신. 20~30대 1%, 40~50대 3%, 60대 이상 13%. 11.4 새누리당 129명 의원 일동, 국회에서 대국민사과. 11.5 故백남기 농민 장례미사, 명동성당에서 염수정 추기경 집전으로 진행. 광화문광장에서 1만 명의 시민이 모여 민주사회장 영결식 진행. 11.5 [2차 촛불집회] 민중총궐기투쟁본부가 주최한 광화문 촛불집회에 20만 명 참석. 전국적으로는 30만 명이 모임. 집회 인원이 늘어나면서 유모차를 끌고 나온 가족 등 남녀노소 인원 구성이 더욱 다양해졌으며, 특히 이날 5000여 명의 중고등학생이 단독 사전 집회 개최. 박 대통령의 "내가 이러려고 대통령을 했나 자괴감 들어"라는 말을 패러디한 "내가 이러려고 국민을 했나 자괴감 들어" 등의 말이 오갔고, 시민들은 "박근혜는 퇴진하라", "새누리도 공범이다" 등의 구호를 외침. 애초 경찰은 도심 교통 방해를 이유로 행진 금지를 통보했으나, 법원이 허가하면서 종로와 을지로를 거쳐 서울시청 광장을 돌아 광화문광장으로 복귀하는 행진을 합법적으로 진행. 10월 26일 발표한 '재외동포 시국선언서'에는 이날까지 58개국 1만여 명이 서명, 여러 국가에서 촛불집회가 열림. 11.6 안종범, 정호성 구속. 11.6 검찰, 우병우 소환 조사. 포토라인에서 기자를 내리깔아 본 일명 '레이저 눈총'으로 국민적 공분을 일으킴. 11.7〈조선일보〉, 우병우가 팔짱을 끼고 웃으며 검찰 조사를 받는 사진 보도, '황제 수사' 논란이 불거짐. 11.7 박 대통령이 여야 대표에게 회담

제안. 야당은 이를 거부하고 국정 2선 퇴진, 총리 내정 철회, 특검 수용 등을 요구. 11.8 박 대통령, 국회를 기습 방문해 정세균 국회의장과 회동. 여야 합의로 총리를 추천해줄 것을 제안. 11.8 검찰, 정유라 특혜 지원 의혹으로 삼성전자 서초동 사옥 압수수색. 삼성 압수수색은 2008년 이후 8년 만. 11.8 검찰, 중국에서 귀국한 차은택을 공항에서 체포. 11.9 1,500여 시민단체, 〈박근혜정권 퇴진 비상국민행동〉발족. 11.9〈JTBC〉, 최순실이 차병원 계열 '차움'에서 박 대통령의 주사제를 대리 처방했다고 보도. 11.10 기독교·불교·원불교·천도교·천주교〈박근혜 퇴진 5대 종단 운동본부〉발족. 11.10〈TV조선〉, 故김영한 전 민정수석의 비망록 입수 보도. 2014년 6월 14일부터 2015년 1월 9일까지 '청와대 회의록'과 다름없는 이 업무수첩은 김기춘 등의 위법한 지시의 증거가 됨. 11.10 성균관대·경희대·서강대·성공회대·한양대 등 박 대통령 퇴진 요구 동맹휴학 선언. 11.10 도널드 트럼프 미국 대통령 당선. 11.11 차은택 구속. 11.11 정연국 청와대 대변인, 대통령이 세월호 참사 당일 7시간 동안 성형시술을 받았다는 의혹에 대해 "전혀 근거 없는 유언비어"라고 일축. 11.11 '최순실 국정농단' 진상규명을 위한 국회 긴급현안질문 시작. 여당 의원 참여 없이 야당 의원 12명이 황교안 국무총리 등에 질의. 정동영 국민의당 의원, "내일(12일) 국민 대궐기 이후에도 박 대통령이 결단을 내리지 못할 경우 곧바로 탄핵 절차에 착수하자"고 건의. 11.12 서울행정법원 김정숙 부장판사, 정부 수립 이래 처음으로 청와대 입구 율곡로에서 대규모 행진 허용. "대통령에게 국민 목소리를 전달하려는 게 이 집회의 특수한 목적이다. 집회를 조건 없이 허용하는 것이 민주주의 국가임을 스스로 증명하는 것". 11.12 [3차 촛불집회] 광화문 촛불집회에 앞서 시청 앞 서울광장, 대학로 등에서 노동자·농민·빈민·시민단체들의 다양한 사전집회 개최. 방송인 김제동은 광화문광장에서 토크콘서트 '만민공동회' 개최. 퇴진행동이 주최한 광화문 촛불집회에는 1987년 6.10항쟁 이래 최대 군중인 100만 명이 모였고, 전국적으로는 110만 명이 모임. 지역에서 서울로 10만여 명이 상경 투쟁을 하면서 기차표와 전세버스가 동이 남. 촛불집회 최초로 광화문 8차로를 모두 열었음에도 광화문광장에서 서울광장까지, 종로와 서대문 쪽 골목길까지 가득 찬 인파로 한 발자국을 떼기도 어려웠을 정도. "박근혜는 하야하라", "박근혜는 퇴진하라", "박근혜를 구속하라"는 100만 함성이 울려 퍼짐. 여러 외신에서 집회 소식을 속보로 전함. 이날 광화문광장에는 단두대 모형이 다시 등장, 동시에 해학과 풍자가 넘쳤으며 집회 내내 흥겨운 곡조의 노래 '하야가'와 '이게 나라냐'를 함께 부름. 농민들이 짊어진 '박근혜 퇴진' 상여와 청년들이 짊어진 대형 위안부 소녀상이 화제가 됨. 시민들은 경복궁역 사거리 내자동까지 행진했는데, 최전선의 고교생과 청년들은 새벽까지 경찰과 대치한 채 "청와대로 가자"며 차벽을 두드리고 차벽 위로 올라가는 등 분노를 표출. 경찰의 방패를 뺏었다 돌려주는 등 몸싸움이 벌어지는 모습을 TV 생중계로 지켜보던 시민들까지 긴장 고조. 촛불집회가 폭력 충돌 항쟁으로 돌입하는가를 가름하는 결정적 대치의 밤. 시민들은 '절제된 분노'를 지켜냈고 새벽까지 구호와 함성을 외치고 노래를 부르며 선 채로 농성. 100만 인파가 모였음에도 단 한 명의 부상자도 발생하지 않음. 내자동에서 연행된 23명의 시민도 다음 날 전원 석방되어 단 한 명의 구속자도 발생하지 않음. 11.13 비박계가 소집한 새누리당 비상시국회의에서 당 해체를 추진한다는 성명문 채택. 11.13 검찰, 청와대에 "15일 또는 16일 대통령 대면조사" 통보. 다음 날에도 '16일 대면조사' 재차 요구. 11.13〈JTBC〉의 '이규연의 스포트라이트', 박근혜를 이용해 수천억 원을 벌어

들인 최태민 일가가 일찍이 '박근혜 대통령 만들기' 비밀 프로젝트를 진행한 정황을 보도. 1980년대 육영재단은 '작은 청와대'였다며, "최태민이 '우리나라 최초의 여성 대통령은 박 이사장(박근혜)이 될 테니 성심을 다해 모셔라'고 말했다"는 육영재단 직원들의 증언을 최초 보도. 11.14 추미애 더불어민주당 대표, 오전 일찍 한광옥 비서실장을 통해 박 대통령에게 일대일 영수회담 제안. 청와대는 수용했으나, 촛불시민들의 분노와 당내 및 다른 야당의 반발에 부딪혀 추 대표가 14시간 만에 철회. 당시는 100만 촛불 행진 후 박근혜의 답을 기다리던 긴장 고조의 국면. 11.14 더불어민주당, 100만 촛불집회의 기세와 민심 압박으로 박 대통령의 '2선 후퇴'에서 '즉각 퇴진'으로 당론 변경. 11.14 새누리당·더불어민주당·국민의당, 국정농단 진상규명을 위한 별도 특별검사 법안과 국정조사 실시에 합의. 11.14 박근혜 사촌형부이자 5.16쿠데타 주역 김종필 전 총리 〈시사저널〉 인터뷰. "5천 만이 시위해도 박 대통령 절대 안 물러날 것". 11.14-15 김재천 베트남 영사, 〈JTBC〉와의 인터뷰에서 "최순실 씨 조카를 돕기 위한 부당한 지시 받았다", "최순실 일가가 전 대주 전 베트남 대사의 임명과 박노완 호찌민 총영사 부임에 영향력을 행사했다"고 폭로, 현직 공무원으로 공개적인 첫 '내부 고발'이었으며 "다른 공무원들도 용기를 가지고, 옳다고 생각하는 것을 주장하는 것이 맞다고 생각한다"고 말해 큰 반향. 11.15 〈JTBC〉, 박 대통령이 차움 의원에게 '길라임'이라는 가명을 사용했다고 보도. 길라임은 〈SBS〉의 드라마 '시크릿 가든'의 여주인공 이름. 11.15 박 대통령 변호인 측, 검찰에 '16일 대면조사' 연기 요청. 유영하 변호사, "대통령 직무수행을 위해 원칙적으로 서면조사가 바람직", "여성으로서의 사생활 고려해주어야'. 11.15 이재만, 안봉근 전 비서관 검찰 조사 후 귀가. '문고리 3인방' 중 정호성 전 비서관만 구속된 것. 11.15 새누리당 비박계 의원, 친박계 지도부에 맞설 비상시국위원회 발족. 이정현 대표의 즉각 퇴진을 요구하며 김무성, 유승민 의원 등 12명을 대표자로 선정. 11.15 문재인 전 대표, '박근혜 퇴진 범국민기구 추진' 긴급 기자회견. "대통령이 조건 없는 퇴진을 선언할 때까지, 국민과 함께 전국적인 퇴진운동에 나서겠다". 12일 100만 촛불집회에 대해 "광화문광장에서 쏟아진 '이게 나라냐'라는 국민들의 통탄은 대통령 하야만으로는 치유될 수 없는 절망감의 표현", "대통령의 퇴진을 넘어 시대를 교체하고 나라의 근본을 확 바꾸라는 준엄한 명령"이라며 "야권을 대표하는 대선후보가 돼서 정권교체를 하려는 꿈을 가지고 있다"고 밝혀. 11.16 검찰, '18일 대통령 대면조사' 재차 요청. 유영하 변호사, "다음 주에 조사받겠다"며 2차 거부. 11.16 정연국 청와대 대변인, 박 대통령이 김현웅 법무부 장관에게 부산 해운대 엘시티(LCT) 비리 의혹에 대해 철저한 수사를 지시했다고 전해. 국정 복귀 노림수라는 비판. 11.17 김진태 새누리당 의원, 국회 법제사법위원회 전체회의에서 특별검사 추천권을 야당이 갖도록 한 특검법안 원안 수정을 요구하며 "촛불은 바람이 불면 다 꺼지게 돼있다"고 발언해 논란. 19일, 지역구 강원도 춘천에서 시민 7,000여 명이 김 의원 사무실 앞까지 LED 촛불을 들고 행진, 사과와 사퇴 요구. 11.17 '박근혜 정부의 최순실 등 민간인에 의한 국정농단 의혹 사건 규명을 위한 특별검사 임명법'과 '박근혜 정부 최순실 등 민간인에 의한 국정농단 의혹 사건 진상규명을 위한 국정조사계획서' 국회 본회의 통과. 11.17 더불어민주당 추미애 대표, 국민의당 박지원 비상대책위원장, 정의당 심상정 대표가 회담을 하고 박 대통령 퇴진을 위해 적극 공조하기로 합의. 11.18 박 대통령, 12일 100만 촛불집회 이후 첫 공개일정으로 청와대 신임 참모진과 대사들에게 임명장 수여. 다음 달 한중일

정상회의의 참석 방침도 밝혀 국정 전면 복귀 노골화. 11.18 교육부, 감사 결과를 토대로 이화여대에 정유라 입학 취소 요구. 검찰에 최순실 정유라 모녀와 최경희 전 총장 수사 의뢰. 11.19 〈SBS〉, 김종 전 문체부 차관이 국가대표 수영 선수 박태환에게 브라질 올림픽 출전 포기를 종용했다고 보도. 〈KBS〉, 김연아 선수가 차은택이 주도한 늘품체조 시연회에 참석해 달라는 요청을 거부한 뒤 "정부로부터 미운털이 박혀" 2015년 스포츠 영웅 설문조사에서 1위를 차지하고도 리스트에서 제외된 의혹이 있다고 보도. 11.19 청와대, "오보와 괴담을 바로잡겠다"며 '이것이 팩트입니다' 홈페이지 오픈. 11.19 서울역 광장에서 탄핵에 반대하는 일명 '태극기 집회'가 처음 개최. '박근혜를 사랑하는 모임(박사모)' 주도, 주최 측 추산 6만 7,000명, 경찰 추산 1만 1,000명. 11.19 [4차 촛불집회] 이날 집회를 앞두고 인터넷에서는 전국 촛불집회 일정이 담긴 '대동하야지도'가 화제. 당일 광화문에 60만 명, 전국 96만 명이 모임. 박 대통령의 지지기반이던 대구에서도 2만 5천여 명이 모였으며, 7만여 명이 모인 광주 5.18민주광장에서는 횃불이 타오름. 수능이 끝난 수험생들도 대거 참여. 시민들은 광화문광장을 에워싼 경찰 차벽에 꽃 스티커를 붙여 '꽃벽'을 만들고, "촛불은 바람 불면 꺼진다"는 김진태의 발언에 맞서 LED 촛불을 들고나와 유쾌한 축제 분위기를 이어감. 무대 공연에서 가수 전인권이 '걱정 말아요 그대'에 이어 '애국가'를 부를 때 100만이 한목소리로 합창, 촛불집회 감동의 공연으로 회자됨. 집회 후에는 광화문 앞에서 양방향으로 갈라져 청와대를 에워싸는 '학익진' 행진을 펼침. '학익진'은 학이 날개를 펼친 듯한 전투 진법으로 임진왜란 당시 이순신 장군이 한산도대첩에서 왜군을 물리칠 때 사용. 청와대의 불빛은 내내 꺼져 있었음. 행진이 끝난 후에도 전국에서 모인 수만 명의 시민은 내자동 사거리에 남아 자유발언을 이어감. 11.20 검찰, 최순실·안종범·정호성 구속기소 및 중간 수사결과 발표, 공범으로 박 대통령 기소. 헌정 사상 첫 현직 대통령 피의자 입건. 그러나 뇌물죄 혐의는 빠짐. 11.20 정연국 청와대 대변인, "검찰 조사 결과는 상상과 추측을 거듭해 지은 사상누각일 뿐". 이에 대해 22일 〈SBS〉는 "정호성 전 비서관의 녹음파일을 단 10초만 공개해도 촛불은 횃불이 될 것"이라는 검찰 관계자의 반박을 인용 보도. 11.21 김현웅 법무부 장관과 최재경 민정수석이 사의 표명. 11.21 더불어민주당·국민의당·정의당, 박 대통령 탄핵을 당론으로 채택. 11.21 장시호, 김종 전 문체부 차관 구속. 11.22 새누리당 비박계 의원 중 처음으로 남경필 경기도지사와 김용태 의원 탈당. 11.23 새누리당 신임 비상대책위원장에 인명진 목사 임명. 11.23 검찰, 박 대통령에게 '29일 대면조사' 재요청. 28일 유영하 변호사, "시국 수습방안 마련 등 일정상 어려움"을 들며 3차 거부. 11.23 〈경향신문〉, 청와대의 의약품 구매 내역 자료를 확인한 결과 백옥주사, 태반주사라고 불리는 영양·미용 주사제뿐만 아니라 발기부전 치료제인 비아그라도 대량 구입했다고 보도. 청와대는 "고산병 치료 목적"이었다고 해명. 11.23 한·일 양국, 한일군사정보보호협정 재가 및 비공개 최종 서명. 국방부, "일본 측의 요청으로 협정식은 비공개". 이에 대한 항의로 주한 일본대사가 국방부 청사로 들어왔을 때 30여 명의 사진기자가 일제히 카메라를 바닥에 내려놓고 보이콧 시위. 11.24 한화그룹 전 핵심관계자가 〈중앙일보〉를 통해, 2014년 2월 김승연 한화그룹 회장의 횡령 및 배임 혐의에 대한 집행유예 석방 선고는 최순실에게 로비했기 때문이라고 증언. 한화 측은 선고 하루 전 이미 판결 결과를 전달받았고, 최 씨는 '나중에 좋은 일 하게 되면 도와달라'고 했다고 함. 실제로 한화 측은 최순실이 설립한 미르, K스포츠재단에 25억 원 출연. 그러나

한화 측은 대가성 부인. **11.25** 〈한국갤럽〉 여론조사, 박 대통령 지지율 4%. **11.25** 15일부터 전국 각지의 농민 1,000여 명이 전국농민회총연맹 '전봉준투쟁단'이라는 이름으로 트랙터를 끌고 행진, 서울 진입을 시도. 경부고속도로 양재나들목(IC)에서 경찰과 밤샘 대치했으며, 시민들은 먹거리와 보온용품 등을 보내거나 직접 찾아가 응원. 그러나 26일 새벽 강제 해산. 농민 5명 부상, 36명 연행. **11.26 [5차 촛불집회]** 영하의 기온에 첫눈이 내리고 눈비가 치면서 오후 3시 즈음 현저하게 적은 인원이 광화문광장에 모임. TV 중계 화면을 보던 시민들은 "나라도 나가야지", "광장이 비면 어쩌나" 하는 심정으로 우산과 우비를 챙겨 집을 나섰고, 오후 5시부터 광화문 일대가 인파로 가득 차기 시작. 광화문에만 150만 명, 전국 190만 명이라는 역대 최대 기록을 세움. 해외 20개국 50개 지역에서도 촛불집회 개최. 이날의 하이라이트는 저녁 8시 전국 방방곡곡에서 진행된 '1분 소등 및 점등' 행사. 이는 시민의 제안이었으며 암흑에 잠긴 대한민국을 촛불로 밝힌다는 의미. 소등과 점등 후 '촛불 파도타기'가 펼쳐짐. 눈비 속에 모여든 150만 명의 촛불과 함성이 지축을 울렸으며, 이날의 집회는 촛불혁명 승리의 분수령이 됨. '트랙터 상경 시위'로 연행됐다 풀려난 '전봉준투쟁단' 농부들이 무대에 올라 박수를 받았고, 경기도 수원의 한 농민은 '근혜 씨 하야하소'라고 쓴 흰색 천을 두른 황소를 타고 집회에 참석. 행진 때는 역사상 최초로 청와대를 동·남·서로 둘러싸며 200m 앞 청운효자동주민센터까지 '포위 전진'. 세월호를 상징하는 노란색 종이배와 아이들 조형물을 등에 태운 대형 고래 풍선과 수의를 입고 포승줄에 묶인 박근혜 모형이 함께 행진. 선두에 선 세월호 유가족은 청와대와 가까워지자 눈물을 흘리며 구호를 외침. **11.27** 국가 원로 20여 명 긴급 회동, 박 대통령 하야 결단 촉구. **11.28** 서청원·최경환·윤상현 등 친박 중진 의원, 박 대통령에게 명예퇴진 건의 합의. **11.28** 박 대통령, 김현웅 법무부 장관 사표 수리, 최재경 민정수석 사표 보류. **11.28** 교육부, 국정 역사교과서 현장 검토본 공개. **11.29** 한 대학생이 새누리당 의원 휴대전화 번호를 통째로 인터넷에 공개, 의원들에게 탄핵을 요구하는 문자메시지가 쏟아짐. **11.29** 박 대통령 3차 대국민담화, '임기 단축 포함, 진퇴문제 국회에 맡기겠다'며 사실상 '하야 거부'. 공을 국회에 넘겨 혼란과 분열 증폭. **11.30** 〈리서치뷰〉 여론조사, 박 대통령 진퇴 문제 국회 위임에 대해 '퇴진요구에 화답한 것' 18.7% '특검과 탄핵을 피하려는 꼼수' 74.9%. **11.30** 국회 '최순실 국정조사특위' 1차 기관보고. 보고대상은 문화체육관광부·법무부·대검찰청·보건복지부·국민연금공단 등 5곳. 대검찰청 김수남 검찰총장, 김주현 차장, 박정식 반부패부장 불출석. **11.30** 박 대통령, 국정농단 수사 특별검사에 박영수 변호사 임명. 12월 1일, 박영수 특검은 윤석열 검사를 수사팀장으로 영입. **12.1** 새누리당, '4월 퇴진─6월 대선' 당론 결정. **12.1** 박 대통령, 대구 서문시장 화재 현장을 10여 분간 방문. 싸늘한 민심과 비난 여론. **12.1** 야 3당, 탄핵소추안 발의 합의 무산. 더불어민주당 추미애 대표와 정의당 심상정 대표는 '1일 발의, 2일 표결'을 주장했으나, 국민의당 박지원 비상대책위원장은 '9일 본회의 처리' 입장 고수. **12.2** 국회의원 앞으로 '박근혜 탄핵' 청원 이메일을 보내도록 고안된 '박근핵닷컴' 사이트 개설, 이튿날 실시간 검색어 1위에 등극. 92만 건이 넘는 청원 메시지가 국회의원에게 전달. **12.2** 이화여대, 정유라 퇴학 및 입학 취소 결정. **12.3** 국회의원 171명, 권한남용·헌법위배·세월호 참사 책임 등 13가지 사유로 박 대통령 탄핵소추안 발의. **12.3 [6차 촛불집회]** 특검 출범과 탄핵소추안 발의 직후 열린 촛불집회. 사상 최대 규모로 광화문에 170만 명, 전국에는 총 232만 명이 모임. "박근혜

는 퇴진하라"보다 "박근혜를 구속하라"는 구호가 증가. 수의를 입은 박근혜 모형도 다수 등장. 각 지역의 새누리당사 앞에서 집회를 개최하고 "새누리당은 해체하라"를 외침. 이날부터 촛불 소등 및 점등 행사와 촛불 파도타기가 '세월호 7시간' 진상규명을 요구하는 의미로 저녁 7시에 진행. 진도 팽목항을 지키던 세월호 미수습자 가족들이 무대에 올라 발언, 행진 때는 4월 16일을 의미하는 416개의 횃불이 타오름. 역사상 처음으로 청와대 앞 100m까지 전진해 "박근혜 방 빼"를 외침. **12.4** 촛불집회 다음 날, 새누리당 비박계 의원 29명이 "(박 대통령 퇴진 일정과 관련해) 여야 합의가 없으면 9일 탄핵 표결에 참여하겠다"고 밝혀 탄핵소추안 가결에 28표가 부족한 상황에서 탄핵의 청신호가 켜짐. **12.5** 서울시교육청, 정유라 청담고등학교 졸업 취소 결정. **12.5** 국회 '최순실 국정조사특위' 2차 기관보고. 보고대상은 청와대 대통령비서실·경호실·국가안보실·기획재정부·교육부 등 모두 5곳. 청와대의 최재경 민정수석, 박흥렬 경호실장 불출석. **12.6** 〈한겨레〉, 박 대통령이 세월호 참사 보고를 받고도 올림머리를 하는 데 90분 이상 허비했다고 보도. **12.6** 1차 국정조사 청문회. 지상파 3사 생중계로 국민 관심 집중. [주요주제] 재벌기업의 미르·K스포츠재단 기금 출연의 대가성, 삼성과 청와대가 삼성물산·제일모직 합병에 국민연금을 불법 동원한 의혹 등. [주요 출석인] 이재용 삼성전자 부회장, 정몽구 현대자동차그룹 회장, 최태원 SK그룹 회장, 구본무 LG그룹 회장, 신동빈 롯데그룹 회장, 허창수 GS그룹 회장, 김승연 한화그룹 회장, 조양호 한진그룹 회장, 손경식 CJ그룹 회장 등 9개 그룹 총수. 재벌 총수들의 생중계 청문회 출석은 1988년 전두환 대통령의 일해재단 비리 관련 '5공 청문회' 이후 28년만. 그 밖에 이승철 전 전경련 부회장, 홍완선 전 국민연금공단 기금운용본부장, 김상조 한성대학교 교수, 주진형 전 한화투자증권 대표 등 참석. **12.7** 2차 국정조사 청문회. [주요주제] 국정농단 공모 및 묵인, 문화예술계 지원 배제 '블랙리스트' 의혹 등. [주요 출석인] 김기춘 전 비서실장, 차은택 전 창조경제추진단장, 고영태 전 더블루K 이사, 김종 전 문체부 차관, 장시호, 조원동 전 경제수석비서관, 송성각 전 한국콘텐츠진흥원장, 김재열 제일기획 사장, 노태강 전 문체부 체육국장, 여명숙 게임물관리위원회 위원장 등. **12.8** 대통령 탄핵소추안 표결 전날, 국회 앞에 5천여 명의 시민이 모여 '즉각 탄핵' 요구. **12.8** 〈리얼미터〉 여론조사, 국민 78.2% 탄핵 찬성. 다음 날 발표된 〈한국갤럽〉 조사는 81%. **12.8** 야 3당, 탄핵소추안 부결 시 국회의원직 전원 사퇴를 당론으로 확정. **12.9** 박 대통령, 국회 탄핵 가결 직전에 최재경 민정수석 사표 수리, 조대환 변호사를 신임으로 임명. 조대환은 세월호 특조위 부위원장 시절, 특조위를 "세금도둑"이라고 비난하며 진상규명 활동을 방해한 인물. **12.9** 국회, '박근혜 대통령 탄핵소추안' 가결. 최경환 새누리당 의원을 제외한 299명 참석, 가 234표, 부 56표, 기권 2표, 무효 7표. **12.9** 헌법재판소, 무작위 전자배당 방식을 통해 탄핵심판 주심에 강일원 재판관 지정. **12.10 [7차 촛불집회]** 국회 탄핵 가결 다음 날 열린 촛불집회. 광화문에 80만 명 전국에 104만 명의 시민이 모여 헌재의 신속한 탄핵 인용을 촉구. 또한 "국회 탄핵은 끝이 아닌 시작이다"를 외치며, 재벌 총수 처벌·사드 배치 철회·국정교과서 폐기 등 적폐청산에 대한 다양한 요구를 펼침. 이날부터 광화문광장에 세월호 희생자를 의미하는 304개의 구명조끼를 전시. 세월호 유가족은 시민들에게 먹거리와 따뜻한 음료를 나누었고, 무대 발언에서는 끝까지 진상규명에 함께 해달라며 감사의 마음을 담아 허리 숙여 절을 함. 박근혜 정권 이후 스스로 목숨을 끊은 노동자들과 세월호 미수습자들의 이름을 부른 후 1분간 소

등, 다시 촛불을 점화. 청와대를 향해 행진할 때는 탄핵 가결을 축하하며 축포를 쏘아 올림. **12.11** 검찰 특별수사본부, 수사 결과 발표. 최순실·장시호·안종범 전 정책조정수석·정호성 전 비서관·차은택 전 창조경제추진단장·송성각 전 한국콘텐츠진흥원장·김종 전 문체부 차관 등 7명 구속기소, 조원동 전 경제수석 등 4명 불구속 기소. 박 대통령은 '공모' 혐의로 '피의자' 입건. **12.12** 새누리당 비박계 모임 비상시국회의, 이정현 대표와 서청원·최경환·이장우·조원진·홍문종·윤상현·김진태 의원을 '친박 8적'으로 규정한 뒤 출당 요구. **12.12** 새누리당 정진석, 더불어민주당 우상호, 국민의당 박지원 원내대표가 국정 정상화를 위해 여야정협의체 구성 합의. 그러나 모임 직후 정진석 원내대표가 돌연 사의 표명. **12.12** 정봉주 전 의원이 잠적한 우병우에 대해 공개수배 선언. 현상금 모금에 안민석, 김성태 의원 등 참여. 네티즌이 만든 현상수배 포스터 등이 SNS에 퍼져나감. **12.13** 우병우, 《연합뉴스》를 통해 국정조사 청문회 출석 의사 밝힘. **12.14** 《한국일보》, 세월호 참사 파장이 한창이던 2014년 5월 중순에 찍은 박 대통령의 피멍 자국 얼굴 사진과 "주름을 펴기 위한 필러 주입술의 후유증으로 보인다"는 전문가 소견 보도. **12.14** 3차 국정조사 청문회. [주요주제] 세월호 참사 구조방기와 대통령의 '세월호 7시간', 비선진료 의혹 등. [주요 출석인] 김상만 전 대통령자문의·전 녹십자아이메드 원장, 김영재 김영재의원 원장, 서창석 전 대통령주치의·서울대학교병원장, 신보라 전 대통령경호실 의무실 간호장교, 이임순 순천향대학교 산부인과 교수, 차광렬 차병원그룹 회장, 김장수 전 국가안보실장, 김석균 전 해양경찰청장, 이현주 대원어드바이저리 대표 등. **12.15** 4차 국정조사 청문회. [주요주제] 정윤회 문건 사건, 미르·K스포츠재단 관련 비리, 정유라 이화여대 부정입학 및 특혜 의혹 등. [주요 출석인] 이석수 전 특별감찰관, 조한규 전 세계일보 사장, 김종덕 전 문화체육관광부 장관, 정동춘 전 K스포츠재단 이사장, 박헌영 전 K스포츠재단 과장, 김상률 전 교육문화수석비서관, 최경희 전 이화여대 총장, 김경숙 이화여대 교수·전 학장, 남궁곤 이화여대 교수·전 입학처장, 김혜숙 이화여대 교수, 최원자 이화여대 교수 등. **12.16** 국조특위 현장조사. 청와대 조사는 국조특위 위원들과 청와대 관계자들의 대치 끝에 무산됐으며, 최순실 단골 성형외과 김영재의원 실시. **12.16** 새누리당 원내대표 경선에서 친박계가 지지한 정우택 의원 당선. 이정현 대표 등 친박 지도부 사퇴. **12.16** 박 대통령 측, 헌법재판소에 탄핵 답변서 제출. "탄핵은 이유가 없다, 기각돼야 한다" 주장. **12.16** 문재인 전 대표, 김용옥 한신대학교 교수와의 《중앙일보》 인터뷰에서 "헌재가 탄핵 기각을 결정하면 어쩌나?"라는 질문에 "국민들의 헌법의식이 곧 헌법이다. 상상하기 어렵지만 그런 판결을 내린다면 다음은 혁명밖에는 없다"라며 정치인 중 최초이자 유일하게 '혁명'을 언급. **12.17** 《중앙일보》, 국정조사 청문회에서 새누리당이 최순실 태블릿PC에 대해 위증 교사를 모의할 거라는 고영태의 인터뷰 보도. 인터뷰한 때는 13일, 그런데 15일 청문회에서 실제로 고 씨가 예견했던 내용이 박헌영 전 K스포츠재단 과장과 이만희 새누리당 의원 간에 그대로 재연되어 의혹이 커짐. 19일 《중앙일보》는 이완영 새누리당 의원이 정동춘 K스포츠재단 이사장에게 위증 교사를 제의, 박 과장이 실행을 지시받았다는 노승일 전 K스포츠재단 부장의 폭로를 추가 보도. **12.17** [8차 촛불집회] 광화문에 65만 명, 전국에 77만 명이 모임. 촛불집회에 앞서 광화문에서는 친박 집회가 열림. 조희연 서울특별시교육감, 이재정 경기도교육감, 최교진 세종시교육감, 이석문 제주시교육감 등은 국정교과서 반대 서명을 받고 피켓 시위 진행. 민주노총은 한상

균 민주노총 위원장, 이석기 전 통합진보당 의원 등의 석방을 요구하는 피켓 시위 진행. 세월호 유가족은 광화문광장에 전시한 구명조끼를 직접 입고 집회에 참석. 이날 행진은 청와대, 국무총리공관 그리고 헌법재판소 등 세 갈래로 진행. 총리공관과 헌법재판소 100m 앞까지 나아감. 청와대 앞에서는 '즉각 퇴진'을, 총리공관 앞에서는 '황교안 사퇴'를, 헌법재판소 앞에서는 조속한 '탄핵 인용'을 요구. **12.21** 박영수 특검, 사무실 현판식과 동시에 국민연금공단 등 15곳 압수수색. **12.22** 특검, 정유라의 신병 확보 때까지 기소중지 처분 및 지명 수배 조치. **12.22** 헌법재판소 탄핵심판 첫 준비기일. 재판관들은 신속한 심판을 위해 탄핵소추 사유 13가지를 5가지 쟁점으로 압축. 비선조직에 의한 국정농단으로 국민주권주의와 법치주의 위반, 대통령 권한 남용, 언론 자유 침해, 생명권 보호의무 위반, 뇌물수수 등. **12.22** 5차 국정조사 청문회. [주요주제] 민정수석실의 국정농단 개입 및 직무유기, 대통령의 '세월호 7시간' 의혹 등. [주요 출석인] 우병우 전 민정수석, 조여옥 전 대통령경호실 의무실 간호장교, 노승일 전 K스포츠재단 부장, 박헌영 전 K스포츠재단 과장, 정동춘 K스포츠재단 이사장. **12.24** 특검, 최순실과 김종 전 문체부 차관 첫 공개 소환 조사. **12.24** [9차 촛불집회] 영하의 날씨에도 광화문에 60만 명, 전국에 70만 명이 모임. 성탄 전야 촛불집회로 축제 분위기에. 청년산타 300여 명은 아이들에게 선물을 나눠주고, 박근혜를 위해서는 모형 수갑을 준비. '세월호 기억트리' 설치, 시민들은 세월호 리본을 달며 무사 인양을 염원함. 본 집회에 앞서 광화문광장에서는 방송인 김제동의 토크콘서트 '만민공동회'와 퇴진행동 주최 토크콘서트 '국민의 명령'이 진행됨. '국민의 명령'에서는 6대 긴급현안 해결을 주장. 6대 현안은 세월호 참사 진상규명과 선체 인양, 백남기 농민 국가폭력살인 특검 도입, 역사교과서 국정화 폐지, 언론장악 방송법 개정, 성과퇴출제 폐지, 사드 배치 중단. 문화예술인들의 농성장 '광화문캠핑촌'에서는 시민들에게 '올해 사라지길 바라는 것'을 깃발에 적게 했고, '전국풍물인시국회의'는 도깨비난장과 강강술래 진행. 본 집회에 앞서 종로타워 앞에서는 '전국대학생시국회의' 대학생들의 집회가, 종로구 영풍문고 앞에서는 '21세기청소년공동체희망'의 청소년 시국회의가, 종로구 파이낸스센터 앞에서는 '전국교수연구자 비상시국회의'가 거리 강연을 진행. 전국금속노동조합은 이재용 부회장과 정몽구 회장을 본뜬 모형을 들고 광화문에서 종로구 청운효자동주민센터까지 행진. 촛불집회 6시 소등행사에서는 '박근혜 구속, 조기 탄핵'이라는 문구를 정부서울청사 건물에 대형 레이저빔으로 쏘아 비춤. 청와대, 총리공관, 헌법재판소로 행진 뒤에 '하야 크리스마스 콘서트'에서는 '하야 크리스마스' 등 캐럴송을 개사한 노래를 함께 부름. 한편, 친박 단체 소속 1만여 명은 청계광장, 대한문 앞, 서울광장 앞 도로 등에 모여 오후 9시까지 탄핵무효 집회 개최, 날이 어두워지자 야광 태극기를 휘날림. **12.24** 《시사저널》, 문재인 대항마로 범보수 진영의 유력 대권 주자로 떠오른 반기문 유엔 사무총장이 과거 박연차 태광실업 회장으로부터 불법 자금을 받았다는 의혹 보도. **12.26** 유진룡 전 문체부 장관, 《CBS》 라디오에서 '블랙리스트' 관련 폭로. "퇴임 직전(2014년 6월) 블랙리스트를 직접 봤다", "리스트 (형식) 이전에 구두로, 수시로 김기춘 비서실장의 지시라면서 문체부로 전달됐다", "정무수석실에서 만든 것(당시 정무수석은 조윤선 전 문체부 장관)". **12.26** 국조특위, 청문회 출석을 거부하는 최순실이 있는 서울구치소에서 6차 청문회 진행. 그래도 최순실이 나오지 않자, 수감동까지 들어가 접견. 이어 남부구치소에서도 안종범, 정호성과 비공개 접견. **12.27** 최순실, 특검 소환조사 거

부. 12.27 특검, 해외 도피 중인 정유라의 강제소환을 위해 인터폴 적색수배 요청. 12.27 새누리당 의원 29명 탈당, 가칭 '개혁보수신당' 창당 선언. 헌정 사상 최초의 보수정당 분당. 12.27 교육부, 국정 역사교과서 전면화를 1년 유예, 2018년에 국·검정을 혼용하겠다는 방침 발표. 12.27 〈알앤써치〉 여론조사, 차기 정권이 추진해야 할 가장 중요한 당면 국정과제에 대해 부정부패 청산 42.4%, 경제성장 29.1%, 경제민주화 10.2%, 정치개혁 6.7%, 남북문제 해결 5%. 차기 대통령이 갖추어야 할 자질에 대해서는 도덕성 25.3%, 소통과 화합 능력 25.2%, 책임감 18.7%, 결단력 12%, 지도력 9%, 정치경력 2.1%. 12.28 최순실, 특검 소환조사 2차 거부. 12.28 시민단체 '미래세대가 세우는 평화의 소녀상 추진위원회'가 한일 위안부 합의 1년을 맞아 부산 동구 일본영사관 앞 인도에 소녀상 설치. 동구청은 도로법에 위배된다며 4시간 만에 철거. 시민 100여 명이 이를 막기 위해 경찰과 대치하다 13명 연행. 부산 동구청에는 항의 전화와 글이 빗발쳐 전화와 서버가 마비됨. 12.29 황교안 대통령 권한대행, 한일 위안부 합의에 대해 "(이보다) 더 좋은 합의가 어떤 것이냐"며 "유지되는 것이 바람직하다." 12.30 부산 동구청, 철거했던 소녀상 설치 허용. 외교부는 "위안부 합의 이행 정부 입장에 변함없다"는 입장 발표, 일본 외무성 등은 강력히 항의하며 소녀상 철거 요구. 12.30 〈한국리서치〉 여론조사, 국민 83.5% "정권교체 될 것". 12.30 인명진 새누리당 비대위원장, 1월 6일까지 친박 핵심 의원의 탈당 요구. 12.30 박지만 비서실에서 18년간 일한 비서 주 씨가 자택에서 숨진 채로 발견. 주 씨는 〈SBS〉 '그것이 알고 싶다'에서 17일 방영한 '박근혜 5촌 살인사건'의 취재원. 12.31 문형표 국민연금공단 이사장, '특검 1호 구속'. 청와대 지시를 받고 삼성물산·제일모직 합병안에 국민연금이 찬성하도록 종용한 혐의 등. 12.31 [10차 촛불집회] 2016년 마지막 날 '송박영신(박근혜를 보내고 새해를 맞는다)' 촛불집회. 광화문에 90만 명, 전국에 100만 명의 시민들이 모여 연인원 1,000만 명 돌파. 본 집회에 앞서 광화문광장에서는 세월호 인양 서명운동, 18세 선거권 서명운동, AI 살처분 가축 위령제, 길거리 헌법 강의 등이 펼쳐짐. 집회 사회자 제안으로 시민들은 '송박영신'과 '조기탄핵'을 각 포털사이트 실시간 검색어 1위에 올림. 집회 막바지에는 세월호 희생자를 추모하며 304개의 노란 풍선을 날리고, 소등 퍼포먼스 때에는 대형 레이저빔으로 정부서울청사에 '박근혜 구속' 등의 글씨를 쏘아 비춤. 청와대, 총리공관, 헌법재판소 등으로 행진을 마친 시민 일부는 타종행사가 열린 보신각에 모여 새해를 맞이함. 2017 1.1 박 대통령, 직무 정지 및 특검 조사 거부 상황에서 기습 청와대 기자간담회 개최. 탄핵소추안 사유 전면 부인. 청와대 출입 기자들에게 불과 30분 전 일정을 통보, 노트북, 카메라, 휴대전화 반입을 허용하지 않아 논란. 1.1 정유라, 덴마크 올보르 외곽의 주택에서 현지 경찰에 체포. 5월 31일, 한국으로 강제송환되어 압송. 6월 3일, 장기간 해외 도피 생활에도 불구하고 1차 구속영장 기각. 영장 발부 담당 판사 강부영. 6월 20일, 2차 구속영장 기각. 영장 발부 담당 판사 권순호. 1.2 이정현 새누리당 전 대표, 탈당 선언. 1.3 인명진 새누리당 비대위원장, 서청원 의원과 최경환 의원에게 공개적으로 탈당 요구. 1.3 류철균 이화여대 교수 구속. 1.3 헌법재판소 탄핵심판 1차 변론기일, 박 대통령 불출석으로 9분 만에 종료. 1.4 최순실, 특검 소환조사 3차 거부. 1.5 탄핵심판 2차 변론기일, 윤전추 행정관 증인 신문. 안봉근, 이재만 전 비서관 불출석. 박 대통령 측 서석구 변호사, "촛불민심은 국민 민심이 아니다." 1.5 최순실, 안종범, 정호성의 첫 재판이 서울중앙지법 417호 대법정에서 진행. 검찰, "박근혜 대통령이 공범이라는

증거는 차고 넘친다". 1.7 '블랙리스트'에 저항하는 문화예술인들이 광화문광장에 극장 '블랙텐트' 설치. 탄핵 이후인 3월 18일, 설치 71일 만에 해체할 때까지 400여 명의 예술가가 총 72개의 작품을 공연. 1.7 [11차 촛불집회] 2017년 새해 첫 촛불집회로 광화문에 60만 명, 전국에 64만 명이 참석. '세월호 참사 1,000일'을 이틀 앞둔 날, 시민들은 "세월호 1,000일 7시간 진상규명", "진실을 인양하라", "새해 소망은 세월호 진실규명" 등의 문구가 적힌 피켓을 듦. 사전행사로 유가족과 시민들이 함께 하는 '4.16세월호참사 국민조사위원회' 출범식 진행. 무대 발언 때는 세월호 생존 학생 9명이 처음으로 공개석상에 모습을 드러내 발언. 하늘로 떠난 친구들에게 보내는 편지를 낭독한 후 유가족과 포옹. 대통령 퇴진 촉구 및 세월호 참사 희생자들을 추모하는 의미로 '1분 소등' 행사 진행. 촛불을 다시 밝히며 세월호 1,000일을 의미하는 노란 풍선 1,000개를 하늘로 띄워 보냄. 청와대와 헌법재판소로 행진할 때 세월호 유가족은 희생된 아이들의 사진이 인쇄된 현수막을 들고 선두에 섬. 1.7 촛불집회가 끝난 후, 정원스님이 박 대통령 체포 등을 요구하며 분신. 이틀 뒤 입적. 1.9 7차 국정조사 청문회. [주요주제] 문화예술계 지원 배제 '블랙리스트', 대통령의 '세월호 7시간' 등. [주요 출석인] 조윤선 문화체육관광부 장관, 구순성 대통령경호실 행정관, 정동춘 K스포츠재단 이사장, 노승일 전 K스포츠재단 부장 등. 1.9 최순실, 특검 소환조사 4차 거부. 1.9 〈리얼미터〉 여론조사, 차기 대선후보 지지율에서 문재인 26.8%, 반기문 21.5%, 이재명 12%, 안철수 6.5%, 안희정 5%, 박원순 4.3%, 유승민 3.4%, 손학규 3%, 오세훈 2.2%, 남경필 1.1%, 홍준표 1%, 김부겸 1%, 원희룡 0.4%. 1.10 친박 세력, '태블릿PC 조작 진상규명위원회' 발족. 한국자유총연맹 김경재 총재, 변희재 미디어워치 대표, 주옥순 엄마부대 대표 등 참석. 1.10 특검, 최순실의 또 다른 태블릿PC 실물 공개. 1.10 남궁곤 이화여대 교수·전 입학처장 구속. 1.10 탄핵심판 3차 변론기일. 박 대통령 측, 세월호 참사 당일 대통령의 시간별 행적 등이 담긴 '세월호 7시간' 답변서 제출. 재판관들은 자료가 부실하다며 구체적 행적을 소명하라고 지적. 1.11 성주와 김천의 시민 800여 명이 사드 배치 철회를 당론으로 정할 것을 요구하며 더불어민주당 여의도 당사 점거 농성. 1.12 특검, 이재용 부회장 소환 조사. '블랙리스트' 관여 혐의로 김종덕 전 문체부 장관, 정관주 전 문체부 차관, 신동철 전 정무비서관 구속. 1.12 탄핵심판 4차 변론기일. 이영선 청와대 행정관, 조한규 전 세계일보 사장 등 증인신문. 1.12 반기문 전 유엔 사무총장 귀국, 인천공항 기자회견에서 사실상 대선 출마 선언. "국민 대통합 위해 한 몸 불사를 것". "정권교체가 아니라 정치교체가 이뤄져야". 9일부터 13일까지 〈리얼미터〉 지지율 여론조사, 문재인 26.1% 반기문 22.2%. 문재인 지지율은 12일과 13일 연속 하락했으나 호남과 40대, 진보층은 위기감에 결집. 1.14 최순실, 특검 소환조사 5차 거부. 1.14 [12차 촛불집회] 체감온도 영하 17도의 최강 한파. 그러나 광화문에 13만 명, 전국에 14만 명이 모임. 시민들은 방한복, 털모자로 무장하고 담요까지 두름. 87년 6월항쟁을 촉발한 故박종철 열사의 30주기 추모. 사전행사로 故이한열 열사의 배은심 어머님과 故박종철 열사의 형 박종부 씨가 무대 발언. 분신한 故정원스님도 추모. 촛불집회에서 시민들은 김기춘과 우병우 구속, 이재용 등 재벌 총수 구속, 황교안 사퇴를 요구. 대기업 본사가 모여 있는 을지로 방면으로 행진로를 추가해 청와대, 총리관저, 헌법재판소까지 네 갈래로 행진. 촛불집회 참가 인원에 대한 축소 발표 의혹을 받던 경찰은 이날 집회부터 자체 추산 인원을 공개하지 않음. 1.15 국회, '최순실 국정농단' 국정조사특별위원회 활동 종료. 1.16 특검, 이재용

삼성전자 부회장 1차 구속영장 청구. 이규철 특검 대변인, "국가 경제 등에 미치는 상황도 중요하지만, 정의를 세우는 일이 더욱더 중요하다고 판단했다". 1.16 탄핵심판 5차 변론기일. 최순실, 안종범 전 수석 증인신문. 1.17 탄핵심판 6차 변론기일. 연락 두절 고영태 전 더블루K 이사, 해외 체류 유진룡 전 문체부 장관 등의 증인 불출석으로 파행. 1.17 이정미 정의당 의원, 반기문 동생 반기호 씨의 2015년 미얀마 사업 당시 유엔 특혜 의혹 제기. 1.18 김경숙 이화여대 교수·전 학장 구속. 1.19 이재용 구속영장 기각. 영장 발부 담당 판사 조의로, 촛불시민의 공분을 사면서 '사법 개혁' 요구 대두. 1.19 탄핵심판 7차 변론기일. 정호성 전 비서관 등 증인신문. 1.19 〈리얼미터〉 여론조사, 차기 대통령에게 가장 기대하는 가치는 정의 34.9%, 형평 17.7%, 통합 11.6%. 1.20 롯데, 국방부에 성주골프장을 사드 부지로 제공하기로 확정. 1.20 새누리당, 친박 핵심 서청원, 최경환 의원에 당원권 3년 정지, 윤상현 의원은 당원권 정지 1년 징계. 그러나 5월 12일 징계 해제. 1.21 '블랙리스트' 연루 혐의로 김기춘 전 비서실장, 조윤선 전 문체부 장관 구속. 조윤선은 현직 장관 최초로 구속된 후 사퇴. 이인성 이화여대 교수 구속. 1.21 최순실, 특검 소환조사 6차 거부. 1.21 [13차 촛불집회] 함박눈이 내린 영하의 날씨, 광화문에 32만 명, 전국에 35만 명이 모임. 용산참사 8주기(20일)를 맞아 철거민, 노점상인 등 개발사업 피해자들의 목소리를 듣는 시민발언대가 사전행사로 치러짐. 사전집회에서는 대학생·청소년·청소노동자·수화통역 자원봉사자·삼성전자서비스 하청노동자 등 다양한 시민이 무대에 올라 적폐청산 요구. 전국건설노동조합의 400여 명의 조합원이 150여 대의 방송차량을 몰고 전국에서 상경, 여의도 전경련 회관 앞에서 결의대회 진행. 이어 광화문광장으로 이동하려 했으나 경찰에 막혀 대치. 촛불집회에서 시민들은 특검을 응원하며 이재용 구속영장 재청구와 다른 재벌기업에 대한 강력 수사 촉구. 이날 무대 공연에서는 가수 심재경 씨가 노래 '큰일났네'를 불러 화제. '큰일났네'는 국정조사 청문회에서 박영선 더불어민주당 의원이 폭로했던 최순실 통화녹음 내용을 패러디한 노래. 행진 때는 청와대와 헌법재판소 인근뿐 아니라, 재벌 총수 구속을 요구하며 종각 종로타워, 종로1가 SK 본사, 중구 소공동 롯데백화점 본사 앞으로도 행진. 1.21 탄기국 등 탄핵 반대 단체들이 서울광장에 불법 텐트 40동을 세운 후 농성 시작. 서울시는 수차례 철거 요청 끝에 5월 30일 강제 철거 집행. 1.22 미국 검찰, 반기문 동생 반기상 씨를 뇌물공여 혐의로 체포, 송환할 것을 한국 정부에 요청. 1.23 탄핵심판 8차 변론기일. 김종 전 문체부 차관, 차은택 전 창조경제추진단장, 이승철 전경련 부회장 증인신문. 이날 박 대통령 측 대리인단은 39명의 증인을 신청, 심판 지연 의도라는 비판. 1.24 바른정당 공식 출범. 비박계 의원 29명이 새누리당을 집단 탈당한 지 28일 만. 이날까지 총 31석을 확보, 원내 제4당으로 부상. 1.25 탄핵심판 9차 변론기일. 유진룡 전 문체부 장관 증인신문. 1월 31일 퇴임을 앞두고 마지막 심리였던 박한철 헌재 소장은 "(이정미 재판관이 퇴임하는) 3월 13일 이전에 선고해야 한다"고 강조. 박 대통령 측 대리인단은 "중대한 결심을 할 수도 있다"며 강력 반발. 1.25 박 대통령, 청와대에서 보수 인터넷 방송 〈정규재 TV〉와 단독 인터뷰 진행, 모든 혐의 부인. 1.25 특검, 6차례 소환조사를 거부한 최순실에 체포영장 집행 강제소환. 특검 사무실에 출두하며 최순실은 "특검이 자백을 강요하고 있다. 너무 억울하다. 여기는 더 이상 민주주의 특검이 아니다"라고 소리 지름. 옆에서 지켜보던 청소노동자 임애순 씨가 "염병하네"를 3번 크게 외쳤고, 이 장면이 생중계로 방영되어 국민적 호응을 얻음. 1.26 박원순 서울시장, 대

선 불출마 선언. 1.26 〈JTBC〉, 익명의 친박 단체 회장 인터뷰 보도, "목욕하고 오면 5만 원, 유모차를 끌고 오면 15만 원". 친박 집회에서 돈을 주고 사람을 동원하는 것 아니냐는 '관제 데모' 의혹 증폭. 1.30 최순실, 특검 소환조사 또다시 거부. 1.31 박한철 헌재 소장 퇴임. 헌법재판소는 '8인 재판관' 체제로. 2.1 탄핵심판 10차 변론기일. 이정미 재판관을 헌재소장 권한대행으로 선출, 박 대통령 측 대리인단, 이미 증인신문을 한 최순실 등 15명을 무더기로 증인 채택 신청. 심판 지연 의도라는 비판. 2.1 특검, 최순실에 2차 체포영장 집행 강제소환. 2.1 반기문 전 총장, 대선 불출마 선언. 1월 26일 〈리얼미터〉 지지율 여론조사에서, 문재인 28.4% 반기문 16.5% 이재명 9.6% 안철수 8.5% 안희정 6.8% 황교안 6.6%. 2.3 청와대, 특검의 압수수색 집행에 불승인 사유서 제출. 이에 특검은 10일 행정법원에 집행정지를 신청했으나, 16일 각하됨. 2.4 김영재 의원 부인 박채윤 와이제이콥스메디칼 대표 구속. 안종범 측에 뇌물공여 혐의. 2.4 〈칸타 퍼블릭〉 여론조사, 차기 대통령에게 바라는 정치적 성향은 진보 44.9%, 중도 25.3%, 보수 14.9%. 차기 대통령에게 필요한 덕목은 도덕성 26.2%, 소통능력 24.7%, 개혁성 12%. 2.4 [14차 촛불집회] 입춘에 열린 2월의 첫 촛불집회. 다음 날 5일은 촛불집회가 열린 지 100일이 되던 날. 광화문에 40만, 전국에 42만 명이 모임. 특검 수사 종료를 20여 일 앞두고 "특검 연장 즉각 탄핵" 요구. 퇴진행동은 서초동 서울중앙지법에서 사전집회를 열고 삼성 본관 앞까지 행진하며 이재용 구속 등을 요구. 본 집회에서는 임애순 씨가 무대 발언 후 시민들과 함께 박근혜, 황교안 등을 향해 "염병하네"를 외침. 행진은 청와대, 헌법재판소, 총리공관 앞으로 진행. 2.6 특검, 청와대 경내에 보관된 안종범의 업무수첩 39권을 추가 확보. 5월까지 검찰과 특검이 확보한 안종범 수첩은 총 63권. "종범 실록"이라는 별칭까지 얻었으며, 탄핵심판 및 국정농단 재판에서 유죄 입증 증거로 쓰임. 2.6 황교안, 특검의 청와대 압수수색 협조 요청 거부. 2.6 더불어민주당, 특검의 수사 기간을 현행 70일에서 120일로 늘린 개정안 발의. 박주민 더불어민주당 의원 대표 발의. 2.7 탄핵심판 11차 변론기일. 김종덕 전 문체부 장관 등 증인신문. 김기춘 전 비서실장은 불출석. 헌재가 박 대통령 측 대리인단이 신청했던 증인 15명 중 8명을 채택하면서 탄핵심판 예상 선고일이 2월 말에서 3월 초로 미뤄짐. 2.7 김부겸 더불어민주당 의원, 대선 불출마 선언. 2.8 박 대통령 측, 특검과 합의한 '9일 청와대 대면조사'에 대해 돌연 거부. 7일 〈SBS〉 보도로 '비공개 약속이 깨졌다'는 이유. 특검은 정보를 유출한 적 없다며 강력 반발. 2월 27일, 특검은 대면조사가 최종 무산됐다고 밝힘. 박 대통령 측에 대한 신뢰를 잃은 특검이 대면조사의 녹화·녹음을 요구했으나 대통령 측이 끝내 거부했다고. 2.9 탄핵심판 12차 변론기일. 문형표 국민연금공단 이사장, 노승일 전 K스포츠재단 부장 등 증인신문. 강일원 주심 재판관이 박 대통령 측 대리인단의 논리적 허점을 파고든 '송곳 질의'가 화제. 2.9 최순실, 특검 출석. 2.11 대한문 앞과 서울광장에서 탄기국 주최로 탄핵반대 집회가 열림. 주최 측은 이날 전국 12개 지역 회원들을 전세버스로 동원해 총 210만 명이 모였다고 주장. 터무니없는 과장으로 국민들의 실소를 자아냄. 참가자들은 계엄령 선포, 탄핵 무효, 특검 해체, 국회 해산 등의 팻말을 들고 태극기와 함께 대형 성조기를 펼침. 집회 참석자 일부는 기자 2명을 폭행. 김진태·윤상현·조원진 등 새누리당 의원, 김문수 전 경기도지사, 정광용 탄기국 대변인, 변희재 미디어워치 대표, 박 대통령 탄핵심판 대리인단의 서석구 변호사 등 참석. 2.11 [15차 촛불집회] 정월 대보름에 열린 촛불집회. 영하의 날씨에도 광화문에 75만 명, 전국에 80만 명이 모임. 박

대통령의 특검 대면 조사 거부에 대한 분노, '탄핵 기각설'과 함께 세를 불려가는 친박 집회와 박 대통령 측 대리인단의 노골적인 탄핵심판 지연 시도에 위기감을 느꼈기 때문. 퇴진행동 측은 전날 서울 대치동 박영수 특검 사무실과 서초동 삼성 본관, 서울중앙지법 앞을 행진. 주말 집회가 열린 이 날은 국회 앞에서 광화문까지 행진. 이날 더불어민주당과 정의당은 의원들에게 '총동원령'을 내렸지만, 안철수 국민의당 대표는 "정치권이 헌재를 압박하는 것은 바람직하지 않다"며 야당 의원 중 거의 유일하게 불참. 광화문 집회 막바지에는 1월 14일 12차 촛불집회부터 하지 않던 소등 및 점등 행사 진행. 대보름을 맞아 '퇴진 라이트벌룬'을 하늘에 띄워 박 대통령 퇴진을 비는 행사를 진행. 집회 이후 청와대 100m 앞과 헌법재판소 100m 앞으로 행진. 행진 후 다시 광화문광장에 모여 풍물놀이와 강강술래 행사를 벌임. 2.13 새누리당, 자유한국당으로 당명 변경. 2.13 북한 김정은 조선노동당 위원장의 이복형 김정남이 말레이시아 쿠알라룸푸르 공항에서 피살. 2.13 특검, 이재용 부회장과 박상진 사장 재소환 조사. 다음 날, 뇌물공여 등의 혐의로 이 부회장에 구속영장 재청구, 박상진 사장에 구속영장 청구. 2.14 탄핵심판 13차 변론기일. 이기우 그랜드코리아레저 사장 증인신문. 안봉근 전 비서관 등 불출석. 변론 시작 전, 박 대통령 측 서석구 변호사가 법정에서 태극기를 펼쳤다가 제지당함. 2.15 최경희 전 이화여대 총장 구속. 2.16 탄핵심판 14차 변론기일. 정동춘 전 K스포츠재단 이사장 증인신문. 이날 헌재는 최종 변론기일을 2월 24일로 지정, 선고 시점이 3월 10일 안팎으로 예견됨. 2.16 특검, 황교안 대통령 권한대행에 수사 기간 연장 신청서 제출. 2.17 이재용 구속. 삼성 창사 79년 만에 첫 총수 구속으로 촛불시민들은 구속이 확정되자 안도와 환호. 박상진 사장 구속영장은 기각. 영장 발부 담당 판사 한정석. 2.18 [16차 촛불집회] 광화문에 80만, 전국에 84만 명이 모임. 시민들은 이재용 구속을 작은 승리로 반겼고, 삼성 직업병 해결을 요구해온 단체 '반올림'은 기념 떡을 나눔. 무대 발언에서는 '무노조' 삼성에서 노조를 만들어 4년 동안 싸워온 금속노조 노동자가 무대에 올라 발언. 소등 및 점등 행사에서는 이날 처음으로 핸드폰 불빛을 빨강 종이에 비춰 '레드카드'를 만드는 퍼포먼스를 펼침. 집회가 끝나자 청와대, 헌법재판소, 대기업 사옥이 있는 종로 등으로 행진. 다시 모인 광화문광장에서는 풍물 소리에 맞춰 1만여 명의 시민이 손을 잡고 함께 강강술래~ 아리랑~을 부르며 대동 놀이 장관을 보임. 이날 집회에는 문재인 전 대표와 안희정 충남도지사, 전날 국민의당에 입당한 손학규 전 민주당 대표 등 야권 대선주자 참석. 한편, 탄기국은 대한문 앞에서 집회를 열고 탄핵 무효와 특검 해체 주장. 탄기국 측은 250만 명이 참석했다고 주장. 2.19 특검, 우병우 구속영장 청구. 2.20 탄핵심판 15차 변론기일. 방기선 전 경제수석비서관실 행정관 증인신문. 김기춘 전 비서실장, 최상목 기획재정부 차관 불출석. 전날 최종 변론기일을 미뤄달라고 한 대통령 측 대리인단 요구에, 헌재는 다음 변론기일에 판단하겠다며 박 대통령 출석 여부를 알려달라고 명령. 변론절차를 마치려 하자 대통령 측 김평우 변호사는 변론 기회를 달라며 "당뇨가 있으니 (변론 전에) 음식 먹을 시간을 달라"고 소란을 피움. 2.22 탄핵심판 16차 변론기일. 안종범 전 수석 증인신문. 최순실 불출석. 김평우 변호사, "(탄핵되면) 아스팔트 피로 덮일 것" 등의 막말. 강일원 주심 재판관을 향해 "국회 수석 대리인"이라고 비난. 조원룡 변호사는 주심 재판관 기피 신청을 했으나, 헌재는 "심판 지연 목적"이라며 접수 10여 분 만에 각하. 김평우 변호사가 신청한 증인 20여 명도 모두 기각. 또한, 헌재는 최종 변론기일을 24일에서 27일로 미루는 대신, 하루 전까지 박 대통령 출석 여부를 알려달라고 명령. 이정미 헌재소장 권한대행의 퇴임일인 3월 13일 이전 선고 방침은 유효한 것으로 관측. 2.22 우병우 구속영장 기각. 영장 발부 담당 판사 오민석. 2.24 박영수 특별검사 자택 인근에서 친박 단체 집회 개최. 박 특검 얼굴을 불태우는 등 위협. 장기정 자유청년연합 대표, 야구 방망이를 들고 "이 XX들은 몽둥이 맛을 봐야 한다". 주옥순 엄마부대 대표, "박영수는 목을 쳐야 한다". 2.24 특검, 경찰에게 박영수 특검·특검보 4명·윤석열 수사팀장에 신변 보호 요청. 2.24 〈리서치뷰〉 전현직 대통령 호감도 조사. 노무현 48.5%, 박정희 20.9%, 김대중 14%, 박근혜 4.2%, 김영삼 3%, 이명박 2.7%, 무응답 6.7%. 노무현 역대 최고치, 박정희 역대 최저치. 2.25 [17차 촛불집회] 박근혜 정부 출범 4년이 되는 날 열린 촛불집회. 박 대통령 측의 탄핵심판 지연 횡포, 특검 연장 승인 요구에 침묵하는 황교안에 대한 분노가 차오르던 때. 마침 날씨도 좋아 광화문에 다시 100만 명이 모임. 전국적으로는 107만 명. 시민들은 '즉각 탄핵, 특검 연장'을 외쳤으며, 박근혜 정부 4년의 '적폐청산' 요구. 행진 때는 다시 횃불 등장. 문재인 전 더불어민주당 대표, 이재명 성남시장, 박지원 국민의당 대표, 심상정 정의당 대표 등 야권 정치인 참석. 문 전 대표에 대한 테러 기도 첩보가 입수돼 경찰이 신변 보호. 본 집회에 앞서 대학로에서는 대학생총궐기대회 개최, 전국 35개 대학교 학생회 및 학생단체에서 300여 명 참가. 2.26 〈한국사회여론연구소〉 여론조사, 탄핵 찬성 78.3%. 박 대통령 구속 수사 찬성 76.5%. 2.27 탄핵심판 17차 최종 변론기일. 박 대통령, 헌재에 출석하지 않고 대리인단을 통해 직접 작성한 의견서 제출. "20여 년간의 정치 여정 중 단 한 번도 부정부패에 연루되지 않았다"고 주장. 2.27 장기정 자유청년연합 대표, 보수 인터넷 방송 〈신의 한 수〉에 출연해 이정미 재판관 자택 주소와 단골 미용실까지 공개해 논란. 헌재 재판관과 특검팀, 손석희 앵커, 문재인 대선주자에 대한 테러 우려와 불안감이 커짐. 2.27 이영선 청와대 행정관에 대한 구속영장 기각. 영장 발부 담당 판사 권순호. 2.27 황교안, 특검 연장 승인 거부. 2.28 정세균 국회의장, 야 4당이 요청한 '특검 연장법' 직권상정 거부. 2.28 특검 수사 종료. 시민들은 '국민 특검'에는 감사를, 수사 연장을 거부한 황교안에는 분노를 표명. 3.1 [18차 촛불집회] 3.1절 98주년에 열린 평일 촛불집회. 빗속에서도 광화문광장에 30만 명이 모여 노란 리본을 단 태극기와 촛불을 들고 "촛불시민 만세", "탄핵 만세" 등을 외침. 이날 집회에는 일본군 '위안부' 피해자 이용수 할머니, 김삼웅 전 독립기념관장, 박원순 서울시장 등이 무대 발언. 비를 맞으며 청와대 앞 100m까지 행진. 한편, 탄기국은 촛불집회에 앞서 서울광장과 세종대로 사거리에서 집회를 개최. 주최 측은 참가 인원이 500만 명 이상이라고 주장. 3.2 전국 중고등학교 중 유일하게 국정교과서 연구학교로 지정됐던 경북 경산의 문명고등학교, 2월 17일부터 반대시위가 시작됐는데, 이날도 학생 100여 명의 시위로 입학식이 취소됨. 3.4 〈SBS〉, 박 대통령의 탄핵심판 기간 국정원이 헌재 동향을 불법 사찰했다는 전직 국정원 고위 간부의 폭로 보도. 3.4 [19차 촛불집회] 헌법재판소의 최종 선고를 앞두고 열린 촛불집회. 광화문에 95만 명, 전국에 105만 명이 모임. 삼성반도체 산재 노동자 故황유미 씨의 10주기를 맞아 아버지 황상기 씨 등이 무대 발언. 청와대, 총리관저, 헌법재판소로 행진, 헌재 앞에서는 시민 자유 발언이 이어짐. 촛불집회에 앞서 탄기국은 대한문 앞에서 집회를 열고 500만 명이 모였다고 주장. 3.6 박영수 특검, 최종 수사결과 발표. 검찰이 박 대통령에게 적용한 8개 혐의에 뇌물수수, 직권남용, 의료법 위반 등 5개 혐의를 추가. 박 대통령 측, "무리한 짜 맞추기 수사와

표적 수사", "전형적인 정치적 특검". **3.6** 사드 발사대 2기와 일부 장비가 오산 미군 공군기지에 도착. 대통령 직무정지 상황에서 애초의 '2017년 9월 임시 배치' 합의보다 빠르게 사드 배치가 시작된 것으로, 일각에서는 1월과 3월 김관진 전 안보실장이 극비리에 미국을 방문한 것과 무관하지 않으며 정권교체를 대비한 '알박기'라는 의혹이 제기됨. **3.9** 박 대통령 탄핵심판 선고 하루 전, 퇴진행동은 광화문광장에서 긴급 집회를 열고 헌법재판소로 행진. 탄기국은 8일부터 헌재 인근에서 3박 4일 집회 진행. 경찰은 10일 선고 당일 갑호비상령 발령, 도심 일대에 271개 중대(2만 1천 6백여 명) 투입. **3.10** 헌법재판소 재판관 8명의 만장일치로 탄핵소추안 인용. "피청구인 대통령 박근혜를 파면한다", 이정미 재판관의 이 한 줄 주문이 낭독되던 순간 전국 방방곡곡의 시민들은 일제히 기쁨의 눈물로 환호하고 포옹을 나눔. 각국의 외신도 생중계와 속보 타전. 당일 저녁 10만 명이 광화문광장에 모여 탄핵 축하 집회. 헌재 인근에 모여 있던 친박 단체 참가자들은 탄핵 선고 직후 기자를 폭행하는 등 폭력 집회를 벌여 당일에만 시위자 3명이 사망. 이날 불법 폭력 집회를 주도한 혐의로 5월 24일, 박사모 정광용 회장과 손상대 〈뉴스타운〉 대표 구속. **3.10** 탄핵 인용 5시간 만에 해양수산부가 세월호 선체 인양 작업 재개 발표. "박근혜 내려오니 세월호 올라온다". **3.10** 〈리얼미터〉 여론조사, "헌재 잘한 결정" 86%, "결과에 승복해야" 92%. **3.11 [20차 촛불집회]** '박근혜 파면' 헌재 선고 다음 날 열린 촛불집회. 광화문에 65만 명, 전국에 70만 명이 모이면서 연인원 1,600만 명 돌파. 광장에서는 축하공연과 사물놀이가 펼쳐졌고, 시민들은 〈나눔문화〉가 제작한 "이게 나라다, 이게 정의다"라는 문구의 빨강피켓을 들었으며, "모든 권력은 국민으로부터 나온다—헌법 제조"라고 적힌 현수막을 펼침. 본 집회에서는 개혁 과제에 대한 시민 의견을 모은 '2017 촛불권리선언' 발표. 탄핵 축하 폭죽을 터뜨리며 집회 마무리. 종로와 을지로, 총리관저, 청와대로 행진, 청와대를 향해서는 "방 빼"를 외침. **3.12** 박 전 대통령, 청와대 퇴거 후 삼성동 자택으로 이동. 민경욱 자유한국당 의원을 통해 "모든 결과를 안고 가겠다. 진실은 반드시 밝혀질 것"이라고 밝히며 사실상 '탄핵 불복' 표명. **3.13** 국가기록원, 대통령기록물 이관에 착수. 황교안 대통령 권한대행이 최대 30년간 비공개로 봉인되는 '대통령 지정 기록물' 지정권을 행사하면서 증거 인멸 논란이 일어남. **3.15** 황교안, 대선 불출마 선언. **3.15** 중앙선거관리위원회, 조기 대선으로 치러지게 된 19대 대통령 선거일을 5월 9일로 확정. **3.16** 〈리얼미터〉 여론조사, 19대 대선의 투표 기준에 대해 적폐청산과 개혁 35.2%, 민생과 경제회복 35.2%, 안보와 외교 12.7%, 국민 통합 9.5%. **3.18** 사드 부지로 확정된 소성리 롯데골프장 앞에서 '불법사드 원천무효 제차 소성리 범국민 평화행동' 개최. 성주, 김천 주민뿐 아니라 전국에서 5천여 명의 시민이 '평화버스를 타고 모여 '사드 가고 평화 오라'를 외침. **3.21** 문재인 전 대표, 당내 경선 후보들과 함께한 〈MBC〉 '100분 토론'에서 "MBC가 심하게 무너졌다고 생각한다"고 발언. **3.21** 박 전 대통령, 검찰 소환 조사. 전직 대통령으로는 네 번째. 포토라인에서 8초간 단 두 마디를 남김. "국민 여러분께 송구스럽게 생각합니다. 성실하게 조사에 임하겠습니다". 21시간 조사 후 귀가. **3.23** 〈리얼미터〉 여론조사, '박근혜 구속' 찬성 72.3%. **3.23** 오전 4시 47분, 세월호 참사 1,073일 만에 세월호 선체가 수면 위로 모습을 드러냄. **3.25 [21차 촛불집회]** 2주 만에 열린 촛불집회. 광화문에 10만 명이 모임. 세월호 참사 진상규명과 책임자 처벌, 박 전 대통령 구속을 요구. 세월호 유가족 무대 발언, 선체 인양 현장에 있던 미수습자 가족도 영상을 통해 진상규명을 호

소. 3월 27일은 故백남기 농민이 경찰의 물대포 진압에 쓰러진 지 500일 되는 날로, 큰딸 백도라지 씨가 무대 발언. 집회 후 종로와 을지로, 종각을 거쳐 광화문광장으로 행진. 친박 단체들은 대한문 앞에서 대규모 집회를 열고 탄핵 무효와 구속 반대를 외침. "천안함 피격사건 7주기" 추모행사도 개최. **3.27** 검찰, 박 전 대통령에 구속영장 청구. **3.31** 박근혜 구속. 서울구치소에 수감. 전두환·노태우에 이어 전직 대통령 세 번째 구속. **3.31** 세월호 선체 목포신항 도착, 육상 거치 작업 시작. **4.3** 더불어민주당, 문재인을 대통령 선거 후보로 최종 확정. 경선 득표율 문재인 57%, 안희정 21.5%, 이재명 21.2%, 최성 0.3%. **4.5** 〈리얼미터〉 여론조사, 차기 정부 국정과제에 대해 적폐청산과 개혁 34.3%, 민생과 경제회복 32.8%, 불안한 외교와 안보 강화 18.4%, 지역 및 계층 간 화합과 통합 8.9%. **4.12** 우병우 구속영장 두 번째 기각. 영장 발부 담당 판사 권순호. **4.15** 국정농단 '내부고발자' 고영태 구속. 알선수재·사기 등의 혐의. 영장 발부 담당 판사 권순호. **4.15 [22차 촛불집회]** '세월호 참사 3주기'를 하루 앞두고 3주 만에 다시 켜진 촛불. 광화문에 10만 명이 모임. 퇴진행동은 국내 91개 지역, 해외 40개 도시에서도 집회가 열렸다고 밝힘. 집회 시작 전부터 광화문광장에서 세월호 추모 시화전과 노란 리본 만들기 등 사전행사 진행. 본 집회에서는 세월호 유가족이 희생자들에게 보내는 편지 낭독, 시민들은 추모곡을 제창하고 노란 풍선을 날리는 퍼포먼스 진행. **4.16** 〈한겨레〉, 이명박 정권 당시 국정원이 운영한 민간인 여론조작부대 '알파팀'의 정체가 드러난 내부자료 및 내부고발 보도. 이날 〈JTBC〉는 알파팀이 해체된 뒤에도 일부 조직원들이 최근까지 탄핵을 부정하는 '가짜뉴스'를 퍼트렸다고 보도. **4.17** 19대 대선 공식 선거운동 시작. 인터넷 커뮤니티에서는 문재인의 애칭인 '이니' 열풍이 불었고, 문 후보의 유세 현장마다 수천수만 명이 모임. 유행어 "이니 하고 싶은 거 다 해"는 발랄한 인터넷 문화와 연예인 팬클럽 활동에 익숙한 20~40대 지지자를 결집했으며, "이니 꽃길만 걷게 해줄게", "얼굴 패권 문재인", "투대문(투표해야 대통령 문재인)" 등으로 변주되어 확대. 특정 조직이 아닌 개인들이 한 인물을 신뢰하고 사랑하여 만들어낸 이러한 '정치 팬덤'은 한국 사회에서 유례없는 현상. **4.26** 새벽에 국방부가 주한미군의 사드 발사대 2기와 레이더 등의 핵심장비를 경북 성주골프장에 기습 배치. **4.29 [23차 촛불집회]** 조기 대선을 열흘 앞두고 열린 마지막 대규모 촛불집회. 자유한국당은 공직선거법 위반 소지가 있다며 '집회 취소 효력정지 신청'을 냈으나 28일 법원이 기각함. 이날 광화문광장에 모인 시민은 5만여 명. 촛불집회 누적 참가 인원은 약 1,700만 명. 본 집회 전 미국 대사관 앞에서는 사드 배치 반대 집회가 열렸고, 행진 때도 총리관저로 향해 황교안의 사드 기습 배치 등을 규탄. **5.4-5** 대선 사상 최초로 사전 투표 시행. 투표율 26.06%로, 2016년 총선 때의 12.2%보다 두 배가 넘는 역대 최고 기록. **5.9** 19대 대통령 선거에서 문재인 더불어민주당 후보가 41.1%의 득표율로 당선. 2위를 기록한 홍준표 자유한국당 후보와 557만 951표 차이로 사상 최대 격차 기록. 최종 투표율은 77.2%. **5.10** 문재인, 제19대 대통령에 취임. 한국 현대사에서 '혁명'을 해놓고도 다시 '정권'을 강탈당한 익숙한 패배와 불안을 처음으로 떨쳐내고, 1,700만 시민의 '촛불혁명' 승리로 세워낸 '민주정권'이 탄생함. 문재인 대통령은 9월 현재까지 60%대의 높은 지지율을 기록하고 있으며, '촛불혁명'은 정치·경제·사회·문화·일상 등 각 분야에서 지금도 진행 중이다.

정리 윤지영 (나눔문화 연구원)

2016.12.9 국회, 대통령 박근혜 탄핵소추안

의안 번호 제4092호
발의연월일 2016.12.3.
발의자 우상호, 박지원, 노회찬 의원 등 171인
주문 헌법 제65조 및 국회법 제130조의 규정에 의하여 대통령 박근혜의 탄핵을 소추한다.

피소추자 성명 : 박근혜 직위 : 대통령

탄핵소추의 사유

헌법 제조는 "대한민국은 민주공화국이다. 대한민국의 주권은 국민에게 있고, 모든 권력은 국민으로부터 나온다."라고 선언하고 있다. 대통령은 주권자인 국민으로부터 직접 선거를 통하여 권력을 위임받은 국가의 원수이자 행정부의 수반으로서 헌법을 준수하고 수호할 책무를 지며 그 직책을 성실히 수행해야 한다(헌법 제66조 제2항, 제69조). 이러한 헌법의 정신에 의하면 대통령은 '법치와 준법의 존재'이며, "헌법을 경시하는 대통령은 스스로 자신의 권한과 권위를 부정하고 파괴하는 것"이다(헌재 2004.5.14. 선고 2004헌나1 결정).

헌법 제65조 제항은 대통령이 그 직무집행에 있어서 헌법이나 법률을 위배한 때에는 국회는 탄핵의 소추를 의결할 수 있다고 규정하고 있다. 그런데 박근혜 대통령은 직무집행에 있어서 헌법과 법률을 광범위하게 그리고 중대하게 위배하였다. 아래에서 보는 것처럼 박근혜 대통령은 국민주권주의(헌법 제1조) 및 대의민주주의(헌법 제67조 제1항), 법치국가원칙, 대통령의 헌법수호 및 헌법준수의무(헌법 제66조 제2항, 제69조), 직업공무원제도(헌법 제7조), 대통령에게 부여된 공무원 임면권(헌법 제78조), 평등원칙(헌법 제11조), 재산권 보장(헌법 제23조 제1항), 직업선택의 자유(헌법 제15조), 국가의 기본적 인권 보장의무(헌법 제10조), 개인과 기업의 경제상의 자유와 사적자치에 기초한 시장경제질서(헌법 제119조 제항), 언론의 자유(헌법 제21조) 등 헌법 규정과 원칙에 위배하여 헌법질서의 본질적 내용을 훼손하거나 침해, 남용하였다.

또한 박근혜 대통령은 특정범죄가중처벌등에관한법률위반(뇌물)죄(특정범죄가중처벌등에관한법률 제2조 제항 제1호, 형법 제129조 제1항 또는 제130조), 직권남용권리행사방해죄(형법 제123조), 강요죄(형법 제324조), 공무상비밀누설죄(형법 제127조) 등 각종 범죄를 저질러 법률의 규정에 위배하였다.

박근혜 대통령의 위와 같은 위헌, 위법행위는 헌법수호의 관점에서 볼 때 대한민국 헌법질서의 본질적 요소인 자유민주적 기본질서를 위협하는 행위로서 기본적 인권의 존중, 권력분립, 사법권의 독립을 기본요소로 하는 법치주의 원리 및 의회제도, 복수정당제도, 선거제도 등을 기본요소로 하는 민주주의 원리에 대한 적극적인 위반임과 동시에 선거를 통하여 국민이 부여한 민주적 정당성과 신임에 대한 배신으로서 탄핵에 의한 파면 결정을 정당화하는 사유에 해당한다. 이에 박근혜 대통령을 파면함으로써 헌법을 수호하고 손상된 헌법질서를 다시 회복하기 위하여 탄핵소추안을 발의한다.

구체적인 탄핵소추 사유는 다음과 같다.

1. 헌법 위배행위

가. 국민주권주의(헌법 제1조), 대의민주주의(헌법 제67조 제1항), 국무회의에 관한 규정(헌법 제88조, 제89조), 대통령의 헌법수호 및 헌법준수의무(헌법 제66조 제2항, 제69조) 조항 위배

박근혜 대통령은 공무상 비밀 내용을 담고 있는 각종 정책 및 인사 문건을 청와대 직원을 시켜 최순실(최서원으로 개명. 이하 '최순실'이라고 한다)에게 전달하여 누설하고, 최순실과 그의 친척이나 그와 친분이 있는 주변인 등(이하 '최순실 등'이라고 한다)이 소위 비선실세로서 각종 국가정책 및 고위 공직 인사에 관여하거나 이들을 좌지우지하도록 하였다. 그 과정에서 국무위원이 아닌 최순실에게 국무회의의 심의를 거쳐야 하는 사항을 미리 알려주고 심의에 영향력을 행사하도록 하였다. 이러한 과정을 통하여 박근혜 대통령은 최순실 등의 사익을 위하여 대통령의 권력을 남용하여 사기업들로 하여금 각 수십억 원에서 수백억 원을 각출하도록 강요하고 사기업들이 최순실 등의 사업에 특혜를 주도록 강요하는 등 최순실 등이 국정을 농단하여 부정을 저지르고 국가의 권력과 정책을 최순실 등의 '사익 추구의 도구'로 전락하게 함으로써, 최순실 등 사인이나 사조직이 아닌 박근혜 대통령 자신에게 권력을 위임하면서 '헌법을 수호하고 국민의 자유와 복리의 증진을 위하여 대통령으로서의 직책을 성실히 수행할 것'을 기대한 주권자의 의사에 반하여 국민주권주의(헌법 제1조) 및 대의민주주의(헌법 제67조 제항)의 본질을 훼손하고, 국정을 사실상 법치주의(法治主義)가 아니라 최순실 등의 비선조직에 따른 인치주의(人治主義)로 행함으로써 법치국가원칙을 파괴하고, 국무회의에 관한 헌법 규정(헌법 제88조, 제89조)을 위반하고 대통령의 헌법수호 및 헌법준수의무(헌법 제66조 제2항, 제69조)를 정면으로 위반하였다.

나. 직업공무원제도(헌법 제7조), 대통령의 공무원 임면권(헌법 제78조), 평등원칙(헌법 제11조) 조항 위배

박근혜 대통령은 청와대 간부들 및 문화체육관광부의 장·차관 등을 최순실 등이 추천하거나 최순실 등을 비호하는 사람으로 임명하였다. 이러한 예로는 김종덕 문화체육관광부 장관(차은택의 대학원 지도교수), 김종 문화체육관광부 차관(최순실의 추천), '문고리 3인방'(이재만, 정호성, 안봉근), 윤전추 3급 행정관(최순실의 헬스트레이너), 차은택 문화창조융합본부장, 김상률 교육문화수석(차은택의 외삼촌), 송성각 한국콘텐츠진흥원장(차은택의 지인) 등을 들 수 있다. 박근혜 대통령은 이들이 최순실 등의 사익 추구를 방조하거나 조장하도록 하였는데 예를 들어 김종은 2013.10. 최순실의 추천으로 문화체육관광부 차관으로 임명되어 2016.10.30. 사퇴할 때까지 최순실 등의 체육계 인사 개입과 이권 장악을 도왔다. 김 전 차관은 문체부 산하 공기업 그랜드코리아레저(GKL)가 창단한 장애인 펜싱팀 대행업체로 더블루케이를 선정하도록 압박하고, 케이스포츠재단 설립 과정을

돕고, 더블케이에 평창동계올림픽 관련 이권 사업을 몰아주었다. 또한 박근혜 대통령은 최순실 등의 사익 추구에 방해될 문화체육관광부의 고위 공직자들을 자의적으로 해임시키거나 전보시켰는데 이러한 예로는 2013.4. 최순실의 딸 정유라가 한국마사회컵 승마대회에서 우승을 못하자 청와대의 지시로 문화체육관광부가 승마협회를 조사·감사하였고, 그 결과가 흡족하지 않자 박근혜 대통령은 2013.8. 유진룡 문화체육관광부 장관에게 동 조사·감사에 관여한 노태강 국장과 진재수 과장을 두고 "나쁜 사람"이라고 언급하고 경질을 사실상 지시하였고, 그 후 이들은 산하기관으로 좌천된 일을 들 수 있다. 이와 관련하여 2014.7. 유진룡 장관이 갑자기 면직되었고, 그 후 2014.10. 청와대 김기춘 비서실장으로부터 문화체육관광부 김희범 차관에게 문화체육관광부 1급 공무원 6명의 일괄 사표를 받으라는 부당한 압력이 행사되었고 이들은 명예퇴직을 하게 되기도 하였다. 이와 같이 '국민 전체에 대한 봉사자로서 신분이 보장되는' 공무원을 최순실 등의 '사익에 대한 봉사자'로 전락시키고 공무원의 신분을 자의적으로 박탈시킴으로써 직업공무원 제도(헌법 제7조)의 본질적 내용을 침해하고, 대통령에게 부여된 공무원 임면권(헌법 제78조)을 남용하였다. 또 박근혜 대통령은 애초에 최순실 등을 비호하기 위한 공무원 임면을 통하여 최순실 등이 문화체육관광부로부터 동계스포츠영재센터(최순실의 조카 장시호 운영)를 통하여 6억 7천만 원을, '늘품체조'(차은택이 제작)로 3억 5천만 원의 예산 지원을 받는 등 각종 이권과 특혜를 받도록 방조하거나 조장함으로써 '국가가 법 집행을 함에 있어서 불평등한 대우를 하지 말아야 한다'는 평등원칙(헌법 제11조)을 위배하고 정부재정의 낭비를 초래하였다.

다. 재산권 보장(헌법 제23조 제1항), 직업선택의 자유(헌법 제15조), 기본적 인권 보장의무(헌법 제10조), 시장경제질서(헌법 제119조 제1항), 대통령의 헌법수호 및 헌법준수의무(헌법 제66조 2항, 제69조) 조항 위배

박근혜 대통령은 청와대 수석비서관 안종범 등을 통하여 최순실 등을 위하여 사기업에게 금품 출연을 강요하여 뇌물을 수수하거나 최순실 등에게 특혜를 주도록 강요하고, 사기업의 임원 인사에 간섭함으로써 '국민의 자유와 복리'를 증진하고 '기본적 인권을 보장할 의무'를 지니는 대통령이 오히려 기업의 재산권(헌법 제23조 제1항)과 개인의 직업선택의 자유(헌법 제15조)를 침해하고, 국가의 기본적 인권의 보장의무(헌법 제10조)를 저버리고, '개인과 기업의 경제상의 자유와 사적자치에 기초한' 시장경제질서(헌법 제119조 제1항)를 훼손하고, 대통령의 헌법수호 및 헌법준수의무(헌법 제66조 제2항, 제69조)를 위반하였다.

라. 언론의 자유(헌법 제21조 제1항), 직업선택의 자유(헌법 제15조) 조항 위배

언론의 자유는 "민주국가의 존립과 발전을 위한 기초"가 되며, 따라서 "특히 우월적인 지위"를 지닌다. 그런데 최순실 등 '비선실세'의 국정농단과 이를 통한 사익 추구를 통제해야 할 박근혜 대통령 및 그 지휘·감독을 받는 대통령비서실 간부들은 오히려 최순실 등 비선실세의 전횡을 보도한 언론을 탄압하고, 언론사주에게 압력을 가해 신문사 사장을 퇴임하게 만들었다. 일례로 세계일보는 2014.11. '박근혜 대통령의 국회의원 시절 비서실장이자 최태민의 사위인 정윤회가 문고리 3인방을 포함한 청와대 안팎 인사 10명을 통해 각종 인사개입과 국정농단을 하고 있다.'라며 '정윤회 문건'을 보도하였다. 이에 대하여 박근혜 대통령

은 2014.12.1. 비정상적인 국정 운영이 이루어지고 있다는 보도 내용의 사실 여부에 대해서는 언급이 없이 '기초적인 사실 확인조차 하지 않은 채 외부로 문건을 유출하게 된 것은 국기문란'이라면서 문건의 외부 유출 및 보도가 문제라는 취지로 발언하였다. 그 후 김기춘 비서실장은 2014.12.13. 문건 수사를 '조기 종결토록 지도하라.'라고 김영한 전 민정수석비서관에게 지시하였고, 우병우 당시 민정비서관은 당시 문건 유출자로 지목받던 한일 전 경위에게 '자진출두해서 자백하면 불기소 편의를 봐줄 수 있다.'라고 하였으며, 김상률 청와대 교육문화수석비서관은 2015.1. 세계일보 편집국장 한용걸, 신성호 청와대 홍보특보는 세계일보 조한규 사장을 만나 세계일보의 추가 보도에 대하여 수습을 원하는 메시지를 전달하였다. 한편 그 무렵 청와대 고위 관계자는 세계일보의 사주(社主)인 통일교의 총재(한학자)에게 전화하여 조한규 사장의 해임을 요구하였고, 조한규 사장은 2016.2. 세계일보 사장에서 물러났으며, 세계일보는 그 후 추가 보도를 자제하였다. 이러한 청와대의 세계일보 보도의 통제 및 언론사 사장 해임은 최순실 등의 비선실세에 대한 언론보도를 통제하고 다른 언론에도 위축 효과를 가져온 것으로서, 박근혜 대통령과 최순실의 긴밀한 관계 및 박근혜 대통령의 위 2014.12.1. 발언을 고려하면, 청와대의 세계일보 언론 탄압은 박근혜 대통령의 지시 혹은 묵인 하에서 벌어진 것이므로 박근혜 대통령은 언론의 자유(헌법 제21조 제1항) 및 직업선택의 자유(헌법 제15조)의 침해에 대한 책임이 있다.

마. 생명권 보장(헌법 제10조) 조항 위배

대통령은 국가적 재난과 위기 상황에서 국민의 생명과 안전을 지켜야 할 의무가 있다. 그러나 이른바 세월호 참사가 발생한 당일 오전 8시 52분 소방본부에 최초 사고접수가 된 시점부터 당일 오전 10시 31분 세월호가 침몰하기까지 약 1시간 반 동안 국가적 재난과 위기 상황을 수습해야 할 박근혜 대통령은 어디에도 보이지 않았다. 침몰 이후 한참이 지난 오후 5시 15분경에야 대통령은 재난안전대책본부에 나타나 "구명조끼를 학생들은 입었다고 하는데 그렇게 발견하기가 힘듭니까?"라고 말하여 전혀 상황 파악을 하지 못하였음을 스스로 보여주었다. 대통령은 온 국민이 가슴 아파하고 눈물 흘리는 그 순간 국민의 생명과 안전을 책임지는 최고 결정권자로서 세월호 참사의 경과나 피해 상황, 피해 규모, 구조진행 상황을 전혀 인지하지 못하고 있었던 것이다.

그 후 박근혜 대통령은 국민들과 언론이 수차 이른바 '세월호 7시간' 동안의 행적에 대한 진실규명을 요구하였지만 비협조와 은폐로 일관하며 헌법상 기본권인 국민의 알 권리를 침해해 왔다. 최근 청와대는 박 대통령이 당일 오전 9시 53분경에 청와대 외교안보수석실로부터, 10시경에 국가안보실로부터 각 서면보고를 받았고, 오전 10시 15분과 10시 22분 두 차례에 걸쳐 국가안보실장에게 전화로 지시하였으며, 오전 10시 30분에는 해양경찰청장에게 전화로 지시하였다고 일반적으로 발표하였다. 그러나 이를 확인할 수 있는 근거 자료는 전혀 제시하지 않았다. 만일 청와대의 주장이 사실이라 하더라도 대통령은 처음 보고를 받은 당일 오전 9시 53분 즉시 사태를 정확히 파악하고 동원 가능한 모든 수단과 방법을 사용하여 인명구조에 최선을 다했어야 한다. 또한 청와대 참모회의를 소집하고, 관계 장관 및 기관을 독려했어야 한다. 그러나 박근혜 대통령은 편면적인 서면보고만 받았을 뿐이지 대면보고조차 받지 않았고 현장 상황이 실시간 보도되고 있었음

에도 방송 내용조차 인지하지 못했다. 결국 국가적 재난을 맞아 즉각적으로 국가의 총체적 역량을 집중 투입해야 할 위급한 상황에서 행정부 수반으로서 최고 결정권자이자 책임자인 대통령이 아무런 역할을 수행하지 않은 것이다. 세월호 참사와 같은 국가재난 상황에서 박 대통령이 위와 같이 대응한 것은 사실상 국민의 생명과 안전을 보호하기 위한 적극적 조치를 취하지 않는 직무유기에 가깝다 할 것이고 이는 헌법 제10조에 의해서 보장되는 생명권 보호의무를 위배한 것이다.

2. 법률 위배행위

가. 재단법인 미르, 재단법인 케이스포츠 설립·모금 관련 범죄

(1) 사실관계

(가) 재단 설립에 이르게 된 경위

박근혜 대통령은 정부의 수반으로서 법령에 따라 중앙행정기관의 장을 지휘·감독하여 정부의 중요정책을 수립·추진하는 등 모든 행정업무를 총괄하는 직무를 수행하고, 대형건설 사업 및 국토개발에 관한 정책, 통화, 금융, 조세에 관한 정책 및 기업 활동에 관한 정책 등 각종 재정·경제 정책의 수립 및 시행을 최종 결정하며, 소관 행정 각 부의 장들에게 위임된 사업자 선정, 신규 사업의 인·허가, 금융지원, 세무조사 등 구체적 사항에 대하여 직접 또는 간접적인 권한을 행사함으로써 기업체들의 활동에 있어 직무상 또는 사실상의 영향력을 행사할 수 있는 지위에 있음을 이용하여 최순실, 안종범과 공모하여 문화발전 및 스포츠 산업 발전을 구실로 박근혜 대통령 본인 혹은 최순실 등이 지배하는 재단법인을 만들고 전국경제인연합회(이하 '전경련'이라 한다) 소속 회원 기업들로부터 출연금 명목으로 돈을 받기로 마음먹었다.

박근혜 대통령은 2015.7.20.경 안종범에게 '10대 그룹 중심으로 대기업 회장들과 단독 면담을 할 예정이니 그룹 회장들에게 연락하여 일정을 잡으라.'는 지시를 하고 안종범은 10대 그룹 중심으로 그 대상 기업을 선정한 다음 대통령의 승인을 받아 삼성 등 7개 그룹을 최종적으로 선정하여 각 그룹 회장들에게 대통령이 2015.7.24. 예정인 창조경제혁신센터 전담기업 회장단 초청 오찬 간담회 직후 단독 면담을 원한다는 의사를 전달하고 협의를 통하여 2015.7.24.~25. 양일간 단독 면담을 진행하기로 한 다음 그 사실을 대통령에게 보고하였다.

박근혜 대통령은 2015.7.24. 오후 현대자동차그룹 회장 정몽구, 부회장 김용환, 씨제이그룹 회장 손경식, 에스케이이노베이션 회장 김창근을, 같은 달 25. 같은 장소에서 삼성그룹 부회장 이재용, 엘지그룹 회장 구본무, 한화그룹 회장 김승연, 한진그룹 회장 조양호 등 대기업 회장들과 순차적으로 각 단독 면담을 하고, 그 자리에서 위 대기업 회장들에게 문화, 체육 관련 재단법인을 설립하려고 하는데 적극 지원을 해달라는 취지로 발언하였다.

대기업 회장들과 단독 면담을 마친 박근혜 대통령은 안종범에게 '전경련 산하 기업체들로부터 금원을 갹출하여 각 300억 원 규모의 문화와 체육 관련 재단을 설립하라.'는 취지의 지시를 하고, 안종범은 그 직후인 2015.7. 하순경부터 8. 초순경까지 사이에 전경련 상근부회장인 이승철에게 '청와대에서 문화재단과 체육 재단을 만들려고 하는데 대통령께서 회의에서 기업 회장들에게 이야기를 했다고 하니 확인을 해 보면 알고 있을 것이다.'라고 하면서 재단 설립을 추진하라는 취지로 지시하였다.

박근혜 대통령은 그 무렵 최순실에게 '전경련 산하 기업체들로부터 금원을 갹출하여 문화재단을 만들려고 하는데 재단의 운영을 살펴봐 달라.'는 취지의 요청을 하고, 이러한 요청을 받은 최순실은 재단의 이사장 등 임원진을 자신이 지정하는 사람들로 구성하여 재단업무 관련 지시를 내리고 보고를 받는 등 재단의 인사 및 운영을 장악하였다.

(나) 재단법인 미르 설립 및 모금

최순실은 위와 같이 2015.7.경 재단 설립에 대한 논의가 시작된 후 실제 기업체들의 자금 출연 등이 이루어지지 않아 재단 설립이 지체되던 중, 2015.10. 하순경 리커창 중국 총리가 방한 예정이라는 사실을 알고 정호성 비서관에게 '리커창 중국 총리가 곧 방한 예정이고 대통령이 지난 중국 방문 당시 문화교류를 활발하게 하자고 하셨는데 구체적 방안으로 양국 문화재단 간 양해각서(MOU)를 체결하는 것이 좋을 것으로 보인다. 이를 위해서는 문화재단 설립을 서둘러야 한다.'라고 말하였고 정호성을 통하여 이를 전달받은 박근혜 대통령은 2015.10.19.경 안종범에게 '2015.10. 하순경으로 예정된 리커창 중국 총리 방한 때 양해각서를 체결하여야 하니 재단 설립을 서두르라.'는 지시를 하였다.

이에 안종범은 2015.10.19.경 이승철에게 전화하여 '급하게 재단을 설립하여야 하니 전경련 직원을 청와대 회의에 참석시켜라.'고 지시하고, 청와대 경제수석비서관실 소속 경제금융비서관인 최상목에게 '300억 원 규모의 문화재단을 즉시 설립하라.'라는 취지로 지시하였다.

안종범의 지시를 받은 최상목은 2015.10.21. 청와대 경제금융비서관 사무실에서 청와대 행정관, 전경련 사회본부장, 사회공헌팀장이 참석한 회의(1차 청와대 회의)를 주재하면서 '10월 말로 예정된 리커창 총리의 방한에 맞추어 300억 원 규모의 문화재단을 설립하여야 하고 출연하는 기업은 삼성, 현대차, 에스케이, 엘지, 지에스, 한화, 한진, 두산, 씨제이 등 9개 그룹이다.'라는 취지로 지시하였고, 이에 전경련 관계자들은 급하게 재단설립 절차 등을 확인한 후 9개 그룹에 대한 출연금 분배 방안 문건 등을 준비하였다.

한편 최순실은 2015.9.말 경부터 10.경까지 문화재단에서 일할 임직원을 직접 면접을 본 후 선정하였고 같은 달 하순경 문화재단의 명칭을 '미르'라고 정하였으며, 위 재단 이사장을 '김형수', 사무총장을 '이성한'으로 정하는 등 임원진 명단과 조직표 및 정관을 마련하였다.

최순실로부터 위와 같은 경과를 들은 박근혜 대통령은 2015.10.21. 안종범에게 '재단 명칭은 용의 순수어로 신비롭고 영향력이 있다는 뜻을 가진 미르라고 하라.'라고 하면서 이사장, 이사 및 사무총장 인선 및 사무실 위치 등에 관한 지시를 하였고, 안종범은 이를 다시 최상목에게 지시하였다.

안종범의 지시를 받은 최상목은 2015.10.22. 오후 전경련 관계자, 문화체육관광부 소속 공무원 등이 참석한 회의(2차 청와대 회의)를 주재하면서 전경련이 준비해 온 문건 등을 보고받고, '재단은 10.27.까지 설립되어야 한다. 전경련은 재단 설립 서류를 작성·제출하고, 문체부는 10.27. 개최될 재단 현판식에 맞추어 반드시 설립허가가 이루어질 수 있도록 하라.'고 지시하면서 전경련이 보고한 9개 그룹의 분배 금액을 조정하여 확정하였다.

위와 같은 회의의 결과에 따라 전경련 관계자들은 2015.10.23. 아침에 삼성, 현대차,

에스케이, 엘지 등 4대 그룹 임원 조찬 회의를, 오전에 지에스, 한화, 한진, 두산, CJ 등 5개 그룹 임원 회의를 각 개최하여, 각 그룹 임원들에게 '청와대의 요청으로 문화 및 체육 관련 재단을 만들어야 한다. 문화재단은 10.27.까지 설립하여야 한다. 출연금을 낼 수 있는지 신속히 확인해 달라.'고 요청하면서 그룹별 출연금 할당액을 전달하였다. 한편 전경련 측은 문화관광체육부에 설립허가를 위한 서류 및 절차 등을 문의하였다.

최상목은 2015.10.23. 다시 전경련 관계자 및 문화관광체육부 소속 공무원들이 참석한 회의(3차 청와대 회의)를 주재하면서 '아직까지도 출연금 약정서를 내지 않은 그룹이 있느냐. 그 명단을 달라.'고 말하며 모금을 독촉하고, '미르'라는 재단 명칭과 주요 임원진 명단을 전경련 관계자들에게 전달하면서 '이사진에게 따로 연락은 하지 말라.'라는 주의를 주었다.

같은 날(2015.10.23.) 전경련은 9개 그룹으로부터 출연금 총 300억 원에 대한 출연 동의를 받아 설립허가 신청에 필요한 재산출연증서 등의 서류를 받아두고, 정관(기본재산과 보통재산의 비율이 9:1), 창립총회 회의록의 작성도 마무리 중이었다.

그런데 최상목은 같은 날 전경련에 '롯데도 출연기업에 포함시켜라.'고 지시하였고, 전경련 관계자들은 롯데를 포함시키는 방안을 검토하기 시작하였다.

한편 안종범은 2015.10.24. 전경련 관계자에게 '재단법인 미르의 출연금 규모를 300억 원에서 500억 원으로 증액하라. 출연기업에 케이티, 금호, 신세계, 아모레는 반드시 포함시키고, 현대중공업과 포스코에도 연락해 보고, 추가할 만한 그룹이 더 있는지도 알아보라.'라고 지시하였다.

이에 따라 전경련 관계자들은 500억 원 기준으로 새로운 출연금 분배안을 작성하고, 기존에 출연이 결정되어 있던 삼성, 현대차, 에스케이, 엘지, 지에스, 한화, 한진, 두산, 씨제이 등 9개 그룹에는 증액을, 안종범이 추가로 출연기업으로 포함시키라고 지시한 롯데, 케이티, 금호, 신세계, 아모레, 현대중공업, 포스코 등 7개 그룹과 전경련이 추가한 엘에스와 대림 등 2개 그룹에는 '청와대의 지시로 문화재단을 설립한다. 출연 여부를 결정하여 달라.'고 요청하였다.

위와 같은 요청을 받은 18개 그룹 중 현대중공업(재무상태가 극도로 악화)과 신세계(문화 분야에 이미 거액 투자)를 제외한 16개 그룹은 재단의 사업계획서 등에 대한 사전 검토절차도 제대로 거치지 아니한 채 출연을 결정하게 되었다.

2015.10.26. 서울 서초구 소재 팔레스호텔에서 재단법인 미르의 이사로 내정된 사람들이 상견례를 하는 한편, 전경련 관계자들은 500억 원을 출연하는 각 그룹사 관계자들을 불러불 재산출연증서 등 서류를 제출받고, 전경련에서 준비한 정관 및 마치 출연기업 임원들이 재단 이사장 등을 추천한 것처럼 작성된 창립총회 회의록에 법인 인감을 날인받았다.

그러던 중 안종범은 최상목을 통해 전경련 측에 '재단법인 미르의 기본재산과 보통재산 비율을 기존 9:1에서 2:8로 조정하라'는 취지의 지시를 하였고, 팔레스호텔에서 기업 회원사의 날인을 받고 있던 전경련 관계자는 급히 지시에 따라 정관과 창립총회 회의록 중 기본재산과 보통재산 비율 부분을 수정한 후 이미 날인을 한 회원사 관계자들에게 다시 연락하여 위와 같이 수정된 정관과 창립총회 회의록에 날인해 줄 것을 부탁하였으나, 결국 발기인으로 참여한 19개 법인 중 1개 법인(에스케이 하이닉스)으로부터는 날인을 받지 못하였다.

다급해진 전경련 측은 문화체육관광부 하윤진 대중문화산업과장에게 연락하여 법인설립허가 신청서류를 서울에서 접수할 수 있도록 협조해 달라고 요청하고, 세종특별자치시 소재 문체부 대중문화산업과 사무실에 있던 하윤진은 소속 주무관에게 지시하여 서울로 출장을 가서 전경련으로부터 신청서류를 접수받도록 하였다.

한편 관련 법령에 의하면 정상적으로 법인을 설립하기 위해서는 발기인 전원이 날인한 정관과 창립총회 회의록이 구비서류로 제출되어야 함에도 불구하고, 전경련 측은 청와대에서 지시한 시한(10.27.)까지 설립허가를 마치기 위하여 서울 용산구 소재 문체부 서울사무소에서 문화관광체육부 주무관에게 에스케이하이닉스의 날인이 없는 정관과 창립총회 회의록 등 설립허가 신청서류를 접수하였고, 이와 같은 하자가 있음에도 위 주무관은 같은 달 26, 20:07경 재단법인 미르의 설립허가에 관한 기안을 하였고 문화관광체육부는 다음 날 09:36경 내부 결재를 마치고 설립허가를 해주었다.

결국, 위 16개 그룹 대표 및 담당 임원들은 박근혜 대통령과 최순실, 안종범의 요구에 따라 2015.11.경부터 2015.12.경까지 위와 같이 결정한 출연약정에 따라 재단법인 미르(2015.10.27. 설립)에 합계 486억 원의 출연금을 납부하였다.

(다) 재단법인 케이스포츠 설립 및 모금

최순실은 2015.12. 초순경 스포츠재단에 대한 사업계획서를 작성하고 재단법인 케이스포츠에서 일할 임직원을 면접을 거쳐 선정한 다음 임원진 명단을 이메일로 정호성에게 보냈다.

최순실로부터 위와 같은 내용을 들은 박근혜 대통령은 같은 달 11. 및 20. 안종범에게 임원진 명단을 알려주고 재단의 정관과 조직도를 전달하면서 서울 강남에 사무실을 구하라는 지시를 하였다.

안종범은 2015.12. 중순경 전경련 관계자에게 전화하여 '예전에 말한 대로 300억 원 규모의 체육재단도 설립해야 하니 미르 때처럼 진행하라.'고 지시하였고, 전경련 관계자들은 재단법인 미르 설립 과정에서 연락했던 그룹 명단 및 각 그룹의 매출액을 기초로 출연금액을 할당하고, 각 그룹의 담당 임원들에게 '청와대 요청에 따라 300억 원 규모의 체육재단도 설립하여야 한다. 할당된 출연금을 납부하라.'고 전달하였다.

전경련 관계자들은 2015.12.21. 청와대 행정관으로부터 재단법인 케이스포츠 정관, 주요 임원진 명단 및 이력서를 팩스로 송부받고 재단법인 미르 때와 마찬가지로 마치 출연기업 임원들이 재단 이사장 등을 추천한 것처럼 창립총회 회의록을 작성한 다음, 2016.1.12. 전경련 회관으로 해당 기업 관계자들을 불러 재산출연증서 등 서류를 제출받고 정관과 창립총회 회의록에 날인을 받았다.

결국 현대자동차 등 재단법인 케이스포츠에 자금을 출연하기로 한 16개 그룹은 박근혜 대통령과 최순실, 안종범의 요구에 따라 2016.2.경부터 2016.8.경까지 재단법인 케이스포츠(2016.1.13. 설립)에 합계 288억 원의 출연금을 납부하였다.

(2) 법률적 평가

(가) 특정범죄가중처벌등에관한법률위반(뇌물)죄

대통령은 정부의 수반으로서 중앙행정기관의 장을 지휘·감독하여 정부의 중요

정책을 수립·추진하는 등 모든 행정업무를 총괄하는 직무를 수행하고, 대형건설 사업 및 국토개발에 관한 정책, 통화, 금융, 조세에 관한 정책 및 기업 활동에 관한 정책 등 각종 재정·경제 정책의 수립 및 시행을 최종 결정하며, 소관 행정 각 부의 장들에게 위임된 사업자 선정, 신규 사업의 인·허가, 금융지원, 세무조사 등 구체적 사항에 대하여 직접 또는 간접적인 권한을 행사함으로써 기업체들의 활동에 있어 직무상 또는 사실상의 영향력을 행사할 수 있는 지위에 있다. 또한 뇌물죄는 직무집행의 공정과 이에 대한 사회의 신뢰에 기하여 직무 행위의 불가매수성을 그 직접의 보호법익으로 하고 있고, 뇌물성을 인정하는 데에는 특별히 의무위반행위의 유무나 청탁의 유무 등을 고려할 필요가 없는 것이므로 뇌물은 대통령의 직무에 관하여 공여되거나 수수된 것으로 족하고 개개의 직무 행위와 대가적 관계에 있을 필요가 없으며, 그 직무 행위가 특정된 것일 필요도 없다. (대법원 1997.4.17. 선고 96도3377 전원합의체 판결[특정범죄가중처벌등에관한법률위반(뇌물·뇌물방조·알선수재)·특정경제범죄가중처벌등에관한법률위반(저축관련부당행위)·뇌물공여·업무방해] 참조)

그런데 박근혜 대통령은 2015.7.24.~25. 위와 같이 7개 그룹 회장과 각각 단독 면담을 하기 전 안종범에게 지시하여 각 그룹으로부터 '각 그룹의 당면 현안을 정리한 자료'를 제출받도록 하였다. 이때 제출된 내용은 '오너 총수의 부재로 인해 큰 투자와 장기적 전략 수립이 어렵다'(에스케이 및 씨제이), '삼성물산과 제일모직의 합병에 헤지펀드 엘리엇의 반대가 심하다'(삼성), '노사 문제로 경영환경이 불확실하다'(현대차) 등의 내용이다. 안종범은 이러한 내용을 정리하여 대통령에게 전달하였다. 민원적 성격을 가진 위의 '당면 현안'은 대통령의 사면권, 대통령 및 경제수석비서관(안종범)의 재정·경제·금융·노동 정책에 관한 권한과 직·간접적으로 관련이 있는 것이다.

실제로 기업들이 두 재단법인에 출연금 명목의 돈을 납부한 시기를 전후하여 박근혜 대통령은 위 '당면 현안'을 비롯하여 출연기업들에게 유리한 조치를 다수 시행하였다.

삼성그룹의 경우, 박근혜 대통령의 지휘·감독을 받는 문형표 보건복지부 장관은 2015.6. 국민연금 의결권행사 전문위원들에게 전화를 하여 삼성물산과 제일모직의 합병에 찬성해달라는 취지의 요청을 하였다. 국민연금공단은 보건복지부 산하 공공기관이며 대통령은 공단 이사장에 대한 임면권을 가지고 있다(국민연금법 제30조 제2항). 합병 결의를 위한 주주총회일(2015.7.17) 직전인 2015.7.7.에는 국민연금 기금운용본부장 홍완선이 내부반대에도 불구하고 삼성 이재용 부회장과 면담을 했다. 홍 본부장은 외부 전문가 9명으로 구성된 의결권 전문행사위원회가 아닌 자신이 위원장을 겸했던 투자위원회에서 삼성물산 합병에 찬성키로 결정하기도 했다.(삼성그룹 출연액 204억 원)

에스케이그룹의 경우, 박근혜 대통령은 2015.8.13. 에스케이 최태원 회장을 특별사면했다. 또한 에스케이그룹은 대규모 면세점을 경영해왔는데 2015.11.경 면세점 특허권 심사에서 탈락해서 사업권을 상실했다가 2016.3. 기획재정부가 개선방안을 발표하고 이에 따라 2016.4. 관세청이 서울 시내에 면세점 4개소 추가 선정 계획을 밝히자 사업권 특허 신청을 하였다. (에스케이그룹 출연액 111억 원)

롯데그룹의 경우, 대규모 면세점을 경영해왔는데 2015.11.경 각각 면세점 특허권 심사에서 탈락해서 사업권을 상실했다가 2016.3. 기획재정부가 개선방안을 발표하고 이에 따라 2016.4. 관세청이 서울 시내에 면세점 4개소 추가 선정 계획을 밝히자 사업권 특허 신청을 하였다. 또한 롯데그룹은 경영권 분쟁 및 비자금 등의 문제로 2005.12.경부터 그룹 내부 인사들 사이 및 시민단체로부터의 고소, 고발로 검찰의 수사대상이었고 2016.6.10. 그룹 정책본부, 신동빈 회장 자택, 신격호 총괄회장 집무실 등에 대하여 검찰로부터 압수수색을 당한 이래 계속 수사를 받아왔으며 2016.10.19.에는 신동빈 회장이 기소되었다. 박근혜 대통령은 민정수석비서관을 통하여 검찰이 수사 중인 주요 사건에 대한 보고를 받을 뿐 아니라 검찰사무의 최고 감독자로서 일반적으로 검사를 지휘·감독하고 구체적 사건에 대하여는 검찰총장을 지휘·감독하는 법무부 장관에 대한 임명권 및 지휘·감독권을 가지고 있다. 또한 아래에서 보는 것과 같이 박근혜 대통령과 최순실, 안종범은 롯데그룹에 대한 수사가 진행 중이던 때에 추가로 70억 원을 받았다가 압수수색 등 본격적인 강제수사가 시작되기 하루 전 그 돈을 반환하기도 하였다. (롯데그룹 출연액 45억 원)

위에서 본 것과 같이 대통령의 광범위한 권한, 기업 대표와 단독 면담을 갖고 민원사항을 들었던 점, 재단법인 출연을 전후한 대통령 및 정부의 조치를 종합하여 보면 출연기업들 중 적어도 경영권 승계와 관련한 국민연금의 의결권 행사, 특별사면, 면세점 사업권 특허신청, 검찰 수사 등 직접적 이해관계가 걸려 있었던 삼성, 에스케이, 롯데그룹으로부터 받은 돈(합계 360억 원)은 직무관련성이 인정되는 뇌물이라고 보아야 할 것이다.

또한 위에서 본 것과 같이 재단법인 미르와 재단법인 케이스포츠 재단은 박근혜 대통령과 최순실이 인사, 조직, 사업에 관한 결정권을 장악하여 사실상 지배하고 있으므로 박근혜 대통령의 행위는 형법상의 뇌물수수죄(형법 제129조 제1항)에 해당한다. 만일 재단법인에 대한 지배력이 인정되지 않는다고 하더라도 재단법인에 뇌물을 출연하게 한 것은 형법상의 제3자뇌물수수죄에 해당한다. 어느 경우든지 수뢰액이 1억 원 이상이므로 결국 박근혜 대통령의 위와 같은 행위는 특정범죄가중처벌등에관한법률위반(뇌물)죄(특정범죄가중처벌등에관한법률 제2조 제1항 제1호, 형법 제129조 제1항 또는 제130조)에 해당한다. 이는 법정형이 무기 또는 10년 이상의 징역에 해당하는 중죄이다.

(나) 직권남용권리행사방해죄, 강요죄

위에서 본 바와 같이 대통령은 정부의 수반으로서 중앙행정기관의 장을 지휘·감독하여 정부의 중요정책을 수립·추진하는 등 모든 행정업무를 총괄하는 직무를 수행하고, 대형건설 사업 및 국토개발에 관한 정책, 통화, 금융, 조세에 관한 정책 및 기업 활동에 관한 정책 등 각종 재정·경제 정책의 수립 및 시행을 최종 결정하는 등 국정 전반에 걸쳐 광범위한 권한을 가지고 있다. 또한 대통령과 공모한 안종범은 2014.6.경부터 2016.5.경까지 사이에 정부조직법과 대통령령인 대통령비서실직제에 따라 대통령의 직무를 보좌하는 차관급 정무직 공무원인 대통령비서실 경제수석비서관으로 재직하면서 대통령을 보좌하여 산하에 경제금융비서관·농축산식품비서관·해양수산비서관을 두고 재정·경제·금융·산업통상·중소기업·건설교통 및 농림해양수산 정책 등을 포함한 국가정책에 관한 사무를 관장하였고, 2016.5.경부터 2016.10.경까지는 정책조정수석비서관으로 재직하면서 대통령을 보좌하여 산하에 기획비서관·국정과제비서관·재난안전비서관을 두고 대통령의 국정 전반에 관한 주요 상황 파악·분석·관리, 국정과제 추진 관리, 이행점검, 주요 국정과제 협의·조정 등의 사무를 관장했다. 이와 같이 막강한 권한을 행사하는 박근혜 대통령과 안종범으로부터 재단법인에 출연금을 납부하라는 요구를 받고, 위에서 본 것과 같이 위법과 탈법을 불사하면서 관계 공무원 및 전경련과 기업 관계자 등을 동원하여 초고속으로 재단 설립 및 출연금 납부에 따른 행정조치를 취하는 것을 본 위 16개 그룹 대표 및 담당 임원들로서는 위와 같은 대통령의 요구에 응하지 않을 경우 세무조사나 인허가의 어려움 등 기업활동 전반에 걸쳐 직·간접적으로 불이익을 받을 것을 두려워하게 되었다. 박근혜 대통령이 안종범, 최순실과 함께 이러한 두려움을 이용하여 기업들로부터 출연금 명목으로 재단법인에 돈을 납부하게 한 것은 대통령의 직권과 경제수석비서관의 직권을 남용함과 동시에 기업체 대표 및 담당임원들의 의사결정의 자유를 침해해서 의무 없는 일을 하게 한 것으로서 형법상의 직권남용권리행사방해죄(형법 제123조) 및 강요죄(형법 제324조)에 해당한다.

나. 롯데그룹 추가 출연금 관련 범죄

(1) 사실관계

최순실은 재단법인 케이스포츠에 대한 인사 및 운영을 실질적으로 장악한 후, 재단법인 케이스포츠가 향후 추진하는 사업과 관련된 각종 이권에 개입하는 방법으로 이익을 취하기 위하여, 2016.1.12. 스포츠 매니지먼트 등을 목적으로 하는 주식회사 더블루케이(이하 '더블루케이'라고 한다)를 설립하였다.

이후 최순실은 재단법인 케이스포츠 직원에게 더블루케이가 이익을 창출할 수 있는 사업을 기획하라고 지시하여 2016.2.경 '5대 거점 체육 인재 육성사업'이라는 제목으로 전국 5대 거점 지역에 체육시설을 건립하고 체육시설의 관리 등 이권 사업은 더블루케이가 담당하는 사업안을 마련하게 한 다음 체육시설 건립을 위한 자금은 기업으로부터 일단 재단법인 케이스포츠로 지원받은 후 더블루케이에 넘겨주는 방식으로 조달하기로 하고, 그 무렵 위와 같은 사업계획을 박근혜 대통령에게 전달하였다.

박근혜 대통령은 2016.3.14.경 롯데그룹 신동빈 회장과 단독 면담을 가진 후 안종범에게 롯데그룹이 하남시 체육시설 건립과 관련하여 75억 원을 부담하기로 하였으니 그 진행 상황을 챙겨보라는 지시를 하였다.

한편 신동빈은 대통령과의 면담 이후 회사로 복귀하여 부회장인 망 이인원에게 대통령의 위와 같은 자금지원 요청 건에 대한 업무처리를 지시했고, 이인원은 임직원들에게 자금지원 업무를 진행하도록 지시하였다.

최순실은 2016.3. 중순경 더블루케이 이사 고영태 등에게 '이미 롯데그룹과 이야기 다 되었으니 롯데그룹 관계자를 만나 지원 협조를 구하면 돈을 줄 것이다.'라고 지시하였고, 고영태 등은 2016.3.17. 및 3.22. 두 번에 걸쳐 롯데그룹 임직원을 만나 '하남 거점 체육시설 건립에 75억 원이 소요되니 이를 후원해 달라.'면서 75억 원을 요구하였다.

그 사이 안종범은 박근혜 대통령의 지시를 이행하기 위하여 케이스포츠 사무총장으로부터 관련 자료를 송부받거나 롯데그룹 임직원들과 수시로 전화 통화를 하는 등 롯데그룹의 재단법인 케이스포츠에 대한 75억 원의 지원 여부 및 진행 상황을 점검하였다.

롯데그룹 임직원들은 재단법인 미르와 재단법인 케이스포츠 등에 이미 많은 자금을 출연하였거나 출연하기로 하였을 뿐만 아니라 더블루케이 측이 제시하는 사업계획도 구체성과 실현 가능성이 떨어진다는 이유로 '75억 원을 출연해 주기는 어렵고 35억 원만 출연하면 안 되겠느냐.'는 의사를 재단법인 케이스포츠 측에 전달하고 이를 이인원에게 보고하였다.

그러나 이인원은 위와 같은 요구에 불응할 경우 기업활동 전반에 걸쳐 직·간접적으로 불이익을 받게 될 것을 두려워한 나머지 임직원들에게 '기왕에 그쪽에서 요구한 금액이 75억 원이니 괜히 욕 얻어먹지 말고 전부를 출연해 주는 것이 좋겠다.'라고 말하며 재단법인 케이스포츠에 75억 원을 교부해 주라고 지시하였다. 결국 롯데그룹은 6개 계열사(롯데제과, 롯데카드, 롯데건설, 롯데케미칼, 롯데캐피탈, 롯데칠성음료)를 동원하여 2016.5.25.부터 같은 달 31.까지 사이에 재단법인 케이스포츠에 70억 원을 송금하였다.

(2) 법률적 평가

(가) 특정범죄가중처벌등에관한법률위반(뇌물)죄

대통령이 정부의 수반으로서 중앙행정기관의 장을 지휘·감독하여 정부의 중요 정책을 수립·추진하는 등 모든 행정업무를 총괄하는 직무를 수행하고 대형건설 사업 및 국토개발에 관한 정책, 통화, 금융, 조세에 관한 정책 및 기업 활동에 관한 정책 등 각종 재정·경제 정책의 수립 및 시행을 최종 결정하며, 소관 행정 각 부의 장들에게 위임된 사업자 선정, 신규 사업의 인·허가, 금융지원, 세무조사 등 구체적 사항에 대하여 직접 또는 간접적인 권한을 행사함으로써 기업체들의 활동에 있어 직무상 또는 사실상의 영향력을 행사할 수 있는 지위에 있다는 점과, 위에서 본 것과 같이 롯데그룹은 대규모 면세점을 경영해왔는데 2015.11.경 면세점 특허권 심사에서 탈락해서 사업권을 상실했다가 2016.3. 기획재정부가 개선방안을 발표하고 이에 따라 2016.4. 관세청이 서울 시내에 면세점 4개소 추가 선정 계획을 밝히자 사업권 특허 신청을 했던 점을 종합하면 박근혜 대통령이 롯데그룹으로부터 출연금 명목으로 받은 돈은 직무관련성이 인정되는 뇌물이라고 하지 않을 수 없다.

또한 위에서 본 것처럼 롯데그룹이 경영권 분쟁 및 비자금 등의 문제로 2005.12.경부터 그룹 내부 인사들 사이 및 시민단체로부터의 고소, 고발로 검찰의 수사 대상이었고 2016.6.10. 그룹 정책본부, 신동빈 회장 자택, 신격호 총괄회장 집무실 등에 대하여 검찰로부터 압수수색을 당한 이래 계속 수사를 받아왔으며 2016.10.19.에는 신동빈 회장이 기소되었던 점, 박근혜 대통령은 민정수석비서관을 통하여 검찰이 수사 중인 주요 사건에 대한 보고를 받을 뿐 아니라 검찰사무의 최고 감독자로서 일반적으로 검사를 지휘·감독하고 구체적 사건에 대하여는 검찰총장을 지휘·감독하는 법무부 장관에 대한 임명권 및 지휘·감독권을 가진 점, 롯데그룹이 압수수색을 당하기 하루 전인 2016.6.9. 케이스포츠 측이 갑작스럽게 출연금 명목으로 받은 70억 원을 반환하겠다는 의사를 표시하고 그후 3~4일에 걸쳐 실제로 반환한 점을 종합해볼 때도 이는 직무관련성이 인정되는 뇌물이라고 하지 않을 수 없다.

그렇다면 위에서 본 박근혜 대통령의 행위는 특정범죄가중처벌등에관한법률위반(뇌물)죄(특정범죄가중처벌등에관한법률 제2조 제1항 제1호, 형법 제129조 제1

항 또는 제130조)에 해당한다.

(나) 직권남용권리행사방해죄, 강요죄

위에서 본 바와 같이 막강한 권한을 행사하는 박근혜 대통령과 안종범으로부터 체육시설 건립에 필요한 자금을 재단법인에 출연금 명목으로 납부하라는 요구를 받은 롯데그룹의 대표와 임직원들은 대통령의 요구에 응하지 않을 경우 면세점 특허 심사 과정에서의 어려움이나 검찰 수사 등 기업활동 전반에 걸쳐 직·간접적으로 불이익을 받을 것을 두려워하게 되었다. 박근혜 대통령이 안종범, 최순실과 함께 이러한 두려움을 이용하여 롯데그룹 소속 기업들로부터 출연금 명목으로 재단법인에 돈을 납부하게 한 것은 대통령의 직권과 경제수석비서관의 직권을 남용함과 동시에 기업체 대표 및 담당임원들의 의사결정의 자유를 침해해서 의무 없는 일을 하게 한 것으로서 형법상의 직권남용권리행사방해죄(형법 제123조) 및 강요죄(형법 제324조)에 해당한다.

다. 최순실 등에 대한 특혜 제공 관련 범죄

(1) 케이디코퍼레이션 관련 특정범죄가중처벌등에관한법률위반(뇌물)죄, 직권남용권리행사방해죄, 강요죄

최순실은 2013. 가을경부터 2014.10.경까지 딸 정유라가 졸업한 초등학교 학부형으로서 친분이 있던 문화경으로부터 남편인 이종욱이 운영하는 주식회사 케이디코퍼레이션(이하 '케이디코퍼레이션'이라고 한다)이 해외기업 및 대기업에 납품을 할 수 있도록 도와달라는 부탁을 받고 여러 차례에 걸쳐 정호성을 통해 케이디코퍼레이션에 대한 회사소개 자료를 박근혜 대통령에게 전달해 오던 중, 2014.10.경 케이디코퍼레이션에서 제조하는 원동기용 흡착제를 현대자동차에 납품할 수 있도록 도와달라는 부탁을 받고 정호성을 통해 케이디코퍼레이션에 대한 사업소개서를 대통령에게 전달하였다.

박근혜 대통령은 2014.11.27.경 안종범에게 '케이디코퍼레이션은 흡착제 관련 기술을 갖고 있는 훌륭한 회사인데 외국 기업으로부터 부당한 대우를 받고 있으니 현대자동차에서 그 기술을 채택할 수 있는지 알아보라.'는 지시를 하였다. 이에 그 무렵 안종범은 대통령이 함께 있는 가운데 현대자동차그룹 정몽구 회장 및 그와 동행한 김용환 부회장에게 '케이디코퍼레이션이라는 회사가 있는데, 효용성이 높고 비용도 낮출 수 있는 좋은 기술을 가지고 있다고 하니 현대자동차에서도 활용이 가능하다면 채택해 주었으면 한다.'고 말을 하였다.

김용환은 2014.12.2.경 안종범에게 케이디코퍼레이션의 대표자 이름과 연락처를 다시 확인한 다음 잘 챙겨보겠다는 취지로 답하고 즉시 현대자동차 구매담당 부사장에게 케이디코퍼레이션과의 납품계약을 추진해 보라고 지시하고, 이후 안종범은 케이디코퍼레이션과 현대자동차와의 납품계약 진행 상황을 계속 점검하면서 '특별 지시사항 관련 이행 상황 보고'라는 문건을 작성하여 박근혜 대통령에게 보고하였다.

정몽구와 김용환은 위와 같은 요구에 불응할 경우 세무조사를 당하거나 인허가의 어려움 등 기업 활동 전반에 걸쳐 직·간접적인 불이익을 받게 될 것을 두려워한 나머지, 케이디코퍼레이션은 현대자동차그룹의 협력업체 리스트에 들어있지 않은 업체이고 인지도나 기술력 또한 제대로 검증되지 않은 업체임에도 불구하고 협력업체 선정을 위해 거쳐야 하는 제품성능 테스트와 입찰 등의 정상적인 절차를 생략한 채 수의계약으로 현대자동차 및 기아자동차가 케이디코퍼레이션의 제품을 납품받기로 결정하였다.

그 후 현대자동차와 기아자동차는 2015.2.3.경 케이디코퍼레이션과 원동기용 흡착제 납품계약을 체결하고, 케이디코퍼레이션으로부터 그 무렵부터 2016.9.경까지 합계 1,059,919,000원 상당의 제품을 납품받았다. 최순실은 2016.5.경 박근혜 대통령의 프랑스 순방 시 이종욱이 경제사절단으로 동행할 수 있도록 도와주었다.

한편, 케이디코퍼레이션의 대표 이종욱은 최순실에게 위와 같은 계약체결의 부탁이나 계약성사의 대가 명목으로 2013.12.경 시가 1,162만 원 상당의 샤넬백 1개, 2015.2.경 현금 2,000만 원, 2016.2.경 현금 2,000만 원 합계 5,162만 원 상당을 주었다.

대통령이 정부의 수반으로서 중앙행정기관의 장을 지휘·감독하여 정부의 중요 정책을 수립·추진하는 등 모든 행정업무를 총괄하는 직무를 수행하고 대형건설 사업 및 국토개발에 관한 정책, 통화, 금융, 조세에 관한 정책 및 기업 활동에 관한 정책 등 각종 재정·경제 정책의 수립 및 시행을 최종 결정하며, 소관 행정 각 부의 장들에게 위임된 사업자 선정, 신규 사업의 인·허가, 금융지원, 세무조사 등 구체적 사항에 대하여 직접 또는 간접적인 권한을 행사함으로써 기업체들의 활동에 있어 직무상 또는 사실상의 영향력을 행사할 수 있는 지위에 있다는 점에 비추어보면 위와 같은 경위로 최순실이 케이디코퍼레이션 측으로부터 받은 돈은 박근혜 대통령의 직무와 관련성이 인정되는 뇌물이라고 하지 않을 수 없다. 이는 특정범죄가중처벌등에관한법률위반(뇌물)죄(특정범죄가중처벌등에관한법률 제2조 제1항 제2호, 형법 제130조)에 해당한다.

또한 박근혜 대통령은 최순실, 안종범과 공모하여 대통령의 직권과 경제수석비서관의 직권을 남용함과 동시에 이에 두려움을 느낀 피해자 현대자동차그룹 회장 정몽구 등으로 하여금 케이디코퍼레이션과 제품 납품계약을 체결하도록 함으로써 의무 없는 일을 하게 하였다. 이는 형법상의 직권남용권리행사방해죄(형법 제123조) 및 강요죄(형법 제324조)에 해당한다.

(2) 플레이그라운드 관련 직권남용권리행사방해죄, 강요죄

최순실은 2015.10.경 광고 제작 등을 목적으로 하는 주식회사 플레이그라운드 커뮤니케이션즈(이하 '플레이그라운드'라고 한다)를 설립하고, 자신의 측근인 미르재단 사무부총장 김성현 등을 이사로 선임한 다음 기업으로부터 광고 수주를 받아 이익을 취하기로 계획하였고, 2015.10.경부터 2016.1. 초순경까지 사이에 김성현으로 하여금 플레이그라운드의 회사소개 자료를 작성하도록 하였다.

박근혜 대통령은 2016.2.15. 안종범에게 플레이그라운드의 회사소개 자료를 건네주면서 '위 자료를 현대자동차 측에 전달하라.'는 지시를 하고, 그즈음 안종범은 서울 종로구 소재 안가에서 정몽구 회장과 함께 대통령과의 단독 면담을 마친 김용환 부회장에게 플레이그라운드의 회사소개 자료가 담긴 봉투를 전달하며 '이 회사가 현대자동차 광고를 할 수 있도록 잘 살펴봐 달라.'고 말하여 현대자동차의 광고를 플레이그라운드가 수주할 수 있도록 해 달라는 취지로 요구하였다.

또한, 박근혜 대통령은 2016.2.15.~22. 사이에 진행된 대통령과 현대자동차그룹 등 8개 그룹 회장들과의 단독 면담이 모두 마무리될 무렵 안종범에게 '플레이그라운드는 아주 유능한 회사로 미르재단 일에도 많은 도움을 주고 있어 기업 총수들에게 협조를 요청하였으니 잘 살펴보라.'는 취지의 지시를 하였다.

안종범으로부터 위와 같은 요구를 받은 김용환은 2016.2.18.경 현대자동차 김걸 부사장에게 플레이그라운드 소개 자료를 전달하면서 '플레이그라운드가 현대·기아차 광고를 할 수 있게 해보라.'라고 지시하고, 김걸 등의 검토 결과 2016.12.31.까지는 현대자동차그룹 계열 광고회사인 주식회사 이노션과 3개의 중소 광고회사에 대해서만 광고 물량을 발주해주기로 확정된 상태임에도 불구하고, 위와 같은 요구에 불응할 경우 각종 인허가 등에 어려움을 겪거나 세무조사를 당하는 등 기업 활동 전반에 직·간접적으로 불이익을 입게 될 것을 두려워한 나머지 주식회사 이노션에 양해를 구하고 그 자리에 플레이그라운드를 대신 끼워 넣어 광고를 수주할 수 있도록 해주었다.

이에 따라 현대자동차그룹에서는 2016.4.경부터 2016.5.경까지 사이에 플레이그라운드로 하여금 발주금액 합계 70억 6,627만 원 상당의 광고 5건을 수주받게 하여 9억 1,807만 원 상당의 수익을 올리도록 하였다.

결국 박근혜 대통령은 최순실, 안종범과 공모하여 대통령의 직권과 경제수석비서관의 직권을 남용함과 동시에 이에 두려움을 느낀 피해자 현대자동차그룹 부회장 김용환 등으로 하여금 플레이그라운드와 광고 발주 계약을 체결하도록 함으로써 의무 없는 일을 하게 하였다. 이는 형법상의 직권남용권리행사방해죄(형법 제123조) 및 강요죄(형법 제324조)에 해당한다.

(3) 주식회사 포스코 관련 직권남용권리행사방해죄, 강요죄

최순실은 재단법인 케이스포츠 직원인 박헌영 과장 등에게 재단이 추진하는 사업을 통해 더블루케이가 이익을 창출할 수 있는 방안을 기획하라고 지시하여 2016.2.경 '포스코를 상대로 배드민턴팀을 창단하도록 하고 더블루케이가 그 선수단의 매니지먼트를 담당한다.'라는 내용의 기획안을 마련하게 하였다.

박근혜 대통령은 2016.2.22. 서울 종로구 삼청동 소재 안가에서 포스코 회장 권오준과 단독 면담을 하면서 '포스코에서 여자 배드민턴팀을 창단해 주면 좋겠다. 더블루케이가 거기에 자문을 해 줄 수 있을 것이다.'는 요청을 하였고, 안종범은 위와 같이 대통령과 단독 면담을 마치고 나온 권오준에게 미리 준비한 더블루케이 조성민 대표의 연락처를 전달하면서 조성민을 만나보라고 하였다.

이에 권오준은 위와 같은 취지를 포스코 황은연 경영지원본부장에게 지시하고, 황은연은 2016.2.25. 더블루케이 및 재단법인 케이스포츠 관계자들을 만나 창단 비용 46억 원 상당의 여자 배드민턴팀 창단 요구를 받았으나, 포스코가 창사 이래 처음으로 적자를 기록하는 등의 어려운 경영 여건, 이미 포스코에서 다양한 체육팀을 운영하고 있는 상황 등을 이유로 추가로 여자 배드민턴팀을 창단하는 것은 부담스럽다는 의사를 표시하였다.

최순실은 조성민 등으로부터 포스코가 여자 배드민턴팀 창단 제의를 거절하였다는 보고를 받고 그 다음 날인 2016.2.26. 재단법인 케이스포츠 사무총장 등으로 하여금 안종범을 만나 '황은연 사장이 더블루케이의 여자 배드민턴팀 창단 요구를 고압적이고 비웃는 듯한 자세로 거절하고 더블루케이 직원들을 잡상인 취급하였다.'라고 보고하도록 하였다.

안종범은 '포스코 회장에게 전달한 내용이 사장에게 제대로 전달되지 않은 것 같다. 포스코에 있는 여러 체육팀을 모아 통합 스포츠단을 창단하도록 조치하겠다. 다만 포스코가 더블루케이의 여자 배드민턴팀 창단 요구를 거절한 사실을 브이아이피께 보고하지 말아달라.'고 답변한 다음, 황은연에게 전화하여 '더블루케이 측에서 불쾌해하고 있으니 오해는 푸는 것이 좋겠다. 청와대 관심사항이니 더블루케이와 잘 협의하고 포스코에 있는 여러 종목을 모아서 스포츠단을 창단하는 대안도 생각해 보라.'고 말하였다.

이에 황은연은 청와대의 요구에 불응할 경우 세무조사를 당하거나 인허가의 어려움 등 기업활동 전반에 걸쳐 직·간접적으로 불이익을 받게 될 것을 두려워한 나머지 조성민에게 전화하여 사과를 하고 내부적으로 통합 스포츠단 창단 방안에 대하여 검토를 시작하였으며, 최순실은 2016.3. 초순경 박헌영 등에게 포스코가 운영하고 있는 5개 종목 기존 체육팀에 여자 배드민턴팀, 남·여 펜싱팀, 남·여 태권도팀을 신설하여 총 8개 체육팀을 포함한 통합 스포츠단을 창단하되 그 매니지먼트를 더블루케이가 담당하는 개편안을 준비하도록 하여 이를 포스코 측에 전달하였다.

포스코 측은 위 개편안은 과도한 비용이 소요되어 도저히 수용하기 어렵다고 결정하고 2016.3.15. 포스코 양원준 상무 등은 직접 더블루케이 사무실을 방문하여 고영태 등에게 여자 배드민턴팀이나 통합 스포츠단을 창단하기 어려운 사정을 설명하고 대신에 계열사인 포스코 피앤에스 산하에 2017년도부터 창단 비용 16억 원 상당의 펜싱팀을 창단하고 그 매니지먼트를 더블루케이에 맡기도록 하겠다는 내용으로 최종 합의하였다.

결국 박근혜 대통령은 최순실, 안종범과 공모하여 대통령의 직권과 경제수석비서관의 직권을 남용함과 동시에 이에 두려움을 느낀 피해자 포스코그룹 회장 권오준 등으로 하여금 2017년도에 펜싱팀을 창단하고 더블루케이가 매니지먼트를 하기로 하는 내용의 합의를 하도록 하는 등 의무 없는 일을 하게 하였다. 이는 형법상의 직권남용권리행사방해죄(형법 제123조) 및 강요죄(형법 제324조)에 해당한다.

(4) 주식회사 케이티 관련 직권남용권리행사방해죄, 강요죄

최순실은 대기업 등으로부터 광고계약을 수주할 생각으로 차은택 및 김홍택과 함께 2015.1.경 모스코스를 설립하고 2015.10.경 플레이그라운드를 설립하는 한편, 대기업들로부터 광고계약의 원활한 수주를 위하여 자신의 측근을 대기업의 광고업무 책임자로 채용되게 하려는 계획을 세웠다. 최순실은 위와 같은 계획 하에 2015.1.경부터 2015.7.경까지 사이에 차은택 등으로부터 대기업 채용 대상자로 차은택의 지인인 이동수와 신혜성 등을 추천받았다.

박근혜 대통령은 2015.1.경 및 2015.8.경 안종범에게 '이동수라는 홍보전문가가 있으니 케이티에 채용될 수 있도록 케이티 회장에게 연락하고, 신혜성도 이동수와 호흡을 맞출 수 있도록 하면 좋겠다.'라는 지시를 하였고, 안종범은 케이티 회장인 황창규에게 연락하여 '윗선의 관심사항인데 이동수는 유명한 홍보전문가이니 케이티에서 채용하면 좋겠다. 신혜성은 이동수 밑에서 같이 호흡을 맞추면 좋을 것 같으니 함께 채용해 달라.'라고 요구하였다.

황창규는 이러한 요구를 받아들여 2015.2.16.경 이동수를 전무급인 '브랜드지원센터장'으로, 2015.12. 초순경 신혜성을 '아이엠씨본부 그룹브랜드 지원 담당'으로 채용하였다.

그 후 박근혜 대통령은 2015.10.경 및 2016.2.경 안종범에게 '이동수, 신혜성의 보직을 케이티의 광고업무를 총괄하거나 담당하는 직책으로 변경하게 하라.'는 지시를 하였고, 안종범은 황창규에게 연락하여 이동수를 케이티의 아이엠씨 본부장으로, 신혜성을 아이엠씨 본부 상무보로 인사발령을 내줄 것을 요구하였고, 황창규는 안종범의 요구대로 이동수와 신혜성의 보직을 변경해 주었다.

박근혜 대통령은 2016.2.경 안종범에게 '플레이그라운드가 케이티의 광고대행사로 선정될 수 있도록 하라.'는 지시를 하였고, 이에 따라 안종범은 그 무렵 황창규와 이동수에게 전화를 걸어 '브이아이피 관심사항이다. 플레이그라운드라는 회사가 정부 일을 많이 하니 케이티의 신규 광고대행사로 선정해 달라.'라고 요구하였다.

이에 황창규 등은 위와 같은 요구에 불응할 경우 세무조사를 당하거나 각종 인허가의 어려움 등 기업 활동 전반에 걸쳐 직·간접적으로 불이익을 받게 될 것을 두려워한 나머지, 신규 설립되어 광고 제작 실적이 부족한 플레이그라운드가 공개 경쟁입찰에서 광고대행사로 선정될 수 있도록 기존 심사기준에서 '직전년도 공중파 TV/CATV 광고실적' 항목을 삭제하고 플레이그라운드 명의로 제출된 포트폴리오 중 일부가 실제 플레이그라운드의 포트폴리오가 아닌 것으로 확인되는 등 심사결격 사유가 발견되었음에도 2016.3.30. 플레이그라운드를 케이티의 신규 광고대행사로 최종 선정하고 2016.3.30.부터 2016.8.9.까지 플레이그라운드로 하여금 발주금액 합계 6,817,676,000원 상당의 광고 7건을 수주받게 하여 516,696,500원 상당의 수익을 올리도록 하였다.

결국 박근혜 대통령은 최순실, 안종범과 공모하여 대통령의 직권과 경제수석비서관의 직권을 남용함과 동시에 이에 두려움을 느낀 피해자 케이티 회장 황창규 등으로 하여금 플레이그라운드를 광고대행사로 선정하고 광고 제작비를 지급하게 하는 등 의무 없는 일을 하게 하였다. 이는 형법상의 직권남용권리행사방해죄(형법 제123조) 및 강요죄(형법 제324조)에 해당한다.

(5) 그랜드코리아레저 관련 직권남용권리행사방해죄, 강요죄

최순실은 2016.1. 중순경 기업들에게 스포츠 선수단을 신규 창단하도록 하고 선수단의 창단, 운영에 관한 업무대행은 더블루케이가 맡는 내용의 용역계약을 체결함으로써 이익을 취하기로 계획하고, 케이스포츠 부장 노승일과 박헌영에게 위와 같은 용역계약 제안서를 작성하도록 하였다.

최순실은 2016.1.20.경 위와 같은 용역계약을 체결할 대상 기업으로 문화체육관광부 산하 한국관광공사의 자회사인 그랜드코리아레저 주식회사(이하 '그랜드코리아레저'라고 한다)를 정한 후, 정호성에게 '대통령께 그랜드코리아레저와 더블루케이 간 스포츠팀 창단·운영 관련 업무대행 용역계약을 체결할 수 있도록 주선해 줄 것을 요청해 달라.'고 하였다.

박근혜 대통령은 2016.1.23. 안종범에게 '그랜드코리아레저에서 장애인 스포츠단을 설립하는데 컨설팅할 기업으로 더블루케이가 있다. 그랜드레저코리아에 더블루케이라는 회사를 소개하라.'라고 지시하면서 더블루케이 대표이사 조성민의 연락처를 알려주었다.

안종범은 박근혜 대통령의 지시에 따라 2016.1.24.경 그랜드코리아레저 대표이사 이기우에게 전화하여 조성민의 전화번호를 알려주며 스포츠팀 창단·운영에

관한 업무대행 용역계약 체결을 위해 조성민과 협상할 것을 요구하였다.

또한 박근혜 대통령은 그 무렵 안종범에게 '케이스포츠가 체육 인재를 양성하고자 하는 기관이니 사무총장을 문화체육관광부 김종 차관에게 소개하라.'는 지시를 하였고, 이에 따라 안종범은 2016.1.26. 김종을 케이스포츠 정현식 사무총장과 위 조성민에게 소개시켜 주었고 김종은 그 자리에서 케이스포츠와 더블루케이의 향후 사업 등에 대한 조언과 지원을 약속하였다.

최순실은 조성민과 더블루케이 이사 고영태에게 2016.1.28. 그랜드코리아레저 대표이사 이기우를 만나도록 지시하였고, 그들을 통해 이기우에게 그랜드코리아레저 측이 배드민턴 및 펜싱 선수단을 창단할 것과 창단, 운영 관련 매년 80억 원 상당의 업무대행 용역계약을 체결할 것을 요구하였다.

이기우는 더블루케이 측이 요구하는 용역계약의 규모가 너무 커 계약체결이 곤란한 상황임에도 불구하고, 이러한 요구에 불응할 경우 기업활동 전반에 걸쳐 직·간접으로 불이익을 받을 것을 두려워한 나머지 더블루케이와 협상을 계속 진행할 수밖에 없었다.

김종은 위 용역계약의 체결이 지연되자 2016.2.25. 계약금액을 줄인 장애인 선수단 창단·운영에 대한 용역계약을 체결하는 조정안을 제시하였고, 이기우와 조성민은 김종의 조정안에 따라 협상을 진행하여, 결국 2016.5.11.경 더블루케이가 선수의 에이전트로서의 권한을 갖는 그랜드코리아레저-선수-더블루케이 3자 간 '장애인 펜싱 실업팀 선수위촉계약'을 체결하였다.

그랜드코리아레저는 2016.5.24.경 위 계약에 따라 선수들 3명에 대한 전속계약금 명목으로 각 2,000만 원씩 합계 6,000만 원을 지급하였고, 그 무렵 더블루케이는 위 선수들로부터 전속계약금의 절반인 3,000만 원을 에이전트 비용 명목으로 지급받았다.

결국 박근혜 대통령은 최순실, 안종범과 공모하여 대통령의 직권과 경제수석비서관의 직권을 남용함과 동시에 이에 두려움을 느낀 피해자 이기우로 하여금 위와 같은 계약을 체결하게 함으로써 의무 없는 일을 하게 하였다. 이는 형법상의 직권남용권리행사방해죄(형법 제123조) 및 강요죄(형법 제324조)에 해당한다.

라. 문서 유출 및 공무상 취득한 비밀 누설 관련 범죄

박근혜 대통령은 2013.10.경 서울 종로구 청와대로 1로에 있는 대통령부속비서관실에서 정호성 비서관으로부터 2013.10. 2차 국토교통부 장관 명의의 '복합 생활체육시설 추가대상지(안) 검토' 문건을 전달받고 관련 내용을 보고받았다.

위 문건에는 '수도권 지역 내 복합 생활체육시설 입지선정과 관련하여 추가 대상지로 경기도 하남시 미사동 등 3개 대상지를 검토하였으며, 그중 경기도 하남시 미사동이 접근성, 이용수요, 설치비용 모두 양호하여 3개 대상지 중 최상의 조건을 갖추었다.'라는 등의 내용이 기재되어 있는데, 위 문건의 내용 및 국토교통부와 대통령비서실에서 수도권 지역 내 복합 생활체육시설 부지를 검토하였다는 사실 등은 직무상 비밀에 해당한다.

박근혜 대통령은 그 무렵 정호성에게 지시하여, 위 '복합 생활체육시설 추가대상지(안) 검토' 문건을 정호성과 최순실이 공동으로 사용하는 외부 이메일에 첨부하여 전송하는 방법으로 최순실에게 전달하였다.

박근혜 대통령은 이를 비롯하여 2013.1.경부터 2016.4.경까지 정호성에게 지시하

여 총 47회에 걸쳐 공무상 비밀 내용을 담고 있는 문건 47건을 최순실에게 이메일 또는 인편 등으로 전달하였다. 박근혜 대통령의 이러한 행위는 형법상의 공무상비밀누설죄(형법 제127조)에 해당한다.

3. 중대성의 문제

박 대통령에 대한 파면 결정이 정당화되기 위해서는 파면 결정을 통하여 헌법을 수호하고 손상된 헌법질서를 다시 회복하는 것이 요청될 정도로 대통령의 법 위반행위가 헌법수호의 관점에서 중대한 의미를 가져야 하고 대통령에게 부여된 국민의 신임을 임기 중 다시 박탈해야 할 정도로 대통령이 법 위반행위를 통하여 국민의 신임을 저버린 경우여야 한다. 이러한 경우에 한하여 대통령에 대한 탄핵 사유가 존재하는 것으로 볼 수 있을 것이다.

그런데 박 대통령은 앞서 살펴본 것과 같이 국민의 신임을 받은 행정부 수반으로서 정부 행정조직을 통해 국가정책을 결정하고 집행하여야 함에도 최순실 등 비선조직을 통해 공무원 인사를 포함한 국가정책을 결정하고 이들에게 국가기밀에 해당하는 각종 정책 및 인사 자료를 유출하여 최순실 등이 경제, 금융, 문화, 산업 전반에서 국정을 농단하게 하고, 이들의 사익 추구를 위해서 국가권력이 동원되는 것을 방조하였다. 그 결과 최순실 등이 고위 공무원 등의 임면에 관여하였으며 이들에게 불리한 언론보도를 통제하고 이에 응하지 않는 언론인을 사퇴하게 하는 등 자유민주국가에서 허용될 수 없는 불법행위를 가하였다. 박 대통령의 이러한 행위는 자유민주적 기본질서를 위협하고 국민주권주의, 대의민주주의, 법치국가원리, 직업공무원제 및 언론의 자유를 침해하여 우리 헌법의 기본원칙에 대한 적극적인 위반행위에 해당하는바, 박 대통령의 파면이 필요할 정도로 헌법수호의 관점에서 중대한 법 위반에 해당한다.

나아가 박 대통령은 최순실, 안종범과 공모하여 사기업들로 하여금 강제로 금품 지급 또는 계약 체결 등을 하거나 특정 임원의 채용 또는 퇴진을 강요하고 사기업으로부터 부정한 청탁을 받고 최순실 등을 위해 금품을 공여하거나 이를 약속하게 하는 부정부패행위를 하였는데, 박 대통령의 이러한 행위는 헌법상 권한과 지위를 남용하고 국가조직을 이용하여 국민의 기본권을 침해하고 부정부패행위를 한 것으로서 국가와 국민의 이익을 명백히 해하는 행위에 해당한다. 따라서 대통령의 직을 유지하는 것이 더 이상 헌법수호의 관점에서 용납될 수 없거나 대통령이 국민의 신임을 배신하여 국정을 담당할 자격을 상실한 정도에 이른 것이다.

4. 결론

최순실 등의 국정농단과 비리 그리고 공권력을 이용하거나 공권력을 배경으로 한 사익의 추구는 그 끝을 알 수 없을 정도로 광범위하고 심각하다. 국민들은 이러한 비리가 단순히 측근에 해당하는 인물이 아니라 박근혜 대통령 본인에 의해서 저질러졌다는 점에 분노와 허탈함을 금치 못하고 있다. 박근혜 대통령과 최순실 등의 그러한 행위는, 박근혜 대통령이 자인하였듯이, 대한민국 국민들에게 "이루 말할 수 없는 큰 실망"을 주었으며, 대통령을 믿고 국정을 맡긴 주권자들에게 "돌이키기 힘든 마음의 상처"를 가져왔다(2016.11.4.자 대국민사과문).

더욱이 박근혜 대통령은 검찰 수사에 응하겠다고 공개적으로 국민들에게 약속하였다가 검찰이 자신을 최순실 등과 공범으로 판단한 수사결과를 발표하자 청

와대 대변인을 통하여 "검찰의 (최순실 등에 대한 기소는) 객관적인 증거는 무시한 채 상상과 추측을 거듭해서 지은 사상누각일 뿐"이라고 말하면서 검찰 수사에 불응하였다. 국정의 최고, 최종 책임자인 대통령이 국가기관인 검찰의 준사법적 판단을 이렇게 폄하하는 것은 그 자체가 국법질서를 깨는 일일 뿐만 아니라, 공개적인 대국민약속을 상황이 자신에게 불리해졌다고 해서 불과 며칠 만에 어기고 결과적으로 거짓말로 만들어버린 것은 국민들이 신임을 유지할 최소한의 신뢰도 깨어버린 것이다.

2016.11. 박근혜 대통령에 대한 지지율은 3주 연속 4~5%의 유례없이 낮은 수치로 추락하였으며 2016.11.12. 및 같은 달 26. 서울 광화문에서만 100만이 넘는 국민들이 촛불집회와 시위를 하며 대통령 하야와 탄핵을 요구하였다. 박근혜 대통령을 질타하고 더 이상 대통령 직책을 수행하지 말라는 국민들의 의사는 분명하다. 주권자의 뜻은 수많은 국민들이 세대와 이념과 출신지역에 상관없이 평화롭게 행하는 집회와 시위에서 충분히 드러났다.

박근혜 대통령의 탄핵소추와 공직으로부터의 파면은 대통령의 직무수행의 단절로 인한 국가적 손실과 국정 공백을 훨씬 상회하는 '손상된 근본적 헌법질서의 회복'을 위한 것이다. 이미 박근혜 대통령은 국민들의 신임을 잃어 정상적인 국정운영이 불가능하며 주요 국가정책에 대하여 국민의 동의와 지지를 구하기 어려운 상태다. 박근혜 대통령에 대한 탄핵소추와 파면은 국론의 분열을 가져오는 것이 아니라 오히려 국론의 통일에 기여할 것이다. 이 탄핵소추로서 우리는 대한민국 국민들이 이 나라의 주인이며 대통령이라 할지라도 국민의 의사와 신임을 배반하는 권한행사는 결코 용납되지 않는다는 준엄한 헌법원칙을 재확인하게 될 것이다.

이에 우상호, 박지원, 노회찬 의원 등 171명의 국회의원은 국민의 뜻을 받들어 박근혜 대통령에 대한 탄핵소추를 발의한다.

탄핵소추안 발의 의원 171인 명단. 더불어민주당 121인 강병원 강창일 강훈식 고용진 권미혁 권칠승 금태섭 기동민 김경수 김경협 김두관 김민기 김병관 김병기 김병욱 김부겸 김상희 김성수 김영주 김영진 김영춘 김영호 김정우 김종민 김종인 김진표 김철민 김태년 김한정 김해영 김현권 김현미 남인순 노웅래 도종환 문미옥 문희상 만병두 민홍철 박경미 박광온 박남춘 박범계 박병석 박영선 박완주 박용진 박재호 박정 박주민 박찬대 박홍근 백재현 백혜련 변재일 서형수 설훈 소병훈 손혜원 송기헌 송영길 송옥주 신경민 신동근 신창현 심재권 안규백 안민석 안호영 양승조 어기구 오영훈 오제세 우상호 우원식 원혜영 위성곤 유동수 유승희 유은혜 윤관석 윤호중 윤후덕 이개호 이상민 이석현 이언주 이용득 이원욱 이인영 이재정 이종걸 이철희 이춘석 이학영 이해찬 이훈 인재근 임성성 전재수 전해철 전현희 전혜숙 정성호 정재호 정춘숙 제윤경 조승래 조응천 조정식 진선미 진영 최명길 최운열 최인호 추미애 표창원 한정애 홍영표 홍익표 황희 **국민의당 38인** 권은희 김경진 김관영 김광수 김동철 김삼화 김성식 김수민 김종회 김중로 박선숙 박주선 박주현 박준영 박지원 손금주 송기석 신용현 안철수 오세정 유성엽 윤영일 이동섭 이상돈 이용주 이용호 이태규 장병완 장정숙 정동영 정인화 조배숙 주승용 채이배 천정배 최경환 최도자 황주홍 **정의당 6인** 김종대 노회찬 심상정 윤소하 이정미 추혜선 **무소속 6인** 김용태 김종훈 서영교 윤종오 이찬열 홍의락

2017.3.6 특검, 국정농단 수사결과 발표문

먼저 수사결과 보고에 앞서서 오늘 이 보고가 지연된 상황에 대해 여러분에게 말씀드리겠습니다. 특검 수사결과 보고는 특검법에서도 명백히 선언했듯이 국민에 대한 의무입니다. 다만, 수사결과 보고가 며칠 늦어진 점에 대해 말씀드린다면 여러분께서도 잘 아시다시피 특검의 수사기간 연장이 불투명한 상태에서 1차 수사기간 만료일 하루 전에 불승인 결정이 됐습니다.

이에 따라 특검은 이재용, 최순실 등에 대한 기소 절차를 마무리하고 검찰에 이관해야 하는 기록의 제조 등 업무량이 과다하여 수사기간 만료일에 맞춰 수사결과를 발표하는 것은 물리적으로 불가능했습니다. 또한 수사결과 발표 및 청와대와 국회 보고 준비를 위해서 그동안 수사결과를 정리하는 데 적지 않은 시간이 소요됐습니다. 오늘 부득이 이렇게 발표하게 됐음을 말씀드립니다.

특검 수사에 대한 저의 소회를 말씀드린 후 사전 배포한 보고서에 따라 수사결과를 간략히 보고드리도록 하겠습니다. 먼저 소회를 말씀드리도록 하겠습니다. 국민 여러분, 박근혜 정부 민간인에 의한 국정농단 의혹 사건을 수사한 특검은 지난달 28일로서 공식적인 수사일정을 마무리 지었습니다. 국민 여러분의 성원과 격려에 힘입어 짧은 기간이지만 열과 성을 다한 하루하루였습니다.

저희 특검팀 전원은 국민의 명령과 기대에 부응하고자 뜨거운 의지와 일관된 투지로 수사에 임했습니다. 하지만 한정된 수사기간과 주요 수사대상의 비협조 등으로 인해 특검 수사는 절반에 그쳤습니다.

이번 특검 수사의 핵심 대상은 국가권력이 사적 이익을 위해 남용된 국정농단과 우리 사회 고질적 부패 고리인 정경유착입니다. 국론의 진정한 통합을 위해서는 국정농단 사실이 조각조각 밝혀져야 하고 정경유착의 실상이 국민 앞에 명확히 드러나야 합니다. 그 바탕 위에 새로운 소통과 화합의 미래를 이룩할 수 있다는 것이 특검팀 전원의 소망입니다. 그러나 저희들은 아쉽게도 이 소망을 다 이루지 못했습니다. 다시 한번 국민 여러분께 죄송하다는 말씀을 올립니다.

국민 여러분, 이제 남은 국민적 기대와 소명을 검찰로 되돌리겠습니다. 검찰은 이미 이 사건에 관하여 많은 노하우와 결정적인 증거를 확보하고 있는 것으로 알고 있습니다. 이러한 검찰 자료들이 특검 수사에 크게 도움이 됐습니다. 앞으로 검찰도 우리 특검이 추가로 수집한 수사 자료들을 토대로 훌륭한 수사 성과를 낼 수 있을 것으로 기대합니다. 아울러 저희 특검도 체제를 정비하여 공소유지 과정을 통해 진실을 여러분께 증명하는 역할을 더욱 열심히 수행하겠습니다. 끝으로 수사기간동안 국민 여러분께서 보내주신 뜨거운 지원과 격려에 진심으로 감사드립니다.

지금부터 수사결과를 말씀드리겠습니다. 발표 순서는 배포된 수사결과서의 내용대로 제1장 특별검사 일반현황부터 제5장 제도개선 사항까지 순서대로 말씀드리겠습니다.

먼저 제1장 특별검사 일반현황을 말씀드리겠습니다. 2016년 11월 22일 국정농단 의혹 사건 특별검사법이 공포되고 같은 해 12월 1일 특별검사가 임명되어 업무를 시작했습니다. 특검 구성원들은 특별검사보 4명과 파견검사 20명 등 총 120여 명으로, 조직은 크게 4개 수사팀과 대변인, 수사지원단으로 구성하였고, 특별검사보 3명과 수석파견검사를 각 수사팀장에, 1명의 특검보를 각 대변인에 배치했습니다. 특검은 수사준비기간 중 검찰 수사기록 사본 5만 5,000페이지를 인계받아 조기에 기록 검토를 마치고 구체적인 수사계획을 수립했고, 2016년 12월 21일 현판식과 함께 보건복지부, 국민연금공단 등 15개소를 동시에 압수수색을 하는 것을 기점으로 특별검사의 수사가 개시됐습니다. 수사기간 중 총 46회의 현장 압수수색, 컴퓨터 등 554대의 저장매체와 364대의 모바일 포렌식 분석, 사건 관계인 조사 등 다양한 수사활동을 전개했습니다.

다음 제2장 주요 수사사건 수사결과를 말씀드리겠습니다. 먼저 삼성전자 이재용 부회장 뇌물공여 등 사건입니다. 삼성그룹 부회장 이재용이 미래전략실 최지성 실장 등과 공모해 자신의 경영권 승계 과정에서 도움을 받을 목적으로 회사자금을 횡령해 대통령과 최순실에게 뇌물을 공여하고 그 과정에서 외환거래법을 위반해 회사자금을 국외로 반출하였으며 그 범죄수익의 발생 원인과 처분에 관한 사실을 위장하고 최순실은 대통령과 공모해 이재용 등으로부터 뇌물을 수수한 사건입니다. 이재용 및 삼성 인원 3명을 뇌물공여죄 등 관련 법규 위반으로 기소하였고, 최순실을 특정범죄가중처벌등에관한법률상 뇌물 등의 혐의로 불구속 기소했습니다.

다음 국민연금공단의 삼성물산 합병 관련 직권남용 및 배임 사건입니다. 이 사건은 문형표 복지부 장관이 청와대로부터 삼성물산과 제일모직의 합병을 성사시키라는 지시를 받고 직권을 남용해 홍완선 국민연금공단 기금운용본부장에게 내부 투자위원회에서 합병 찬성 결정하도록 지시하고 홍완선 본부장은 위 지시에 따라 투자위원회 위원들에게 합병에 참석할 것을 지시하고 관련 자료를 조작하는 등의 방법으로 투자위원회에서 합병 찬성 결정을 하도록 하여 국민연금공단에 최소 1,388억 원 상당의 손해를 가한 사건으로, 문형표를 직권남용권리행사방해죄 등으로 구속기소하고 홍완선을 특정경제범죄가중처벌등에관한법률 위반배임으로 불구속 기소했습니다.

다음 문화계 블랙리스트 사건입니다. 이 사건은 연간 약 2,000억 원에 이르는 문화예술 분야 보조금을 단지 정부 정책에 비판적이거나 견해를 달리한다는 이유만으로 해당 문화예술인이나 단체에 대해 지원을 배제함으로써 예술의 자유의 본질적 영역인 창작의 자유와 문화적 다양성을 침해하고 또한 비협조적 공무원에 대해 부당하게 인사조치한 사건입니다. 김기춘 전 비서실장, 조윤선 전 문체부 장관, 김종덕 전 문체부 장관, 정관주 전 문체부 1차관, 신동철 전 청와대 정무비서관을 직권남용죄 등으로 구속기소하고, 김상률 전 교육문화수석비서관, 김소영 전 문화체육비서관을 같은 죄로 불구속 기소했습니다.

다음 정유라의 입시 및 학사비리 사건입니다. 정유라의 청담고 및 이화여대 입학, 청담고 및 이화여대 재학 중에 학사관리 등에 대해 특혜 및 각 학교와 승마협회 등에 대한 외압을 행사하는 등 불법, 편법에 관한 사건입니다. 이화여대 전 총장 최경희, 신산업융합대학장 김경숙 등 관련 교수 5명을 업무방해 혐의로 구속기소하고 최순실 등 4명을 불구속 기소하고 정유라에 대해서는 체포영장을 발부받아 검찰에 이첩했고, 청담고 학사비리와 관련해 대한승마협회장 또는 서울특별시승마협회장 명의의 허위 봉사활동 확인서 5부를 청담고에 제출해 위계에 의한 공무집행을 방해했다는 혐의로 최순실을 불구속 기소했습니다.

다음 최순실 민관인사 및 이권 개입 사건입니다. 이 사건은 최순실이 대통령에게 부탁해 금융기관 인사에 개입하는 등 직권을 남용하고, 미얀마 공적원조사업, 이권 확보를 위해 미얀마 대사, 코이카 이사장 인선에 개입한 후 대통령 등에 영향력을 행사한 대가로 미얀마 관련 회사지분을 취득한 사건으로, 최순실을 특정범죄가중처벌등에관한법률상 알선수재, 직권남용권리행사방해죄로 불구속 기소했습니다.

다음 비선진료 및 특혜 의혹 사건입니다. 이 사건은 대통령의 공식 의료진이 아닌 자들이 대통령을 상대로 진료행위를 하고 그들에게 각종 특혜가 제공됐다는 의혹을 규명하고 그 과정에서 대통령비서실 비서관들에게 금품이 제공된 사실을 밝힌 사건입니다. 김영재의 처이자, 의료기기 업체를 운영하는 박채윤을 뇌물공여죄로 구속기소하고, 안종범을 특정범죄가중처벌등에관한법률 위반(뇌물)로 불구속 기소하고, 김영재, 김상만을 의료법 위반죄로 불구속 기소, 전 대통령 자문의 정기양, 최순실 일가의 주치의 격인 이임순을 국회에서의 증언감정 등에 관한 법률 위반죄로 불구속 기소했습니다. 이 사건은 국가안보와도 직결되는 대통령에 대한 공적 의료체제가 붕괴된 대표적인 사례라 할 수 있습니다.

끝으로 청와대 행정관 차명폰 개통 사건입니다. 이 사건은 이영선이 무면허 의료인들을 청와대 관저에 출입시켜 대통령에 의료행위를 하도록 방조하고 수십 대의 차명폰을 개통해 대통령, 최순실 등에게 양도하고, 대통령 탄핵재판에 증인으로 출석해 허위 증언하고 국조특위에 정당한 이유없이 출석하지 않은 사건으로 이영선을 의료법 위반 방조, 전기통신사업법 위반 등으로 불구속 기소했습니다. 이 사건의 수사를 통해 대통령과 최순실이 서로 연락을 주고받은 차명폰 번호, 소위 핫라인이 확인됐습니다.

다음 제3장 의혹 사항 조사 결과입니다. 먼저 최순실과 그 일가의 불법적 재산 형성 및 은닉 의혹 관련입니다. 특검법 제2조, 12조에 근거해 그동안 제기됐던 최순실 일가의 재산과 관련된 사항을 망라하여 총 28개의 의혹 사항으로 정리하고 조사에 착수했습니다. 이 조사를 위하여 대법원, 국세청, 국가기록원 등으로부터 수많은 관련 자료를 받아 분석하고 연인원 94명을 조사했습니다. 조사는 대상자들의 현재 재산 파악과 불법재산 형성 및 은닉에 대한 의혹 사항을 조사한 바 있습니다. 그 결과 확인된 최순실 현재 보유 재산에 대해 법원의 추징보전명령을 청구했습니다. 또한 확인된 최순실의 부동산은 36개, 신고가 기준으로 약 228억 원에 이르고 최순실 일가의 부동산은 178개 2,230억 원으로 확인됐습니다. 현재 재산 보유 상황과 도출된 관련 의혹 사항에 상당한 진척은 있었으나 재산 형성의 불법 사항과 은닉 사항에 대한 조사가 완료되지 못했습니다. 앞으로 조사가 계속 이뤄질 것으로 보고 그동안의 조사 사항을 정리해 서울중앙지검에 인계했습니다.

다음 세월호 침몰 사고 당일 대통령 행적에 관련한 의혹입니다. 이 사건은 세월호 침몰 당일에 대통령의 행적에 관해 국민적 의혹이 대두되고 있어 비선진료 및 특혜 의혹, 특검법 2조 제14호입니다. 사건에 대해 수사하는 기회에 의혹 해소 차원에서 그 진상을 조사하게 된 것입니다. 조사 결과 대통령이 2013년 3월

부터 2013년 8월 사이에 피부과 자문의로부터 약 3회에 걸쳐 필러 보톡스 시술을 받은 사실, 2014년 5월부터 2016년 7월 사이에 김영재로부터 5차례 보톡스 및 더모톡신 등 시술을 받은 사실을 인정되나 세월호 침몰 당일이나 전날에 비선진료나 시술을 받았는지 여부는 확인할 수 없었습니다.

다음 제4장 검찰 이관 사건은 대통령 관련 뇌물수수 등 사건, 문화계 블랙리스트 사건, 우병우 전 민정수석 비리 사건 및 정유라 입시 및 학사비리에 관한 사건인데, 모두 검찰에 이관하였으므로 자세한 사항은 보도자료를 참조해 주십시오. 끝으로 제5장 제도개선 사항에 관하여는 특검 수사기간의 문제, 공소유지 지원 관련 문제, 군사보호시설에 대한 압수수색 영장 집행 문제에 대한 제도개선 사항으로 보도 사항에 잘 기재했기 때문에 보도자료를 참조해주셨으면 합니다. 이상 국정농단 의혹 사건에 대한 수사결과 발표를 마치겠습니다. 경청해 주셔서 감사합니다. – 2017년 3월 6일 박영수 특별검사

2016.11.17 〈박근혜 정부의 최순실 등 민간인에 의한 국정농단 의혹 사건 규명을 위한 특별검사의 임명 등에 관한 법률안〉 국회 본회의 찬·반 의원 명단. 재석 220명 중 [찬성 196인] **더불어민주당 104인** 강병원 강창일 강훈식 고용진 권칠승 금태섭 기동민 김경수 김경협 김두관 김민기 김병관 김병기 김병욱 김상희 김성수 김영진 김영춘 김영호 김정우 김진표 김철민 김태년 김한정 김해영 김현권 김현미 남인순 노웅래 도종환 문미옥 문학숙 민병두 박경미 박광온 박남춘 박범계 박병석 박영선 박완주 박용진 박정 박찬대 박홍근 백재현 백혜련 변재일 서형수 설훈 소병훈 송기헌 송영길 송옥주 신경민 신동근 심재권 안규백 안호영 양승조 어기구 오영훈 오제세 우상호 원혜영 위성곤 유동수 유승희 유은혜 윤재옥 윤호중 윤후덕 이개호 이상민 이언주 이용득 이원욱 이인영 이재정 이철희 이춘석 이학영 이해찬 이훈 인재근 임종성 전해철 전현희 전혜숙 정성호 정세균 정재호 정춘숙 조승래 조응천 조정식 진선미 진영 최명길 최운열 최인호 표창원 홍영표 홍익표 황희 (권미혁 김부겸 김영주 김종민 박재호 신창현 안민석 우원식 윤관석 이석현 이종걸 전재수 제윤경 추미애 한정애 15인은 표결에 불참) **국민의당 28인** 권은희 김경진 김관영 김광수 김동철 김삼화 김성식 김수민 김종회 김중로 박선숙 박준영 송기석 신용현 안철수 오세정 유성엽 윤영일 이동섭 이상돈 이용호 장병완 장정숙 정인화 주승용 채이배 천정배 최도자 (박주선 박주현 박지원 손금주 송기석 이용주 이태규 정동영 조배숙 최경환 황주홍 11인은 표결에 불참) **정의당 의원 3인** 김종대 윤소하 이정미 (노회찬 심상정 2인은 표결에 불참) **새누리당 56인** 강석호 강효상 곽대훈 곽상도 권석창 김명연 김상훈 김성원 김성태 김성태(비례) 김세연 김승희 김영우 김재경 김종석 김종태 김현아 문진국 민경욱 박덕흠 박인숙 송석준 송희경 신보라 신상진 심재철 염동열 유민봉 유승민 유의동 이군현 이만희 이명수 이은재 이종구 이종배 이진복 이채익 이철규 이현재 이혜훈 장제원 정양석 정용기 정운천 정유섭 정진석 조경태 조원진 조훈현 주호영 지상욱 최교일 하태경 홍문표 홍철호 황영철 (강길부 김도읍 김무성 나경원 성일종 윤한홍 이우현 이학재 이현재 정병국 정종섭 정태옥 12인은 표결에 불참) **무소속 5인** 김용태 김종훈 윤종오 이찬열 홍의락 (서영교 의원은 표결에 불참) [반대 새누리당 10인] 김광림 김규환 김진태 박명재 박완수 이은권 이종명 이학재 전희경 최경환 [기권 새누리당 14인] 경대수 권성동 김기선 김순례 김태흠 김학용 김한표 박대출 박맹우 박성중 박찬우 안상수 함진규 홍문종

2017.3.10 헌재, 대통령 박근혜 탄핵선고문

사건 2016헌나1 대통령(박근혜) 탄핵
청구인 국회
　　　소추위원 국회 법제사법위원회 위원장
피청구인 대통령 박근혜
선고일시 2017.3.10. 11:21
주문 피청구인 대통령 박근혜를 파면한다.

지금부터 2016헌나1 대통령 탄핵 사건에 대한 선고를 시작하겠습니다.
선고에 앞서 이 사건의 진행 경과에 관하여 말씀드리겠습니다.
저희 재판관들은 지난 90여 일 동안 이 사건을 공정하고 신속하게 해결하기 위하여 온 힘을 다하여 왔습니다. 지금까지 대한민국 국민들께서도 저희 재판부와 마찬가지로 많은 번민과 고뇌의 시간을 보내셨으리라 생각합니다.
저희 재판관들은 이 사건이 재판소에 접수된 지난해 12.9. 이후 오늘까지 휴일을 제외한 60여 일간 매일 재판관 평의를 진행하였습니다. 재판 과정 중 이루어진 모든 진행 및 결정에 재판관 전원의 논의를 거치지 않은 사항은 없습니다.
저희는 그간 3차례의 준비기일과 17차례에 걸친 변론기일을 열어 청구인 측 증거인 갑 제174호증에 이르는 서증과 열두 명의 증인, 5건의 문서송부촉탁결정 및 1건의 사실조회 결정, 피청구인 측 증거인을 제60호증에 이르는 서증과 열일곱 명의 증인(안종범 중복하면 17명), 6건의 문서송부촉탁결정 및 68건의 사실조회 결정을 통한 증거조사를 하였으며 소추위원과 양쪽 대리인들의 변론을 경청하였습니다. 증거조사된 자료는 4만 8,000여 쪽에 달하며, 당사자 이외의 분들이 제출한 탄원서 등의 자료들도 40박스의 분량에 이릅니다.
대한민국 국민 모두 아시다시피, 헌법은 대통령을 포함한 모든 국가기관의 존립 근거이고, 국민은 그러한 헌법을 만들어 내는 힘의 원천입니다. 재판부는 이 점을 깊이 인식하면서, 역사의 법정 앞에 서게 된 당사자의 심정으로 이 선고에 임하고자 합니다.
저희 재판부는 국민들로부터 부여받은 권한에 따라 이루어지는 오늘의 이 선고가 더 이상의 국론분열과 혼란을 종식시키고 화합과 치유의 길로 나아가는 밑거름이 되기를 바랍니다. 또한, 어떤 경우에도 헌법과 법치주의는 흔들려서는 안 될 우리 모두가 함께 지켜가야 할 가치라고 생각합니다.
지금부터 선고를 시작하겠습니다.
먼저, 이 사건 탄핵소추안의 가결절차와 관련하여 흠결이 있는지 살펴보겠습니다.
소추의결서에 기재된 소추 사실이 구체적으로 특정되지 아니하였다는 점에 대하여 보겠습니다.
헌법상 탄핵소추 사유는, 공무원이 그 직무집행에서 헌법이나 법률을 위배한 사실이고 여기서 법률은 형사법에 한정되지 않습니다. 그리고 탄핵 결정은 대상자를 공직으로부터 파면하는 것이지 형사상 책임을 묻는 것은 아닙니다. 따

라서 피청구인이 방어권을 행사할 수 있고 심판대상을 확정할 수 있을 정도로 사실관계를 기재하면 됩니다.
이 사건 소추의결서의 헌법 위배행위 부분이 분명하게 유형별로 구분되지 않은 측면이 없지 않지만, 법률 위배행위 부분과 종합하여 보면 소추 사유를 특정할 수 있습니다.
다음으로, 이 사건 탄핵소추안을 의결할 당시 국회 법사위의 조사도 없이 공소장과 신문기사 정도만 증거로 제시되었다는 점에 대하여 보겠습니다.
국회의 의사 절차의 자율권은 권력분립의 원칙상 존중되어야 합니다. 국회법에 의하더라도 탄핵소추 발의 시 사유조사 여부는 국회의 재량으로 규정하고 있으므로 그 의결이 헌법이나 법률을 위배한 것이라고 볼 수 없습니다.
다음 이 사건 소추의결이 아무런 토론 없이 진행되었다는 점에 관하여 보겠습니다. 의결 당시 상황을 살펴보면, 토론 없이 표결이 이루어진 것은 사실이지만, 국회법상 반드시 토론을 거쳐야 한다는 규정은 없고 미리 찬성 또는 반대의 뜻을 국회의장에게 통지하고 토론할 수는 있습니다. 그런데 당시 토론을 희망한 의원은 한 사람도 없었으며, 국회의장이 토론을 희망하는데 못하게 한 사실도 없었습니다.
탄핵 사유는 개별 사유별로 의결절차를 거쳐야 함에도 여러 개 탄핵 사유 전체에 대하여 일괄하여 의결한 것은 위법하다는 점에 관하여 보겠습니다.
소추 사유가 여러 개 있을 경우 사유별로 표결할 것인지, 여러 사유를 하나의 소추안으로 표결할 것인지는 소추안을 발의하는 국회의원의 자유로운 의사에 달린 것이고, 표결 방법에 관한 어떠한 명문규정도 없습니다.
8인 재판관에 의한 선고가 9인으로 구성된 재판부로부터 공정한 재판을 받을 권리를 침해하였다는 점에 관하여 살펴보겠습니다.
헌법재판소는 헌법상 아홉 명의 재판관으로 구성되어 있습니다. 그런데 현실적으로 재판관의 공무상 출장이나 질병 또는 재판관 퇴임 이후 후임 재판관 임명까지 사이의 공백 등 여러 가지 사유로 일부 재판관이 재판에 관여할 수 없는 경우는 발생할 수밖에 없습니다.
헌법과 법률에서는 이러한 경우에 대비한 규정을 마련해 놓고 있습니다. 탄핵의 결정을 할 때에는 재판관 6인 이상의 찬성이 있어야 하고, 재판관 7인 이상의 출석으로 사건을 심리한다고 규정하고 있습니다.
아홉 명의 재판관이 모두 참석한 상태에서 재판을 할 수 있을 때까지 기다려야 한다는 주장은, 현재와 같이 대통령 권한대행이 헌법재판소장을 임명할 수 있는지 논란이 되고 있는 상황에서는 결국 심리를 하지 말라는 주장으로서, 탄핵소추로 인한 대통령의 권한 정지 상태라는 헌정 위기 상황을 그대로 방치하는 결과가 됩니다. 여덟 명의 재판관으로 이 사건을 심리하여 결정하는 데 헌법과 법률상 아무런 문제가 없는 이상 헌법재판소로서는 헌정 위기 상황을 계속해서 방치할 수는 없습니다.
그렇다면 국회의 탄핵소추가결 절차에 헌법이나 법률을 위배한 위법이 없으며,

다른 적법 요건에 어떠한 흠결도 없습니다.

이제 탄핵 사유에 관하여 살펴보겠습니다.

우선 탄핵 사유별로 피청구인의 직무집행에 있어 헌법이나 법률을 위배하였는지 여부에 대해 살펴보겠습니다.

공무원 임면권을 남용하여 직업공무원제도의 본질을 침해하였다는 점에 관하여 보겠습니다.

문화체육관광부 노 국장과 진 과장이 피청구인의 지시에 따라 문책성 인사를 당하고, 노 국장은 결국 명예퇴직하였으며, 장관이던 유진룡이 면직되었고, 대통령 비서실장 김기춘이 문화체육관광부 제1차관에게 지시하여 1급 공무원 여섯 명으로부터 사직서를 제출받아 그중 세 명의 사직서가 수리된 사실은 인정됩니다.

그러나 이 사건에 나타난 증거를 종합하더라도, 피청구인이 노 국장과 진 과장이 최서원의 사익 추구에 방해가 되었기 때문에 인사를 하였다고 인정하기에는 부족하고, 유진룡이 면직된 이유나 김기춘이 여섯 명의 1급 공무원으로부터 사직서를 제출받도록 한 이유 역시 분명하지 아니합니다.

언론의 자유를 침해하였다는 점에 관하여 보겠습니다.

청구인은 피청구인이 압력을 행사하여 세계일보 사장을 해임하였다고 주장하고 있습니다. 세계일보가 청와대 민정수석비서관실에서 작성한 정윤회 문건을 보도한 사실과 피청구인이 이러한 보도에 대하여 청와대 문건의 외부 유출은 국기문란 행위이고 검찰이 철저하게 수사해서 진실을 밝혀야 한다고 하며 문건 유출을 비난한 사실은 인정됩니다.

그러나 이 사건에 나타난 모든 증거를 종합하더라도 세계일보에 구체적으로 누가 압력을 행사하였는지 분명하지 않고 피청구인이 관여하였다고 인정할 만한 증거는 없습니다.

다음 세월호 사건에 관한 생명권 보호의무와 직책성실의무 위반의 점에 관하여 보겠습니다.

2014년 4월 16일 세월호가 침몰하여 304명이 희생되는 참사가 발생하였습니다. 당시 피청구인은 관저에 머물러 있었습니다. 헌법은 국가는 개인이 가지는 불가침의 기본적 인권을 확인하고 이를 보장할 의무를 진다고 규정하고 있습니다.

세월호 침몰 사건은 모든 국민들에게 큰 충격과 고통을 안겨 준 참사라는 점에서 어떠한 말로도 희생자들을 위로하기에는 부족할 것입니다.

피청구인은 국가가 국민의 생명과 신체의 안전보호의무를 충실히 이행할 수 있도록 권한을 행사하고 직책을 수행하여야 하는 의무를 부담합니다.

그러나 국민의 생명이 위협받는 재난 상황이 발생하였다고 하여 피청구인이 직접 구조 활동에 참여하여야 하는 등 구체적이고 특정한 행위의무까지 바로 발생한다고 보기는 어렵습니다.

또한, 피청구인은 헌법상 대통령으로서의 직책을 성실히 수행할 의무를 부담하고 있습니다.

그런데 성실의 개념은 상대적이고 추상적이어서 성실한 직책수행의무와 같은 추상적 의무규정의 위반을 이유로 탄핵소추를 하는 것은 어려운 점이 있습니다.

헌법재판소는 이미, 대통령의 성실한 직책수행의무는 규범적으로 그 이행이 관철될 수 없으므로 원칙적으로 사법적 판단의 대상이 될 수 없어, 정치적 무능력이나 정책 결정상의 잘못 등 직책수행의 성실성 여부는 그 자체로는 소추 사유가 될 수 없다고 하였습니다.

세월호 사고는 참혹하기 그지없으나, 세월호 참사 당일 피청구인이 직책을 성실히 수행하였는지 여부는 탄핵심판 절차의 판단대상이 되지 아니한다고 할 것입니다.

지금부터는 피청구인의 최서원에 대한 국정개입 허용과 권한 남용에 관하여 살펴보겠습니다.

피청구인에게 보고되는 서류는 대부분 부속비서관 정호성이 피청구인에게 전달하였는데, 정호성은 2013년 1월경부터 2016년 4월경까지 각종 인사 자료, 국무회의 자료, 대통령 해외순방 일정과 미국 국무부 장관 접견 자료 등 공무상 비밀을 담고 있는 문건을 최서원에게 전달하였습니다.

최서원은 그 문건을 보고 이에 관한 의견을 주거나 내용을 수정하기도 하였고, 피청구인의 일정을 조정하는 등 직무활동에 관여하기도 하였습니다.

또한, 최서원은 공직 후보자를 추천하기도 하였는데, 그중 일부는 최서원의 이권 추구를 도왔습니다.

피청구인은 최서원으로부터 케이디코퍼레이션이라는 자동차 부품회사의 대기업 납품을 부탁받고 안종범을 시켜 현대자동차그룹에 거래를 부탁하였습니다.

피청구인은 안종범에게 문화와 체육 관련 재단법인을 설립하라는 지시를 하여, 대기업들로부터 486억 원을 출연받아 재단법인 미르, 288억 원을 출연받아 재단법인 케이스포츠를 설립하게 하였습니다.

그러나 두 재단법인의 임직원 임면, 사업 추진, 자금 집행, 업무 지시 등 운영에 관한 의사결정은 피청구인과 최서원이 하였고, 재단법인에 출연한 기업들은 전혀 관여하지 못했습니다.

최서원은 미르가 설립되기 직전에 광고회사인 플레이그라운드를 설립하여 운영했습니다. 최서원은 자신이 추천한 임원을 통해 미르를 장악하고 자신의 회사인 플레이그라운드와 용역계약을 체결하도록 하여 이익을 취하였습니다.

그리고 최서원의 요청에 따라, 피청구인은 안종범을 통해 케이티에 특정인 2명을 채용하게 한 뒤 광고 관련 업무를 담당하도록 요구하였습니다. 그 뒤 플레이그라운드는 케이티의 광고대행사로 선정되어 케이티로부터 68억여 원에 이르는 광고를 수주했습니다.

또 안종범은 피청구인 지시로 현대자동차그룹에 플레이그라운드 소개 자료를 전달했고, 현대와 기아자동차는 신생 광고회사인 플레이그라운드에 9억여 원에 달하는 광고를 발주했습니다.

한편, 최서원은 케이스포츠 설립 하루 전에 더블루케이를 설립하여 운영했습니다. 최서원은 노승일과 박헌영을 케이스포츠의 직원으로 채용하여 더블루케이와 업무협약을 체결하도록 했습니다.

피청구인은 안종범을 통하여 그랜드코리아레저와 포스코가 스포츠팀을 창단하도록 하고 더블루케이가 스포츠팀의 소속 선수 에이전트나 운영을 맡기도록 하였습니다.

최서원은 문화체육관광부 제2차관 김종을 통해 지역 스포츠클럽 전면 개편에 대한 문화체육관광부 내부 문건을 전달받아, 케이스포츠가 이에 관여하여 더블루케이가 이득을 취할 방안을 마련했습니다.

또 피청구인은 롯데그룹 회장을 독대하여 5대 거점 체육 인재 육성 사업과 관련해 하남시에 체육시설을 건립하려고 하니 자금을 지원해 달라고 요구하여 롯데는 케이스포츠에 70억 원을 송금했습니다.

다음으로 피청구인의 이러한 행위가 헌법과 법률에 위배되는지 보겠습니다.

헌법은 공무원을 '국민 전체에 대한 봉사자'로 규정하여 공익실현의무를 천명하고 있고, 이 의무는 국가공무원법과 공직자윤리법 등을 통해 구체화되고 있습니다.

피청구인의 행위는 최서원의 이익을 위해 대통령의 지위와 권한을 남용한 것으로서 공정한 직무수행이라고 할 수 없으며, 헌법, 국가공무원법, 공직자윤리법 등을 위배한 것입니다.

또한, 재단법인 미르와 케이스포츠의 설립, 최서원의 이권 개입에 직·간접적으로 도움을 준 피청구인의 행위는 기업의 재산권을 침해하였을 뿐만 아니라, 기업경영의 자유를 침해한 것입니다.

그리고 피청구인의 지시 또는 방치에 따라 직무상 비밀에 해당하는 많은 문건이 최서원에게 유출된 점은 국가공무원법의 비밀엄수의무를 위배한 것입니다.

지금까지 살펴본 피청구인의 법 위반행위가 피청구인을 파면할 만큼 중대한 것인지에 관하여 보겠습니다.

대통령은 헌법과 법률에 따라 권한을 행사하여야 함은 물론, 공무수행은 투명하게 공개하여 국민의 평가를 받아야 합니다.

그런데 피청구인은 최서원의 국정개입 사실을 철저히 숨겼고, 그에 관한 의혹이 제기될 때마다 이를 부인하며 오히려 의혹 제기를 비난하였습니다. 이로 인해 국회 등 헌법기관에 의한 견제나 언론에 의한 감시 장치가 제대로 작동될 수 없었습니다.

또한, 피청구인은 미르와 케이스포츠 설립, 플레이그라운드와 더블루케이 및 케이디코퍼레이션 지원 등과 같은 최서원의 사익 추구에 관여하고 지원하였습니다.

피청구인의 헌법과 법률 위배행위는 재임 기간 전반에 걸쳐 지속적으로 이루어졌고, 국회와 언론의 지적에도 불구하고 오히려 사실을 은폐하고 관련자를 단속해 왔습니다. 그 결과 피청구인의 지시에 따른 안종범, 김종, 정호성 등이 부패범죄 혐의로 구속기소 되는 중대한 사태에 이르렀습니다.

이러한 피청구인의 위헌·위법행위는 대의민주제 원리와 법치주의 정신을 훼손한 것입니다.

한편, 피청구인은 대국민담화에서 진상규명에 최대한 협조하겠다고 하였으나 정작 검찰과 특별검사의 조사에 응하지 않았고, 청와대에 대한 압수수색도 거부하였습니다.

이 사건 소추 사유와 관련한 피청구인의 일련의 언행을 보면, 법 위배행위가 반복되지 않도록 할 헌법수호 의지가 드러나지 않습니다.

결국 피청구인의 위헌·위법행위는 국민의 신임을 배반한 것으로 헌법수호의 관점에서 용납될 수 없는 중대한 법 위배행위라고 보아야 합니다. 피청구인의 법 위배행위가 헌법질서에 미치는 부정적 영향과 파급효과가 중대하므로, 피청구인을 파면함으로써 얻는 헌법수호의 이익이 압도적으로 크다고 할 것입니다.

이에 재판관 전원의 일치된 의견으로 주문을 선고합니다.

주문, 피청구인 대통령 박근혜를 파면한다.

이 결정에는 세월호 참사 관련하여 피청구인은 생명권 보호의무를 위반하지는 않았지만, 헌법상 성실한 직책수행의무 및 국가공무원법상 성실의무를 위반하였고, 다만 그러한 사유만으로는 파면 사유를 구성하기 어렵다는 재판관 김이수, 재판관 이진성의 보충의견이 있습니다.

또한, 이 사건 탄핵심판은 보수와 진보라는 이념의 문제가 아니라 헌법질서를 수호하는 문제로 정치적 폐습을 청산하기 위하여 파면 결정을 할 수밖에 없다는 재판관 안창호의 보충의견이 있습니다.

이것으로 선고를 마칩니다.

대통령 박근혜 탄핵심판 헌법재판관 명단

재판장 재판관 이정미 (권한대행)
재판관 김이수
재판관 이진성
재판관 김창종
재판관 안창호
재판관 강일원
재판관 서기석
재판관 조용호

세월호 참사 관련 소추 사유에 관한 보충의견 (재판관 김이수, 재판관 이진성)

피청구인의 생명권 보호의무 위반을 인정하지 못하는 것은 다수의견과 같다. 우리는 피청구인이 헌법상 대통령의 성실한 직책수행의무 및 국가공무원법상 성실의무를 위반하였으나, 이 사유만으로는 파면 사유를 구성하기 어렵다고 판단한다.

1. 성실한 직책수행의무 위반이 탄핵 사유가 되는지

헌법이나 법률에 따라 대통령에게 성실한 직책수행의무가 구체적으로 부여되는 경우, 그 의무 위반은 사법심사의 대상이 될 수 있으므로 탄핵 사유를 구성한다. 대통령도 헌법 제69조의 성실한 직책수행의무와 국가공무원법 제56조의 성실의무에 위반한 경우에는 헌법과 법률이 정하는 책임을 물어야 한다.

국가주권 또는 국가의 핵심요소나 가치, 다수 국민의 생명과 안전 등에 중대한 위해가 가해질 가능성이 있거나 가해지고 있는 '국가위기' 상황이 발생한 경우, 대통령은 시의적절한 조치를 취하여 국가와 국민을 보호할 구체적인 작위의무를 부담한다. 이처럼 대통령에게 구체적인 작위의무가 부여된 경우 성실한 직책수행의무는 법적 의무이고, 그 불이행은 사법심사의 대상이 된다.

대통령의 성실한 직책수행의무 위반에 대해 탄핵 사유가 되는 법적 책임을 인정하기 위해서는, 첫째, '국가위기' 상황이 발생하여야 하고(작위의무 발생), 둘째, 대통령이 국가의 존립과 국민의 생명, 안전을 보호하는 직무를 성실히 수행하지 않았어야 한다(불성실한 직무수행).

2. 피청구인이 성실한 직책수행의무를 위반하였는지

가. 작위의무의 발생

476명이 탑승한 세월호는 좌현으로 전도된 후 빠른 속도로 기울다가 전복되었다. 이는 다수 국민의 생명과 안전에 중대한 위험이 가해지거나 가해질 가능성이 있는 국가위기 상황에 해당함이 명백하므로, 피청구인은 시의적절한 조치를 취하여 국민의 생명, 신체를 보호할 구체적인 작위의무를 부담하게 되었다.

나. 불성실한 직무수행의 존재

(1) 위기 상황의 인식

해양수산부는 09:40경 위기경보 '심각' 단계를 발령하였는데, 해양사고(선박) 위기관리 실무매뉴얼은 최상위 단계인 '심각' 단계의 위기경보 발령 시에는 대통령실(위기관리센터)과 사전 협의하도록 하고 있다. 따라서 국가안보실은 09:40 이전 상황의 심각성을 알았고, 피청구인이 집무실에 출근하여 정상 근무를 하였다면 09:40경에는 상황의 심각성을 알 수 있었다고 봄이 타당하다.

피청구인이 10:00경 보고받은 내용을 보면 피청구인은 늦어도 10:00경에는 매우 심각하고 급박한 상황이라는 점을 인지할 수 있었다고 봄이 상당하다.

피청구인은 언론사의 오보 때문에 상황을 정확하게 파악하기 어려웠다고 주장한다. 하지만 피청구인이 오보들을 보고받았다고 볼 자료가 없고, 청와대는 해당 보도가 해경에서 확인하지 않은 보도라는 사실을 알고 있었다. 따라서 위 오보는 피청구인이 10:00경 심각성을 인식하였으리라는 판단에 방해를 주지 아니한다.

피청구인은 당일 13:07경 및 13:13경 '190명이 추가 구조되어 총 370명이 구조되었다'는 내용의 보고를 받아 상황이 종료된 것으로 판단하였다고 주장한다. 피청구인이 위 보고를 받았다 하더라도, 104명의 승객이 아직 구조되지 못한 상황이라는 것을 알 수 있었으므로 상황이 종료되었다고 판단하였다는 주장을 받아들일 수 없고, 상황의 심각성을 인식한 시점을 오후로 늦출 수 없다.

따라서 피청구인은 늦어도 10:00경에는 세월호 사건의 심각성을 인지하였거나, 조금만 노력을 기울였다면 인지할 수 있었을 것으로 판단된다. 15:00에야 상황의 심각성을 인지하였다는 피청구인의 주장은 받아들일 수 없다.

(2) 피청구인의 대처

국가위기 상황의 경우, 대통령은 즉각적인 의사소통과 신속한 업무수행을 위하여 청와대 상황실에 위치하여야 한다. 그럼에도 피청구인은 사고의 심각성 인식 시점부터 약 7시간이 경과할 때까지 별다른 이유 없이 집무실에 출근하지 않고 관저에 있으면서 전화로 원론적인 지시를 하였다.

피청구인은 10:15경 및 10:22경 국가안보실장에게, 10:30경 해경청장에게 전화하여 구조에 최선을 다하라는 취지의 지시를 하였다고 주장하나, 통화기록을 제출하지 않았으므로 위와 같은 통화가 실제로 있었다고 보기 어렵다. 당시 해경청장은 09:53경 이미 특공대 투입을 지시하였다고 하는데, 피청구인이 실제로 해경청장과 통화를 하였다면 같은 내용을 다시 지시할 수 없을 것이므로, 해경청장에 대한 특공대 투입 등 지시를 인정할 수 없다.

피청구인 주장의 최초 지시 내용은 매우 당연하고 원론적인 내용으로서, 사고 상황을 파악하고 그에 맞게 대응하려는 관심이나 노력을 기울이지 않았기에 구체성이 없는 지시를 한 것이다. 결국, 피청구인은 위기에 처한 수많은 국민의 생명과 안전을 보호하기 위한 심도 있는 대응을 하지 않았다.

국가위기 상황에서 대통령이 상황을 지휘하는 것은 실질적인 효과뿐만 아니라 상징적인 효과도 갖는다. 실질적으로는, 경찰력, 행정력, 군사력 등 국가의 모든 역량을 집중적으로 발휘할 수 있어 구조 및 수습이 빠르고 효율적으로 진척될 수 있다. 상징적으로는, 국정의 최고 책임자가 재난 상황의 해결을 최우선 과제로 여기고 있다는 점을 보여줌으로써 구조 작업자들에게 강한 동기부여를 할 수 있고, 피해자나 그 가족들에게 구조에 대한 희망을 갖게 하며, 결과가 좋지 않더라도 최소한의 위로를 받고 재난을 딛고 일어설 힘을 갖게 한다.

진정한 국가 지도자는 국가위기의 순간에 신속하게 상황을 파악하고 대처함으로써 피해를 최소화하고 피해자 및 그 가족들과 아픔을 함께하며, 국민에게 어둠이 걷힐 수 있다는 희망을 주어야 한다. 국정 최고 책임자의 지도력을 가장 필요로 하는 순간은 일상적인 상황이 아니라, 국가위기가 발생하여 그 상황이 예측할 수 없는 방향으로 흘러가고, 이를 통제, 관리해야 할 국가 구조가 제대로 작동하지 않을 때이다. 세월호 참사가 있었던 2014.4.16.이 바로 이러한 경우에 해당하는 것이었다.

그러나 피청구인은 그날 저녁까지 별다른 이유 없이 집무실에 출근하지도 않고 관저에 머물렀다. 그 결과 유례를 찾기 어려운 대형 재난이 발생하였는데도 그 심각성을 아주 뒤늦게 알았고 이를 안 뒤에도 무성의한 태도로 일관하였다. 국민의 생명과 안전에 급박한 위험이 초래된 국가위기 상황이 발생하였음에도, 그에 대한 피청구인의 대응은 지나치게 불성실하였다. 그렇다면 피청구인은 헌법 제69조 및 국가공무원법 제56조에 따라 대통령에게 구체적으로 부여된 성실한 직책수행의무를 위반한 경우에 해당한다.

3. 결론

대통령이 국민으로부터 부여받은 민주적 정당성과 헌정질서의 막중함을 고려하면, 대통령의 성실의무 위반을 파면 사유로 삼기 위해서는 당해 상황에 적용되는 행위의무를 규정한 구체적 법률을 위반하였거나 직무를 의식적으로 방임, 포기한 경우와 같은 중대한 성실의무 위반이 있어야 된다고 봄이 상당하다.

피청구인은 국가공무원법상의 성실의무를 위반하였으나 당해 상황에 적용되는 행위의무를 규정한 구체적 법률을 위반하였음을 인정할 자료가 없고, 위에서 살핀 것처럼 성실의무를 현저하게 위반하였지만 직무를 의식적으로 방임하거나 포기한 경우에 해당한다고 보기는 어렵다.

그렇다면 피청구인은 헌법상 대통령의 성실한 직책수행의무 및 국가공무원법상 성실의무를 위반하였으나, 이 사유만 가지고는 국민이 부여한 민주적 정당성을 임기 중 박탈할 정도로 국민의 신임을 상실하였다고 보기는 어려워 파면 사유에 해당한다고 볼 수 없다.

국가 최고 지도자가 국가위기 상황에서 직무를 불성실하게 수행하여도 무방하다는 그릇된 인식이 우리의 유산으로 남겨져 수많은 국민의 생명이 상실되고 안전이 위협받아 이 나라의 앞날과 국민의 가슴이 무너져 내리는 불행한 일이 반복되어서는 안 되므로 피청구인의 성실한 직책수행의무 위반을 지적하는 것이다.

잊지 말고 심판하자! 국정농단 관련자 명단

박근혜

이재용

김기춘

최순실

2017년 9월까지, 정황과 의혹이 제기된 관련자 명단. 〈박근혜 최순실 측근〉故최태민·故임선이·정윤회·정유라·최순득·장석칠·장시호·장승호·최순천·서동범·정민회·박지만 EG회장·故이춘상 전 박근혜 의원 보좌관·임두성 전 한나라당 의원·정용희·최외출 전 영남대 대외협력부총장·백기승 전 한국인터넷진흥원 원장·윤영식 최순실 독일 집사·김수현 전 고원기획 대표·이세민 역술인·이영복 청안건설 회장·김찬경 전 미래저축은행 회장·김장자 삼남개발 회장·전영해 현명관 전 한국마사회장의 부인·전성빈 서강대 교수·박충선 대구대 교수·김천제 건국대 교수·이임순 순천향대 교수·하정희 순천향대 교수·박원오 전 대한승마협회 전무 〈미르·K스포츠재단 및 최순실 사업 관련자〉차은택 전 창조경제추진단장·송성각 전 한국콘텐츠진흥원장·김홍탁 플레이그라운드 사장·김경태 전 모스코스 이사·김영수 전 포레카 대표·마해왕 고든미디어 대표·이기우 그랜드코리아레저 대표·정동춘 전 K스포츠재단 이사장·이철원 전 K스포츠재단 이사·김성현 전 미르재단 사무부총장·송혜진 미르재단 초대 이사·최병구 전 문화체육관광부 콘텐츠정책관·하윤진 전 문체부 대중문화산업과장·정만기 전 산업통상자원부 1차관 〈청와대 인사〉김기춘 전 비서실장·이병기 전 비서실장·이원종 전 비서실장·정호성 전 비서실 부속 비서관·안봉근 전 홍보수석실 국정홍보비서관·이재만 전 총무비서관·조원동 전 경제수석·안종범 전 정책조정수석·우병우 전 민정수석·곽상도 전 민정수석, 자유한

국당 의원·윤장석 전 민정비서관·이중희 전 민정비서관·현기환 전 정무수석·박준우 전 정무수석·최홍재 전 정무수석실 선임행정관·허현준 전 국민소통비서관실 선임행정관·김규현 전 외교안보수석·김건훈 전 정책조정수석실 행정관·정연국 전 대변인·김한수 전 뉴미디어실 선임행정관·윤전추 전 행정관·이영선 전 행정관 〈최순실 관련 인사〉강은희 전 여성가족부 장관·김희정 전 여성가족부 장관·박승춘 전 국가보훈처장·김학의 전 법무부 차관·김인식 한국국제협력단 이사장·전대주 전 베트남 대사·유재경 전 미얀마 대사·인호섭 미얀마 무역진흥국 서울사무소 관장·박노완 전 베트남 호찌민 총영사·오영태 교통안전공단 이사장·홍기택 전 산업은행 회장·이상화 전 하나은행 본부장·정찬우 한국거래소 이사장·임종룡 전 금융위원장·고창수 전 하나은행 독일 프랑크푸르트 지점장·김대섭 전 인천본부세관장·이상기 관세청 과장·김준교 전 KT 스포츠단 사장·이동수 전 KT 전무·신혜성 전 KT 상무보·박창민 전 대우건설 사장 〈박근혜 탄핵심판 변호인단〉구상진·김평우·배진혁·서석구·서성건·손범규·송재원·위재민·유영하·이동흡·이상용·이중환·장창호·전병관·정기승·정장현·조원룡·채명성·최근서·황성욱 〈K스포츠 및 미르재단 뇌물 혐의 재벌〉이재용 삼성전자 부회장·정몽구 현대자동차그룹 회장·최태원 SK그룹 회장·구본무 LG그룹 회장·김승연 한화그룹 회장·손경식 CJ그룹 회장·조양호 한진그룹 회장·신동빈 롯데그룹 회장·임대기 제일기획 사장·허창수 GS그

김경숙 · 김상률 · 김종 · 김종덕 · 남궁곤 · 류철균 · 문형표 · 박채윤
송성각 · 신동철 · 안종범 · 원세훈 · 이영선 · 이인성 · 장시호 · 장충기
정관주 · 정기양 · 정호성 · 조윤선 · 차은택 · 최경희 · 최지성

특검과 검찰에 구속된 27명. (2017년 9월까지) 이제 시작이다. 이명박 우병우 등 모두 역사의 법정에 세우자.

룹 회장·이중근 부영그룹 회장·권오준 포스코그룹 회장·황창규 KT 회장·이승철 전 전국경제인연합회 부회장 〈면세점 특혜 비리 관련자〉 김낙회 전 관세청장·천홍욱 전 관세청장·이돈현 전 관세청 차장·관세청 인천세관 국장 등 8명 **〈삼성그룹 불법 경영승계 및 정유라 승마 지원, 정경유착 관련자〉 〈삼성 관련자〉** 최지성 전 삼성 미래전략실장·장충기 전 삼성 미래전략실 차장·박상진 전 삼성전자 사장·김신 삼성물산 사장·최치훈 삼성물산 사장·김종중 전 삼성 미래전략실 전략팀장·이수형 전 삼성 미래전략실 기획팀장·이왕익 전 삼성 미래전략실 전략팀 전무·김완표 전 삼성 미래전략실 전무·황성수 전 삼성전자 전무·김문수 전 삼성전자 부장·박천호 전 삼성전자 컨설턴트·김재열 제일기획 사장·이영국 제일기획 상무·황창식 김앤장 변호사 〈정부기관 또는 준정부기관 관련자〉 문형표 전 국민연금공단 이사장·홍완선 전 국민연금공단 기금운용본부장·강면욱 전 국민연금공단 기금운용본부장·현명관 전 한국마사회장·정진엽 전 보건복지부 장관·김진수 전 보건복지비서관·김현숙 전 청와대 고용복지수석·최상목 전 청와대 경제금융비서관·인민호 전 청와대 경제금융비서관실 행정관·정재찬 전 공정거래위원장·김학현 전 공정거래부위원장·신영선 전 공정거래위원회 사무처장·곽세붕 전 공정거래위원회 경쟁정책국장·김정기 전 공정거래위원회 경쟁정책국 기업집단과 과장·황영기 한국금융투자협회장 **〈정유라 이화여대 부정입학, 학사비리 관련자〉** 윤후정 전 이화여대 명예총장·최경희 전 이화여대 총장·송덕수 이화여대 부총장·남궁곤 전 이화여대 입학처장·김경숙 전 이화여대 신산업융합대학장·이원준 전 이회여대 체육과학부 학과장·류철균 이화여대 교수·박선기 이화여대 교수·이인성 이화여대 교수·유진영 이화여대 교수·이경옥 전 이화여대 교수 〈문화예술체육관광 농단 관련자〉 김종 전 문화체육관광부 2차관·최보근 전 문체부 콘텐츠정책관·이진식 전 문화창조융합본부 부단장·김경화 전 문화창조융합벨트팀장·박경자 전 문화창조아카데미 본부장·이현주 문화창조벤처단지 본부장·고학찬 예술의전당 사장·안호상 전 국립중앙극장장·김형태 전 국립박물관문화재단 사장·자니윤 전 한국관광공사 상임감사·박영국 대한민국예술원 사무국장·김재원 국립한글박물관장·박명성 신시컴퍼니 대표·윤정섭 한국예술종합학교 교수 〈문화예술계 '블랙리스트' 관련자〉 조윤선 전 문화체육관광부 장관·김종덕 전 문체부 장관·송수근 문체부 1차관·정관주 전 문체부 1차관·서병수 부산시장·김상률 전 청와대 교육문화 수석·모철민 전 청와대 교육문화수석·송광용 전 청와대 교육문화수석·김소영 전 청와대 문화체육비서관·신동철 전 청와대 정무비서관·김세훈 전 영화진흥위원회 위원장·박명진 전 한국문화예술위원회 위원장 **〈비선진료, 의료농단 및 대통령 실종 세월호 7시간 관련자〉** 김장수 전 국가안보실장·박흥렬 전 대통령경호실장·이영석 전 대통령경호실 차장·구순성 전 대통령경호실 행정관·이선우 전 청와대 의무실장·신보라 전 청와대 근무 간호장교·조여옥 전 청와대 근무 간호장교·김석균 전 해경청장·김상만 전 녹십자 아이메드 원장·오병희 전 서울대병원장·서창석 서울대병원장·백선하 서울대병원 교수·이병석 연세대 세브란스병원장·김원호 연세대 세브란스병원 교수·정기양 연세대 세브란스병원 교수·박채윤 와이제이콥스 메디컬 대표·김영재 김영재의원 원장·차광렬 차병원 그룹 회장·이동모 차움병원장·정송주—정매주 미용사 〈국정원 불법 정치개입 및 여론조작 관련자〉 〈정치인 및 공무원〉 이명박 전 대통령·황교안 전 국무총리·김무성 바른정당 의원·윤재옥 자유한국당 의원·조원진 대한애국당 의원·권영세 전 새누리당 의원·서상기 전 새누리당 의원·정문헌 전 새누리당 의원·조명철 전 새누리당 의원·조오영 전 청와대 행정관·이성호 전 청와대 국민소통비서관실 행정관·오○○ 전 청와대 국민소통비서관실 행정관·○○○ 전 청와대 민정수석실 관련자·○○○ 전 청와대 교육문화수석실 관련자·○○○ 전 청와대 고용복지수석실 관련자·김○○ 전 청와대 특별감찰반 경정·진익철 전 서초구청장·조이제 전 서초구청 행정지원국장·김○○ 전 서초구 오케이 민원센터 팀장 〈국정원〉 남재준 전 국정원장·원세훈 전 국정원장·이병호 전 국정원장·남주홍 전 국정원 1차장·민병환 전 국정원 1차장·한기범 전 국정원 1차장·차문희 전 국정원 2차장·○○○ 전 국정원 2차장·이종명 전 국정원 3차장·○○○ 전 국정원 3차장·권○○ 전 국정원 대공수사국장·이○○ 전 국정원 대공수사국장·최○○ 전 국정원 대공수사단장·이재윤 전 국정원 대공수사국 처장·서천호 전 국정원 대공수사국 2차장·김보현 전 국정원 대공사수국 과장·권세영 전 국정원 대공수사국 과장·민병주 전 국정원 심리정보국장·구○○ 전 국정원 심리정보국 1단장·이○○ 전 국정원 심리정보국 2단장·최영탁 전 국정원 심리전단 안보3팀장·이규열 전 국정원 심리전단 안보3팀 5파트장·이환주 전 국정원 심리전단 안보3팀·김하영 전 국정원 심리전단 안보3팀·이익동 전 국정원 심리전단 안보5팀장·이수림 전 국정원 심리전단 안보5팀 파트장·장하창 전 국정원 심리전단 안보5팀 3파트장·김재학 전 국정원 심리전단 안보5팀·김진열 전 국정원 심리전단 안보5팀·김태진 전 국정원 심리전단 안보5팀·이봉득 전 국정원 심리전단 안보5팀·백운영 전 국정원 심리전단 안보5팀·남기철 전 국정원 심리전단 안보5팀·최재호 전 국정원 심리전단 안보5팀·박○애 전 국정원 심리전단 안보5팀·이종성 전 국정원 심리정보국·○○○ 전 국정원 사이버보안국장·김○○ 전 국정원 사이버보안국장·○○○ 전 국정원 과학정보국장·박원동 전 국정원 국익정보국장·신승균 전 국정원 국익전략실장·안○ 전 국정원 서울청 담당 정보관·신○ 전 국정원 수서서 담당 정보관·송주원 전 국정원 서초구 정보관·김○○ 전 국정원 국내정보파트 요원·조계영 전 국정원 직원·함○호 전 국정원 직원·추○○ 전 국정원 직원·유○○ 전 국정원 직원·이인철 전 중국 선양 총영사관 영사 〈경찰〉 김용판 전 서울지방경찰청장·최현락 전 서울지청 수사부장·이병하 전 서울지청 수사과장·김병찬 전 서울지청 수사2계장·장병덕 전 서울지청 사이버범죄수사대장·김○○ 전 서울지청 사이버범죄수사대 기획실장 〈국군〉 연제욱 전 국군사이버사령부 사령관·옥도경 전 국군사이버사 사령관·이태하 전 국군사이버사 심리전단 단장·박○○ 전 국군사이버사 심리전단 2대장·정○○ 전 국군사이버사 심리전단 1과 〈검찰〉 최성남 전 서울중앙지검 공안부장·이시원 전 서울중앙지검 공안1부 검사·이문성 전 서울중앙지검 공안부 검사 〈민간인 및 단체〉 유동열 자유민주연구원장·주옥순 엄마부대 대표·추선희 전 어버이연합 사무총장·변희재 미디어워치 대표·허손구 나나테크 대표·이정복 국정원 민간 조력자·김원하 국정원 민간 조력자·김명석 국정원 민간 조력자·김동현 신원불상자·김성욱 한국자유연합대표(알파팀 팀장)·윤정훈 목사(십알단 단장)·고엽제전우회·공교육살리기학부모연합·교육과학교를위한학부모연합·국민행동본부·뉴라이트재단·늘푸른희망연대·대학생포럼·대한민국지킴이연대·민생경제정책연구소·반국가교육척결국민연합·부모마음봉사단·북한민주화네트워크·북한인권탈북청년연합·북한자유연맹·비전코리아·새코리아청년네트워크·선진미래연대·애국단체총협의회·애국연합·양지회·인간성회복운동추진협의회·인터넷매체 바이트·자유경제원·자유대한수호실천본부·자유민주수호연합·자유주의진보연합·자유총연맹·재향경우회·전국경제인연합회·한국선진화포럼·한국청소년미래리더연합·해병대전우회 〈일명 '우병우 사단' 등 정치 검찰 및 부실 수사 검사〉 김진태 전 검찰총장·김수남 전 검찰총장·김현웅 전 법무부 장관·이창재 전 법무부 차관·안태근 전 법무부 검찰국장·권정훈 전 법무부 인권국장·이선욱 전 법무부 검찰과장·박세현 전 법무부 형사기획과장·김주현 전 대검 차장·정점식 전 대검 공안부장·김기동 전 대검 부패범죄특별수사단장·이영상 전 대검 범죄정보1담당관·정수봉 전 대검 정보기획관·이영렬 전 서울중앙지검장·조영곤 전 서울중앙지검장·노승권 전 서울중앙지검 1차장·이동열 전 서울중앙지검 3차장·임관혁 전 서울중앙지검 특수부장·정순신 전 서울중앙지검 형사7부장·손영배 전 서울중앙지검 첨단범죄수사1부장·이근수 전 서울중앙지검 첨단범죄수사2부장·김진모 전 서울남부지검장·윤갑근 전 대구고검장·진경준 전 검사장·전현준 전 대구지검장·유상범 전 창원지검장·최윤수 전 국가정보원 2차장·추명호 전 국정원 6국장 〈부실, 면죄부 수사 또는 정치—공안 수사 담당 검사 *시민단체 '참여연대'의 발표자료 '박근혜 정부 4년 검찰보고서 종합판 2017.4.3' 참고. 박근혜 정부 관련 정치 공작 수사 사건, 당시 직함 기재, 부장급 이상 검사만 기재, 가나다순〉 2013년 김광수 서울중앙지검 공안2부장·김병현 서울중앙지검 공안2부장·노정환 서울중앙지검 외사부장·박균택 서울남부지검 차장·박청수 서울남부지검장·서동규 서울중앙지검 형사6부장·오정돈 광주지검 차장·윤영준 전주지검 형사부장·이금로 서울중앙지검 2차장·조기룡 서울중앙지검 형사3부장·차경환 수원지검 2차장·최태원 수원지검 공안부장·황현덕 서울남부지검 형사6부장 2014년 김동주 서울중앙지검 공공형사부장·김신 서울중앙지검 공안2부장·김회종 인천지검 2차장·박재억 광주지검 강력부장·송인택 인천지검 1차장·신경식 수원지검장·신유철 서울중앙지검 1차장·안상돈 광주고검 차장검사·윤웅걸 서울중앙지검 2차장·이봉창 광주지검 목포지청 형사부장·이상호 서울남부지검 차장·이성윤 광주지검장·이진한 서울중앙지검 2차장·이현철 서울중앙지검 공안부장·정진웅 광주지검 목포지청 형사2부장 2015년 김영대 대구지검 1차장·박성재 서울중앙지검장·박순철 대구지검 2차장·배종혁 서울중앙지검 특수4부장·서영민 대구지검 형사부장·이문한 서울중앙지검 공공형사수사부장·이철희 서울중앙지검 형사3부장·정영학 대구지검 공안부장·조상준 서울중앙지검 특수2부장 2016년 김후균 서울중앙지검 형사3부장·박재휘 서울중앙지검 공공형사수사부장·심우정 서울중앙지검 형사부장·이성규 서울중앙지검 공안2부장·이정회 서울중앙지검 2차장·이진동 서울중앙지검 조사1부장·이헌상 수원지검 1차장·조재빈 서울중앙지검 특수4부장·주영환 대검부패범죄특별수사단 1팀장 **〈국정 역사 교과서 추진 관련자〉** 이준식 전 교육부 장관·황우여 전 교육부 장관·이영 전 교육부 차관·김재춘 전 교육부 차관·김동원 전 교육부 역사교육정상화추진단장·박성민 전 교육부 역사교육정상화추진단 부단장·김대원 전 교육부 교육과정 정책과장·김정배 전 국사편찬위원장·유영익 전 국사편찬위원장·박덕호 전 국사편찬위원회 교육연구관·박상증 전 민주화운동기념사업회 이사장·조전혁 전 새누리당 의원·이배용 전 이화여대 총장·권영영 한국학중앙연구원 교수·이명희 공주대 교수 **〈집필진 *교육부 발표 2016.11.28, 당시 직함 기재〉** 신형식 이화여대 명예교수·최성락 목포대 교수·서영수 단국대 명예교수·윤명철 동국대 교수·박용운 고려대 명예교수·이재범 국사편찬위원회 위원·고혜령 문화체육부 문화재위원·손승철 강원대 교수·이상태 국제문화대학원 대학 석좌교수·신명호 부경대 교수·한상도 건국대 교수·이민원 동아역사연구소 소장·김권정 대한민국역사박물관 학예연구사·최대권 서울대 명예교수·유호열 고려대 교수·김승욱 중앙대 교수·김남년 동국대 교수·김명섭 연세대 교수·나종남 육군사관학교 교수·이주영 건국대 명예교수·허승일 서울대 명예교수·정경희 영산대 교수·윤영인 영산대 교수·연민수 동북아역사재단 연구위원·우장문 경기 대지중학교 수석교사·김주석 대구 청구고 교사·유경래 경기 대평고 교사·정일화 전 강원 평창고 수석교사·최인섭 충남 부성중 교장·황정현 충남 온양한올중 교사·황진상 서울 광운전자고 교사 **〈국정교과서 편찬심의위원 *교육부 발표 2017.1.31, 당시 직함 기재〉** 이택휘 전 서울교대 총장·김호섭 동북아역사재단 이사장·이기동 한국학중앙연구원 원장·허동현 경희대 교수·강규형 명지대 교수·이성규 서울대 명예교수·정한숙 옥천여중 수석교사·윤춘옥 인천 예일고 교사·김명철 서경중 교감·황선경 명덕여고 교사·이철문 전 중학교 수석교사·김동순 교과서분석연구회 대표 **〈국정 역사 교과서 찬성 새누리당 의원_2015.10.30 언론사 '오마이뉴스' 설문조사 참고. 타 항목 중복 인물 및 당시 답변 거부 의원 제외〉** 강길부·강석호·강석훈·권성동·김광림·길정우·권은희·김기선·김도읍·김동완·김명연·김상훈·김성태·김세연·김영우·김용남·김을동·김장실·김재경·김재원·김제식·김정훈·김종태·김종훈·김진태·김태원·김태호·김태환·김태흠·김학용·김한표·나경원·나성린·노철래·류성걸·류지영·문대성·문정림·민병주·박대출·박명재·박성호·박윤옥·박인숙·박창식·배덕광·서용교·서청원·송영근·신경림·신동우·신성범·신의진·심재철·안홍준·안효대·양창영·여상규·염동열·원유철·유의동·유일호·유재중·윤명희·윤상현·윤영석·이강후·이노근·이만우·이명수·이상일·이에리사·이완영·이우현·이인제·이장우·이정현·이종배·이종진·이진복·이채익·이철우·이학재·이한구·이한성·이헌승·이현재·장윤석·장정은·전하진·정갑윤·정미경·정수성·정용기·정우택·정희수·조해진·주영순·최경환·최봉홍·하태경·한기호·한선교·함진규·홍문종·홍문표·홍일표·홍지만·홍철호·황인자·황진하 **〈경찰 비리 및 폭력 진압 관련자〉** 이철성 경찰청장·강신명 전 경찰청장·구은수 전 서울지방경찰청장·장향진 전 서울지청 차장·신윤균 전 서울지청 제4기동단장·공한택 전 서울지청 제4기동단 장비계장·김수환 전 밀양경찰서장·최윤석 전 홍성경찰서 경장·한석진 전 천안동남경찰서 경장·백승석

대전경찰청 경위 **〈사법부 블랙리스트 관련자〉** 양승태 전 대법원장·고영한 대법관·이인복 전 대법관·임종헌 전 법원행정처 차장·이규진 서울고법 부장판사·이민걸 법원행정처 기획조정실장·홍승면 법원행정처 사법지원실장·심준보 법원행정처 사법정책실장 **〈편향 및 왜곡 언론 관련자〉** (전국언론노동조합의 발표자료 '언론의 공정성과 독립성을 침해한 언론인 명단 1~3차 2016.12.14, 2017.4.11, 2017.6.15' 참고. 자료에 명시된 직함, 타 항목 중복 인물 제외 및 추가) **〈정부 관계 인사 및 정치인〉** 최성준 방송통신위원회 위원장·박효종 방송통신심의위원회 위원장·고영주 방송문화진흥회 이사장·김우룡 전 방문진 이사장·김재우 전 방문진 이사장·김문환 전 방문진 이사장·김광동 방문진 이사·김원배 방문진 이사·권혁철 방문진 이사·유의선 방문진 이사·이인철 방문진 이사·박천일 전 방문진 이사·김성우 전 청와대 홍보수석비서관 **〈KBS〉** 이인호 이사장·유재천 전 이사장·손병두 전 이사장·이길영 전 이사장·권혁부 전 이사·강성철 전 이사·박만 전 이사·방석호 전 이사·이춘호 전 이사·변석찬 이사·차기환 이사·조우석 이사·전홍구 감사·고대영 사장·이병순 전 사장·김인규 전 사장·길환영 전 사장·조대현 전 사장·금동수 전 부사장·김영해 전 부사장·전진국 부사장·강선규 KBS 비즈니스 사장·전용길 전 KBS미디어 사장·김성수 방송본부장·이정봉 전 보도본부장·이화섭 전 보도본부장·임창건 전 보도본부장·조인석 제작본부장·정지환 통합뉴스룸국장·이현두 대구총국장·김정수 TV프로덕션1국장·이강덕 디지털주간·이경우 라디오센터장·이제원 라디오프로덕션1국장·최재현 정치외교부장 **〈MBC〉** 김장겸 사장·김재철 전 사장·김종국 전 사장·안광한 전 사장·백종문 부사장·권재홍 전 부사장·김현종 목포 MBC 사장·김철진 원주 MBC 사장·문철호 전 부산 MBC 사장·심원택 여수 MBC 사장·윤길용 MBC NET 사장·이우용 전 춘천 MBC 사장·이진숙 대전 MBC 사장·최혁재 대전 MBC 보도국장·장근수 강원영동 MBC 사장·황용구 전 경남 MBC 사장·정재욱 법무실장·오정환 보도본부장·전영배 전 보도본부장·문호철 보도국장·김도인 편성제작본부장·최기화 기획본부장·박용찬 논설위원실장·황헌 논설위원·박상후 시사제작1부장·김소영 사회1부장·홍기백 기획국장·배연규 심의국장·허무호 편집 1센터장·송병희 경영지원국장·박승진 워싱턴 특파원 **〈SBS〉** 윤세영 전 회장·최금락 전 보도본부장·하금렬 전 사장 **〈YTN〉** 배석규 전 사장·이홍렬 상무·김백 전 상무·홍상표 전 상무·상수종 보도본부장·윤두현 전 보도국장·김익진 경영본부장·류희림 전 경영기획실장·문중선 전 홍보심의팀 부장·채문석 전 기획총괄팀장·김종균 전 정치부장·이동우 전 정치부장 **〈연합뉴스〉** 박노황 사장·이홍기 경영지원담당 상무·조복래 콘텐츠융합상무·이창섭 미래전략실장 **〈OBS〉** 백성학 회장 **〈국제신문〉** 차승민 발행인 **〈불법적 사드 졸속 배치 및 보고 누락 은폐 관련자〉** 김관진 전 국가안보실장·윤병세 전 외교부 장관·한민구 전 국방부 장관·박재민 국방부 군사시설기획관·전윤일 국방부 환경팀장·유동준 국방부 시설기획과장·위승호 전 국방부 국방정책실장 **〈국방 및 방산비리 관련자〉** 조현천 전 국군기무사령관 등 군부 비선 사조직 '알자회'·린다김 무기 로비스트·하성용 전 한국항공우주산업 대표·장명진 전 방위사업청장·이상명 방위사업청 한국형헬기사업단장

정리 김재현 (나눔문화 사회행동팀장)

'촛불혁명 정부' 문재인 대통령 주요 연설

2017.5.10 문재인 대통령 취임 선서

존경하고 사랑하는 국민 여러분, 감사합니다. 국민 여러분의 위대한 선택에 머리 숙여 깊이 감사드립니다. 저는 오늘 대한민국 제19대 대통령으로서 새로운 대한민국을 향해 첫걸음을 내딛습니다. 지금 제 두 어깨는 국민 여러분으로부터 부여받은 막중한 소명감으로 무겁습니다. 지금 제 가슴은 한 번도 경험하지 못한 나라를 만들겠다는 열정으로 뜨겁습니다. 그리고 지금 제 머리는 통합과 공존의 새로운 세상을 열어갈 청사진으로 가득 차 있습니다.

우리가 만들어가려는 새로운 대한민국은 숱한 좌절과 패배에도 불구하고 우리의 선대들이 일관되게 추구했던 나라입니다. 또 많은 희생과 헌신을 감내하며 우리 젊은이들이 그토록 이루고 싶어했던 나라입니다. 그런 대한민국을 만들기 위해 저는 역사와 국민 앞에 두렵지만 겸허한 마음으로 대한민국 제19대 대통령으로서의 책임과 소명을 다할 것임을 천명합니다.

함께 선거를 치른 후보들께 감사의 말씀과 함께 심심한 위로를 전합니다. 이번 선거에서는 승자도 패자도 없습니다. 우리는 새로운 대한민국을 함께 이끌어가야 할 동반자입니다. 이제 치열했던 경쟁의 순간을 뒤로 하고 함께 손을 맞잡고 앞으로 전진해야 합니다.

존경하는 국민 여러분. 지난 몇 달 우리는 유례없는 정치적 격변기를 보냈습니다. 정치는 혼란스러웠지만 국민은 위대했습니다. 현직 대통령의 탄핵과 구속 앞에서도 국민들이 대한민국의 앞길을 열어주셨습니다. 우리 국민들은 좌절하지 않고 오히려 이를 전화위복의 계기로 승화시켜 마침내 오늘 새로운 세상을 열었습니다. 대한민국의 위대함은 국민의 위대함입니다.

그리고 이번 대통령 선거에서 우리 국민들은 또 다른 역사를 만들어주셨습니다. 전국 각지에서 고른 지지로 새로운 대통령을 선택해주셨습니다. 오늘부터 저는 국민 모두의 대통령이 되겠습니다. 저를 지지하지 않았던 국민 한 분 한 분도 저의 국민이고 우리의 국민으로 섬기겠습니다. 저는 감히 약속드립니다. 2017년 5월 10일, 이날은 진정한 국민 통합이 시작된 날로 역사에 기록될 것입니다.

존경하고 사랑하는 국민 여러분. 힘들었던 지난 세월, 국민들은 이게 나라냐고 물었습니다. 대통령 문재인은 바로 그 질문에서 새로 시작하겠습니다. 오늘부터 나라를 나라답게 만드는 대통령이 되겠습니다. 구시대의 잘못된 관행과 과감히 결별하겠습니다. 대통령부터 새로워지겠습니다.

우선 권위적인 대통령 문화를 청산하겠습니다. 준비를 마치는 대로 지금의 청와대에서 나와 광화문 대통령 시대를 열겠습니다. 참모들과 머리와 어깨를 맞대고 토론하겠습니다. 국민과 수시로 소통하는 대통령이 되겠습니다. 주요 사안은 대통령이 직접 언론에 브리핑하겠습니다. 퇴근길에는 시장에 들러 마주치는 시민과 격의 없는 대화를 나누겠습니다. 때로는 광화문광장에서 대토론회를 열겠습니다.

대통령의 제왕적 권력을 최대한 나누겠습니다. 권력기관은 정치로부터 완전히 독립시키겠습니다. 그 어떤 기관도 무소불위의 권력을 행사할 수 없도록 견제 장치를 만들겠습니다. 낮은 자세로 일하겠습니다. 국민과 눈높이를 맞추는 대통령이 되겠습니다.

안보 위기도 서둘러 해결하겠습니다. 한반도의 평화를 위해 동분서주하겠습니다. 필요하면 곧바로 워싱턴으로 날아가겠습니다. 베이징과 도쿄에도 가고 여건이 조성되면 평양에도 가겠습니다. 한반도의 평화 정착을 위해서라면 제가 할 수 있는 모든 일을 다 하겠습니다. 한미동맹은 더욱 강화하겠습니다. 한편으로 사드 문제 해결을 위해 미국 및 중국과 진지하게 협상하겠습니다. 튼튼한 안보는 막강한 국방력에서 비롯됩니다. 자주 국방력 강화를 위해 노력하겠습니다. 북핵 문제를 해결할 토대도 마련하겠습니다. 동북아 평화구조를 정착시킴으로써 한반도 긴장 완화 전기를 마련하겠습니다.

분열과 갈등의 정치도 바꾸겠습니다. 보수와 진보의 갈등은 끝나야 합니다. 대통령이 나서서 직접 대화하겠습니다. 야당은 국정 운영의 동반자입니다. 대화를 정례화하고 수시로 만나겠습니다. 전국적으로 고르게 인사를 등용하겠습니다. 능력과 적재적소를 인사의 대원칙으로 삼겠습니다. 저에 대한 지지 여부와 상관없이 유능한 인재를 삼고초려를 해서 일을 맡기겠습니다.

나라 안팎으로 경제가 어렵습니다. 민생도 어렵습니다. 선거 과정에서 약속했듯이 무엇보다 먼저 일자리를 챙기겠습니다. 동시에 재벌 개혁에도 앞장서겠습니다. 문재인 정부 하에서는 정경유착이란 말이 완전히 사라질 것입니다. 지역과 계층과 세대 간 갈등을 해소하고 비정규직 문제도 해결의 길을 모색하겠습니다. 차별 없는 세상을 만들겠습니다. 거듭 말씀드립니다. 문재인과 더불어민주당 정부에서 기회는 평등할 것입니다. 과정은 공정할 것입니다. 결과는 정의로울 것입니다.

존경하는 국민 여러분, 이번 대통령 선거는 전임 대통령의 탄핵으로 치러졌습니다. 불행한 대통령의 역사가 계속되고 있습니다. 이번 선거를 계기로 이 불행한 역사는 종식돼야 합니다. 저는 대한민국 대통령의 새로운 모범이 되겠습니다. 국민과 역사가 평가하는 성공한 대통령이 되기 위해 최선을 다하겠습니다. 그래서 지지와 성원에 보답하겠습니다.

깨끗한 대통령이 되겠습니다. 빈손으로 취임하고 빈손으로 퇴임하는 대통령이 되겠습니다. 훗날 고향으로 돌아가 평범한 시민이 되어 이웃과 정을 나눌 수 있는 대통령이 되겠습니다. 국민 여러분의 자랑으로 남겠습니다.

약속을 지키는 솔직한 대통령이 되겠습니다. 선거 과정에서 제가 했던 약속들을 꼼꼼하게 챙기겠습니다. 대통령부터 신뢰받는 정치를 솔선수범해야 진정한 정치 발전이 가능할 것입니다. 불가능한 일을 하겠다고 큰소리치지 않겠습니다. 잘못한 일은 잘못했다고 말씀드리겠습니다. 거짓으로 불리한 여론을 덮지 않겠습니다.

공정한 대통령이 되겠습니다. 특권과 반칙이 없는 세상을 만들겠습니다. 상식대로 해야 이득을 보는 세상을 만들겠습니다. 이웃의 아픔을 외면하지 않겠습니다. 소외된 국민이 없도록 노심초사하는 마음으로 항상 살피겠습니다. 국민들의 서러운 눈물을 닦아드리는 대통령이 되겠습니다.

소통하는 대통령이 되겠습니다. 낮은 사람, 겸손한 권력이 되어 가장 강력한 나라를 만들겠습니다. 군림하고 통치하는 대통령이 아니라 대화하고 소통하는 대통령이 되겠습니다. 광화문 시대 대통령이 되어 국민들과 가까운 곳에 있겠습니다. 따뜻한 대통령, 친구 같은 대통령으로 남겠습니다.

사랑하고 존경하는 국민 여러분. 2017년 5월 10일, 오늘 대한민국이 다시 시작합니다. 나라를 나라답게 만드는 대역사가 시작됩니다. 이 길에 함께해주십시오. 저의 신명을 바쳐 일하겠습니다. 감사합니다.

2017.5.18 5.18민주화운동 37주년 기념사

존경하는 국민 여러분! 오늘 5.18민주화운동 37주년을 맞아, 5.18묘역에 서니 감회가 매우 깊습니다. 37년 전 그날의 광주는 우리 현대사에서 가장 슬프고 아픈 장면이었습니다.

저는 먼저 80년 오월의 광주시민들을 떠올립니다. 누군가의 가족이었고 이웃이었습니다. 평범한 시민이었고 학생이었습니다. 그들은 인권과 자유를 억압받지 않는, 평범한 일상을 지키기 위해 목숨을 걸었습니다. 저는 대한민국 대통령으로서 광주 영령들 앞에 깊이 머리 숙여 감사드립니다. 오월 광주가 남긴 아픔과 상처를 간직한 채 오늘을 살고 계시는 유가족과 부상자 여러분께도 깊은 위로의 말씀을 전합니다.

1980년 오월 광주는 지금도 살아있는 현실입니다. 아직도 해결되지 않은 역사입니다. 대한민국의 민주주의는 이 비극의 역사를 딛고 섰습니다. 광주의 희생이 있었기에 우리의 민주주의는 버티고, 다시 일어설 수 있었습니다. 저는 오월 광주의 정신으로 민주주의를 지켜주신 광주시민과 전남도민 여러분께 각별한 존경의 말씀을 드립니다.

존경하는 국민 여러분! 5.18은 불의한 국가권력이 국민의 생명과 인권을 유린한 우리 현대사의 비극이었습니다. 하지만 이에 맞선 시민들의 항쟁이 민주주의의 이정표를 세웠습니다. 진실은 오랜 시간 은폐되고, 왜곡되고, 탄압받았습니다. 그러나 서슬 퍼런 독재의 어둠 속에서도 국민들은 광주의 불빛을 따라 한 걸음씩 나아갔습니다. 광주의 진실을 알리는 일이 민주화운동이 되었습니다.

부산에서 변호사로 활동하던 저도 다르지 않았습니다. 저 자신도 5.18 때 구속된 일이 있었지만 제가 겪은 고통은 아무것도 아니었습니다. 광주의 진실은 저에게 외면할 수 없는 분노였고, 아픔을 함께 나누지 못했다는 크나큰 부채감이었습니다. 그 부채감이 민주화운동에 나설 용기를 주었습니다. 그것이 저를 오늘 이 자리에 서기까지 성장시켜준 힘이 되었습니다.

마침내 오월 광주는 지난 겨울 전국을 밝힌 위대한 촛불혁명으로 부활했습니다. 불의에 타협하지 않는 분노와 정의가 그곳에 있었습니다. 나라의 주인은 국민임을 확인하는 함성이 그곳에 있었습니다. 나라를 나라답게 만들자는 치열한 열정과 하나 된 마음이 그곳에 있었습니다.

저는 이 자리에서 감히 말씀드립니다. 새롭게 출범한 문재인 정부는 광주민주화운동의 연장선 위에 서 있습니다. 1987년 6월항쟁과 국민의 정부, 참여정부

의 맥을 잇고 있습니다.

저는 이 자리에서 다짐합니다. 새 정부는 5.18민주화운동과 촛불혁명의 정신을 받들어 이 땅의 민주주의를 온전히 복원할 것입니다. 광주 영령들이 마음 편히 쉬실 수 있도록 성숙한 민주주의 꽃을 피워낼 것입니다.

여전히 우리 사회의 일각에서는 오월 광주를 왜곡하고 폄훼하려는 시도가 있습니다. 용납할 수 없는 일입니다. 역사를 왜곡하고 민주주의를 부정하는 일입니다. 우리는 많은 사람들의 희생과 헌신으로 이룩된 이 땅의 민주주의의 역사에 자부심을 가져야 합니다.

새 정부는 5.18민주화운동의 진상을 규명하는 데 더욱 큰 노력을 기울일 것입니다. 헬기 사격까지 포함하여 발포의 진상과 책임을 반드시 밝혀내겠습니다. 5.18 관련 자료의 폐기와 역사왜곡을 막겠습니다. 전남도청 복원 문제는 광주시와 협의하고 협력하겠습니다. 완전한 진상규명은 결코 진보와 보수의 문제가 아닙니다. 상식과 정의의 문제입니다. 우리 국민 모두가 함께 가꾸어야 할 민주주의의 가치를 보존하는 일입니다.

5.18 정신을 헌법 전문에 담겠다는 저의 공약도 반드시 지키겠습니다. 광주정신을 헌법으로 계승하는 진정한 민주공화국 시대를 열겠습니다. 5.18민주화운동은 비로소 온 국민이 기억하고 배우는 자랑스러운 역사로 자리매김 될 것입니다. 5.18 정신을 헌법 전문에 담아 개헌을 완료할 수 있도록 이 자리를 빌어서 국회의 협력과 국민 여러분의 동의를 정중히 요청 드립니다.

존경하는 국민 여러분! '임을 위한 행진곡'은 단순한 노래가 아닙니다. 오월의 피와 혼이 응축된 상징입니다. 5.18민주화운동의 정신, 그 자체입니다. '임을 위한 행진곡'을 부르는 것은 희생자의 명예를 지키고 민주주의의 역사를 기억하겠다는 것입니다. 오늘 '임을 위한 행진곡'의 제창은 그동안 상처받은 광주정신을 다시 살리는 일이 될 것입니다. 오늘의 제창으로 불필요한 논란이 끝나기를 희망합니다.

존경하는 국민 여러분! 2년 전, 진도 팽목항에 5.18의 엄마가 4.16의 엄마에게 보낸 펼침막이 있었습니다. "당신 원통함을 내가 아오, 힘내소. 쓰러지지 마시오"라는 내용이었습니다. 국민의 생명을 짓밟은 국가와 국민의 생명을 지키지 못한 국가를 통렬히 꾸짖는 외침이었습니다. 다시는 그런 원통함이 반복되지 않도록 하겠습니다. 국민의 생명과 사람의 존엄함을 하늘처럼 존중하겠습니다. 저는 그것이 국가의 존재가치라고 믿습니다.

저는 오늘, 오월의 죽음과 광주의 아픔을 자신의 것으로 삼으며 세상에 알리려 했던 많은 이들의 희생과 헌신도 함께 기리고 싶습니다. 1982년 광주교도소에서 광주 진상규명을 위해 40일간의 단식으로 옥사한 스물아홉 살, 전남대생 박관현. 1987년 '광주사태 책임자 처벌'을 외치며 분신 사망한 스물다섯 살, 노동자 표정두. 1988년 '광주학살 진상규명'을 외치며 명동성당 교육관 4층에서 투신 사망한 스물네 살, 서울대생 조성만. 1988년 '광주는 살아있다' 외치며 숭실대 학생회관 옥상에서 분신 사망한 스물다섯 살, 숭실대생 박래전.

수많은 젊은이들이 5월 영령의 넋을 위로하며 자신을 던졌습니다. 책임자 처벌과 진상규명을 촉구하기 위해 목숨을 걸었습니다. 국가가 책임을 방기하고 있을 때, 마땅히 밝히고 기억해야 할 것들을 위해 자신을 바쳤습니다. 진실을 밝히려던 많은 언론인과 지식인들도 강제해직되고 투옥당했습니다. 저는 오월의

영령들과 함께 이들의 희생과 헌신을 헛되이 하지 않고 더 이상 서러운 죽음과 고난이 없는 대한민국으로 나아가겠습니다. 참이 거짓을 이기는 대한민국으로 나아가겠습니다.

광주시민들께도 부탁드립니다. 광주정신으로 희생하며 평생을 살아온 전국의 5.18들을 함께 기억해주십시오. 이제 차별과 배제, 총칼의 상흔이 남긴 아픔을 딛고 광주가 먼저 정의로운 국민통합에 앞서서 주십시오. 광주의 아픔이 아픔으로 머무르지 않고 국민 모두의 상처와 갈등을 품어 안을 때, 광주가 내민 손은 가장 질기고 강한 희망이 될 것입니다.

존경하는 국민 여러분! 오월 광주의 시민들이 나눈 '주먹밥과 헌혈'이야말로 우리의 자존의 역사입니다. 민주주의의 참모습입니다. 목숨이 오가는 극한 상황에서도 절제력을 잃지 않고 민주주의를 지켜낸 광주정신은 그대로 촛불광장에서 부활했습니다. 촛불은 5.18민주화운동의 정신 위에서 국민주권 시대를 열었습니다. 국민이 대한민국의 주인임을 선언했습니다.

문재인 정부는 국민의 뜻을 받드는 정부가 될 것임을 광주 영령들 앞에 천명합니다. 서로가 서로를 위하고 서로의 아픔을 어루만져주는 대한민국이 새로운 대한민국입니다. 상식과 정의 앞에 손을 내미는 사람들이 많아질수록 숭고한 5.18정신은 현실 속에서 살아 숨 쉬는 가치로 완성될 것입니다.

다시 한번 삼가 5.18 영령들의 명복을 빕니다. 감사합니다.

2017.5.23 노무현 대통령 8주기 추도식

8년의 세월이 흘렀는데도, 이렇게 변함없이 노무현 대통령과 함께 해주셔서, 무어라고 감사 말씀드릴지 모르겠습니다. 제가 대선 때 했던 약속, 오늘 이 추도식에 대통령으로 참석하겠다고 한 약속을 지킬 수 있게 해주신 것에 대해서도 깊이 감사드립니다. 노무현 대통령님도 오늘만큼은, 여기 어디에선가 우리들 가운데서, 모든 분들께 고마워하면서, "야, 기분 좋다!" 하실 것 같습니다.

애틋한 추모의 마음이 많이 가실 만큼 세월이 흘러도, 더 많은 사람들이 노무현의 이름을 부릅니다. 노무현이란 이름은 반칙과 특권이 없는 세상, 상식과 원칙이 통하는 세상의 상징이 되었습니다. 우리가 함께 아파했던 노무현의 죽음은 수많은 깨어있는 시민들로 되살아났습니다. 그리고 끝내 세상을 바꾸는 힘이 되었습니다.

저는 요즘 국민들의 과분한 칭찬과 사랑을 받고 있습니다. 제가 뭔가 특별한 일을 해서가 아닙니다. 그냥, 정상적인 나라를 만들겠다는 노력, 정상적인 대통령이 되겠다는 마음가짐이 특별한 일처럼 되었습니다. 정상을 위한 노력이 특별한 일이 될 만큼 우리 사회가 오랫동안 심각하게 비정상으로 병들어 있었다는 뜻입니다.

노무현 대통령님의 꿈도 다르지 않았습니다. 민주주의와 인권과 복지가 정상적으로 작동하는 나라, 지역주의와 이념 갈등, 차별의 비정상이 없는 나라가 그의 꿈이었습니다. 그런 나라를 만들기 위해, 대통령부터 먼저 초법적인 권력과 권위를 내려놓고, 서민들의 언어로 국민과 소통하고자 노력했습니다.

그러나 이상은 높았고, 힘은 부족했습니다. 현실의 벽을 넘지 못했습니다. 노무현의 좌절 이후 우리 사회, 특히 우리의 정치는 더욱 비정상을 향해 거꾸로 흘러갔고, 국민의 희망과 갈수록 멀어졌습니다.

하지만 이제 그 꿈이 다시 시작됐습니다. 노무현의 꿈은 깨어있는 시민의 힘으로 부활했습니다. 우리가 함께 꾼 꿈이 우리를 여기까지 오게 했습니다. 이제 우리는 다시 실패하지 않을 것입니다. 우리는 이명박, 박근혜 정부뿐 아니라, 김대중, 노무현 정부까지, 지난 20년 전체를 성찰하며 성공의 길로 나아갈 것입니다. 우리의 꿈을, 참여정부를 뛰어넘어 완전히 새로운 대한민국, 나라다운 나라로 확장해야 합니다. 노무현 대통령님을 지켜주지 못해 미안한 마음을 이제 가슴에 묻고, 다 함께 나라다운 나라를 만들어 봅시다. 우리가 안보도, 경제도, 국정 전반에서 훨씬 유능함을 다시 한번 보여줍시다.

저의 꿈은 국민 모두의 정부, 모든 국민의 대통령입니다. 무엇보다 중요한 것은 국민의 손을 놓지 않고 국민과 함께 가는 것입니다. 개혁도, 저 문재인의 신념이기 때문에, 또는 옳은 길이기 때문에 하는 것이 아니라, 국민과 눈을 맞추면서, 국민이 원하고 국민에게 이익이기 때문에 하는 것이라는 마음가짐으로 나가겠습니다. 국민이 앞서가면 더 속도를 내고, 국민이 늦추면 소통하면서 설득하겠습니다. 문재인 정부가 못다 한 일은 다음 민주 정부가 이어나갈 수 있도록 단단하게 개혁해 나가겠습니다.

노무현 대통령님, 당신이 그립습니다. 보고 싶습니다. 하지만 저는 앞으로 임기 동안 대통령님을 가슴에만 간직하겠습니다. 현직 대통령으로서 이 자리에 참석하는 것은 오늘이 마지막일 것입니다. 이제 당신을 온전히 국민께 돌려드립니다. 반드시 성공한 대통령이 되어 임무를 다한 다음 다시 찾아뵙겠습니다. 그때 다시 한번, 당신이 했던 그 말, "야, 기분 좋다!" 이렇게 환한 웃음으로 반겨주십시오.

다시 한번 참석해주신 여러분께 감사드리고, 꿋꿋하게 견뎌주신 권양숙 여사님과 유족들께 위로의 말씀을 드립니다. 감사합니다.

2017.6.6 제62회 현충일 추념사

존경하는 국민 여러분, 국가유공자와 유가족 여러분, 예순두 번째 현충일을 맞아 나라를 위해 희생하신 분들의 거룩한 영전 앞에 깊이 고개 숙입니다. 가족을 조국의 품에 바치신 유가족 여러분께 위로와 감사의 말씀을 드립니다. 국가유공자 여러분께 충심으로 경의를 표합니다.

저는 오늘 이곳 현충원에서 '애국'을 생각합니다. 우리 국민의 애국심이 없었다면 지금의 대한민국도 없었을 것입니다. 식민지에서 분단과 전쟁으로, 가난과 독재와의 대결로, 시련이 멈추지 않은 역사였습니다. 애국이 그 모든 시련을 극복해냈습니다. 지나온 100년을 자랑스러운 역사로 만들었습니다.

존경하는 국민 여러분, 대한민국이라는 국호를 지킨 것은 독립운동가들의 신념이었습니다. 항일의병부터 광복군까지 국권회복과 자주독립의 신념이 태극기에 새겨졌습니다. 살이 찢기고 손발톱이 뽑혀나가면서도 가슴에 태극기를 품고 조국을 버리지 않았습니다. 독립운동가를 키우고, 독립운동을 지원하며 나라 잃은 설움을 굳건하게 살아냈습니다. 그것이 애국입니다.

독립운동가와 그 후손들이 국가의 예우를 받기까지는 해방이 되고도 오랜 시간이 걸렸습니다. 그러나 독립운동을 하면 3대가 망하고 친일을 하면 3대가 흥한다는 뒤집힌 현실은 여전합니다. 독립운동가의 후손들이 겪고 있는 가난의 서러움, 교육받지 못한 억울함, 그 부끄럽고 죄송스런 현실을 그대로 두고 나라다운 나라라고 할 수 없습니다. 애국의 대가가 말뿐인 명예로 끝나서는 안됩니다. 독립운동한 분이라도 더, 그분의 자손들 한 분이라도 더, 독립운동의 한 장면이라도 더, 찾아내겠습니다. 기억하고 기리겠습니다. 그것이 국가가 해야 할 일입니다.

38선이 휴전선으로 바뀌는 동안, 목숨을 바친 조국의 아들들이 있었습니다. 전선을 따라 늘어선 수백 개의 고지마다 한 뼘의 땅이라도 더 찾고자 피 흘렸던 우리 국군이 있었습니다. 그들의 짧았던 젊음이 조국의 땅을 넓혔습니다. 전선을 지킨 것은 군인만이 아니었습니다. 태극기 위에 위국헌신을 맹세하고 후방의 청년과 학생들도 나섰습니다. 주민들은 지게를 지고 탄약과 식량을 날랐습니다. 그것이 애국입니다.

철원 '백마고지', 양구 '단장의 능선'과 '피의 능선', 이름 없던 산들이 용사들의 무덤이 되었습니다. 전쟁의 비극이 서린, 슬픈 이름이 붙여졌습니다. 전우를 그곳에 남기고 평생 미안한 마음으로 살아오신 호국용사들에게 눈물의 고지가 되었습니다. 아직도 백골로 묻힌 용사들의 유해, 단 한 구의 유골이라도 반드시 찾아내 이곳에 모시겠습니다. 전장의 부상을 안고, 전우의 희생을 씻기지 않는 상처로 안은 채 살아가는 용사들, 그분들이 바로 조국의 아버지들입니다. 반드시 명예를 지켜드리겠습니다. 이념에 이용되지 않고 이 땅의 모든 아들딸들에게 존경받도록 만들겠습니다. 그것이 응당 국가가 해야 할 일입니다.

베트남 참전용사의 헌신과 희생을 바탕으로 조국 경제가 살아났습니다. 대한민국의 부름에 주저 없이 응답했습니다. 폭염과 정글 속에서 역경을 딛고 묵묵히 임무를 수행했습니다. 그것이 애국입니다.

이국의 전쟁터에서 싸우다가 생긴 병과 후유장애는 국가가 함께 책임져야 할 부채입니다. 이제 국가가 제대로 응답할 차례입니다. 합당하게 보답하고 예우하겠습니다. 그것이 국가가 해야 할 일입니다.

존경하는 국민 여러분, 저는 오늘, 조국을 위한 헌신과 희생은 독립과 호국의 전장에서만 있었던 것이 아니었음을 여러분과 함께 기억하고자 합니다. 1달러의 외화가 아쉬웠던 시절, 이역만리 낯선 땅 독일에서 조국 근대화의 역군이 되어준 분들이 계셨습니다. 뜨거운 막장에서 탄가루와 땀으로 범벅이 된 채 석탄을 캔 파독 광부, 병원의 온갖 궂은 일까지 견뎌낸 파독 간호사, 그분들의 헌신과 희생이 조국 경제에 디딤돌을 놓았습니다. 그것이 애국입니다.

청계천변 다락방 작업장, 천장이 낮아 허리조차 펼 수 없었던 그곳에서 젊음을 바친 여성 노동자들의 희생과 헌신에도 감사드립니다. 재봉틀을 돌리며 눈이 침침해지고, 실밥을 뜯으며 손끝이 갈라진 그분들입니다. 애국자 대신 여공이라 불렸던 그분들이 한강의 기적을 일궜습니다. 그것이 애국입니다. 이제 노인이 되어 가난했던 조국을 온몸으로 감당했던 시절을 회상하는 그분들께 저는 오늘, 정부를 대표해서 마음의 훈장을 달아드립니다.

존경하는 국민 여러분, 국가유공자와 유가족 여러분, 애국은 오늘의 대한민국을 있게 한 모든 것입니다. 국가를 위해 헌신한 한 분 한 분이 바로 대한민국입니다. 보수와 진보로 나눌 수도 없고, 나누어지지도 않는 그 자체로 온전히 대한민국입니다.

독립운동가의 품속에 있던 태극기가 고지 쟁탈전이 벌어지던 수많은 능선 위에서 펄럭였습니다. 파독 광부·간호사를 환송하던 태극기가 5.18과 6월항쟁의 민주주의 현장을 지켰습니다. 서해 바다를 지킨 용사들과 그 유가족의 마음에 새겨졌습니다. 애국하는 방법은 달랐지만, 그 모두가 애국자였습니다.

새로운 대한민국은 여기서 출발해야 합니다. 제도상의 화해를 넘어서, 마음으로 화해해야 합니다. 빼앗긴 나라를 되찾는데 좌우가 없었고 국가를 수호하는데 노소가 없었듯이, 모든 애국의 역사 한복판에는 국민이 있었을 뿐입니다.

저와 정부는 애국의 역사를 존중하고 지키겠습니다. 대한민국을 지키기 위해 공헌하신 분들께서, 바로 그 애국으로, 대한민국을 통합하는 데 앞장서 주시기를 간절히 부탁드립니다. 여러분들이 이 나라의 이념 갈등을 끝내주실 분들입니다. 이 나라의 증오와 대립, 세대 갈등을 끝내주실 분들도 애국으로 한평생 살아오신 바로 여러분들입니다.

무엇보다, 애국의 역사를 통치에 이용한 불행한 과거를 반복하지 않겠습니다. 전쟁의 후유증을 치유하기보다 전쟁의 경험을 통치의 수단으로 삼았던 이념의 정치, 편 가르기 정치를 청산하겠습니다.

존경하는 국민 여러분, 국가유공자와 보훈가족 여러분, 저는 오늘, 이 자리에서 보훈이야말로 국민통합을 이루고 강한 국가로 가는 길임을 분명히 선언합니다.

그동안 우리의 보훈 정책은 꾸준히 발전해왔습니다. 군사원호에서 예우와 보상으로, 호국유공자에서 독립, 민주유공자, 공무수행 유공자까지 그 영역도 확대되어 왔습니다. 국가유공자로 모시지는 못했지만 그 뜻을 함께 기려야 할 군경과 공무원, 의인들을 예우하고 지원하는 제도도 마련해왔습니다. 그러나 아직도 그분들의 공적에는 많이 못 미칩니다. 국민의 상식과 눈높이에도 미치지 못합니다. 이제 한 걸음 더 나가겠습니다. 국회가 동의해준다면, 국가보훈처의 위상부터 강화하겠습니다. 장관급 기구로 격상하겠습니다. 국가유공자와 보훈대상자, 그 가족이 자존감을 지키며 살아가실 수 있도록 하겠습니다.

국가를 위해 헌신하면 보상받고 반역자는 심판받는다는 흔들리지 않는 믿음이 있어야 합니다. 그것이 국민이 애국심을 바칠 수 있는, 나라다운 나라입니다. 애국이 보상받고, 정의가 보상받고, 원칙이 보상받고, 정직이 보상받는 나라를 다 함께 만들어 나갑시다. 개인과 기업의 성공이 동시에 애국의 길이 되는 정정당당한 나라를 만들어 나갑시다.

다시 한번 순국선열, 호국영령, 민주열사의 애국 헌신을 추모하며, 명복을 빕니다.

2017.6.10 6.10민주항쟁 30주년 기념사

존경하는 국민 여러분. 오늘, 국민 여러분과 함께 6·10민주항쟁 30주년을 기념하기 위해 광장에 서니 정말 감회가 새롭습니다.

스물이 안 된 청년부터 일흔의 원로까지, 제주에서 서울까지, 모두가 하나가 되고, 영남과 호남이 한목소리로 외쳤던 함성, '호헌철폐, 독재타도', 그 뜨거웠던 구호가 지금도 귀에 생생합니다.

30년 전 6월, 우리는 위대한 국민이었습니다. 빗발치는 최루탄 앞에서도 꺾이지 않았던 청년학생. 응원군에서 항쟁의 주역으로 변해간 넥타이부대. 자동차 경적을 울리고, 손수건을 흔들고, 빵을 나눠주고, 전투경찰의 가슴에 평화의 꽃을 달아주었던 시민들. 그 모두가 역사의 주인공이었습니다.

30년 전 6월, 우리는 국민이 승리하는 역사를 경험했습니다. 엄혹했던 군부독재에 맞서 불의에 대한 분노와 민주의 열망이 만들어낸 승리였습니다.

국민은 시대의 흐름을 독재에서 민주로 바꿔냈습니다. 대통령을 내 손으로 뽑을 권리, 국민이 정부를 선택할 권리를 되찾았습니다. 바위에 계란치기 같았던 저항들이 끝내 거대한 흐름을 만들어낸, 너무도 위대하고 감격스러운 역사였습니다.

대통령 직선제만이 아니었습니다. 6월항쟁은 우리 사회에 광장을 열었습니다. 보도지침이 폐지되고, 언론과 시민은 말 할 자유를 찾았습니다. 다양한 시민사회운동 조직이 생겼고, 억압되고 폐쇄되었던 민주주의의 공간을 확대했습니다. 민주주의가 아니었다면, 눈부신 경제발전도, 사회 각 분야의 다양성도, 문화와 예술도 꽃피우지 못했을 것입니다. 지난 30년, 우리 사회가 이뤄온 모든 발전과 진보는 6월항쟁에서 비롯되었습니다.

문재인 정부는 우리 국민들이 이룬 그 모든 성취를 바탕으로 출범했습니다. 그런 까닭에 저는 오늘, 6월항쟁의 주역인 국민과 함께 30주년을 기념하게 된 것을 매우 뜻깊고 영광스럽게 생각합니다.

문재인 정부는 6월항쟁의 정신 위에 서 있습니다. 임기 내내 저 문재인은 대통령이라는 직책을 가진 국민의 한 사람임을 명심하겠습니다. 역사를 바꾼 두 청년, 부산의 아들 박종철과 광주의 아들 이한열을 영원히 기억하겠습니다. 항쟁을 이끌어주신 지도부, 87년 뜨거운 함성 속에서 함께 눈물 흘리고, 함께 환호했던 모든 분들께 감사와 존경의 인사를 드립니다.

존경하는 국민 여러분, 저는 오늘, 세계가 경탄하는 우리의 민주주의가 우리 국민 스스로 만들어낸 것이라는 사실이 무엇보다 자랑스럽습니다.

우리나라 민주주의의 시작은 해방과 함께 바깥으로부터 주어졌습니다. 그러나 오늘 우리의 민주주의를 이만큼 키운 것은 국민들이었습니다. 그 길에 4.19가 있었고, 부마항쟁이 있었고, 5.18이 있었고, 6월항쟁이 있었습니다. 그리고 그 길은 지난 겨울 촛불혁명으로 이어졌습니다.

촛불은 한 세대에 걸쳐 성장한 6월항쟁이 당당하게 피운 꽃이었습니다. 우리는 6월항쟁을 통해 주권자 국민의 힘을 배웠습니다. 촛불혁명을 통해 민주공화국을 실천적으로 경험했습니다. 6월의 시민은 독재를 무너뜨렸고 촛불시민은 민주사회가 나아갈 방향과 의제를 제시했습니다. 촛불은 미완의 6월항쟁을 완성시키라는 국민의 명령이었습니다.

존경하는 국민 여러분, 우리 앞의 과제는 다시 민주주의입니다. '더 넓고, 더 깊고, 더 단단한 민주주의'를 만들어가야 합니다. 6월항쟁으로 성취한 민주주의가 모든 국민의 삶에 뿌리내리도록 해야 합니다. 민주주의가 구체적인 삶의 변화로 이어질 때, 6월항쟁은 살아있는 현재이고 미래입니다.

민주주의는 제도이고, 실질적인 내용이며, 삶의 방식입니다. 저는 이 자리에서 약속드리고 제안합니다. 제도로서의 민주주의가 흔들리고 후퇴하는 일은 이제 없습니다. 문재인 정부에서 민주주의는 발전하고 인권은 확대될 것입니다. 모든 권력은 국민에게 있습니다. 헌법, 선거제도, 청와대, 검찰, 국정원, 방송,

국민이 위임한 권한을 운용하는 제도도 마찬가지입니다. 권력기관이 국민의 의사와 의지를 감시하고 왜곡하고 억압하지 않도록 만들겠습니다.

이제 우리의 새로운 도전은 경제에서의 민주주의입니다. 민주주의가 밥이고, 밥이 민주주의가 되어야 합니다. 소득과 부의 극심한 불평등이 우리의 민주주의를 위협하고 있습니다. 일자리 위기가 근본 원인입니다. 제가 일자리 대통령이 되겠다고 거듭거듭 말씀드리는 것은 극심한 경제적 불평등 속에서 민주주의는 형식에 지나지 않기 때문입니다. 일자리는 경제의 문제일 뿐 아니라 민주주의의 문제입니다.

그러나 정부의 의지만으로는 어렵습니다. 우리 사회가 함께 경제 민주주의를 위한 새로운 기준을 세워야 합니다. 양보와 타협, 연대와 배려, 포용하는 민주주의로 가야 합니다. 대기업과 중소기업, 노동자, 시민사회 모두가 힘을 모아야 합니다. 6월항쟁 30주년을 디딤돌 삼아 우리가 도약할 미래는 조금씩 양보하고, 짐을 나누고, 격차를 줄여가는 사회적 대타협에 있다고 저는 확신합니다. 결코 쉽지 않은 일이지만 반드시 해내야할 과제입니다. 대통령과 정부가 할 수 있는 모든 노력을 다하겠습니다. 진정한 노사정 대타협을 위해 모든 경제주체의 참여를 당부 드립니다.

누구나 성실하게 8시간 일하면 먹고사는 것 걱정 없어야 합니다. 실패했더라도 다시 기회를 가져야 합니다. 그렇게 함께 사회경제적 불평등을 해소해가는 것이 민주주의입니다. 정치권에서도 함께 힘을 모아주실 것을 부탁드립니다.

존경하는 국민 여러분, 한 가지, 꼭 함께 기억하고 싶은 것이 있습니다. 6월항쟁의 중심은 특정 계층, 특정 지역이 아니었습니다. 사제, 목사, 스님, 여성, 민주정치인, 노동자, 농민, 도시빈민, 문인, 교육자, 법조인, 문화예술인, 언론출판인, 청년, 학생, 그 모두가 '민주헌법쟁취 국민운동본부'로 모였습니다. 전국 22개 지역에서 동시에 열린 6.10 국민대회가 6월 26일, 전국 34개 도시와 270여 곳에서 동시에 열린 '민주헌법 쟁취를 위한 국민평화대행진'으로 확대되었습니다. 이처럼 6월항쟁에는 계층도 없었고, 변방도 없었습니다. 그래서 우리는 승리했습니다. 저도 부산에서 6월항쟁에 참여하며, 민주주의는 물처럼 흐를 때 가장 강력하다는 것을 배웠습니다.

독재에 맞섰던 87년의 청년이 2017년의 아버지가 되어 광장을 지키고, 도시락을 건넸던 87년의 여고생이 2017년 두 아이의 엄마가 되어 촛불을 든 것처럼, 사람에서 사람으로 이어지는 민주주의는 흔들리지 않습니다. 정치와 일상이, 직장과 가정이 민주주의로 이어질 때 우리의 삶은 흔들리지 않습니다.

그렇게 우리의 삶, 우리 사회의 민주주의 역량이 더 성숙해질 수 있도록 함께 노력해갑시다. 관행과 제도와 문화를 바꿔나갈 일은 그대로 정부가 노력하겠습니다. 우리 주변에 일상화되어있는 비민주적인 요소들은 우리 모두 서로 도와가며 바꿔나갑시다. 개개인이 깨어있는 민주시민이 되기 위한 노력은 그것대로 같이 해나갑시다.

민주주의가 정치, 사회, 경제의 제도로서 정착하고 우리 한 사람 한 사람이 일상에서 민주주의로 훈련될 때, 민주주의는 그 어떤 폭풍 앞에서도 꺾이지 않을 것입니다.

6월항쟁의 이름으로 민주주의는 영원하고, 광장 또한 국민들에게 항상 열려있을 것입니다. 감사합니다.

2017.7.6 한반도 평화 '신新 베를린 선언'

존경하는 독일 국민 여러분, 고국에 계신 국민 여러분, 하울젠 쾨르버재단 이사님과 모드로 전 동독 총리님을 비롯한 내외 귀빈 여러분, 먼저, 냉전과 분단을 넘어 통일을 이루고, 그 힘으로 유럽통합과 국제평화를 선도하고 있는 독일과 독일 국민에게 무한한 경의를 표합니다. 오늘 이 자리를 마련해주신 독일 정부와 쾨르버 재단에도 감사드립니다. 아울러, 얼마 전 별세하신 故헬무트 콜 총리의 가족과 독일 국민들에게 깊은 애도와 위로의 마음을 전합니다. 대한민국은, 냉전 시기 어려운 환경 속에서도 적극적이고 능동적인 외교로 독일 통일과 유럽통합을 주도한 헬무트 콜 총리의 위대한 업적을 기억할 것입니다.

친애하는 내외 귀빈 여러분, 이곳 베를린은 지금으로부터 17년 전, 한국의 김대중 대통령이 남북 화해·협력의 기틀을 마련한 '베를린 선언'을 발표한 곳입니다. 여기 알테스 슈타트하우스(Altes Stadhaus)는 독일 통일조약 협상이 이뤄졌던 역사적 현장입니다. 나는 오늘, 베를린의 교훈이 살아있는 이 자리에서 대한민국 새 정부의 한반도 평화 구상을 말씀드리고자 합니다.

내외 귀빈 여러분, 독일 통일의 경험은 지구상 마지막 분단국가로 남은 우리에게 통일에 대한 희망과 함께 우리가 나아가야 할 방향을 말해주고 있습니다. 그것은 우선, 통일에 이르는 과정의 중요성입니다. 독일 통일은 상호 존중에 바탕을 둔 평화와 협력의 과정이 얼마나 중요한지를 일깨워줬습니다. 독일 국민들은 이 과정에서 축적된 신뢰를 바탕으로 스스로 통일을 결정할 수 있었습니다. 동서독의 시민들은 다양한 분야에서 교류, 협력했고 양측 정부는 이를 제도적으로 보장했습니다. 비정치적인 민간교류가 정치 이념의 빗장을 풀었고 양측 국민들의 닫힌 마음을 열어나갔습니다.

동방정책이 20여 년간 지속되었다는 사실도 중요합니다. 정권이 바뀌어도 일관된 정책이 가능했던 것은 국민의 지지와 더불어 국제사회의 협력이 바탕이 되었기 때문입니다. 독일은 유럽에 평화 질서가 조성될 때, 그 틀 안에서 독일의 통일도 가능할 것이라고 보았습니다. 국제사회와 보조를 맞추고, 때로는 국제사회를 설득해서 튼튼한 안보를 확보하고, 양독 관계에 대한 지지를 보장받았습니다. 빌리 브란트 총리가 첫걸음을 뗀 독일의 통일과정은 다른 정당의 헬무트 콜 총리에 이르러 완성되었습니다. 나는 한반도의 평화와 공동 번영을 위해서도 마찬가지로 정당을 초월한 협력이 이어져 나가야 한다고 믿습니다.

내외 귀빈 여러분, 한반도의 평화와 통일을 바라는 우리 국민들에게 베를린은 김대중 대통령의 '베를린 선언'과 함께 기억됩니다. 김대중 대통령의 베를린 선언은 2000년 제1차 남북정상회담으로 이어졌고, 분단과 전쟁 이후 60여 년간 대립하고 갈등해 온 남과 북이 화해와 협력의 길로 들어서는 대전환을 이끌어냈습니다. 그 뒤를 이어 노무현 대통령은 2007년 제2차 남북정상회담을 통해 남북 관계의 발전과 평화·번영을 위한 이정표를 세웠습니다.

김대중 대통령과 노무현 대통령은 한반도에 평화를 정착시키기 위한 국제협력도 추진해 나갔습니다. 그 기간 동안 6자회담은 북핵 문제 해결 원칙과 방향을 담은 9.19 성명과 2.13합의를 채택했습니다. 북미 관계, 북일 관계에도 진전이 있었습니다. 나는 앞선 두 정부의 노력을 계승하는 동시에 대한민국의 보다 주도적인 역할을 통해 한반도에 평화체제를 구축하는 담대한 여정을 시작하고자 합니다.

존경하는 내외 귀빈 여러분, 한반도가 직면하고 있는 가장 큰 도전은 북핵 문제입니다. 북한은 핵과 미사일 도발을 계속하며 한반도와 동북아, 나아가 세계의 평화를 위협하고 있습니다.

특히 바로 이틀 전에 있었던 미사일 도발은 매우 실망스럽고 대단히 잘못된 선택입니다. 유엔 안보리 결의를 명백히 위반했을 뿐만 아니라 국제사회의 거듭된 경고를 정면으로 거부한 것입니다. 무엇보다 한미 정상회담을 통해 모처럼 대화의 길을 마련한 우리 정부로서는 더 깊은 유감을 느끼지 않을 수 없습니다.

북한의 이번 선택은 무모합니다. 국제사회의 응징을 자초했습니다. 북한이 도발을 멈추고 비핵화 의지를 보여준다면, 국제사회의 지지와 협력을 받을 수 있도록 앞장서서 돕겠다는 우리 정부의 의지를 시험하고 있습니다.

나는 북한이 돌아올 수 없는 다리를 건너지 않기를 바랍니다. 북한은 핵과 미사일 개발을 포기하고 국제사회와 협력할 수 있는 길을 찾아야 합니다. 완전하고 검증 가능하며 불가역적인 한반도 비핵화는 국제사회의 일치된 요구이자 한반도 평화를 위한 절대 조건입니다. 한반도 비핵화를 위한 결단만이 북한의 안전을 보장하는 길이라는 뜻입니다.

그래서 나는 바로 지금이 북한이 올바른 선택을 할 수 있는 마지막 기회이고, 가장 좋은 시기라는 점을 강조합니다. 점점 더 높아지는 군사적 긴장의 악순환이 한계점에 이른 지금, 대화의 필요성이 과거 어느 때보다 절실해졌기 때문입니다.

중단되었던 한반도 평화프로세스를 다시 시작할 수 있는 기본여건이 마련되었다는 점도 중요합니다. 최근 한미 양국은, 제재는 외교적 수단이며, 평화적인 방식으로 한반도 비핵화를 달성한다는 큰 방향에 합의했습니다. 북한에 대해 적대시 정책을 갖고 있지 않다는 사실을 천명했습니다. 북한의 선택에 따라 국제사회가 함께 보다 밝은 미래를 제공할 수 있음을 확인했습니다.

한미 양국은 또한, 당면한 한반도 위기를 타개하기 위해서도 남북 관계 개선이 중요하다는 점에 인식을 같이했습니다. 트럼프 대통령은 한반도 평화통일 환경을 조성함에 있어서 대한민국의 주도적 역할을 지지했고, 남북 대화를 재개하려는 나의 구상을 지지했습니다. 중국의 시진핑 주석과도 같은 공감대를 확인했습니다.

이제 북한이 결정할 일만 남았습니다. 대화의 장으로 나오는 것도, 어렵게 마련된 대화의 기회를 걷어차는 것도 오직 북한이 선택할 일입니다. 그러나 만일, 북한이 핵 도발을 중단하지 않는다면 더욱 강한 제재와 압박 외에는 다른 선택이 없습니다. 한반도의 평화와 북한의 안전을 보장할 수 없게 될 것입니다.

나는 한반도 평화를 위한 우리 정부와 국제사회의 의지를, 북한이 매우 중대하고 긴급한 신호로 받아들일 것을 기대하고 촉구합니다.

내외 귀빈 여러분, 이제, 한반도의 냉전 구조를 해체하고 항구적인 평화 정착을 이끌기 위한 우리 정부의 정책 방향을 말씀드리겠습니다.

첫째, 우리가 추구하는 것은 오직 평화입니다. 평화로운 한반도는 핵과 전쟁의 위협이 없는 한반도입니다. 남과 북이 서로를 인정하고 존중하며, 함께 잘 사는 한반도입니다. 우리는 이미 평화로운 한반도로 가는 길을 알고 있습니다.

'6.15 공동선언'과 '10.4 정상선언'으로 돌아가는 것입니다. 남과 북은 두 선언을 통해 남북 문제의 주인이 우리 민족임을 천명했고 한반도에서 긴장 완화와 평화 보장을 위한 긴밀한 협력을 약속했습니다. 경제 분야를 비롯한 사회 각 분야의 협력사업을 통해 남북이 공동번영의 길로 나아가자고 약속했습니다. 남과 북이 상호 존중의 토대 위에 맺은 이 합의의 정신은 여전히 유효합니다. 그리고 절실합니다. 남과 북이 함께 평화로운 한반도를 실현하고자 했던 그 정신으로 돌아가야 합니다.

나는 이 자리에서 분명히 말합니다. 우리는 북한의 붕괴를 바라지 않으며, 어떤 형태의 흡수통일도 추진하지 않을 것입니다. 우리는 인위적인 통일을 추구하지도 않을 것입니다. 통일은 쌍방이 공존공영하면서 민족공동체를 회복해 나가는 과정입니다. 통일은 평화가 정착되면 언젠가 남북 간의 합의에 의해 자연스럽게 이루어질 일입니다. 나와 우리 정부가 실현하고자 하는 것은 오직 평화입니다.

둘째, 북한체제의 안전을 보장하는 한반도 비핵화를 추구하겠습니다. 지난 4월, '전쟁 위기설'이 한반도와 세계를 휩쓸었습니다. 한반도를 둘러싼 군사적 긴장은 세계의 화약고와도 같습니다. 한반도의 군사적 긴장을 시급히 완화해야 합니다. 남북한 간의 무너진 신뢰를 다시 회복해야 합니다. 우리는 이를 위해 교류와 대화를 모색해 나갈 것입니다. 북한도 더 이상의 핵 도발을 중단해야 합니다. 우발적인 충돌을 방지하기 위한 군사관리체계도 구축해 나가야 합니다.

보다 근본적인 해법은 북핵 문제의 근원적 해결입니다. 북핵 문제는 과거보다 훨씬 고도화되고 어려워졌습니다. 단계적이고 포괄적인 접근이 필요합니다. 우리 정부는 국제사회와 함께 북한 핵의 완전한 폐기와 평화체제 구축, 북한의 안보·경제적 우려 해소, 북미 관계 및 북일 관계 개선 등 한반도와 동북아의 현안을 포괄적으로 해결해 나가겠습니다. 그러나 손뼉도 마주쳐야 소리가 나는 법입니다. 북한이 핵 도발을 전면 중단하고, 비핵화를 위한 양자 대화와 다자 대화에 나서야만 가능한 일입니다.

셋째, 항구적인 평화체제를 구축해 나가겠습니다. 1953년 이래 한반도는 60년 넘게 정전 상태에 있습니다. 불안한 정전체제 위에서는 공고한 평화를 이룰 수 없습니다. 남북의 소중한 합의들이 정권이 바뀔 때마다 흔들리거나 깨져서도 안 됩니다.

평화를 제도화해야 합니다. 안으로는 남북 합의의 법제화를 추진하겠습니다. 모든 남북 합의는 정권이 바뀌어도 계승돼야 하는 한반도의 기본자산임을 분명히 할 것입니다.

한반도에 항구적 평화구조를 정착시키기 위해서는 종전과 함께 관련국이 참여하는 한반도 평화협정을 체결해야 합니다. 북핵 문제와 평화체제에 대한 포괄적인 접근으로 완전한 비핵화와 함께 평화협정 체결을 추진하겠습니다.

넷째, 한반도에 새로운 경제지도를 그리겠습니다. 남북한이 함께 번영하는 경제협력은 한반도 평화정착의 중요한 토대입니다. 나는 '한반도 신경제지도' 구상을 가지고 있습니다. 북핵 문제가 진전되고 적절한 여건이 조성되면 한반도의 경제지도를 새롭게 그려 나가겠습니다. 군사분계선으로 단절된 남북을 경제벨트로 새롭게 잇고 남북이 함께 번영하는 경제공동체를 이룰 것입니다.

끊겼던 남북 철도는 다시 이어질 것입니다. 부산과 목포에서 출발한 열차가 평양과 북경으로, 러시아와 유럽으로 달릴 것입니다. 남·북·러 가스관 연결 등 동북아 협력사업들도 추진될 수 있을 것입니다. 남과 북은 대륙과 해양을 잇는 교량국가로 공동번영할 것입니다. 남과 북이 10.4 정상선언을 함께 실천하기만 하면 됩니다. 그때 세계는 평화의 경제, 공동번영의 새로운 경제모델을 보게 될 것입니다.

다섯째, 비정치적 교류협력 사업은 정치·군사적 상황과 분리해 일관성을 갖고 추진해 나가겠습니다. 남북한의 교류협력 사업은 한반도 모든 구성원의 고통을 치유하고 화합을 이루는 과정이자 안으로부터의 평화를 만들어가는 일입니다.

남북한에는 분단과 전쟁으로 고향을 잃고 헤어진 가족들이 있습니다. 그 고통을 60년 넘게 치유해주지 못한다는 것은 남과 북 정부 모두에게 참으로 부끄러운 일입니다. 대한민국 정부에 가족상봉을 신청한 이산가족 가운데 현재 생존해 계신 분은 6만여 명, 평균 연령은 81세입니다. 북한도 사정은 마찬가지일 것입니다. 이분들이 살아 계신 동안에 가족을 만날 수 있게 해야 합니다. 어떤 정치적 고려보다 우선해야만 하는 시급한 인도적 문제입니다.

분단으로 남북의 주민들이 피해를 보는 일들도 남북한이 함께 해결해 나가야 합니다. 북한의 하천이 범람하면 남한의 주민들이 수해를 입게 됩니다. 감염병이나 산림 병충해, 산불은 남북한의 경계를 가리지 않습니다. 남북이 공동대응하는 협력을 추진해 나가겠습니다.

민간 차원의 교류는 당국 간 교류에 앞서 남북 간 긴장 완화와 동질성 회복에 공헌해 왔습니다. 민간교류의 확대는 꽉 막힌 남북 관계를 풀어갈 소중한 힘입니다. 다양한 분야의 민간교류를 폭넓게 지원하겠습니다. 지역 간의 교류도 적극 지원하겠습니다.

인간 존중의 보편적 가치와 국제 규범은 한반도 전역에서 구현되어야 합니다. 북한 주민의 열악한 인권 상황에 대해서는 국제사회와 함께 분명한 목소리를 낼 것입니다. 아울러, 북한 주민들에게 실제 도움이 되는 방향으로 인도적인 협력을 확대하겠습니다.

내외 귀빈 여러분, 나와 우리 정부는 이상의 정책 방향을 확고하게 견지하면서 실천할 준비가 되어 있습니다. 남북이 함께 손을 잡고 한반도 평화의 돌파구를 열어가야 합니다. 먼저 쉬운 일부터 시작해 나갈 것을 북한에 제안합니다.

첫째, 시급한 인도적 문제부터 해결하는 것입니다. 올해는 '10.4 정상선언' 10주년입니다. 또한 10월 4일은 우리 민족의 큰 명절인 추석입니다. 남과 북은 10.4 선언에서 흩어진 가족과 친척들의 상봉을 확대하기로 합의한 바 있습니다. 민족적 의미가 있는 두 기념일이 겹치는 이 날에 이산가족 상봉행사를 개최한다면 남북이 기존 합의를 함께 존중하고 이행해 나가는 의미 있는 출발이 될 것입니다. 북한이 한 걸음 더 나갈 용의가 있다면, 이번 이산가족 상봉에 성묘 방문까지 포함할 것을 제안합니다.

분단 독일의 이산가족들은 서신 왕래와 전화는 물론 상호 방문과 이주까지 허용되었습니다. 우리도 못 할 이유가 없습니다. 더 많은 이산가족이 우리 곁을 떠나기 전, 그들의 눈물을 닦아 주어야 합니다. 만약 북한이 당장 준비가 어렵다면 우리 측만이라도 북한 이산가족의 고향방문이나 성묘를 허용하고 개방

하겠습니다. 북한의 호응을 바라며, 이산가족 상봉을 논의하기 위한 남북 적십자회담 개최를 희망합니다.

둘째, 평창 올림픽에 북한이 참가하여 '평화 올림픽'으로 만드는 것입니다. 2018년 2월, 한반도의 군사분계선에서 100km 거리에 있는 대한민국 평창에서 동계올림픽이 개최됩니다. 2년 후 2020년엔 하계올림픽이 동경에서, 2022년엔 북경에서 동계올림픽이 개최됩니다. 우리 정부는 아시아에서 이어지는 이 소중한 축제들을 한반도의 평화, 동북아와 세계의 평화를 만들어가는 계기로 만들 것을 북한에 제안합니다.

스포츠에는 마음과 마음을 잇는 힘이 있습니다. 남과 북, 그리고 세계의 선수들이 땀 흘리며 경쟁하고 쓰러진 선수를 일으켜 부둥켜안을 때, 세계는 올림픽을 통해 평화를 보게 될 것입니다. 세계의 정상들이 함께 박수를 보내면서, 한반도 평화의 새로운 시작을 함께 열 수 있기를 기대합니다. 북한의 평창 동계올림픽 참가에 대해 IOC에서 협조를 약속한 만큼 북한의 적극적인 호응을 기대합니다.

셋째, 군사분계선에서의 적대행위를 상호 중단하는 것입니다. 지금 이 순간에도 한반도의 군사분계선에서는 총성 없는 전쟁이 계속되고 있습니다. 양측 군에 의한 군사적 긴장 고조 상태가 변하지 않고 있습니다. 이는 남북한 무력충돌의 위험성을 고조시키고 접경지역에서 생활하는 양측 국민의 안전을 위협하는 일입니다.

올해 7월 27일은 휴전협정 64주년이 되는 날입니다. 이날을 기해 남북이 군사분계선에서 군사적 긴장을 고조시키는 일체의 적대행위를 중지한다면 남북 간의 긴장을 완화하는 의미 있는 계기가 될 것입니다.

넷째, 한반도 평화와 남북협력을 위한 남북 간 접촉과 대화를 재개하는 것입니다. 한반도 긴장 완화는 가장 시급한 문제입니다. 지금처럼 당국자 간 아무런 접촉이 없는 상황은 매우 위험합니다. 상황관리를 위한 접촉으로 시작하여 의미 있는 대화를 진전시켜 나가야 합니다.

나아가, 올바른 여건이 갖춰지고 한반도의 긴장과 대치국면을 전환시킬 계기가 된다면 나는 언제 어디서든 북한의 김정은 위원장과 만날 용의가 있습니다. 핵 문제와 평화협정을 포함해 남북한의 모든 관심사를 대화 테이블에 올려놓고 한반도 평화와 남북협력을 위한 논의를 할 수 있습니다. 한번으로 되지 않을 것입니다. 시작이 중요합니다. 자리에서 일어서야 발걸음을 뗄 수 있습니다. 북한의 결단을 기대합니다.

존경하는 내외 귀빈 여러분, 독일은 한국보다 먼저 냉전을 극복하고 통일을 달성했지만 지금은 지역주의와 테러, 난민 문제 등 평화에 대한 또 다른 도전에 직면해 있습니다. 나는 독일이 베를린의 민주주의와 평화공존의 정신으로 새로운 도전을 극복하고 독일 사회와 유럽의 통합을 완성해 나갈 것을 믿습니다. 대한민국도 성숙한 민주주의의 힘으로 평화로운 한반도를 반드시 실현해 나갈 것입니다. 베를린에서 시작된 냉전의 해체를 서울과 평양에서 완성하고 새로운 평화의 비전을 동북아와 세계에 전파할 것입니다. 독일과 한국은 평화를 향한 전진을 멈추지 않을 것입니다. 양국은 언제나 서로를 지지하고 응원하며 연대할 것입니다. 인류의 더 나은 삶, 세계의 더 좋은 미래를 향해 굳세게 함께 나아갑시다. 감사합니다.

2017.8.15 제72주년 광복절 경축사

존경하는 국민 여러분, 독립유공자와 유가족 여러분, 해외에 계신 동포 여러분, 촛불혁명으로 국민주권의 시대가 열리고 첫 번째 맞는 광복절입니다. 오늘, 그 의미가 유달리 깊게 다가옵니다.

국민주권은 이 시대를 사는 우리가 처음 사용한 말이 아닙니다. 백 년 전인 1917년 7월, 독립운동가 14인이 상해에서 발표한 '대동단결 선언'은 국민주권을 독립운동의 이념으로 천명했습니다. 경술국치는 국권을 상실한 날이 아니라 오히려 국민주권이 발생한 날이라고 선언하며, 국민주권에 입각한 임시정부 수립을 제창했습니다.

마침내 1919년 3월, 이념과 계급과 지역을 초월한 전 민족적 항일독립운동을 거쳐, 이 선언은 대한민국 임시정부를 수립하는 기반이 되었습니다. 국민주권은 임시정부 수립을 통한 대한민국 건국의 이념이 되었고, 오늘 우리는 그 정신을 계승하고 있습니다. 그렇게 국민이 주인인 나라를 세우려는 선대들의 염원은 백 년의 시간을 이어왔고, 드디어 촛불을 든 국민들의 실천이 되었습니다. 광복은 주어진 것이 아니었습니다. 이름 석 자까지 모든 것을 빼앗기고도 자유와 독립의 열망을 지켜낸 삼천만이 되찾은 것입니다. 민족의 자주독립에 생을 바친 선열들은 말할 것도 없습니다. 독립운동을 위해 떠나는 자식의 옷을 기운 어머니도, 일제의 눈을 피해 야학에서 모국어를 가르친 선생님도, 우리의 전통을 지켜내고 쌈짓돈을 보탠 분들도, 모두가 광복을 만든 주인공입니다.

광복은 항일의병에서 광복군까지 애국선열들의 희생과 헌신이 흘린 피의 대가였습니다. 직업도, 성별도, 나이의 구분도 없었습니다. 의열단원이며 몽골의 전염병을 근절시킨 의사 이태준 선생, 간도참변 취재 중 실종된 동아일보 기자 장덕준 선생, 무장독립단체 서로군정서에서 활약한 독립군의 어머니 남자현 여사, 과학으로 민족의 힘을 키우고자 했던 과학자 김용관 선생, 독립군 결사대 단원이었던 영화감독 나운규 선생, 우리에게는 너무도 많은 독립운동가들이 있었습니다.

독립운동의 무대도 한반도만이 아니었습니다. 1919년 3월 1일 연해주와 만주, 미주와 아시아 곳곳에서도 한목소리로 대한독립의 함성이 울려 퍼졌습니다. 항일독립운동의 이 모든 빛나는 장면들이 지난 겨울 전국 방방곡곡에서, 그리고 우리 동포들이 있는 세계 곳곳에서, 촛불로 살아났습니다. 우리 국민이 높이 든 촛불은 독립운동 정신의 계승입니다.

위대한 독립운동의 정신은 민주화와 경제발전으로 되살아나 오늘의 대한민국을 만들었습니다. 그 과정에서 희생하고 땀 흘린 모든 분들, 그 한 분 한 분 모두가 오늘 이 나라를 세운 공헌자입니다.

오늘 저는 독립유공자와 유가족 여러분, 그리고 저마다의 항일로 암흑의 시대를 이겨낸 모든 분들께, 또 촛불로 새 시대를 열어주신 국민들께, 다시금 깊은 존경과 감사의 말씀을 드립니다. 아울러 저는 오늘 우리가 기념하는 이 날이 민족과 나라 앞에 닥친 어려움과 위기에 맞서는 용기와 지혜를 되새기는 날이 되기를 희망합니다.

존경하는 독립유공자와 유가족 여러분, 경북 안동에 임청각이라는 유서 깊은 집이 있습니다. 임청각은 일제강점기 전 가산을 처분하고 만주로 망명하여 신홍무관학교를 세우고, 무장 독립운동의 토대를 만든 석주 이상룡 선생의 본가입니다. 무려 아홉 분의 독립투사를 배출한 독립운동의 산실이고, 대한민국 노블리스 오블리제를 상징하는 공간입니다. 그에 대한 보복으로 일제는 그 집을 관통하도록 철도를 놓았습니다. 아흔아홉 칸 대저택이었던 임청각은 지금도 반 토막이 난 그 모습 그대로입니다. 이상룡 선생의 손자, 손녀는 해방 후 대한민국에서 고아원 생활을 하기도 했습니다. 임청각의 모습이 바로 우리가 되돌아봐야 할 대한민국의 현실입니다. 일제와 친일의 잔재를 제대로 청산하지 못했고, 민족정기를 바로 세우지 못했습니다.

역사를 잃으면 뿌리를 잃는 것입니다. 독립운동가들을 더 이상 잊혀진 영웅으로 남겨두지 말아야 합니다. 명예뿐인 보훈에 머물지도 말아야 합니다. 독립운동을 하면 3대가 망한다는 말이 사라져야 합니다. 친일 부역자와 독립운동가의 처지가 해방 후에도 달라지지 않더라는 경험이 불의와의 타협을 정당화하는 왜곡된 가치관을 만들었습니다.

독립운동가들을 모시는 국가의 자세를 완전히 새롭게 하겠습니다. 최고의 존경과 예의로 보답하겠습니다. 독립운동가의 3대까지 예우하고 자녀와 손자녀 전원의 생활안정을 지원해서 국가에 헌신하면 3대까지 대접받는다는 인식을 심겠습니다. 독립운동의 공적을 후손들이 기억하기 위해 임시정부 기념관을 건립하겠습니다. 임청각처럼 독립운동을 기억할 수 있는 유적지는 모두 찾아내겠습니다. 잊혀진 독립운동가를 끝까지 발굴하고, 해외의 독립운동 유적지를 보전하겠습니다.

이번 기회에 정부는 대한민국 보훈의 기틀을 완전히 새롭게 세우고자 합니다. 대한민국은 나라의 이름을 지키고, 나라를 되찾고, 나라의 부름에 기꺼이 응답한 분들의 희생과 헌신 위에 서 있습니다. 그 희생과 헌신에 제대로 보답하는 나라를 만들겠습니다.

젊음을 나라에 바치고 이제 고령이 되신 독립유공자와 참전유공자에 대한 예우를 강화하겠습니다. 살아계시는 동안 독립유공자와 참전유공자의 치료를 국가가 책임지겠습니다. 참전 명예수당도 인상하겠습니다. 유공자 어르신 마지막 한 분까지 대한민국의 품이 따뜻하고 영광스러웠다고 느끼시게 하겠습니다. 순직 군인과 경찰, 소방공무원 유가족에 대한 지원도 확대할 것입니다. 그것이 우리 모두의 자긍심이 될 것이라 믿습니다. 보훈으로 대한민국의 정체성을 분명히 확립하겠습니다. 애국의 출발점이 보훈이 되도록 하겠습니다.

존경하는 국민 여러분, 지난 역사에서 국가가 국민을 지켜주지 못해 국민들이 감수해야 했던 고통과도 마주해야 합니다. 광복 70년이 지나도록 일제강점기 강제동원 고통이 지속되고 있습니다. 그동안 강제동원의 실상이 부분적으로 밝혀졌지만 아직 그 피해의 규모가 다 드러나지 않았습니다. 밝혀진 사실들은 그것대로 풀어나가고, 미흡한 부분은 정부와 민간이 협력해, 마저 해결해야 합니다. 앞으로 남북 관계가 풀리면 남북이 공동으로 강제동원 피해 실태조사를 하는 것도 검토할 것입니다.

해방 후에도 돌아오지 못한 동포들이 많습니다. 재일동포의 경우 국적을 불문하고 인도주의적 차원에서 고향 방문을 정상화할 것입니다. 지금도 시베리아와 사할린 등 곳곳에 강제이주와 동원이 남긴 상처가 남아 있습니다. 그분들과도 동포의 정을 함께 나누겠습니다.

존경하는 국민 여러분, 독립유공자와 유가족 여러분, 해외동포 여러분, 오늘 광복절을 맞아 한반도를 둘러싸고 계속되는 군사적 긴장의 고조가 우리의 마음을 무겁게 합니다. 분단은 냉전의 틈바구니 속에서 우리 힘으로 우리 운명을 결정할 수 없었던 식민지 시대가 남긴 불행한 유산입니다. 그러나 이제 우리는 스스로 우리 운명을 결정할 수 있을 만큼 국력이 커졌습니다. 한반도의 평화도, 분단 극복도, 우리가 우리 힘으로 만들어가야 합니다.

오늘날 한반도의 시대적 소명은 두말할 것 없이 평화입니다. 한반도 평화 정착을 통한 분단 극복이야말로 광복을 진정으로 완성하는 길입니다. 평화는 또한 당면한 우리의 생존 전략입니다. 안보도, 경제도, 성장도, 번영도 평화 없이는 미래를 담보하지 못합니다.

평화는 우리만의 문제가 아닙니다. 한반도에 평화가 없으면 동북아에 평화가 없고, 동북아에 평화가 없으면 세계의 평화가 깨집니다. 지금 세계는 두려움 속에서 그분명한 진실을 목도하고 있습니다. 이제 우리가 가야할 길은 명확합니다. 전 세계와 함께 한반도와 동북아의 항구적 평화체제 구축의 대장정을 시작하는 것입니다.

지금 당면한 가장 큰 도전은 북한의 핵과 미사일입니다. 정부는 현재의 안보 상황을 매우 엄중하게 인식하고 있습니다. 정부는 굳건한 한미동맹을 기반으로 미국과 긴밀히 협력하면서 안보위기를 타개할 것입니다. 그러나 우리의 안보를 동맹국에게만 의존할 수는 없습니다. 한반도 문제는 우리가 주도적으로 해결해야 합니다.

정부의 원칙은 확고합니다. 대한민국의 국익이 최우선이고 정의입니다. 한반도에서 또다시 전쟁은 안 됩니다. 한반도에서의 군사행동은 대한민국만이 결정할 수 있고, 누구도 대한민국의 동의 없이 군사행동을 결정할 수 없습니다. 정부는 모든 것을 걸고 전쟁만은 막을 것입니다. 어떤 우여곡절을 겪더라도 북핵 문제는 반드시 평화적으로 해결해야 합니다. 이 점에서 우리와 미국 정부의 입장이 다르지 않습니다.

정부는 국제사회에서 평화적 해결 원칙이 흔들리지 않도록 외교적 노력을 한층 강화할 것입니다. 국방력이 뒷받침되는 굳건한 평화를 위해 우리 군을 더 강하게, 더 믿음직스럽게 혁신하여 강한 방위력을 구축할 것입니다. 한편으로 남북 간 군사적 긴장이 상황을 더 악화시키지 않도록 군사적 대화의 문도 열어놓을 것입니다.

북한에 대한 제재와 대화는 선후의 문제가 아닙니다. 북핵 문제의 역사는 제재와 대화가 함께 갈 때 문제 해결의 단초가 열렸음을 보여주었습니다. 북한이 미사일 발사시험을 유예하거나 핵실험 중단을 천명했던 시기는 예외 없이 남북 관계가 좋은 시기였다는 것을 기억해야 합니다. 그럴 때 북미, 북일 간 대화도 촉진되었고, 동북아 다자외교도 활발했습니다. 제가 기회가 있을 때마다 한반도 문제의 주인은 우리라고 한 이유도 여기에 있습니다.

북핵 문제 해결은 핵 동결로부터 시작되어야 합니다. 적어도 북한이 추가적인 핵과 미사일 도발을 중단해야 대화의 여건이 갖춰질 수 있습니다. 북한에 대한 강도 높은 제재와 압박의 목적도 북한을 대화로 이끌어내기 위한 것이지 군사적 긴장을 높이기 위한 것이 아닙니다. 이 점에서도 우리와 미국 정부의 입장이 다르지 않습니다.

북한 당국에 촉구합니다. 국제적인 협력과 상생 없이 경제발전을 이루는 것은 불가능합니다. 이대로 간다면 북한에게는 국제적 고립과 어두운 미래가 있을 뿐입니다. 수많은 주민들의 생존과 한반도 전체를 어려움에 빠뜨리게 됩니다. 우리 역시 원하지 않더라도 북한에 대한 제재와 압박을 더욱 높여나가지 않을 수 없습니다. 즉각 도발을 중단하고 대화의 장으로 나와 핵 없이도 북한의 안보를 걱정하지 않을 수 있는 상황을 만들어야 합니다. 우리가 돕고 만들어 가겠습니다. 미국과 주변 국가들도 도울 것입니다.

다시 한번 천명합니다. 우리는 북한의 붕괴를 원하지 않습니다. 흡수통일을 추진하지도 않을 것이고 인위적 통일을 추구하지도 않을 것입니다. 통일은 민족공동체의 모든 구성원들이 합의하는 '평화적, 민주적' 방식으로 이루어져야 합니다. 북한이 기존의 남북합의의 상호이행을 약속한다면, 우리는 정부가 바뀌어도 대북정책이 달라지지 않도록, 국회의 의결을 거쳐 그 합의를 제도화할 것입니다.

저는 오래 전부터 '한반도 신경제지도' 구상을 밝힌 바 있습니다. 남북 간의 경제협력과 동북아 경제협력은 남북공동의 번영을 가져오고, 군사적 대립을 완화시킬 것입니다. 경제협력의 과정에서 북한은 핵무기를 갖지 않아도 자신들의 안보가 보장된다는 사실을 자연스럽게 깨닫게 될 것입니다.

쉬운 일부터 시작할 것을 다시 한번 북한에 제안합니다. 이산가족 문제와 같은 인도적 협력을 하루빨리 재개해야 합니다. 이분들의 한을 풀어드릴 시간이 얼마 남지 않았습니다. 이산가족 상봉과 고향 방문, 성묘에 대한 조속한 호응을 촉구합니다.

다가오는 평창 동계올림픽도 남북이 평화의 길로 한 걸음 나아갈 수 있는 좋은 기회입니다. 평창 올림픽을 평화 올림픽으로 만들어야 합니다. 남북 대화의 기회로 삼고, 한반도 평화의 기틀을 마련해야 합니다. 동북아 지역에서 연이어 개최되는 2018년 평창 동계올림픽, 2020년의 도쿄 하계올림픽, 2022년의 베이징 동계올림픽은 한반도와 함께 동북아의 평화와 경제협력을 촉진할 수 있는 절호의 기회입니다. 저는 동북아의 모든 지도자들에게 이 기회를 살려 나가기 위해 머리를 맞댈 것을 제안합니다. 특히 한국과 중국, 일본은 역내 안보와 경제협력을 제도화하면서 공동의 책임을 나누는 노력을 함께해 나가야 할 것입니다. 국민 여러분께서도 뜻을 모아주실 것을 부탁드립니다.

존경하는 국민 여러분, 해마다 광복절이 되면 우리는 한일 관계를 되돌아보지 않을 수 없습니다. 한일 관계도 이제 양자 관계를 넘어 동북아의 평화와 번영을 위해 함께 협력하는 관계로 발전해 나가야 할 것입니다. 과거사와 역사 문제가 한일 관계의 미래지향적인 발전을 지속적으로 발목 잡는 것은 바람직하지 않습니다. 정부는 새로운 한일 관계의 발전을 위해 셔틀 외교를 포함한 다양한 교류를 확대해 갈 것입니다. 당면한 북핵과 미사일 위협에 대한 공동 대응을 위해서도 양국 간의 협력을 강화하지 않을 수 없습니다.

그러나 우리가 한일 관계의 미래를 중시한다고 해서 역사 문제를 덮고 넘어갈 수는 없습니다. 오히려 역사 문제를 제대로 매듭지을 때 양국 간의 신뢰가 더욱 깊어질 것입니다. 그동안 일본의 많은 정치인과 지식인들이 양국 간의 과거와 일본의 책임을 직시하려는 노력을 해왔습니다. 그 노력들이 한일 관계의 미래지향적 발전에 기여해 왔습니다. 이러한 역사 인식이 일본의 국내 정치 상황

에 따라 바뀌지 않도록 해야 합니다. 한일 관계의 걸림돌은 과거사 그 자체가 아니라 역사 문제를 대하는 일본정부의 인식의 부침에 있기 때문입니다.

일본군 위안부와 강제징용 등 한일 간의 역사 문제 해결에는 인류의 보편적 가치와 국민적 합의에 기한 피해자의 명예회복과 보상, 진실규명과 재발방지 약속이라는 국제사회의 원칙이 있습니다. 우리 정부는 이 원칙을 반드시 지킬 것입니다. 일본 지도자들의 용기 있는 자세가 필요합니다.

존경하는 국민 여러분, 독립유공자와 유가족 여러분, 해외동포 여러분, 2년 후 2019년은 대한민국 건국과 임시정부 수립 100주년을 맞는 해입니다. 내년 8.15는 정부 수립 70주년이기도 합니다.

우리에게 진정한 광복은, 외세에 의해 분단된 민족이 하나가 되는 길로 나아가는 것입니다. 우리에게 진정한 보훈은, 선열들이 건국의 이념으로 삼은 국민주권을 실현하여 국민이 주인인 나라다운 나라를 만드는 것입니다. 지금부터 준비합시다. 그 과정에서, 치유와 화해, 통합을 향해 지난 한 세기의 역사를 결산하는 일도 가능할 것입니다.

국민주권의 거대한 흐름 앞에서 보수, 진보의 구분이 무의미했듯이 우리 근현대사에서 산업화와 민주화를 세력으로 나누는 것도 이제 뛰어넘어야 합니다. 우리는 누구나 역사의 유산 속에서 살고 있습니다. 모든 역사에는 빛과 그림자가 있기 마련이며, 이 점에서 개인의 삶 속으로 들어온 시대를 산업화와 민주화로 나누는 것은, 가능하지도 않고 의미 없는 일입니다. 대한민국 19대 대통령 문재인 역시 김대중, 노무현만이 아니라 이승만, 박정희로 이어지는 대한민국 모든 대통령의 역사 속에 있습니다.

저는 우리 사회의 치유와 화해, 통합을 바라는 마음으로 지난 현충일 추념사에서 애국의 가치를 말씀드린 바 있습니다. 이제 지난 백 년의 역사를 결산하고, 새로운 백 년을 위해 공동체의 가치를 다시 정립하는 일을 시작해야 합니다. 정부의 새로운 정책기조도 여기에 맞춰져 있습니다. 보수나 진보 또는 정파의 시각을 넘어서 새로운 100년의 준비에 다 함께 동참해주실 것을 바라마지 않습니다.

존경하는 국민 여러분, 오늘, 우리 다 함께 선언합시다. 우리 앞에 수많은 도전이 밀려오고 있지만 새로운 변화에 적응하고 헤쳐 나가는 일은 우리 대한민국 국민이 세계에서 최고라고 당당히 외칩시다. 담대하게, 자신 있게 새로운 도전을 맞이합시다. 언제나 그랬듯이 대한민국의 이름으로 하나가 되어 이겨 나갑시다. 국민의 나라, 정의로운 대한민국을 완성합시다. 다시 한번 우리의 저력을 확인합시다.

나라를 위해 자신의 모든 것을 바친 애국선열과 독립유공자들께 깊은 존경의 마음을 드립니다. 오래오래 건강하시길 바랍니다. 감사합니다.

2017.9.20 애틀랜틱 카운슬 세계시민상 수상 소감

라가르드 총재님 고맙습니다. 존경하는 캠프 회장님, 트뤼도 총리님, 케이타 대통령님, 카보레 대통령님, 라니아 왕비님 그리고 행사를 준비하느라 애쓰신 애틀랜틱 카운슬 관계자들과 자리를 빛내주고 계신 귀빈 여러분, 반갑습니다.

뜻 깊은 상을 수상하며 이 자리에 서게 되어 아주 영광입니다. 트뤼도 캐나다

총리님과는 지난 G20에서 만나 양국의 협력과 한반도 평화에 대해 이야기를 나눴습니다. 특히 양성평등과 시리아 난민 문제에 앞장선 모습에 감명받았습니다. 세계적인 실력만큼이나 어린이들에 대한 따뜻한 마음을 가진 피아니스트 랑랑의 수상도 축하합니다. 랑랑의 음악은 진정 아름다운 평화의 메시지입니다. 두 분과 함께 이 상을 받게 되어 더욱 기쁩니다.

내외 귀빈 여러분, 나는 먼저, 이 상을 지난 겨울 내내 추운 광장에서 촛불을 들었던 대한민국 국민들께 바치고 싶습니다. 잘 아시다시피 우리 국민들은 지난 겨울 촛불혁명으로 세계 민주주의의 역사에 새로운 희망을 만들었습니다. 가장 평화롭고 아름다운 방법으로 위기에 빠진 민주주의를 구하고, 새로운 정부를 출범시켰습니다. 나는 촛불혁명으로 태어난 대통령입니다.

2차 세계대전 후 많은 신생국가들처럼 대한민국의 현대사도 시련의 연속이었습니다. 그러나 우리 국민들은 식민지에서 분단과 전쟁, 가난과 독재로 이어지는 고단한 역사를 이겨냈습니다. 마침내 대한민국은 민주주의와 경제성장에 모두 성공한 나라가 되었습니다. 나는 세계적으로 인정받은 우리 국민들의 성취가, 내가 오늘 우리 국민을 대표해 세계시민상을 받게 된 이유라고 생각합니다.

나는 한국전쟁이 휴전되던 해에 태어났습니다. 대다수 국민이 절대빈곤에 시달렸고 민주주의는 요원한 꿈처럼 느껴졌던 시절입니다. 그 시절의 한국에 대해 외국의 어느 칼럼리스트는 '한국에서 민주주의가 이뤄진다는 것은 쓰레기통에서 장미꽃이 피기를 기다리는 것과 같다'고 말하기도 했습니다.

그러나 세계가 한국 국민들의 역량을 확인하는 데는 그리 오랜 시간이 걸리지 않았습니다. 1960년 4.19혁명으로 민주화운동의 깃발을 올린 한국 국민들은 그 후 장기간 지속된 군사독재에도 굴복하지 않았습니다. 많은 사람들이 인권과 민주주의를 지키기 위해 자신을 내던졌고, 또 수많은 사람들이 '한강의 기적'으로 불리는 경제성장에 자신을 헌신했습니다. 그렇게 한국의 국민들은 민주주의와 경제성장을 온몸으로 감당하며 조금씩 앞으로 나아갔습니다.

1980년 5월, 대한민국 남쪽의 도시 광주에서 한국 민주주의 역사에 전환점을 만든 시민항쟁이 일어났습니다. 많은 희생이 있었습니다. 가장 평범한 사람들이 가장 평범한 상식을 지키기 위해 목숨을 걸었습니다. 그것은 인간으로서의 존엄을 지키려는 숭고한 실천이었습니다. 한국 민주주의의 용기와 결단은 목숨이 오가는 상황에서도 절제력을 잃지 않는 성숙함으로도 빛났습니다. 시민들은 부상자들의 치료를 위해 줄을 서서 헌혈을 했고, 주먹밥을 만들어 너나없이 나누었습니다. 한국의 민주주의에서 이 시민항쟁이 갖는 의미는 각별합니다. 국민들은 희생자를 추모하는 데서 그치지 않았습니다. 은폐된 진실을 밝히고, 광주시민들의 용기와 결단을 민주주의 역사에 확고히 새기기 위해 노력했습니다.

한국의 민주주의는 1987년 6월항쟁으로 또 한 번 도약했습니다. 국민들 마음속에 뿌리내린 민주주의가 광장을 열었습니다. 그 광장에서 한국 국민들은 시대의 흐름을 독재에서 민주로 바꿔냈습니다. 대통령을 내 손으로 뽑을 권리를 되찾았고, 그 힘으로 사회 각 분야에서 민주주의 공간을 확장했습니다.

소수의 저항에서 다수의 참여로 도약한 한국 민주주의는 경제위기를 극복하는 힘이기도 했습니다. 무너지지 않을 것만 같았던 독재의 벽을 무너뜨린 우리 국민은 경제에서도 기적 같은 힘을 발휘했습니다. 국가 부도 사태까지 갔던 1997년 아시아 외환위기, 세계 경제를 위기에 몰아넣었던 2008년 글로벌 금융위기를 극복한 힘도 바로 그 광장의 국민들에게서 나왔습니다.

내외 귀빈 여러분, 이제 한국의 민주주의는 국민주권의 완전한 실현을 위해 진전하고 있습니다. 우리 국민은 촛불혁명을 통해, 헌법의 절차를 통해, 국민의 뜻을 배반한 대통령을 파면했습니다. 가장 평화롭고 아름다운 방법으로 국민의 뜻을 실현한 것입니다. 우리 국민들은 독재정권이 빼앗았던 대통령을 내 손으로 뽑을 권리도 스스로의 힘으로 되찾았고 대통령이 잘못할 때 탄핵할 권리도 스스로의 힘으로 보여줬습니다. 의회와 사법부도 국민의 뜻을 법과 제도로 뒷받침했습니다.

대한민국 국민들은 "민주공화국의 모든 권력은 국민으로부터 나온다"는 명제를 전 세계 시민들에게 보여주었고, 이를 통해 대통령이 된 나에게는 '대통령도 국민의 한 사람이다'라는 사실을 분명하게 말해주었습니다. 나는 이 사실이 말할 수 없이 자랑스럽습니다. 그리고 자부심과 함께 책임감을 느끼고 있습니다.

촛불혁명은 여러 달에 걸쳐 1,700만 명이 참여한 대규모의 시민행동이었지만, 처음부터 끝까지 단 한 건의 폭력도, 단 한 명의 체포자도 발생하지 않은, 완벽하게 평화롭고 문화적인 축제 집회로 진행되었습니다. 폭력이 아니라 평화의 힘이 세상을 바꾼다는 것을 보여주었습니다. 나는 이렇게 평화의 힘을 전 세계에 보여주고, 세계적인 민주주의의 위기에 희망을 제시한 대한민국의 촛불시민들이야말로 노벨평화상을 받아도 될 충분한 자격을 갖고 있다고 생각합니다.

내외 귀빈 여러분, 민주화운동을 했던 학생이었고, 노동·인권변호사였으며, 촛불혁명에 함께 했던 나는 촛불정신을 계승하라는 국민의 열망을 담고 대통령이 되었습니다. 나는 대통령으로서 수많은 국민들과 악수를 나눕니다. 국민들이 먼저 손을 내밀고 반가워할 때, 행복합니다. 동시에 마음이 아파오기도 합니다. 국민들이 제 손을 꼭 잡아 줄 때 전해오는 것은 공정하고 정의로운 나라, 그리고 평화로운 한반도를 만들라는 간절함입니다.

오늘 영광스러운 자리에서 나는 다시 다짐합니다. 이제 새로운 대한민국은 경제 민주주의와 평화를 향해 나아갈 것입니다. 나와 우리 국민은 '사람 중심 경제'라는 새로운 경제 민주주의의 패러다임을 만들어가고 있습니다. 나는 세계가 고민하는 저성장·양극화 문제에 대해서도 세계 민주주의의 역사를 새롭게 쓴 대한민국이 해법을 제시할 수 있다고 자신합니다.

오늘 내가 받는 상에는 세계 평화를 위해 한반도의 평화를 만들어내라는 세계인들의 격려와 응원도 담겨 있을 것입니다. 오늘, 대한민국의 민주주의와 경제성장의 역사를 말씀드렸듯이 한반도 평화를 이루고 나서, 대한민국이 이룩한 평화의 역사를 말씀드릴 시간이 반드시 올 것이라 약속드립니다. 오늘 이 자리에 계신 여러분께서도 대한민국이 걸어갈 경제 민주주의와 평화의 길에 아낌없는 성원을 보내주십시오. 또, 함께해주십시오.

오늘 여러분이 보내주신 환대와 우의에 다시 한 번 감사드립니다. 애틀랜틱 카운슬 재단의 발전과 오늘 참석하신 모든 분들의 건강과 행복을 기원합니다. 감사합니다.

THANKS TO 촛불이 희망입니다 당신이 희망입니다

〈1,700만 촛불시민〉 어둠 속에서 진실을 밝히고 절망 속에서 정의를 되찾기 위해 겨우내 광장에서, 각자의 삶터에서 촛불을 밝힌 선하고 의로운 1,700만 촛불시민 한 분 한 분께 존경과 감사의 마음으로 이 책을 바칩니다. 멀리 해외 곳곳에서, 전국 각지에서 촛불을 들고 함께 모여 평화롭고 아름다운 혁명의 역사를 새롭게 쓴 우리 모두에게 경애의 마음을 전합니다.

〈박근혜정권 퇴진 비상국민행동 상황실〉 23차례의 촛불집회 기간 동안 집회 기획 및 섭외, 밤샘 무대 준비, 광장 사용허가와 행진 동선 조율, 촛불과 물품 준비, 언론홍보와 자원봉사 운영, 법적 대응과 안전 확보, 깨끗한 청소와 마무리까지. 시시각각 변하는 긴박한 정세에도 2,300여 단체의 뜻을 모으고 1,700만 시민이 안심하고 집회에 참여하도록 뒷받침한 〈퇴진행동〉 대표단과 100명의 상황실 활동가, 참여단체에 감사의 마음을 전합니다. **공동대표** 강병기, 권태선, 고광성, 김민문정, 김순애, 김영만, 김영표, 김영호, 김재하, 김정범, 김주온, 김태종, 김창한, 김환균, 남웅, 문규현, 문용민, 박경석, 박래군, 박석운, 박행덕, 배범식, 백미순, 서승엽, 서영석, 서형석, 손미희, 송주명, 신미자, 신학철, 양승조, 유재춘, 윤기진, 윤희숙, 이갑용, 이병렬, 이세우, 이영복, 이호동, 인태연, 임경지, 임상호, 정강자, 정동익, 정연순, 정영섭, 조성우, 조희주, 최영준, 최종진, 최회균, 한도숙 **공동상황실장** 김은진, 박병우, 박진, 안지중, 이태호, 최영준 **팀장** 김광일, 김덕진, 김일란, 김태연, 김현식, 권영국, 남정수, 넝쿨, 류봉식, 박정욱, 박진, 윤희숙, 안진걸, 이미현, 이승철, 이승훈, 이종문, 이창근, 주제준, 천웅소 *참가단체는 426쪽부터 기재

〈민주주의와 생명, 평화, 노동의 가치를 지켜온 현장 분들과 전문가 및 운동단체〉 이명박 박근혜 정권 하에서 가족을 잃고, 일자리에서 쫓겨나고, 삶의 터전을 빼앗기면서도, 인간의 존엄과 우리 공동의 미래를 지키기 위해 촛불혁명의 불씨를 지펴준 분들께 마음 깊은 감사를 전합니다. 〈416 세월호참사 가족협의회〉에서 진상규명을 위해 눈물겨운 싸움을 이어가는 찬호 아빠 전명선 운영위원장, 예은 아빠 유경근 집행위원장, 수진 아빠 김종기 사무처장, 준형 아빠 장훈 진상규명분과장, 동수 아빠 정성욱 선체인양분과장, 경빈 엄마 전인숙 대외협력분과장, 재욱 엄마 홍영미 심리생계분과장, 성빈 엄마 김미현 추모사업분과장, 지성 아빠 문종택 감사, 호성 아빠 신창식 감사, 현철 아빠 남경원 미수습자 가족 대표, 전태호 〈일반인 희생자 가족대책위원회〉 위원장. 정부의 집요한 방해와 강제 조사 중단에도 진상규명을 위해 분투한 〈세월호 1기 특별조사위원회〉 이석태 前위원장과 권영빈, 박종운, 김서중, 김진, 류희인, 신현호, 이호중, 장완익 前위원. 2009년 용산참사로 희생된 철거민 故양회성님, 故윤용헌님, 故이상림님, 故이성수님, 故한대성님의 유가족 김영덕, 유영숙, 전재숙, 권명숙, 신숙자님, 진상규명 투쟁 중에 옥고를 치른 가족 이충연, 김주환, 남경남, 김재호, 김대원, 김성환, 천주석, 김창수. "죽더라도 씨앗을 베고 죽는 게 농민"이라며 4대강 토건공사에 맞서 최후까지 팔당유기농지를 지켜온 김병인, 서규섭, 임인환, 최요왕 농부와 유영훈 前팔당공동대책위

원회 대표, 방춘배 사무국장, 8년째 생업마저 접어두고 직접 녹조를 마시고 실험하며 금강 지키기에 나선 '금강요정' 김종술, 낙동강을 지켜온 지율스님과 정수근 대구환경운동연합 국장, 2008년 200km 오체투지 국토순례에 나섰던 수경스님, 문규현·전종훈 신부님, 4대강 사업에 반대하다 검찰의 표적수사를 받고 1년간 옥고를 치른 최열 〈환경재단〉 이사장, 2010년 이포보에서 고공농성 한 염형철 〈환경운동연합〉 사무총장과 이환문 前진주환경운동연합 사무국장, 4대강 지키기에 앞장서온 양기석 〈천주교 창조보전연대〉 대표 신부님, 〈낙동강내수면어민총연합회〉 어부, 학자의 양심을 지켜온 김정욱 서울대 명예교수, 김은식 국민대 교수, 김좌관 부산가톨릭대 교수, 박창근 가톨릭관동대 교수, 박재현 인제대 교수, 정민걸 공주대 교수와 "4대강 사업은 대운하 계획"이라고 양심선언 한 김이태 한국건설기술연구원 연구원, 그리고 '4대강 사업 즉각 중지'를 요구하며 소신공양하신 故문수스님. 삼성전자 반도체·LCD 공장에서 일하다 희귀질환으로 생을 마감한 79분의 노동자들, 투병 중인 한혜경님을 비롯한 230여 명의 산재노동자들, 김명복, 정애정, 황상기님을 비롯한 유가족과 〈반올림〉, 〈삼성일반노조〉. "전기는 눈물을 타고 흐른다" 12년째 세계 최대 규모의 송전탑 건설과 원전에 맞서 삶터를 지키고 있는 〈밀양 765kV송전탑반대 대책위원회〉의 150여 세대 주민들, 함께 분투한 김준한 신부님, 이계삼 사무국장, 송전탑 건설에 맞서 8년간 투쟁했으나 88기가 세워진 곳 〈새만금송전철탑 반대공동대책위원회〉 주민들과 강경식 간사, 김덕중 총무, 〈청도 345kV송전탑반대 공동대책위원회〉 주민들. 2012년 원전 후보지로 선정됐으나 주민투표로 압도적 반대를 이끌어낸 〈삼척 핵발전소반대투쟁위원회〉 최봉수 상임위원장, 변형철 공동대표와 주민들, 김양호 삼척시장, 박홍표 신부님. 핵폐기장 반대운동 후, 2012년 원전 건설 후보지로 다시 선정된 영덕에서 핵발전소 반대를 이끌고 있는 〈영덕 핵발전소반대 범군민연대〉 이병환 대표와 박혜령 위원장, 전국에서 탈핵운동을 펼치고 있는 김익중 동국대 교수, 윤순진 서울대 교수와 〈핵없는사회를위한공동행동〉 활동가. "돌멩이 하나, 꽃 한 송이도 건드리지 마라" 제주 해군기지 건설에 반대하다 폭력진압과 구속, 구상금 청구 등으로 고초를 겪고 있는 〈강정마을〉 강동균 前마을회장, 조경철 마을회장, 고권일 부회장, 김정민, 송강호, 양윤모, 박용성, 김영재님을 비롯한 주민들과 지킴이들, 이영찬·문정현 신부님. "함께 살자 대한민국" 〈쌍용자동차〉에서 부당해고된 후, 생을 마감한 26분의 노동자, 가족들과 공장 굴뚝과 송전탑 고공농성을 했던 해고노동자 김정욱, 이창근, 문기주, 복기성, 41일간 단식농성을 벌였던 김정우 前지부장, 김득중 지부장, 고동민, 김수경, 유재선님을 비롯한 156명의 해고, 복직노동자들. 94일간의 최장기 단식투쟁과 1,895일간의 싸움으로 비정규직의 고통을 알린 〈금속노조 기륭전자〉 김소연 前분회장과 해고 노동자들. 2011년 한진중공업 정리해고에 맞서 309일간 고공농성을 벌인 김진숙 〈전국민주노동조합총연맹〉 지도위원과 조합원들. 부당해고에 맞서 4,000일 넘게 싸움을 이어가고 있는 〈KTX노조〉 김승하 지부장과 승무원들. 빈곤과 차별로 고통받는 이주노동자들을 위해 저항하는 우다야 라이 〈이주노동자 노동조합〉 위원장과 조합원들. '노동개악' 저지를 위해 싸

우다 감옥에 갇힌 한상균 민주노총 위원장을 비롯한 양심수와 〈양심수 석방 추진위원회〉, 〈민주화실천가족운동협의회〉, 권오헌 〈민가협 양심수 후원회〉 명예회장. 경찰의 물대포 살인진압으로 돌아가신 故백남기 농민과 유가족들, 진상규명을 위해 투쟁 중인 김영호 〈전국농민회총연맹〉 의장, 김순애 〈전국여성농민회총연합〉 회장, 정현찬 〈가톨릭농민회〉 회장을 비롯한 농민들. 한일 '위안부' 굴욕 합의를 반대하며 남은 생을 걸고 투쟁 중인 35분의 생존 할머님들과 윤미향 〈한국정신대문제대책협의회〉 대표, 〈소녀상농성 대학생공동행동〉, 평화의 소녀상을 만든 김운성·김서경 작가. "사드가고 평화오라" 한반도 평화를 위해 힘겹게 마을을 지키고 있는 〈사드저지 평화회의〉 활동가들, 임순분 성주 소성리 부녀회장과 주민들, 원불교 교무님들. 대규모 조력발전소를 세우려는 거대기업에 맞서 8년간의 저항 끝에 갯벌을 지켜낸 〈가로림만〉 주민들과 지윤근 이장, 박정섭 위원장. GM〈유전자조작〉작물재배 반대운동을 이어온 이세우 〈반GMO전북도민행동〉 상임대표, 'GMO반대 전도사'로 불리며 농촌과 안전한 먹을거리 지키기에 앞장선 김성훈 前농림부 장관과 김은진 원광대 교수. 설악산 오색케이블카 반대행동을 이어오다 벌금, 집행유예 등의 고초를 당한 박그림, 박성율, 김광호님과 〈설악산국립공원 지키기 국민행동〉. 지리산댐 건설 계획 백지화 투쟁 중인 〈지리산댐 백지화 대책위원회〉와 〈지리산 생명연대〉, 남원지역 활동가들. 가습기 살균제 피해로 돌아가신 1,239분의 희생자들과 유가족들, 강찬호 가족모임 대표, 최승운 유가족연대 대표, 최예용 〈환경보건시민센터〉 소장. 남대서양에서 사라진 스텔라데이지호 실종 선원들과 200일 가까이 눈물로 농성 중인 허경주 〈스텔라데이지호 가족협의회〉 공동대표와 가족들. 친일 왜곡, 독재 미화 역사교과서를 폐기시킨 전국의 의로운 교육감·선생님들과 〈전국교직원노동조합〉, 국정 역사 교과서 채택에 맞서 연구학교 지정철회를 이끌어낸 문명고등학교의 멋진 학생들과 학부모 대책위원회, 한상권 〈국정화저지네트워크〉 상임대표, 이준식 정책위원장, 배경식 〈역사문제연구소〉 부소장, 주진오 교수. 고통받는 현장 이웃들과 함께해온 故박종필 감독. 그리고 지금도 현장에서 분투하고 있는 모든 분들께 존경과 사랑의 마음을 전합니다.

〈박근혜 이명박 정부에서 진실 폭로와 공익 제보로 세상을 밝힌 분들〉 원세훈 前국정원장 시절의 댓글부대 실체를 최초로 폭로한 김상욱 前국정원 직원, 국정원 댓글 사건 수사 당시 윗선 개입의 부당함을 폭로한 윤석열 現서울중앙지검장. 2009년 군납 비리에 대해 영관급 장교 최초로 양심선언 한 김영수 前해군 소령, 이명박 정부의 국군사이버사령부의 댓글 여론 조작 사실을 폭로한 김기현 당시 심리전단 총괄계획과장, '정윤회 문건' 유출 혐의로 옥고를 치른 박관천 前청와대 행정관, 천안함 사건 의혹 제기 후 국방부에 명예훼손으로 고발되어 고초를 겪고 있는 前민군합조단 민간 조사위원 신상철 〈진실의 길〉 대표, 이명박 도곡동 사저 관련 자료를 알게 돼 부당해임 당한 뒤 옥고를 치르고 최순실 은닉 재산 찾기에 나선 안원구 前대구지방국세청장, 양승태 전 대법원장 시절 '사법부 블랙리스트 규명'을 요구하며 단식투쟁한 오현석 인천지법 판사, 종편의 부당한 업무 지시를 고발하고 퇴직 후 진실탐사그룹 〈셜록〉에서 활동 중인 이명선 기자, 세월호 참사 당시 다이빙벨을 이용해 구조에 나섰다가 정부 방해와 살해 위협 등을 겪은 이종인 〈알파잠수기술공사〉 대표, 2012년 국무총리실의 민간인 불법 사찰과 증거 인멸을 폭로한 장진수 前총리실 주무관, 2008년 한미 자유무역협정(FTA)협상 보고 문서

를 공개한 이유로 옥고를 치른 예산감시전문가 정창수 前보좌관, 세월호 참사 당시 노란 리본을 달고 구조 지시를 내린 후 누명을 쓰고 옥고를 치른 황기철 前해군참모총장. 그동안 부당함을 고독하게 감수하며, 국민의 알 권리와 공공의 이익을 지켜준 분들 덕분에 우리 사회가 한 걸음 더 나아갈 수 있었습니다. 고맙습니다.

〈공정언론을 지키기 위해 투쟁하다 해고되거나 부당징계를 받은 언론인〉 MBC 해고자 16명 강지웅 前노조 사무처장, 권성민 前예능국 PD, 박성제 前노조위원장, 박성호 前기자회장, 이근행 前노조위원장, 이김보라 前PD수첩 작가, 이상호 前정치부 기자, 이소영 前PD수첩 작가, 이용마 前노조 홍보국장, 이화정 前PD수첩 작가, 임효주 前PD수첩 작가, 장형운 前PD수첩 작가, 정대균 前노조 수석부위원장, 정영하 前노조위원장, 정재홍 前PD수첩 작가, 최승호 前시사교양국 부장 | 중징계자 김연국 노조위원장, 조능희 前노조위원장, 김범도 아나운서협회장, 신동진 前한국아나운서협회장, 박영훈 기자회장 외 228명 KBS 해임 정연주 前사장, 해고자 신기섭 외 중징계자 60명 YTN 해고자 노종면 前노조위원장, 조승호, 현덕수, 권석재, 우장균, 정유신 기자 세계일보 해임 조한규 前사장 해고 김준모, 박현준, 조현일 기자 국민일보 해고 조상운 前노조위원장, 황일송 기자 부산일보 이정호 前편집국장 인천일보 정찬흥 기자 전자신문 이은용 기자 OBS 경인방송 해고자 13명. 모두 고생 많으셨습니다. 승리의 그 날까지 힘내세요!

〈블랙리스트에 맞서 표현의 자유와 민주주의를 지켜온 예술인, 단체〉 광화문미술행동 백기완 고문, 신학철 화가, 김준권 대표일꾼, 류연복 부대표, 김진하 기획자. 강병인과 캘리그래피, 광장신문 발행위원회, 광장토론위원회, 광장극장 블랙텐트, 경기민예총 풍물/춤 위원회, 대학생풍물패 대동, 민족서예인협회, 민족미술인협회, 박근혜정권 퇴진을 위한 다큐멘터리 프로젝트 제작팀, 박근혜퇴진과 시민정부 구성을 위한 예술행동위원회, 고영재 블랙리스트 대응 영화인 행동 공동대표, (사)리준만국평화재단, 새로운 바람회, 가수 손병휘, 송경동 시인과 광화문 캠핑촌 가족, 임실필봉농악 서울전수관, '박터트리기'와 '백민백성' 퍼포먼스를 펼친 임옥상 화백, 전국풍물연석회의, 조문호와 다큐사진가들, 충북민예총 서예위원회, 한국마임협의회와 유진규 마임이스트, 한국작가회의 자유실천위원회, 한국민족춤협회의 모든 분들. 이제 마음껏 쓰고 노래하고 춤추고 표현해 주십시오. 고맙습니다.

〈촛불집회 무대에 출연한 문화예술인〉 4.16 합창단, 그룹 가리온의 래퍼 MC Meta, 강산에, 강허달림밴드, 갤럭시 익스프레스, 구남과여라이딩스텔라, 구텐버즈, 권나무, 권윤경, 권진원, 김동산, 김대중, 김목인, 방송인 김미화, 김반장과 윈디시티, 도올 김용옥, 김용우, 김원중, 김장훈, 김제동, 김창기, 꽃다지, 넘버원코리안, 노동가수 연합팀, 노브레인, N.EXT, 단편선과 선원들, 대학생 노래패 연합, 더숲트리오, 두번째달, DJ DOC, 디템포, 뜨거운 감자, 레게 스카 올스타즈, 루이스 초이, 류금신, 마야, 말로, 모노톤스, 모르쇠, 못, 뮤지컬 화순팀, 바드, 박창근, 백자, 볼빨간사춘기, 브로콜리 너마저, 사운드박스, 사이, 서울재즈빅밴드, 서희중창단, 손병휘, 솔가와 이란, 술탄 오브 더 디스코, 스카웨이커스, 래퍼 슬릭X던말릭, '시민과 함께하는 뮤지컬 배우들'과 시인 문동만, 시인 신경림, 시나위의 기타리스트 신대철, 신나는섬, 실리카겔, 심재경, 아시안체어샷, 안치환, 양희은,

에브리싱글데이, 연영석, 예쁜 아이들 어린이 합창단, 우리나라, '진실은 침몰하지 않는다', '헌법 1조' 등을 작곡한 윤민석, 이상은, 이소선 합창단, 이수진, 이승환, '춤꾼' 이애주 서울대 명예교수, 이은걸, 이은미, 이정열, 이한철, 노래패 인기가수, 임정득, 자전거를 탄 풍경, 장필순, 전범선과 양반들, 전인권 밴드, 전제덕, 정민아, 정태춘, 제리케이, 조동희, 조성일, 마임이스트 조성진, 조PD, 지민주, 합창단 지보이스, 참여연대 노래패 참좋다, 최고은, 최도은, 명창 최수정, 소리꾼 최용석, 코리아레게올스타즈, 코리안 리버레이션 재즈 앙상블, 크라잉넛, 크래쉬, 킹스턴 루디스카, 타카피, 타틀즈, 터울림, 팝핀현준과 박애리, 평화의 나무 합창단, 피타입, 하이미스터메모리, 한동준, 한영애, 대금 연주자 한충은, 함민복, 해리빅버튼, 허클베리핀, 작곡가 황호준, 휘버스, 촛불헌정곡 '길가에 버려지다' 음반에 참여한 작곡가 이규호, 가수 김종완(NELL), 린, 스윗소로우, 윤도현, 이승열, 이효리 등 100여 명. 모든 문화예술인께 감사의 꽃다발을 전합니다.

〈촛불집회 참여와 지지, 세월호 진상규명에 함께한 문화예술인〉 음악평론가 강헌. 시인 고은. 작가 공지영. 배우 공효진. 이명박 정부의 블랙리스트에 올라 고난을 겪은 배우 권해효. 국정원의 사악한 정치공작으로 끝없이 고통당한 배우 김규리. "안전하고 깨끗한 집회를 위해 쓰레기봉투, 핫팩, 생수를 무료로 나눠드리고 있습니다" 개그맨 김대범. 그룹 〈신화〉 멤버 겸 배우 김동완. 전 문화부 장관이자 배우 김명곤. "기성세대로서 무거운 책임감을 느꼈고, 몇 번이나 울컥했습니다. 이 촛불이 다음 세대에 등불이 되기를" 방송인 김미화. 배우 김부선. 배우 김여진. "암흑의 세상. 7:00~7:03. 항의의 전등 끄기, 함께 참여해주세요. 어떠한 상황에서도 무너지지 말아요" 배우 김유정. 가수 김윤아. "(세월호 유가족을 위해 기부하며) 기적이 일어나길 간절히 기도합니다" 前피겨스케이팅 선수 김연아. 배우 김의성. 영화감독 김조광수. "요리사인 내가 가게에 있는 것이 죄스럽고 미안하다" 요리연구가 레이먼 킴과 배우 김지우 부부. 방송인 김제동. "짙은 안개 너머에는 눈부신 햇살이 비추고 있음을 우리는 알고 있습니다" 배우 김지훈(촛불집회 최다참석 연예인으로 기록). "(유가족들) 곁에서 함께하지 못해 너무 미안합니다. 기소권과 수사권을 포함한 세월호 특별법 제정을 위해 마음을 보탭니다" 배우 김혜수. 작곡가 김형석. 가수 나아람. 배우 남보라. 개그맨 노정렬. 웹툰 작가 레바. 배우 류준열. 배우 명계남. "LED 촛불 500개 무료로 나눠드립니다. 탄핵 반대 시 촛불은 횃불이 아니라 마그마가 될 것이다" 개그맨 미키광수. "(세월호 유가족을 위해 기부하며) 국민의 한 사람으로서 고통과 아픔을 나누려고 했습니다" 가수 방탄소년단. "촛불은 뭉치면 하나가 된다" 방송인 박명수. "법조계가 K팝스타보다 더 공정하다는 평을 듣게 되길 바란다" 가수 박진영. "8:0" 아나운서 배성재. "상식이 통하는 세상을 꿈꾸어 봅니다" 배우 배수빈. 개그맨 배칠수. 시인 백무산. 배우 서신애. 작가 손미나. "세월호 유가족들의 간절한 소망을 기원드리고 응원합니다" 배우 송강호. "(생방송 중에) 뜨거운 토요일 밤입니다. 지금 광화문 광장에 수많은 촛불이 타오르고 있습니다" 배우 신현준. "첫눈이 하얗게 내려서 오늘은 꼭 와야 할 거 같아서 #하야하라" 가수 예은(원더걸스). 배우 오광록. "2017년 3월 10일 대한민국" 배우 유아인. "나라가 어려울 때, 나라를 구하는 것이 국민이고, 이 나라의 주인은 국민이라는 걸 다시 한번 깨닫게 됐습니다" 방송인 유재석. 배우 유준상. "그녀에게 너무 화가 나지만, 잘 버티고 있는 국민들에게 감사합니다. 이 노래(촛불하나)가 우리

국민들에게 조그마한 힘이 됐으면 좋겠다" 배우 윤계상. 작곡가 윤일상. 작가 윤태호. 가수 윤종신과 스포츠 해설자 전미라 부부. "현실이 영화를 이긴 것 같은 상황, 언젠가는 촛불이 희망의 촛불이 될 것입니다" 배우 이병헌. 작가 이외수. 배우 이준. 배우 이청아. 배우 이기우. 배우 이하늬. 배우 임승용. "박근혜 앞으로 나와!" 배우 정우성. 개그맨 전창걸. 작가 조정래. 배우 차인표. 배우 최명길. 배우 최정원. 아나운서 최희. 배우 천우희. 래퍼 치타. 배우 하지원. 가수 하현우. 작가 황석영. 방송인 허지웅. 모델 혜박. 화가 홍성담. 세월호 특별법 제정 촉구를 위한 동조 단식을 한 배우 및 방송인 고창석·권병길·김가연·임요환·김장훈·류덕환·맹봉학·문성근·문소리·장현성·조은지님과 감독 및 영화인 강혜정·류승완·고영재·권칠인·박정범·박찬욱·변영주·봉준호·신영식·심재명·이은·양기환·이미연·이충렬·임순례·임창재·장준환·정지영·진모영·허철님. 그리고 가수 故신해철님까지. 팬들에게 받은 사랑의 힘을 세상의 빛으로 돌려주어서 고맙습니다.

〈광장에서 함께 민주주의를 지키고 나눔을 실천한 고마운 분들〉 '사랑은 나직하게 나눔은 소리 없이' 동행해준 벗들께 감사의 마음을 전합니다. 세월호 아이들의 엄마 아빠 김성실, 김영래, 이영옥, 박종대, 박은희, 유경근, 전인숙, 임락주, 홍영미, 이승철. 삼성 산재노동자 故김주현 군의 김명복 아버님. 송전탑 건설에 맞서온 밀양의 구미현, 고준길, 김영자, 송루시아, 이남우, 한옥순, 정용순, 정임출 어르신. 감라원, 김정규, 강수미, 강영한, 강위원, 강윤모, 강은정, 강재영, 강한진, 고다현, 고봉석, 고인희, 고정현, 고찬근, 곽정숙, 구보하루요시, 구자숙, 권소영, 권수보리, 권순광, 권영빈, 권홍, 기보영, 길래현, 김가슬, 김갑성, 김강수, 김경민, 김관식, 김광산, 김금성, 김기준, 김기평, 김동건, 김동관, 김동규, 김동흔, 김민수, 김민식, 김별희, 김병인, 김보성, 김상진, 김상038, 김석영, 김선미, 김성균, 김성주, 김성훈, 김수경, 김수안, 김수연, 김수정, 김숙자, 김순임, 김승미, 김시우, 김신혜, 김애리, 김영미, 김영준, 김영찬, 김용숙, 김은희, 김인국, 김정숙, 김정진, 김종우, 김지혜, 김진주, 김춘혜, 김치현, 김해옥, 김현욱, 김현지, 김혜경, 김혜련, 김혜은, 김혜정, 김중ის, 나상균, 나승렬, 나용준, 노동섭, 노예림, 노준식, 도법스님, 도희, 문기원, 문세환, 문승윤, 문승현, 문자숙, 민귀영, 민원식, 민윤혜경, 박경하, 박기숙, 박기호, 박대성, 박데레사, 박미향, 박선영, 박신우, 박연철, 박용헌, 박원석, 박원홍, 박종례, 박주미, 박주영, 박지민, 박지선, 박찬병, 박찬주, 박철민, 배금자, 배상임, 배수빈, 배양숙, 배훈천, 백균희, 백승권, 백익현, 백태웅, 법인스님, 서미라, 서승민, 서유환, 서지영, 선우차순, 손광선, 손명희, 손현, 송기권, 송영섭, 송윤희, 송인창, 송제윤, 송주연, 송창의, 승효상, 신미선, 신소현, 신용래, 신윤숙, 신주수, 신효식, 심상정, 안병진, 안상만, 안예지, 안의성, 안재영, 안준우, 안춘훈, 양승국, 양시원, 양윤승, 양효라, 엄미현, 연재훈, 염만숙, 염민경, 염민서, 염상훈, 염재신, 염희철, 예신희, 오경원, 오연석, 오창익, 우관성, 우동엽, 우동준, 원미숙, 유철수, 윤선애, 윤성은, 윤재갑, 윤철중, 윤헌수, 윤혜진, 이강희, 이경성, 이교숙, 이구승, 이나미, 이달님, 이동엽, 이미경, 이미정, 이병국, 이병남, 이병주, 이상원, 이상한, 이상현, 이상호, 이성훈, 이숙미, 이슬기, 이승배, 이승재, 이시종, 이엽, 이영란, 이영미, 이영주, 이윤봉, 이은경, 이은선, 이은영, 이은화, 이장수, 이재섭, 이정민, 이정배, 이준범, 이준호, 이지훈, 이진구, 이철범, 이충훈, 이한기, 이현숙, 이호성, 이호순, 이호인, 이희수, 이희순, 임국진, 임성혁, 장미정, 장병용, 장윤정, 장현성, 장회익, 장희숙, 전명숙, 전민용, 전은자, 전재영, 전희경, 정경

일, 정금자, 정명주, 정사람, 정상훈, 정소영, 정은경, 정재헌, 정하늬, 조미옥, 조미정, 조순애, 조순익, 조우연, 조재형, 조준연, 조필영, 조해봉, 주정호, 지현صه, 진모영, 채기병, 채혜진, 천수윤, 천호균, 최근배, 최다영, 최란, 최수영, 최은주, 최은진, 최이든, 최이랑, 최진용, 최창모, 표승우, 표윤봉, 표지윤, 하고운, 하선주, 하아련, 하재성, 한경희, 한산, 한상대, 한재익, 한정숙, 허원숙, 허윤정, 홍대우, 홍성우, 홍연숙, 홍옥선, 홍재은, 홍지준, 홍진아, 황기봉, 황정민, 황현주, 황혜란, Kathy Kelly 님 고맙습니다. **해외와 지역 집회에서 손피켓을 나눠준 분들** 강미애, 김대일, 김상훈, 김석화, 김은정, 김정욱, 김주묵, 노원화, 류부철, 민금섭, 박재현, 박희경, 서선옥, 윤영호, 이미정, 이병훈, 이정, 이태현, 이혁민, 이현숙, 장미영, 전경미, 전양규, 정수근, 정양현, 조영옥, 차승세, 최유리, 최충식, 최현지, 허경, 홍주형님 고맙습니다.

〈박근혜 퇴진 비상국민행동 총 2,364개 단체, 2016.11.21 기준〉 10.28건대항쟁계승사업회, 10월문학회, 119포럼, 1318광주희망, 1989년제주대총학생회모임한백회, 2016청년총궐기〈"박근혜는하야하라"분노의행진〉추진위, 21세기청소년공동체 희망, 21세기한국대학생연합, 3.15정신계승연대, 4.16연대, 4.9재단, 4050여성문화네트워크, 416대학생연대, 5.18구속부상자회, 5.18구속부상자회대구경북지부, 5.18구속부상자회전북지부, 5.18민주유공자유족회, 5.18민중항쟁담양기념사업회, 5.18민중항쟁목포동지회, 5.18부상자회, 518담양가행사위원회, 6.15경남본부, 6.15공동선언실천남측위원회전남본부, 6.15공동선언실천남측위원회전북본부, 6.15공동선언실천남측위원회제주본부, 6.15공동위원회광주본부, 6.15공동위원회광주본부광산구지부, 6.15남북공동선언실천남측위원회대전본부, 6.15남측위서울본부, 6.15남측위학술분과, 6.15통일합창당, 6.15합창단, 6.25참전유공자회, 615공동선언실천남측위원회강원본부, 615공동선언실천남측위원회전남본부담양지부, 615대경본부, 615부산본부, 6월민주포럼, 6월항쟁기념사업회, 80년해직언론인협의회, 99년제주대학교총학생회모임, 97제주지역총학생회협의회동지회, AOK(Action One Korea), BIFF를지키는시민문화연대, COREA평화연대, GaoWei, GMO반대제주행동, IT주민센터, KAIST학부총학생회, KT새노조, KYC, LGchem노조나주지부, NCCK인권센터, YMCA경기도협의회, YWCA경기도협의회, 가락동철대위, 가야개발노조, 가톨릭농민회, 가톨릭농민회광주대교구연합회, 가톨릭농민회대전교구연합회, 가톨릭농민회마산교구연합회, 가톨릭농민회수원교구연합회, 가톨릭농민회안동교구연합회, 가톨릭농민회전주교구연합회, 가톨릭농민회진주분회, 가톨릭농민회청주교구연합회, 가톨릭환경연대, 감리교목자회(대전), 감리교목회자회, 강남향린교회, 강동연대회의, 강릉경실련, 강릉대학교공감소통연대교수모임, 강릉시민행동, 강릉청년회, 강북풀뿌리단체협의회, 강서양천민중의집사람과공간', 강서주민시국회의, 강원기독교교회협의회, 강원녹색당, 강원도골프장문제해결을위한범도민대책위, 강원민주언론시민연합, 강원시민단체연대회의, 강원여성연대, 강정마을회, 강정친구들, 강정평화상단협동조합, 강진교육희망연대, 강진농민회, 강진의료원노동조합, 강진진보연대, 강진희망사회연구소, 강화시민사회연대회의, 거제YMCA, 거제경실련, 거제민주행동, 거제시농민회, 거창YMCA, 거창군농민회, 거창군여성농민회, 거창민주행동, 거창민중연대, 거창언론소비자주권행동, 거창여성회, 거창요양원노조, 건강보험노조구례지회, 건강사회를위한약사회, 건강사회를위한약사회(대전), 건강사회를위한약사회울산지부, 건강사회를위한치과의사회,

건강사회를위한치과의사회(대전), 건강사회를위한치과의사회광주전남지부, 건강사회를위한치과의사회대구지부, 건강사회를위한치과의사회울산지부, 건강한노동세상, 건국대학교민주동문회'청년건대', 건설기계곡성지회, 건설기계광양지회, 건설기계노조담양지회, 건설기계노조화순지회, 건설기계서남지회, 건설기계영암지회, 건설기계진도지회, 건설기계크레인지회, 건설노조강원본부, 건설노조건설기계고흥지회, 건설노조경인본부, 건설연맹광전본부, 겨레사랑청년회, 겨레의길민족광장, 겨레하나, 겨레하나참소리시민모임, 경기경제정의실천시민연합, 경기교육희망네트워크, 경기남부평화와통일을여는사람들, 경기대학교민주동문회, 경기민권연대, 경기민족예술단체총연합, 경기민주언론시민연합, 경기민주행동원탁회의, 경기복지시민연대, 경기북부진보연대, 경기생명평화기독교행동, 경기시민사회단체연대회의, 경기시민사회포럼, 경기여성단체연합, 경기여성연대, 경기연대회의, 경기자주여성연대, 경기장애인차별철폐연대, 경기중부비상시국회의, 경기진보연대, 경기청년연대, 경기청년하다, 경기친환경농업인연합회, 경기평화나비네트워크, 경기평화회의(준), 경기환경운동연합, 경남가톨릭농민회, 경남겨레하나, 경남교육희망, 경남노동자민중행동, 경남문화예술센터, 경남민주사회를위한변호사모임, 경남민주언론시민연합, 경남민주행동, 경남시민사회단체연대회의, 경남여성연대, 경남이주민복지센터, 경남정보사회연구소, 경남진보연합, 경남청년유니온, 경남청년회, 경남한살림, 경북교육연대, 경북교육희망만들기, 경북민중연대, 경북장애인차별철폐연대(준), 경산녹색당, 경산시농민회, 경산시민모임, 경산시여성농민회, 경산여성회, 경산이주노동자센터, 경산장애인자립생활센터, 경상대학교민주화를위한전국교수협의회, 경성대민주동문회, 경성대학교재경민주동문회, 경원사, 경제민주화네트워크, 경제민주화를위한동행, 경주여성노동자회, 경주환경운동연합, 경희총민주동문회, 고난함께, 고려대민주동우회, 고령군농민회, 고백교회, 고성군농민회, 고성민주행동, 고성여성농민회, 고양·파주여성민우회, 고양민주행동, 고양여성회, 고양평화청년회, 고용복지경기센터, 고창군농민회, 고창군여성농민회, 고향을생각하는주부들의모임, 고흥교육희망연대, 고흥군농민회, 고흥녹색당준비모임, 고흥생태문화모임느티나무, 곡성교육희망연대, 곡성농민회, 곡성민주사회단체협의회, 공공비정규직노동조합, 공공비정규직노동조합서경지부, 공공비정규직노동조합전남지부, 공공비정규직노조고흥군지회, 공공비정규직노조곡성지회, 공공비정규직노조광양시지회, 공공비정규직노조여수지회, 공공비정규직노조완도지회, 공공비정규직노조진도지회, 공공비정규직노조충북지부, 공공비정규직노조한빛지회, 공공성강화와공공부문성과퇴출제저지시민사회공동행동, 공공운수노조강원본부, 공공운수노조광전본부, 공공운수노조무안군지회, 공공운수노조서울경기강원지역버스지부신흥기업지회, 공공운수노조서울공무직부서대문구청지회, 공공운수노조아이코리아지회, 공공운수노조울산본부, 공공운수노조인천본부, 공공운수노조정보통신노조, 공덕철대위, 공동육아와공동체교육, 공무원노조, 공무원노조강릉시지부, 공무원노조강원본부, 공무원노조광주본부, 공무원노조서대문구지부, 공무원노조송파구지부, 공무원노조순천시지부, 공무원노조영등포지부, 공무원노조울산본부, 공무원노조인천본부, 공무원노조전남지역본부, 공무직노조거창지회, 공주대학교민주동문회천안아산지부, 공주시농민회, 곶자왈사람들, 과천철대위, 관악여성회, 광명YMCA, 광양YMCA, 광양YWCA, 광양교육희망연대, 광양만녹색연합, 광양만환경포럼, 광양민

예총(준), 광양시새마을회, 광양아이쿱생협, 광양지역문제연구소, 광양진보연대, 광양참여연대, 광양평화와통일을여는사람들, 광양환경운동연합, 광주교육희망네트워크, 광주기독교교회협의회(광주NCC), 광주녹색당, 광주민족예술단체총연합, 광주민주평화회의, 광주민주화운동기념사업회, 광주불교연합회, 광주비정규직지원센터, 광주시농민회, 광주시민단체협의회, 광주여성민우회, 광주여성회, 광주인권회의, 광주전남6.10항쟁기념사업위원회, 광주전남농민운동동지회, 광주전남민주언론시민연합, 광주전남민주화운동동지회, 광주전남불교환경연대, 광주전남시민주권연대, 광주전남여성단체연합, 광주전남청년연대, 광주전남추모연대, 광주전남평화와통일을여는사람들, 광주종교인평화회의, 광주지역행동하는청년모임활개, 광주진보연대, 광주푸른청년회, 광주희망청년회, 광진시민사회단체연석회의, 광진시민연대, 광진주민연대, 괴산군농민회, 교수노조광주지부, 교수노조전북지부, 교육마당, 교육행동앵그리맘연대, 교육희망사천학부모회, 교육희망울산학부모회, 교육희망진주학부모회, 교육희망학부모회, 교회2.0, 구례군농민회, 구례군여성농민회, 구례민주단체연합, 구로근로자복지센터, 구로민중의집, 구로청년회, 구리여성회, 구미YMCA, 구미경실련, 구미시농민회, 구미참여연대, 구속노동자후원회, 구좌읍농민회, 국도1호선밴드, 국립공원을지키는시민의모임, 국립나주병원지회, 국민TV목포협의회, 국민TV영동지부, 국민TV전남동부지회, 국민건강보험노조화순지회, 국민의당경기도당, 국민의당경남도당, 국민의당광주광역시당, 국민의당세종시당, 국민의당지역위원회, 국민의당진주시갑위원회, 국민의당진주시을위원회, 국민주권2030포럼, 국민티비포항지협, 군산시농민회, 군산시여성농민회, 군포여성민우회, 군포청년회, 귀농사모한국귀농인협회, 근로정신대할머니와함께하는시민모임, 금산참여연대, 금샘마을공동체, 금속노조경기지부삼성지회, 금속노조광전지부, 금속노조동부지역지회, 금속노조삼성전자서비스지회, 금속노조삼성전자서비스지회영등포분회, 금속노조성원지회, 금속노조울산지부, 금속노조인천지부, 금속노조전남서남지회, 금속노조포스코사내하청지회, 금속노조한국지엠지부, 금속노조한국지엠지부사무지회, 금속노조현대삼호지회, 금속노조현대위아비정규직지회, 금속노조현대자동차지부, 금융노조여성본부, 금융정의연대, 금호타이어노조곡성지회, 기독교사회선교연대회의, 기독교장로회정의평화위원회, 기독교평신도시국대책위원회, 기독여민회, 기독청년학생실천연대, 기장교회와사회위원회, 기장생명선교연대, 김성수열사기념사업회, 김제시농민회, 김제시여성농민회, 김주열열사기념사업회, 김천시농민회, 김포시농민회, 김해YMCA, 김해겨레하나, 김해교육연대, 김해교육희망, 김해농민회, 김해민주행동, 김해여성의전화, 김해여성정치네트워크, 김해이주민인권센터, 김해진보연합, 김해청년유니온, 꽃피는학교, 나눔문화, 나눔수레, 나라사랑청년회, 나사렛대환경지회, 나주농민회, 나주사랑시민회, 나주시여성농민회, 나주진보연대, 남동희망공간, 남부산아이쿱생협, 남성중창합창단'파파스', 남양주여성회, 남원시농민회, 남원읍농민회, 남해군농민회, 남해진보연합, 내일을여는속초시민연대, 노년유니온, 노동건강연대, 노동당, 노동당강원도당, 노동당경기도당, 노동당경남도당, 노동당경북도당, 노동당경주, 노동당광주광역시당, 노동당구미, 노동당김해당원협의회, 노동당노원당원협의회, 노동당대구시당, 노동당대전광역시당, 노동당부산시당, 노동당서대문당원협의회, 노동당서울시당, 노동당영등포당원협의회, 노동당인천시당, 노동당전남도당, 노동당전남서남당원협의회, 노동당전북도당, 노동당제주도당, 노동당진주당원협의회, 노동당천안당원협의회, 노동당충북도당, 노동사회과학연구소, 노동사회과학연구소부산지회, 노동인권실현을위한노무사모임, 노동인권연대, 노동인권회관, 노동자공동행동울산지회, 노동자교육기관, 노동자연대, 노동자연대(서울), 노동자연대강원충북지회, 노동자연대경기지회, 노동자연대대전충청, 노동자연대부산지회, 노동자연대울산지회, 노동자연대인천지회, 노동자연대제천모임, 노동자연대학생그룹, 노동전선, 노동희망발전소, 노란리본울산모임, 노란우산프로젝트, 노래세상원, 노무현재단경남지역위, 노무현재단광주, 노무현재단대구경북지역위원회, 노무현재단대전세종충남지역위원회, 노무현재단부산지역위원회, 노무현재단울산지역위원회, 노무현재단전남지역위원회, 노무현재단전북, 노무현재단제주위원회, 노무현재단진주지회, 노무현재단통영지회, 노무현재단포항지회, 노원416약속지킴이, 노원겨레하나, 노원나눔의집, 노원도봉교육희망네트워크, 노원민중의꿈, 노원시민정치연대, 노원일향, 노원청소년인권동아리'화야', 노인회, 노후희망유니온, 노후희망유니온서울본부, 녹색교통, 녹색당, 녹색당거창군위원회, 녹색당경남도당, 녹색당경북도당, 녹색당노원지역위원회, 녹색당대구시당, 녹색당부산시당, 녹색당서대문당원모임, 녹색당송파준비위원회, 녹색당천안당원협의회, 녹색당통영, 녹색미래, 녹색연합, 녹색자치경기연대, 녹색청주협의회, 녹색평론독자모임, 논산시농민회, 놀이패두엄자리, 놀이패한라산, 농가주부모임담양군연합회, 누리문화재단, 느티나무경남장애인부모회, 느티나무함안군조장애인부모회, 다같이돌자통영한바퀴, 다른세상을향한연대, 다사리연대, 다사리장애인자립생활센터, 다사리학교, 단국대학교민주동문회, 단국대학교천안교정민주동문회, 담양교육문화연대, 담양군농민회, 담양군불교사암연합회, 담양군이장연합회, 담양군체육회, 담양문화원, 담양우리농촌살리기운동본부, 담양지역교회연합회, 담양청년회의소, 담양평화의소녀상위원회, 담양향교, 담쟁이협동조합, 당진YMCA, 당진농민회, 당진문화연대, 당진참여연대, 당진참여자치시민연대, 당진환경운동연합, 대경민동, 대구KYC, 대구YMCA, 대구경북목회자정의평화협의회, 대구경북민관연대, 대구경북민주화교수협의회, 대구경북민주화운동계승사업회, 대구경북여성단체연합, 대구경북인도주의실천의사협의회, 대구경북진보연대, 대구경북추모연대, 대구경북탈핵연대, 대구노동사목, 대구노동세상, 대구노동운동역사자료실, 대구녹색소비자연대, 대구사람장애인자립생활센터, 대구시민광장, 대구시민단체연대회의, 대구여성광장, 대구여성노동자회, 대구여성의전화, 대구여성인권센터, 대구여성장애인연대, 대구여성회, 대구연대회의, 대구이주여성인권센터, 대구장애인권교육네트워크, 대구장애인권연대, 대구장애인차별철폐연대, 대구참여연대, 대구평통사, 대구환경운동연합, 대림3구역철대위, 대성동성당, 대안문화연대, 대전YMCA, 대전건설기계지부세종지회, 대전경실련, 대전교육연구소, 대전교육희망네트워크, 대전국민의명령, 대전기독교교회협의회(NCCD)정의평화통일위원회, 대전기독교윤리실천운동, 대전노사모, 대전녹색당, 대전문화연대, 대전민들레의료생활협동조합, 대전민예총, 대전민중의꿈, 대전불교청년회대전충남지구, 대전비정규직근로자지원센터, 대전산내사건희생자유족회, 대전세종충남민주화운동계승사업회, 대전세종충남지역위원회, 대전세종희망새물결, 대전시민사회단체연대회의, 대전시민사회연구소, 대전시민아카데미, 대전여민회, 대전여성단체연합, 대전여성장애인연대, 대전여성정치네트워크, 대전예수살기, 대전작가회의, 대전장애인차별철폐연대, 대전지역대학생연합(준), 대전참여자치시민연대, 대전청년유니온, 대전청년회, 대전충남녹색연합, 대전충남목회자정의평화실천협의회, 대전충남민주언론시민연합, 대전충남보건의료단체연대회의, 대전충남생명의숲, 대전충청5.18민주유공자회, 대전충청언론소비자주권행동, 대전충청평화와통일을여는사람들, 대전평화여성회, 대전환경운동연합, 대전흥사단, 대전희망진료센터, 대정읍농민회, 대학노조경인강원본부, 대학노조연세대지부, 대학노조추계예대지부, 대학생겨레하나, 대학생동행실천단, 대학생모임태동, 대한불교조계종사회노동위원회, 대한불교청년회경기지구, 대한성공회대전교구, 더불어민주당거창군위원회, 더불어민주당경남도당, 더불어민주당광양구례곡성지역위원회, 더불어민주당광주광역시당, 더불어민주당구미을위원회, 더불어민주당담양사무소, 더불어민주당사천시위원회, 더불어민주당서산태안위원회, 더불어민주당전남도당, 더불어민주당진주시갑지역위원회, 더불어민주당진주시을지역위원회, 더불어민주당통영지역위원회, 더불어민주당포항남을릉/포항북구지역위원회, 더불어사는세상을위한시민회의, 더불어사는희망연대노동조합케이블방송비정규직티브로드지부천안세종지회, 더불어이웃, 동가보존본부, 동대문구 이문동 청년공동체 도꼬마리, 동대문참여자치센터, 동래아이쿱생협, 동보전기동지회, 동아대민주동문회, 동아자유언론수호투쟁위원회, 동의대민주동문회, 동포넷, 동학농민혁명아산시기념사업회, 두꺼비친구들, 두호주공철대위, 디자인3040, 땅과자유, 리멤버04 16구미지부, 리멤버0416진주지국, 마당극단좋다, 마당극패우금치, 마들주민회, 마산YMCA, 마산YWCA, 마산창원여성노동자회, 마을배움길연구소, 마창거제산재추방운동연합, 마창진참여자치시민연대, 마창진환경운동연합, 마포민중의꿈, 마포민중의집, 망향휴게소지회, 맨발동무도서관, 면목3구역철대위, 목포KYC, 목포YMCA, 목포YWCA, 목포경제정의실천시민연합, 목포교육연대, 목포교육희망연대, 목포문화연대, 목포민주교수협의회, 목포비상시국회의, 목포사랑청년회, 목포시민연대, 목포아이쿱생협, 목포여성의전화, 목포여성인권센터, 목포인권평화연구소, 목포평화와통일을여는사람들, 목포환경운동연합, 무상의료운동본부, 무안교육희망연대, 무안군농민회, 무안군여성농민회, 무안군평화와통일을여는사람들, 무안진보연대, 무주군농민회, 문턱없는한의사회, 문화공간노리터, 문화사랑새터, 문화연대, 문화예술인협회림진강, 미군기지반환인천시민회의, 미래경남, 미추홀학부모넷, 민권연대, 민예총경남지부, 민예총진주지부, 민요패소리왓, 민자통대경회의, 민자통서울회의, 민족문제연구소, 민족문제연구소광주지부, 민족문제연구소대구지부, 민족문제연구소대전지부, 민족문제연구소부산지부, 민족문제연구소세종지회(준), 민족문제연구소아산지회, 민족문제연구소울산지부, 민족문제연구소전남동부지부, 민족문제연구소전북지부, 민족문제연구소제주지부, 민족문제연구소천안지회, 민족문제연구소충북지부, 민족자주평화통일중앙회의, 민족통일애국청년회, 민족통일애국청년회후원회, 민족화합운동연합, 민주노동자전국회의, 민주노동자전국회의경기지부, 민주노동자전국회의경남지부, 민주노동자전국회의경북지부, 민주노동자전국회의광주지부, 민주노동자전국회의대구지부, 민주노동자전국회의부산지부, 민주노동자전국회의서울지부, 민주노동자전국회의울산지부, 민주노동자전국회의전남지부, 민주노련경산지역연합, 민주노련관악지역연합, 민주노련광주상무지역연합, 민주노련광주지역연합, 민주노련구로지역연합, 민주노련김포지역연합, 민주노련남부지역연합, 민주노련노량진지역연합, 민주노련동대문중랑지역연합, 민주노련동울산지역연합, 민주노련동작지역연합, 민주노련

롯데신세계지역연합, 민주노련목련지역연합, 민주노련밀양지역연합, 민주노련부산기장지역연합, 민주노련부천지역연합, 민주노련북부지역, 민주노련서부지역연합, 민주노련서초강남지역연합, 민주노련송파지역연합회, 민주노련시흥지역연합, 민주노련신매지역연합, 민주노련안산동부지역연합, 민주노련안산지역연합, 민주노련여수지역연합, 민주노련울산지역연합, 민주노련인천지역연합, 민주노련종로지역연합, 민주노련죽도지역연합, 민주노련중부지역연합, 민주노련지산지역연합, 민주노련진주지역연합, 민주노련충청지역연합회, 민주노련포항지역연합, 민주노련화성오산지역연합, 민주노점상전국연합, 민주노총동지회, 민주노총강원본부, 민주노총경기본부, 민주노총경기북부지부, 민주노총경남도본부, 민주노총경북본부, 민주노총경산지부, 민주노총경주지부, 민주노총고양파주지부, 민주노총광양시지부, 민주노총광주지역본부, 민주노총구미지부, 민주노총김해시지부, 민주노총나주시지부, 민주노총노원구지부, 민주노총당진시위원회, 민주노총대구본부, 민주노총대전본부, 민주노총목포신안지부, 민주노총부산지역본부, 민주노총사천시지부, 민주노총서울본부, 민주노총서울본부동대문구지부(준), 민주노총서울본부서대문구지부, 민주노총사천위원회, 민주노총서태안위원회, 민주노총성남광주하남지부, 민주노총세종충남본부, 민주노총순천시지부, 민주노총아산시위원회, 민주노총여수시지부, 민주노총영암군지부, 민주노총울산법률원, 민주노총울산지역본부, 민주노총인천본부, 민주노총전국공공연구노동조합, 민주노총전남본부, 민주노총전북부부, 민주노총제주본부, 민주노총제천단양지부, 민주노총진주지역지부, 민주노총충북지역본부, 민주노총충주음성지부, 민주노총통영대표자협의회, 민주노총포항지부, 민주노총화순군지부, 민주민생대전행동, 민주민생완도행동, 민주민생순천포럼, 민주민생평화통일주권연대, 민주사회를위한변호사모임, 민주사회를위한변호사모임광주전남지부, 민주사회를위한변호사모임노동위원회, 민주사회를위한변호사모임대구지부, 민주사회를위한변호사모임대전충청지부, 민주사회를위한변호사모임부산지부, 민주사회를위한변호사모임울산지부, 민주사회를위한변호사모임인천지부, 민주사회를위한변호사모임전북지부, 민주사회를위한변호사모임충북지부, 민주수호대전운동본부, 민주수호제주연대, 민주실현주권자회의, 민주언론시민연합, 민주연합노조구례군부, 민주연합노조나주부, 민주연합노조담양지회, 민주연합노조서울여자대학교분회, 민주연합영암지부, 민주연합화순지회, 민주인권평화재단(준), 민주일반연맹강원본부, 민주일반연맹민주연합노조대학본부지부이화여대지회, 민주일반연맹전남본부, 민주자치고흥연대, 민주주의강원행동, 민주주의광주행동, 민주주의국민행동, 민주주의시민동맹, 민주주의원탁회의, 민주택시노동조합경기도지역본부, 민주택시인천본부, 민주통일당부산추진위원회, 민주평화초심연대, 민주행동경기원탁회의, 민주화를위한교수협의회대전충남지부, 민주화를위한교수협의회상지대학교지부, 민주화를위한전국교수협의회, 민주화를위한전국교수협의회광주전남지부, 민주화를위한전국교수협의회충북지회, 민주화실천가족운동협의회, 민주화실천가족운동협의회양심수후원회, 민주화운동계승사업회, 민주화운동계승사업회목포, 민주화운동상이자광주연합, 민주화운동정신계승국민연대, 민중연합당, 민중연합당강원도당, 민중연합당경기도당, 민중연합당경북도당, 민중연합당경산시위원회, 민중연합당경주, 민중연합당관악지역위원회, 민중연합당광양시위원회, 민중연합당광주광역시당, 민중연합당구례군위원회, 민중연합당구로위원회, 민중연합당구미시위원회,

민중연합당노동자당현대제철비정규직현장위원회, 민중연합당노원구위원회, 민중연합당농민당, 민중연합당농민당순천농민위원회, 민중연합당대구시당, 민중연합당대전광역시당(준), 민중연합당목포시위원회, 민중연합당무안군위원회, 민중연합당서대문마포은평구위원회, 민중연합당서울시당, 민중연합당성동광진위원회, 민중연합당순천위원회, 민중연합당영광지역위원회, 민중연합당영암위원회, 민중연합당완도준비위원회, 민중연합당인천시당, 민중연합당장흥지역위원회, 민중연합당전남도당, 민중연합당전북도당, 민중연합당제주도당(준), 민중연합당종로중구위원회, 민중연합당충남도당, 민중연합당충북도당, 민중연합당포항지역위원회, 민중연합당해남군위원회, 민중연합당화순군위원회, 민중연합당흥수저당부산시당, 민중의꿈, 민중의꿈경주, 민중의힘, 민중총궐기관악투쟁본부, 민중총궐기제주위원회, 민중행동, 민청련동지회, 민청학련계승사업회, 민화련, 밀양민주행동, 밀양시농민회, 바꿈(세상을 바꾸는 꿈), 바르게살기운동협의회, 박근혜심판행동본부, 박근혜정권퇴진부산운동본부, 박근혜정권퇴진비상강원행동, 박근혜정권퇴진서울행동, 박근혜정권퇴진성남국민운동본부, 박근혜정권퇴진송파국민행동, 박근혜정권퇴진울산시행동, 박근혜정권퇴진을위한전북비상시국회의, 박근혜정권퇴진전남운동본부, 박근혜정권퇴진전북비상시국회의, 박근혜정권퇴진제주행동, 박근혜정권퇴진충남비상국민행동, 박근혜정권퇴진충북비상국민행동, 박근혜탄핵추진위, 박근혜퇴진5대종단운동본부, 박근혜퇴진경기운동본부, 박근혜퇴진경남운동본부, 박근혜퇴진경북민중연대시국회의, 박근혜퇴진광주시민운동본부, 박근혜퇴진기독교운동본부, 박근혜퇴진대구비상시국회의, 박근혜퇴진대전운동본부, 박근혜퇴진도봉시민행동(준), 박근혜퇴진세종운동본부(가), 박근혜퇴진예술행동위원회, 박근혜퇴진인천시국회의, 박근혜퇴진제주행동, 박근혜하야노원운동본부, 박근혜하야동서울시행동단, 박근혜하야서대문운동본부, 박근혜하야영등포시민행동, 박근혜하야인천시민비상행동, 반값고시원운동본부, 반도체노동자의건강과인권지킴이반올림, 반자본노동해방대전변혁실천단, 방사능시대우리가그린내일, 방사능안전급식학부모연대, 배재대학교민주동문회, 백남기농민광주투쟁본부, 백남기농민국가폭력진상규명책임자처벌및살인정권규탄화순군투쟁위원회, 백남기농민살인압국가폭력진상규명책임자처벌세종투쟁본부, 백남기추모모임, 번영회, 범민련, 범민련광전연합, 범민련대경연합, 범민련부경연합, 범민련서울연합, 법인권사회연구소, 보건의료광주전남지역지부, 보건의료노조강원본부, 보건의료노조광전본부, 보건의료노조울경본부, 보건의료노조의정부의료원지부, 보건의료노조인천부천본부, 보건의료노조한국원자력의학원지부, 보건의료단체연합, 보령시농민회, 보령참여시민연대, 보문2구역철대위, 보성농민회, 보은민들레희망연대, 복지국가소사이어티, 복지세상을열어가는시민모임, 봄꽃밥차, 봄꽃장학회, 봄인포그래픽스, 봉화군농민회, 부경대민주동문회, 부경종교인평화연대, 부산NCC평화통일위원회, 부산건강사회를위한치과의사회, 부산경남노동전선, 부산경남울사열사정신계승사업회, 부산경남인도주의실천의사협의회, 부산교육희망네트워크, 부산노동자협동조합, 부산대민주동문회, 부산민권연대, 부산민동연석회의, 부산민예총, 부산민주언론시민연합, 부산민주한의사회, 부산민주항쟁기념사업회, 부산민중연대, 부산민중의꿈, 부산반빈곤센터, 부산시농민회, 부산시민운동단체연대, 부산여성단체연합, 부산여성비정규노동센터, 부산여성회, 부산외대민주동문회, 부산을바꾸는시민의힘민들레, 부산인권상담센터, 부산장

애인차별철폐연대, 부산지역대학생연석회의, 부산진보광장, 부산진아이쿱생협, 부산참보육을위한부모연대, 부산참여자치시민연대, 부산청년유니온, 부산청년회, 부산평통사, 부산학부모연대, 부산환경운동연합, 부안군농민회, 부여군농민회, 부여군여성농민회, 부정선거진상규명시민모임, 부천비정규직근로자지원센터, 부천시민연합, 부천여성회, 부천청년회, 북구비정규노동자지원센터, 북구여성회, 북부환경정의중랑천사람들, 분당여성회, 불교NGO연대, 불교평화연대, 불교환경연대, 비례민주주의 연대, 비정규노동센터, 비정규직없는세상만들기네트워크, 빈곤사회연대, 빈민해방실천연대, 사단법인부마민주항쟁기념사업회, 사단법인부산시민재단, 사단법인자치2, 사단법인제주김대중기념사업회, 사드배치저지광주행동, 사드배치철회성주투쟁위원회, 사드저지전국행동, 사람과경제, 사람사는세상, 사무금융노조안전본부, 사무금융노조나주집배원협분회, 사무금융연맹강원본부, 사월혁명회, 사천민주행동, 사천시농민회, 사천여성회, 사천진보연합, 사천환경운동연합, 사하품앗이, 사학연금공단나주지부, 사회변혁노동자당, 사회변혁노동자당경기도당, 사회변혁노동자당부산시당, 사회변혁노동자당서울시당, 사회변혁노동자당전북도당, 사회변혁노동자당제주도당(준), 사회변혁노동자당충북도당, 사회복지연대, 사회연대네트워크, 사회적기업즐거운밥상, 사회적협동조합우리동네, 사회적협동조합제터먹이, 사회진보연대, 사회진보연대서울지부, 사회진보연대인천지부, 산과자연의친구우이령사람, 산수이종큰교수기념사업회, 산청군농민회, 산청진보연합, 삶과꿈물, 삶의자리, 삼성노동인권지킴이, 삼성바로잡기운동본부, 삼성전자서비스지회천안분회, 상인연합회, 상주시농민회, 상주시여성농민회, 새길청년회, 새로운100년을여는통일의병, 새로운100년을여는통일의병대전충청본부, 새로운100년을여는통일의병영남본부, 새로운100년을여는통일의병호남본부, 새로운길, 새로운사회를창조하는청년광장, 새로하나, 새마을군지회, 새마을부녀회, 새물약사회, 새바람남부지회(서울), 새바람도봉지회(서울), 새바람북부지회(서울), 새바람서부지회(서울), 새바람인부지회(서울), 새언론포럼, 새오름남부지회(서울), 새오름동부지회(서울), 새오름북부지회(서울), 새오름서부지회(서울), 생명의숲, 생명의숲(강릉/춘천/태백), 생명평화기독연대, 생명평화기독행동, 생명평화정의전북기독행동, 생물연구원화순지회, 생태교육연구소터, 생태보전시민모임, 생태지평연구소, 생활개선회, 생활교육공동체'공룡', 생활정치발전소, 서구민중의집, 서귀포6월민주항쟁정신계승사업회, 서귀포농민회, 서귀포사회적경제복지센터, 서귀포시민연대, 서귀포시민행동, 서귀포시여성농민회, 서귀포여성회, 서대문겨레하나, 서대문민중의꿈, 서대문풀뿌리여성단체너머서, 서부지역노점상연합회, 서부터미널철대위, 서비스산업연맹강원본부, 서비스연맹울산본부, 서산YMCA, 서산시농민회, 서산인권모임공틀, 서산친환경농업인회, 서산태안환경운동연합, 서산풀뿌리시민연대, 서울겨레하나, 서울경기강원지역버스지부서울버스지회, 서울과학기술대학교민주동문회, 서울교육단체협의회, 서울교육희망네트워크, 서울남서여성민우회, 서울노동광장, 서울노동권익센터, 서울노인복지센터, 서울대민주동문회, 서울대학생겨레하나, 서울동부비정규노동센터, 서울동북여성민우회, 서울민권연대, 서울민권연대새바람, 서울민권연대새오름, 서울민주행동, 서울민중의꿈, 서울민중의꿈동대문, 서울민중의꿈동작, 서울민중의꿈종로구, 서울방사능안전급식연대, 서울서부비정규노동센터, 서울성동근로자복지센터, 서울시농수산물시장주식회사노동조합, 서울여성연대(준), 서울여성회, 서울용산퇴진본부, 서울일반

노조서울과학기술대학교분회, 서울장애인차별철폐연대, 서울지역대학민주동문회, 서울지역시설환경관리지부송파시설관리공단지회, 서울지하철노조상계승무지회, 서울지하철노조역무4북지회, 서울지하철노조창동차량지회, 서울진보연대, 서울청년네트워크, 서울통일의길, 서울학교비정규직노조노원지부, 서울환경연합, 서인동, 서천군농민회, 서천사람시민모임, 설악산국립공원지키기강원행동, 성결행동, 성공회원주교회, 성공회원주나눔의집, 성균관대민주동문회, 성남민주행동, 성남여성회, 성남청년회, 성남평화연대, 성동겨레하나, 성동민중의꿈, 성동장애인자립생활센터, 성매매문제해결을위한전국연대, 성북노동권익증진네트워크, 성산읍농민회, 성서대전, 성주군농민회, 성주군여성농민회, 세기강양시립대민주동문회, 세상을바꾸는대전민중의힘, 세상을바꾸는부산청년공동체파도, 세상을바꾸는정치, 세상을바꾸는청년센터, 세월호3년상을치르는광주시민상주, 세월호기억공간reborn, 세월호를기억하는순천시민모임, 세월호서면촛불, 세월호진실찾기진주시민의모임, 세월호참사대응제주대책회의, 세월호해운대촛불, 세종YMCA, 세종교육희망네트워크, 세종로컬푸드소비자연대, 세종민예총, 세종민주단체협의회, 세종시녹색평론독자모임, 세종시농민회, 세종시동화인문학모임, 세종연구단지노동조합협의회, 세종연기인문학모임, 세종참여자치시민연대, 세종충남지역노동조합, 세종충남지역노동조합동부지역지부, 세종환경운동연합(준), 소도리팡, 속초시민노동단체연대, 송파구자부지도위원, 송파민주광장, 송파민중의꿈, 송파시민대, 송파연대회의, 수원시비정규직노동자복지센터, 수원여성회, 수원의료복지사회적협동조합, 수원일하는여성회, 수원진보연대, 수원청년회, 순창군농민회, 순창군여성농민회, 순천KYC, 순천YMCA, 순천YWCA, 순천YWCA사회적기업해피락㈜, 순천광양축협노조, 순천교육공동체시민의, 순천농협노동조합, 순천대학교시국선언준비위원회, 순천시농민회, 순천시여성농민회, 순천여성회, 순천제일대민주동문회, 순천진보연대, 순천청년연대, 순천평화와인권을사랑하고실천하는모임(가), 순천평화와통일을여는사람들, 순천환경운동연합, 숭실대학교민주동문회, 시국선언을위한계명인의모임, 시국을걱정하는제주지역전현직언론인모임제언론, 시네마테크대전, 시민네트워크무등, 시민사회단체연대회의, 시민주권행동, 시민참여연구센터, 시민행동21, 시민환경센타(강원), 시민환경연구소, 신학생시국연석회의, 실업극복인천본부, 실천여성회(판), 쌀생산자협회전북본부, 씨네로드, 아도니스노동조합, 아래로부터전북노동연대, 아산YMCA, 아산Y아이쿱생협, 아산농민회, 아산시민연대, 아산시인권선교위원회, 아산외국인노동자지원센터, 아이건강국민연대, 아이쿱생협예산, 아테나공동체, 아현2구역철대위, 안덕면농민회, 안동YMCA, 안동시농민회, 안동시여성농민회, 안산시비정규직노동자지원센터, 안산청년회, 안산행복나눔여성회, 안성시농민회, 안성여성회, 안성진보연대, 안양나눔여성회, 안양일하는청년회, 안양희망연대, 알바노조, 알바노조강릉지부(준), 알바노조대구지부, 알바노조부산지부, 알바노조울산지부, 알바노조인천지부, 애국외대청년동문회, 애국한양청년동문회, 약탈경제반대행동, 양구군농민회, 양구군여성농민회, 양산YMCA, 양산민주행동, 양산시농민회, 양산여성회, 양산진보연합, 양심과인권나무, 양심수후원회, 양용찬열사추모사업회, 양주여성회, 양천노동인권센터, 어린이도서연구회구미지회, 어린이도서연구회순천지회, 어린이도서연구회전남지부, 어린이도서연구회포항지회, 어린이책시민연대부산지회, 어린이책시민연대아산지회, 어린이책시민연대예산, 어린이책시민연대울산지회, 어린이책시민연대통영지회, 어울림여성회, 언론개혁시민연대, 언론노조, 언론노조강원협의회, 언론노조울산협의회, 언론노조인천일보지부, 언론단체비상시국회의, 언론소비자주권행동, 언론소비자주권행동울산지부, 에너지나눔과평화, 에너지정의행동, 여민동락, 여성노조경기지부, 여성노조인천지부, 여성단체협의회, 여성인권티움, 여성자원봉사회, 여성환경연대, 여수YMCA, 여수YWCA, 여수교육희망연대, 여수사랑청년회, 여수산단노동자회, 여수시민비상시국회의, 여수시민협, 여수일과복지연대, 여수장애인자립생활센터, 여수지역사회연구소, 여수진보연대, 여수환경운동연합, 여주시농민회, 여주시여성농민회, 역사기행공동체다움, 연금행동, 연세대민주동문회, 연세대학생행진, 연세의료원노조, 연천군농민회, 열린네트워크부산지부, 염리3구역철대위, 영광군농민회, 영광군여성농민회, 영광민생연대, 영광여성의전화(사), 영덕군농민회, 영등포겨레하나, 영등포민중의꿈, 영등포산업선교회, 영등포여성회, 영암교육희망연대, 영암군농민회, 영암민주단체협의회, 영양군농민회, 영양군여성농민회, 영주시농민회, 영천시농민회, 예그리나, 예산농민회, 예산참여연대, 예수살기, 예술행동단 맞짱, 예천군농민회, 오산여성회, 오월민주여성회, 오월어머니집, 옥천군농민회, 옥천장애인자립생활센터, 완도교육희망연대, 완주군농민회, 용인여성회, 용인진보연대, 용인청년회, 용죽철대위, 우리겨레하나되기광주전남운동본부, 우리겨레하나되기대전충남운동본부, 우리겨레하나되기부산운동본부, 우리겨레하나되기운동본부, 우리동네노동권찾기모임, 우리동네청년회, 우리민족, 우리민족연방제통일추진회의, 우리복지시민연합, 우리사회연구소, 우리의소원은, 울산건설기계지부, 울산겨레하나, 울산남구주민회, 울산노동자겨레하나, 울산대학교민주사회를위한교수협의회, 울산대학교병원분회, 울산동구주민회, 울산문재인팬클럽, 울산민족예술인총연합, 울산북구주민회, 울산산재추방운동연합, 울산시민광장, 울산시민대, 울산여성의전화, 울산여성회, 울산울주군주민회, 울산인권운동연대, 울산장애인부모회, 울산중구주민회, 울산지역연대기금, 울산진보연대, 울산풀뿌리주민연대, 울산환경운동연합, 울진군농민회, 원불교광양교당, 원불교광주전남교구, 원불교대전충남교구여성회, 원불교부산시민사회도시네트워크, 원불교사회개혁교무단전북지부, 원불교송혜자교무, 원주YMCA, 원주녹색연합, 원주민예총, 원주시민연대, 원주여성민우회, 원주청년센터, 원주평화나비, 원주한살림, 유래한연구소, 유통상인연합회, 육지희정신계승사업회, 은빛마을노동조합, 은평노동인권센터, 을살리기운동본부, 을지로위원회, 음성군농민회, 음성군여성농민회, 음성노동인권센터, 의령군농민회, 의령민주행동, 의료민영화저지와무상의료실현을위한운동본부, 의료영리화저지와의료공공성강화를위한제주도민운동본부, 의성군농민회, 의성군여성농민회, 의왕철대위, 의정부두레여성회, 이름하야하야모임, 이마트노동조합, 이음교회, 이음장애인자립생활센터, 이주민노동인권센터, 이주민노동인권센터, 이지팜스지회, 이천시농민회, 이천여성회, 이화여대총학생회, 익산시농민회, 익산참여연대, 인간과사회를위한교양공동체쿰제주지부, 인권실천시민행동, 인권운동사랑방, 인권운동연대, 인권재단사람, 인도주의실천의사협의회, 인도주의실천의사협의회(대전), 인도주의실천의사협의회인천지부, 인문학독서토론학습공동체, 인본사회연구소, 인절미프로젝트, 인제군농민회, 인제대민주동문회, 인제대시국선언, 인창철대위, 인천노동문화제조직위원회, 인천노사모, 인천녹색연합, 인천도시농업네트워크, 인천민예총, 인천민주화운동계승사업회, 인천민중의꿈, 인천빈민연합, 인천사람연대, 인천시민의힘, 인천여성노동자회, 인천여성민우회, 인천여성회, 인천장애우권익문제연구소, 인천청년유니온, 인천퇴직교육자협의회, 인천평등교육실현학부모회, 인천평통사, 인천평화복지연대, 인천평화복지연대상근자노동조합, 인천학교급식시민모임, 인천행동하는양심, 인천환경운동연합, 일반공무직노조, 일본군위안부마창진시민모임, 일하는공동체, 일하는사람들, 일하는사람들의희망함께노동(준), 일하는예수회, 임실군농민회, 임실군여성농민회, 임종국선생조형물건립추진위원회, 자유언론실천재단, 자유총연맹담양군지회, 자주인연맹, 자주평화통일실천위원회, 자치단체공무직노조강진지회, 작은교회모임, 장산마루, 장성군농민회, 장성시민연대, 장수군농민회, 장수농민생활인문학, 장애우권익문제연구소, 장애인지역공동체, 장애인협회, 장준하추활시민연대, 장흥교육희망연대, 장흥농민회, 장흥환경운동연합, 재향군인여성회, 적십자병원노조, 적십자봉사회, 전교조강릉지회, 전교조강원부지, 전교조강진지회, 전교조거창지회, 전교조경기지부, 전교조고흥지회, 전교조곡성지회, 전교조광양중등지회, 전교조광양초등지회, 전교조광주시지부, 전교조구례지회, 전교조나주지회, 전교조담양지회, 전교조목포사립지회, 전교조목포중등지회, 전교조목포초등지회, 전교조무안지회, 전교조보성지회, 전교조사립북부지회, 전교조사천, 전교조서울중등남부지회, 전교조서울초등남부지회, 전교조세종지부, 전교조순천사립지회, 전교조순천중등지회, 전교조순천초등지회, 전교조신안지회, 전교조아산지회, 전교조여수사립지회, 전교조여수중등지회, 전교조여수초등지회, 전교조영광군지회, 전교조영암지회, 전교조예산, 전교조완도지회, 전교조울산지부, 전교조인천지부, 전교조장성지회, 전교조장흥지회, 전교조전남지부, 전교조중등북부지회, 전교조중등중서부지회, 전교조진도지회, 전교조천안중등지회, 전교조천안초등지회, 전교조초등서부지회, 전교조춘천화천중등지회, 전교조춘천화천초등지회, 전교조포항지회, 전교조함평지회, 전교조해남지회, 전교조화순지회, 전국건설노동조합담양군지회, 전국건설노조충북건설기계지부, 전국건설산업노동조합연맹, 전국공공운수노동조합, 전국공공운수노동조합의료연대본부제주지역지부, 전국공공운수노동조합제주지역본부, 전국공공운수사회서비스노조충북지역본부, 전국공무원노동조합, 전국공무원노동조합부산지역본부, 전국공무원노동조합세종지부, 전국공무원노동조합제주본부, 전국공무원노조교육청본부충북교육청지부, 전국공무원노조충북지역본부, 전국교수노동조합, 전국교수노동조합대전충남지부, 전국교수노동조합상지대학교지부, 전국교수노조대구경북지부, 전국교수노조충북지부, 전국교수연구자비상시국회의, 전국교직원노동조합, 전국교직원노동조합부산지부, 전국교직원노동조합전북지부, 전국교직원노동조합제주지부, 전국교직원노조충북지부, 전국금속노동조합, 전국금속노동조합연맹, 전국금속노조대전충북지부, 전국금융산업노동조합, 전국농민회총연맹, 전국농민회총연맹강원도연맹, 전국농민회총연맹경기도연맹, 전국농민회총연맹경북도연맹, 전국농민회총연맹광주전남연맹, 전국농민회총연맹세종농민회, 전국농민회총연맹전북도연맹, 전국농민회총연맹제주도연맹, 전국농민회총연맹천안농민회, 전국농민회총연맹충남도연맹, 전국농민회총연맹충북도연맹, 전국대학노동조합, 전국대학노조대전충청본부, 전국대학노조명지대지부, 전국대학민주동문회(전민동), 전국목회자정의평화협의회, 전국문구점살리기연합회, 전국민간서비스산업노동조합연맹, 전국민족민주유가족협의회, 전국민주노동조합총연맹, 전국민주연합노동조합, 전국민주화학섬유노동조합연맹, 전국민주화학섬유노조연맹대전충청본부, 전국보건의료노조충북지역본부, 전국보건의료산업노동조합, 전국불안정노동철폐연대, 전국빈민연합, 전국사무금융노동조합연맹, 전국사무금융서비스노동조합, 전국사무금융서비스노조충북지역본부, 전국사회복지유니온, 전국사회복지유니온인천지부, 전국언론노동조합, 전국여성노동조합연맹, 전국여성노조대구경북지부, 전국여성농민회경북연합, 전국여성농민회총연합, 전국여성농민회총연합강원도연합, 전국여성농민회총연합경남연합, 전국여성농민회총연합광주전남연합, 전국여성농민회총연합제주도연합, 전국여성농민회총연합진천군여성농민회, 전국여성농민회총연합청주시여성농민회, 전국여성연대, 전국유통상인연합회, 전국'을살리기국민운동본부, 전국의료산업노련, 전국장애인부모연대, 전국장애인부모연대전남지부, 전국장애인차별철폐연대, 전국정보건강제서비스노동조합연맹, 전국철거민연합, 전국철거민협의회, 전국플랜트노조전남동부경남서부지부, 전국플랜트노조전동경서지부, 전국학교비정규직노조강진지회, 전국학교비정규직노조거창군지회, 전국학교비정규직노조경기지부, 전국학교비정규직노조곡성지회, 전국학교비정규직노조광양지회, 전국학교비정규직노조구례지회, 전국학교비정규직노조김해지회, 전국학교비정규직노조나주지회, 전국학교비정규직노조담양지회, 전국학교비정규직노조무안지회, 전국학교비정규직노조보성지회, 전국학교비정규직노조부산지부, 전국학교비정규직노조사천지회, 전국학교비정규직노조서울지부서대문구지회, 전국학교비정규직노조세종지회, 전국학교비정규직노조수원지회, 전국학교비정규직노조순천지회, 전국학교비정규직노조신안지회, 전국학교비정규직노조여수지회, 전국학교비정규직노조영광지회, 전국학교비정규직노조영암지부, 전국학교비정규직노조완도지회, 전국학교비정규직노조울산지부, 전국학교비정규직노조인천지부, 전국학교비정규직노조장성지회, 전국학교비정규직노조장흥지회, 전국학교비정규직노조전남지부, 전국학교비정규직노조진도지회, 전국학교비정규직노조천안지회, 전국학교비정규직노조충남세종지부, 전국학교비정규직노조함평지회, 전국학교비정규직노조해남지회, 전국학교비정규직노조화순지회, 전국학생행진, 전국협동조합노동조합제주본부, 전국화학노동조합연맹, 전남CYA, 전남교육희망연대, 전남녹색당, 전남대학교민주동우회, 전남대학교여수캠퍼스총학생회, 전남동부예수살기, 전남동부지역사회연구소, 전남시민단체연대회의, 전남여성장애인연대, 전남연대회의, 전남장애인차별철폐연대, 전남진보연대, 전남청소년노동인권센터, 전노련북서부지역, 전노련충청지역, 전농부경연맹, 전대협동우회, 전북5개대학민주동문회, 전북YWCA협의회, 전북교육개혁과교육자치를위한시민연대, 전북교육연구소, 전북교육자치시민연대, 전북녹색당, 전북녹색연합, 전북민예총, 전북민주동우회, 전북민주언론시민연합, 전북불교네트워크, 전북시민사회단체연대회의, 전북여성농민회총연합, 전북여성단체연합, 전북인권교육센터, 전북장애인차별철폐연대, 전북진보광장, 전북진보연대, 전북친환경농업인연합회, 전북평등학부모회, 전북평화와인권연대, 전북혁신학교학부모협의회, 전북협동사회연대회의, 전북환경운동연합, 전북희망나눔재단, 전빈련강동지역연합, 전빈련강북지역연합, 전빈련강서지역연합, 전빈련과천지역연합, 전빈련광성지역연합, 전빈련구로지역연합, 전빈련금천지역연합, 전빈련김포지역연합, 전빈련김해지역연합, 전빈련남대문지역연합, 전빈련남부지역연합, 전빈련남양주지역연합, 전빈련동진지역연합, 전빈련대전지역연합, 전빈련동대문중랑지역연합, 전빈련동묘지역연합, 전빈련부여지역연합, 전빈련부천지역연합, 전빈련부평남동지역연합, 전빈련북동부지역연합, 전빈련북서부지역연합, 전빈련상주지역연합, 전빈련서강지역연합, 전빈련성남지역연합, 전빈련소래포구지역연합, 전빈련수원지역연합, 전빈련수지지역연합, 전빈련신촌마포지역연합, 전빈련아산지역연합, 전빈련안동지역연합, 전빈련안산지역연합, 전빈련안양지역연합, 전빈련여수지역연합, 전빈련영등포지역연합, 전빈련영주지역연합, 전빈련용산지역연합, 전빈련용인지역연합, 전빈련원당지역연합, 전빈련의정부지역연합, 전빈련중구지역연합, 전빈련중부지역연합, 전빈련천안지역연합, 전빈련파주지역연합, 전빈련평택지역연합, 전빈련하남지역연합, 전빈련홍성지역연합, 전빈련화성오산지역연합, 전쟁반대평화실현국민행동, 전주YMCA, 전주경실련, 전주교대총학생회, 전주민예총, 전주비정규노동네트워크, 전주비정규직노동자지원센터, 전주사회경제네트워크, 전주시농민회, 전주시여성농민회, 전주평화와통일을여는사람들, 전주한울소비자생활협동조합, 전태일노동대학, 전태일재단, 정봉주와미래권력들(미권스), 정봉주와미래의권력들대전광역, 정선군농민회, 정신대할머니와함께하는시민모임, 정신장애와인권파도손, 정읍시농민회, 정읍시여성농민회, 정의당, 정의당강원도당, 정의당거창군위원회, 정의당경기도당, 정의당경남도당, 정의당경북도당, 정의당경산시위원회, 정의당광양(준), 정의당광주광역시당, 정의당구미, 정의당김해지역위원회, 정의당대구시당, 정의당대전광역시당, 정의당목포시위원회, 정의당무안군위원회, 정의당부산시당, 정의당사천시위원회, 정의당서울시당, 정의당서태안위원회, 정의당세종시당준비위원회, 정의당순천시위원회, 정의당여수위원회, 정의당영암군위원회, 정의당인천시당, 정의당전남도당, 정의당전북도당, 정의당제주도당, 정의당진주시지역위원회, 정의당천안지역위원회, 정의당충북도당, 정의당통영시지역위원회, 정의당포항시위원회, 정의당해남군위원회, 정의평화불교연대, 정의평화통일위원회, 정치포럼여성의힘, 제18대대선선거무효소송인단, 제주4.3연구소, 제주4.3진상규명과희생자명예회복을위한도민연대, 제주DPI, 제주YMCA, 제주YWCA, 제주경제정의실천시민연합, 제주군사기지저지와평화의섬실현을위한범도민대책위, 제주기억행동, 제주녹색당, 제주대안연구공동체, 제주대학교동아리연합회총동문회, 제주문화예술공동체간드락, 제주민예총, 제주민주민생평화통일주권연대, 제주민주청년단체협의회동지회, 제주민주화운동사료연구소, 제주생협, 제주시민사회단체연대회의, 제주여민회, 제주여성인권상담소시설협의회, 제주여성인권연대, 제주여성회, 제주의소리노동조합, 제주의오늘과내일을생각하는산만회, 제주작가회의, 제주장애인인권포럼, 제주주민자치연대, 제주지역언론노동조합협의회, 제주지역여성활동가모임'한이슬', 제주참여환경연대, 제주청소년지도사회, 제주촛불시민모임, 제주친환경급식생산자위원회, 제주탈핵도민행동, 제주통일청년회, 제주평화나비, 제주평화인권센터, 제주환경운동연합, 제주홍사단, 제주희망새물결(준), 제천민주시민사회단체협의회, 제천시농민회, 젠더정치연구소 여세연, 조선대학교민주동우회, 조은사회정책연구원, 조천읍농민회, 좋은도시연구소, 좋은친구들, 좌파노동자회, 좌파노동자회제주위원회, 주거권실현을위한대구연합, 주부교실, 주부아카데미협의회, 중랑마중물, 중랑민중의집'사랑과공감', 중소상인비상시국회의, 즐거운청년커뮤니티e끌림, 지구살리기i22, 지리산사람들, 지방분권운동대구경북본부, 지역경제인협의회, 지역사회와함께하는사제연대, 지역아동센터전남연합회, 직접민주의포럼, 진도교육희망연대, 진도농민회, 진도사랑연대회의, 진보대통합추진위원회, 진실과정의를위한제주교수네트워크, 진심실천연대, 진안YMCA, 진안군농민회, 진주YMCA, 진주YWCA, 진주같이, 진주교육사랑방, 진주기독교윤리실천운동, 진주녹색당, 진주민주민행동, 진주시농민회, 진주시여성농민회, 진주여성민우회, 진주여성회, 진주진보연합, 진주참여연대, 진주청년불교단체연합, 진주환경운동연합, 진짜사장재벌책임공동행동, 진천군농민회, 진천진보연대, 진해진보연합, 징검다리교육공동체, 참교육을위한전국학부모회광양지회, 참교육을위한전국학부모회대구지부, 참교육을위한전국학부모회부산지부, 참교육제주학부모회, 참교육학부모회경기지부, 참교육학부모회경북지부, 참교육학부모회구미지회, 참교육학부모회대전지부, 참교육학부모회동북부지회, 참교육학부모회목포지회, 참교육학부모회서부지회, 참교육학부모회서산태안지회, 참교육학부모회세종지부, 참교육학부모회영암지회, 참교육학부모회울산지부, 참교육학부모회전남지부, 참교육학부모회포항지회, 참교육학부모회화순지회, 참길회, 참여연대, 참여와연대를위한함안시민모임, 참여자치군산시민연대, 참여자치나눔의공동체광진주민연대, 참여자치전북시민연대, 참의료실현청년한의사회, 참의료실현청년한의사회(대전), 창녕군농민회, 창녕민주행동, 창녕여성농민회, 창녕진보연합, 창원YMCA, 창원민주행동, 창원시농민회, 창원여성회, 창원진보연합, 천도교한울연대, 천도교한울연대전북지부, 천안KYC, 천안YMCA, 천안녹색소비자시민연대, 천안단국대시설지회, 천안돌봄사회서비스센터, 천안복지세상, 천안시민단체협의회, 천안아산경제정의실천시민연합, 천안아산촛불, 천안아산환경운동연합, 천안아이쿱소비자생활협동조합, 천안여성의전화, 천안여성회, 천안청년들, 천안평화나비시민연대, 천주교광주대교구정의평화위원회, 천주교대전교구정의평화위원회, 천주교더나은세상, 천주교마산교구정의평화위원회, 천주교부산교구정의평화위원회, 천주교인권위원회, 천주교인천교구노동사목, 천주교정의구현전국연합, 천주교정의구현청주교구사제단, 천주교제주교구정의구현사제단, 천주교제주교구평화의섬특별위원회, 철도노조대전지방본부천안지구, 철도노조부산지방본부, 철도노조성북지구, 철도노조호남지역본부, 철원군농민회, 철원희망연대, 청년100도씨, 청년공동체공감, 청년광장, 청년광장인천지부, 청년긴급행동'박근혜하야민중투쟁', 청년다락, 청년두레, 청년민중의꿈, 청년민중의꿈서울본부, 청년보라, 청년센터더나은, 청년이그나이트, 청년인트로, 청년하다, 청량리4구역철대위, 청소년인권복지센터내일, 청솔의집, 청송군농민회, 청양농민회, 청양시민연대, 청정고흥연대회의(준), 청주CCC, 청주KYC, 청주YMCA, 청주YWCA, 청주노동인권센터, 청주대민주동문회, 청주도시산업선교회, 청주시농민회, 청주아이쿱생협, 청주여성의전화, 청주청년회, 청주충북환경운동연합, 청춘의지성(강원), 청춘인문학, 촛불기수, 촛불인권연대, 촛불정보방, 추모연대, 축협노조구례군지부, 춘천녹색당, 춘천농민회, 춘천민사회단체네트워크, 춘천아이쿱생협, 춘천여성민우회, 춘천평화나비, 춘천한살림, 충남대학교민주동문회, 충남민주행동, 충남비정규직지원센터, 충남시민단체연대회의, 충남택시지회, 충남한두레협동조합, 충남환경운동연합, 충북NGO센터, 충북교육발전소, 충북녹색당, 충북대개신사랑민우회, 충북문풍지대, 충북민예총, 충북민주언론시민연합, 충북민주화운동계승사업회, 충북생활정치여성연대, 충북시민사회단체연대회의, 충북여성살림연대, 충북여성장애인연대, 충북이주여성인권센터, 충북장애인부모연대, 충남장애인야학협의회, 충북지방자치포럼, 충북직지장애인자립생활센터, 충북참여자치시민연대, 충북청소년청년학생시국선언단, 충북청주경제정의실천연합, 충북희망새물결, 충북희망청년회, 충주시농민회, 충청북도지속가능발전협의회, 충청지역대학생문화연대, 충청평화나비네트워크, 친환경농업인제주도연합회, 친환경무상급식경남운동본부, 친환경무상급식풀뿌리국민연대, 친환경학교급식실현을위한춘천네트워크, 카톨릭농민회원주교구연합회, 카톨릭농민회춘천교구연합회, 카페봄봄, 카페플랜터스, 코리아웨코스타지회, 콜로노비타지회, 타워크레인지회, 탈핵부산시민연대, 탐라미술인협회, 탐라사진가협의회, 탐라자치연대, 태성중기지회, 태안참여연대, 터사랑청년회, 통신공공성시민포럼, 통영6.15산악회, 통영YMCA, 통영교육희망네트워크, 통영민주행동, 통영시민광장, 통영시민사회단체연대, 통영여성장애인연대, 통일광장, 통일농사협동조합, 통일로가는길, 통일앤평화, 통일염원시민회의, 통일의길, 통일촌, 퇴종세종행동, 파주비상시국회의, 파주환경운동연합, 평등교육실현을위한서울학부모회, 평등교육실현을위한전국학부모회, 평등교육실현을위한천안학부모회, 평등교육실현을위한충북학부모회, 평등사회학부모회아산지회, 평택세곡철대위, 평택시농민회, 평택여성회, 평택청년회, 평통사서울, 평화나비네트워크, 평화를위한그리스도인모임, 평화민족문화연구원, 평화여성회, 평화와건강을위한울산의사회, 평화와통일을여는사람들(평통사), 평화일꾼선교회, 평화재향군인회, 평화캠프, 평화캠프강원, 평화캠프울산지부, 평화캠프천안지부, 평화통일교육문화센터, 평화통일대구시민연대, 평화통일부산불교포럼, 평화통일시민연대, 평화협정운동본부, 평화협정운동인천본부, 포럼지식공감, 포천시농민회, 포항급식연대, 포항시농민회, 포항아이쿱생협, 포항여성회, 포항환경운동연합, 표선면농민회, 표현의자유와언론탄압공대위, 푸른바다생협, 푸른산내들, 푸른천안21, 풀꽃세상, 풀뿌리네트워크, 풀뿌리사람들, 풀뿌리여성마을숲, 풀뿌리여성연대, 풍물굿패신나락, 풍물패더늠, 플랜트건설울산지부, 하나됨을위한늘푸른삼천, 하나의진보, 하남여성회, 하남청년회, 하동군농민회, 학부모연대, 한국GKN지회, 한국YMCA전국연맹, 한국기독교사회문제연구원, 한국기독교장로회대전노회통일및사회위원회, 한국기독청년협의회(EYC), 한국기독학생회총연맹(KSCF), 한국기술교육대학생지회, 한국노동안전보건연구소, 한국노총, 한국노총경기지역본부, 한국노총공공노련, 한국노총공공연맹, 한국노총금속연맹, 한국노총금융노조, 한국노총아산지부, 한국노총창원지역지부, 한국노총통일실천단, 한국농업경영인광양시연합회, 한국농업경영인광양시연합회, 한국농업경영인제주시연합회, 한국농업경영인통영연합회, 한국뇌병변장애인인권협회경산시지회, 한국뇌성마비장애인협회'청우', 한국대학산악연맹, 한국대학생문화연대, 한국문화예술위원회노조, 한국민예총, 한국민족예술단체총연합강원지회, 한국민족예술단체총연합대구지회, 한국민족예술인총연합경기지회, 한국부인회, 한국비정규교수노동조합, 한국비정규노동센터, 한국사교과서국정화저지네트워크, 한국쓰리엠지회, 한국여성노동자회, 한국여성단체연합, 한국여성민우회, 한국여성소비자연합전주/전북지회소비자정보센터, 한국여성의전화, 한국인권행동, 한국자유총연맹담양군지부여성회, 한국작가회의목포지부, 한국전쟁전후민간인피학살자전국유족회, 한국정신대문제대책협의회, 한국진보연대, 한국청년연대, 한국청소년정책연대, 한국콘텐츠진흥원지부, 한국투명성기구, 한국환경회의, 한남대학교민주동문회, 한라생협, 한림읍농민회, 한밭소비자생활협동조합, 한빛회, 한뻄인권행동, 한살림생산자제주도연합회, 한살림제주소비자생활협동조합, 한올장애인자활센터, 한일군사협정반대국민행동, 한일

'위안부'합의무효와정의로운해결을위한제주행동, 한청협동지회, 핫핑크돌핀스, 함께걸음의료복지사회적협동조합, 함께노동(준), 함께노원, 함께하는거창, 함께하는대구청년회, 함께하는시민행동, 함께하는장애인부모회, 함께하는주부모임, 함안군농민회, 함안민주행동, 함안여성농민회, 함안여성회, 함양군농민회, 함평농민회, 합천군농민회, 합천민주행동, 합천여성농민회, 합천진보연합, 해남교육희망연대, 해남군농민회, 해운대아이쿱생협, 핵없는사회를위한공동행동, 햇살나무도서관, 행동하는대문연대, 행동하는복지연합, 행동하는서울지역청년모임새바람, 행동하는성소수자인권연대, 행복한마을공동체복구인, 향린공동체, 헌인철대위, 혁명적노동자당건설현장투쟁위원회, 현대중공업노동조합, 현린, 현장실천사회변혁통북노동자전선, 호남대학교민주동우회, 호남평화인권사랑방, 호두와트마법학교, 호죽노동인권센터, 홈플러스노동조합, 홈플러스노동조합부산본부, 홈플러스노동조합영등포지부, 홈플러스일반노조, 홍대민주동문회, 홍성YMCA, 홍성군농민회, 홍천군농민회, 홍천군여성농민회, 홍천시민사회연석회의, 화물연대울산지부, 화산도읽는사람들, 화성노조앰코, 화섬노조인부천지부, 화섬연맹KC지회, 화섬연맹광전본부, 화성노동인권센터, 화성민예총, 화성민주포럼, 화성시농민회, 화성여성회, 화성환경운동연합, 화순YMCA, 화순군농민회, 화순민주청년회, 화순전대병원노조, 화순진보연대, 화천군농민회, 화학섬유연맹울산본부, 환경과자치연구소, 환경운동연합, 환경운동연합(춘천/원주/횡성/속초고성양양), 환경정의, 환수복지당, 환수복지당고대세종학생위원회, 환수복지당서울시당, 횡성군농민회, 횡성군여성농민회, 흙살림제주도연합회, 흥사단, 흥사단전북지부, 흥사단충북지부, 희망새물결, 희망세상, 희망씨, 희망연대, 희망연대노동조합, 희망연대노동조합SK브로드밴드비정규직지부, 희망연대노동조합케이블방송비정규직지부, 희망연대노동조합케이블방송비정규직티브로드지부, 희망연대노조씨엔엠지부, 희망연대노조에스케이브로드밴드비정규직지부서대문지회, 희망연대노조엘지유플러스비정규직지부, 희망연대노조케이블방송비정규직지부원플러스서비스지회, 희망연대노조케이블비정규지지부중앙케이블네트워크지회, 희망연대노조티브로드비정규노원도봉지회, 희망을만드는마을사람들, 희망진료센터(대전), 희망청년회, 희봉위생공사노조. 애쓰신 모든 분들께 마음 깊이 감사드립니다.

〈책 제작에 도움 주신 분들〉 표지 디자인 자문 홍동원 〈글씨미디어〉 대표. **사진 선정 자문** 이기명 월간 〈사진예술〉 발행인 겸 편집인. **기획 자문** 임성원 〈나눔문화〉 자문위원. **사진 보정과 인쇄 도움** 유화 〈유화컴퍼니〉 대표. **사진 사용 도움** 김흥구 다큐멘터리 사진작가, 장철영 작가, 김수진 청와대 춘추관 전속사진사, 김철수 민중의소리 부장, 김정민 서울시 주무관, 김영주 헬로포토, 하채림 연합뉴스 기자, 김진 전국교직원노동조합, 이성희 중도일보 차장, 덴마크 한인집회를 제안한 임지애, 프랑스 스트라스부르 교민 김대일·김은정, 후쿠오카 교민 신경호, 이리고등학교 학생회 나인성, 세계 교민들의 촛불집회 사진을 제공한 전희경님과 416해외연대. 모두 고맙습니다. 그리고 지난 1년여 동안 '촛불혁명'의 현장을 발로 뛰고 활동하며 이 책의 집필과 자료 정리에 헌신해온 김예슬, 김재현, 윤지영, 윤지혜, 이상훈, 이향미, 이현지, 최재희 〈나눔문화〉 연구원, 다들 수고 많았습니다.

정리 임소희 (느린걸음 대표, 나눔문화 이사장)

사진 설명

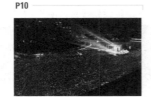

P10

사상 최대 규모인 전국 232만 명이 모인 촛불집회 날. 은하수가 흐르는 듯 촛불로 빛난 광장의 함성. 광화문광장, 2016.12.3

P12

"이게 나라냐" 박근혜 최순실 국정농단에 참담하고 경악하고 분노한 민심의 한마디 외침. 광화문광장, 2016.11.19

P14

삼성 이재용 부회장 구속영장 기각 후, 눈발 속에서도 촛불을 들고나와 자리를 지킨 시민들. 전북 전주, 2017.1.21

P34

절박한 마음으로 촛불을 들고 한마음 한목소리로 "박근혜는 하야하라!" 절규하는 시민들. 광화문광장, 2016.11.19

P36

"모이자! 내 나라다" 첫 주말 촛불집회 후 '평일에도 촛불을 이어가자'며 2천여 명이 촛불을 밝혔다. 서울 태평로1가, 2016.11.3

P38

광화문에 처음으로 100만 명이 모인 3차 집회에서 함성과 함께 '촛불 파도타기'를 하는 시민들. 광화문광장, 2016.11.12

P40

시작은 작았다. 2만여 명이 모인 첫 주말 촛불집회. 청계광장에서 집회를 마치고 행진하는 모습. 광화문광장, 2016.10.29

P42

'사이비 교주' 최태민의 딸 최순실이 박근혜와 국정을 농단해왔다는 사실이 더욱 분노를 키웠다. 서울 종로1가, 2016.10.29

P46

최초로 청와대 200m 앞까지 행진한 날. '불통' 정부는 경찰 차벽을 동원해 '봉쇄'했다. 청와대 인근 통인동, 2016.11.26

P48

청와대 행진을 가로막는 차벽 앞에서 대치하며 새벽까지 남아 집회를 이어간 시민들. 서울 내수동, 2016.11.19

P50

중고생들이 '혁명'을 외쳤다. 존재 자체로 희망이던 촛불 소녀 소년들. 500여 명이 모인 독자 집회. 광화문광장, 2016.11.5

P53

세월호 참사, 국정 교과서, 정유라 학사 비리 등 박근혜 정권에 분노해온 10대들의 '교복 행진'. 서울 종로2가, 2016.11.19

P54

청와대로 향하다 경찰 차벽에 막히자 행진을 멈추고 다음 행동을 토론하는 학생들. 서울 서대문 금화터널, 2016.11.19

P56

전통 상여 행렬의 만장輓章. 촛불행진 때 "부정선거, 살인정권" 등이 적힌 만장이 휘날렸다. 광화문광장, 2016.12.3

P56

프랑스 혁명의 상징 '단두대'. 촛불을 든 평화집회 속에 일렁이던 분노의 크기를 보여주었다. 광화문광장, 2016.11.12

P57

행진이 막히자 3만여 명이 다시 집회를 열고 촛불과 휴대폰 불빛을 밝히며 저항했다. 청와대 인근 내자동, 2016.11.19

P57

반세기 민주화에 헌신해온 백기완 선생. 그의 시로 만든 '임을 위한 행진곡'은 모두의 노래가 됐다. 광화문광장, 2016.12.17

P58

경찰의 물대포에 맞아 317일간 사경을 헤매다 눈감은 故백남기 농민을 떠나 보내는 눈물의 노제. 서울 을지로2가, 2016.11.5

P60

"박근혜 퇴진" 상여를 메고 곡을 하며 청와대로 향하는 '전국농민회총연맹'의 행렬. 서울 태평로1가, 2016.11.12

P62

박정희 시대부터 희생당하며 이 땅을 지켜온 농민들이 '하야 소'를 끌고 서울 한복판에 나섰다. 광화문광장, 2016.11.26

P66

"어둠은 빛을 이길 수 없다"(요한복음) 시국미사 후 행진에 나선 7000여 명의 신부님 수녀님 신자들. 세종로공원, 2016.11.14

P68

광장의 시국미사 중, 이 땅의 사람들의 고통을 안고 간절한 기도를 바치는 수녀님들. 광화문광장, 2016.11.14

P68

온 종교의 '촛불성전'이 된 광장. 500여 명의 기독교 목회자와 신도들의 박근혜 퇴진 촉구 행진. 광화문광장, 2016.12.8

P69

"자신과 진리만을 등불로 삼으라"(붓다) 연꽃등불을 들고 침묵시위에 나선 100여 명의 스님들. 광화문 앞, 2016.11.26

P69

성주 사드 배치 반대 평화기도회를 개최한 300여 명의 원불교 교무님과 신자들. 서울 용산 국방부 앞, 2016.11.12

P70

'빛으로 세상을 연다'는 광화문光化門 앞. 어둠이 깊을수록 새 세상을 열어가는 촛불은 더 빛났다. 광화문광장, 2016.11.19

P78

"아이들이 살아갈 세상을 위해", "부모로서 부끄럽지 않기 위해" 촛불을 든 엄마 아빠들의 마음. 광화문광장, 2017.3.4

P80

"칠흑 같은 어둠 속에서도 불빛 하나만 살아있다면"(박노해) 희망은 이렇게 밝아오는 것. 광화문광장, 2016.11.19

P82

국회에 탄핵소추안이 발의된 날, 광화문에 모인 170만 촛불시민 속에 기도하듯 피켓을 든 소녀. 광화문광장, 2016.12.3

P83

'촛불 크리스마스' 간절한 소망과 믿음의 촛불을 들고, 거리에서 성탄 전야를 보낸 시민들. 광화문광장, 2016.12.24

P84

60년 4.19혁명, 87년 6월항쟁에 이어 또 한 번 혁명의 거리에 선 어르신. 박근혜 파면 당일. 광화문광장, 2017.3.10

P85

그토록 기다려온 헌법재판소의 탄핵심판 전날. '탄핵' 두 글자를 가슴에 품고 촛불을 밝혀 든 시민들. 광화문광장, 2017.3.9

P86

무대에서 바라본 촛불집회 전경. 영하의 날씨에도 광장은 끝이 보이지 않는 인파로 가득 찼다. 광화문광장, 2016.12.3

P90

스마트폰을 쥔 지민知民들. 온오프를 넘나들며 지혜롭고 유쾌하게 촛불혁명을 이어갔다. 광화문광장, 2016.11.19

P92

첫 100만 촛불집회 날, 직접 개사한 노래 "하야하라 박근혜 하야하라"를 열창하는 가수 이승환. 광화문광장, 2016.11.12

P92

'촛불사회자' 윤희숙(왼쪽), 김덕진(오른쪽), 박진 님, 그리고 밤낮없이 애쓴 '퇴진행동 상황실' 활동가들. 광화문광장, 2017.3.11

P93

잊지 못할 감동. 가수 전인권과 100만 촛불시민이 함께 부른 '애국가'가 광화문에 울려 퍼졌다. 광화문광장, 2016.11.19

P93

털모자와 목도리로 꽁꽁 싸매도 추운 겨울밤, 우리를 지켜준 건 서로의 온기와 간절함이었다. 광화문광장, 2016.11.26

P94

촛불혁명은 박근혜 파면과 10년 만의 정권교체를 이뤄냈다. 촛불이 탄생시킨, 문재인 대통령. 대구 동성로, 2016.11.21

국회 탄핵 가결 이후 헌재의 탄핵심판까지, 92일간 하루하루 간절하고 끈질기게 촛불을 밝혔다. 광화문광장, 2016.12.17

P96

삼성 이재용 구속 다음 날 열린 집회. 시민들 속에서 촛불도 미소도 환히 밝힌 안희정 충남도지사. 광화문광장, 2017.2.18

P96

국회 탄핵소추안 가결 후, 눈물을 흘리던 세월호 유가족들을 뜨겁게 안아주고 있는 이재명 성남시장. 국회 앞, 2016.12.9

P96

원내 정당 처음으로 박근혜 하야를 촉구하며 촛불을 든 정의당의 심상정 대표와 노회찬 원내대표. 광화문광장, 2016.11.5

P96

정유라 비리 폭로, 최순실 불법재산 환수 추진 등 '국정농단의 추적자' 안민석 더불어민주당 의원. 광화문광장, 2016.11.5

P96

이명박 정부의 '방송 장악'에 반대하다 2008년 해직된 현덕수, 조승호, 노종면 YTN 기자. 광화문광장, 2016.12.10

P96

나란히 어깨를 맞댄 7선 중진 이해찬 더불어민주당 의원과 새 세대 김병관 더불어민주당 의원. 광화문광장, 2017.2.25

P96

테러방지법 반대 10시간 필리버스터를 펼쳤던 은수미 더불어민주당 전 의원(현 청와대 여성가족비서관). 서울광장, 2016.11.26

P97

"혁명에 촛불 하나 얹습니다" 광화문까지 촛불 원정길에 나선 이낙연 전남도지사(현 국무총리). 광화문광장, 2016.11.26

P97

적폐청산 1순위 '검찰 개혁'의 기수가 된 조국 서울대 법대 교수(현 청와대 민정수석)의 거리 강연. 서울 태평로1가, 2016.12.17

P97

'따뜻한 소통'으로 많은 시민들의 사랑을 받은 고민정 문재인 대선캠프 대변인(현 청와대 부대변인). 광화문광장, 2017.2.4

P97

"국정농단 범죄자들의 자복 자백 자수"를 촉구하며 촛불집회에 앞장선 표창원 더불어민주당 의원. 광화문광장, 2017.1.7

P97

촛불 이후에도 선거대책위원회 총괄본부장으로 정권교체를 이끈 송영길 더불어민주당 의원. 광화문광장, 2016.11.26

P97

"새로운 대한민국은 국민의 명령" 촛불혁명 내내 더불어민주당 대표로 앞장선 추미애 의원. 광화문광장, 2016.12.31

P97

촛불 이후 대선까지 대구에서 투혼을 빛낸 김부겸 더불어민주당 의원(현 행정안전부 장관). 대구 중앙로, 2016.11.26

P97

국민의 열망 '정권교체'를 위해 사력을 다한 문재인 전 대표와 김병기, 김경수 더불어민주당 의원. 광화문광장, 2016.11.26

P98

"민중의 함성이 헌법이다!" 절망의 탄식을 희망의 함성으로 바꾼 촛불시민 속 도울 한신대 교수. 광화문 사거리, 2016.11.5

P98

'감동의 역사 드라마', 촛불혁명의 주인공은 우리 모두였다. 시민들과 행진하는 배우 오광록 (우). 서울 통인동, 2016.12.3

P98

민주화 세대에게 '다시 찾아온 혁명'. 미국에서 날아와 참석한 백태웅 유엔 인권이사회 위원(좌). 광화문광장, 2017.2.4

P98

"100만 촛불에 눈물 흘렸다" 2013년 대선 부정 사건 수사를 지휘하다 물러난 채동욱 전 검찰총장(중앙). 광화문광장, 2017.2.4

P98

'정윤회 문건' 사건으로 2014년 청와대 비서관에서 해임되었던 조응천 더불어민주당 의원. 한법재판소 앞, 2017.3.9

P98

헌재의 선고를 앞두고 열린 촛불집회. 이날 전국에 105만 명이 모였고, 누적 1,500만 명을 돌파했다. 광화문광장, 2017.3.4

P98

촛불혁명에서 정치의 중심은 국회가 아닌 거리였다. 국민의당 당원들의 박근혜 퇴진 서명운동. 경기도 광명, 2016.11.25

P98

국회 탄핵소추안 가결 전날, 노회찬 정의당 원내대표, 유시민 작가, 진중권 동양대 교수의 토크콘서트. 국회 앞, 2016.12.8

P99

대학 친구이자 동지였던 故이한열 열사의 꿈을 실현해가고 있는 우상호 더불어민주당 원내대표. 광화문광장, 2017.2.11

P99

문재인 전 대표, 임종석 문재인 대선캠프 비서실장(현 대통령 비서실장), 그 앞엔 윤장현 광주시장. 광주 금남로, 2016.12.3

P99

시민들과 온오프로 소통하며 촛불 승리에 힘쓴 정청래 더불어민주당 전 의원의 힘찬 거리 연설. 광화문광장, 2016.12.31

P99

주말마다 최고의 데이트 장소가 된 촛불집회. 김혜경 타라필름 대표와 진모영 영화감독. 광화문광장, 2016.11.19

P99

2013년 국정원 대선 개입 관련 문건을 세상에 알린 인물 중 한 명인 진선미 더불어민주당 의원. 광화문광장, 2016.11.5

P99

故노무현 대통령 묘역을 설계한 승효상 건축가와 박근혜 정부 '블랙리스트'에 오른 임옥상 화백. 광화문광장, 2016.11.26

P99

"동시대 같은 공간에서 한목소리를 내는 커다란 축제" 꾸준히 사회참여를 해온 배우 박철민. 광화문광장, 2016.11.26

P99

전 한총련 의장으로 광주의 풀뿌리운동을 새롭게 일궈온 강위원 '여민동락' 대표와 가족들. 광주 금남로, 2017.3.11

P100

국회 탄핵소추안 가결 다음 날, 집회가 끝난 이후에도 광장 한켠에 모여 촛불을 밝힌 시민들. 광화문광장, 2016.12.10

P102

촛불의 힘으로 28년 만에 재벌 총수를 불러 세운 국정농단 국정조사 청문회. 외신도 주목한 사건이었다. 국회, 2016.12.6

P108

'빛과 어둠'의 극한 대조. 광장을 가득 메운 150만 촛불의 빛과 불이 꺼져있던 어둠의 청와대. 광화문광장, 2016.11.26

P110

촛불집회 날이면 시민들의 산책로가 된 광화문 대로. 자동차로 꽉 막혔던 길도 푸른 숨을 쉬었다. 광화문 앞, 2017.3.4

P112

수십 만의 촛불시민이 사상 최초로 청와대 200m 앞까지 말 그대로 '포위행진'을 벌였다. 청와대 인근 창성동, 2016.11.26

P116

세계에서도 보기 드문 장엄한 평화혁명. 60만의 '촛불파도'가 춤추는 절정의 아름다움. 광화문광장, 2016.11.19

P122

국회 탄핵소추안 표결 당일, 오전부터 2만여 명의 시민들이 모여 "즉각 탄핵"을 명령했다. 국회 앞, 2016.12.9

P124

대학로에서 광화문까지, 박근혜 퇴진 행진에 함께한 '일본군 위안부 소녀상'. 서울 연건동, 2016.11.12

P150

헌법재판소의 탄핵심판 당일, 양갈래로 나뉘어 붙은 '퇴진행동'과 '탄기국' 집회 장소 안내표. 서울 안국역, 2017.3.10

P156

전국 232만 촛불집회 날, 세월호 참사를 뜻하는 416개의 횃불을 들고 청와대로 행진했다. 청운동사무소 앞, 2016.12.3

P160

국회 탄핵소추안 표결 당일, 2만여 명이 모인 집회에서 국회의사당을 바라보고 있는 아이. 국회 앞, 2016.12.9

P166

긴 촛불의 겨울밤을 지나 마침내 이날이 왔다. 헌법재판소의 '박근혜 파면' 당일, 기쁨의 촛불집회. 광화문광장, 2017.3.10

P172

헌법재판소의 '박근혜 파면' 선고 다음 날 열린 촛불집회. 어제와 다른 오늘을 함께 맞은 엄마와 아이. 광화문광장, 2017.3.11

P151

자주독립을 기원했던 3.1절에 대형 성조 기로 광화문 사거리를 뒤덮은 친박 집회 참가자들. 광화문 사거리, 2017.3.1

P156

박근혜 정부 4년간 모진 탄압 속에 목숨 을 끊은 노동자들을 기리며 횃불을 든 민 주노총 조합원. 광화문 앞, 2017.2.25

P161

정세균 국회의장이 탄핵소추안 가결을 선포한 순간. 결과는 299표 중 234표의 압도적 찬성이었다. 국회 앞, 2016.12.9

P166

박근혜 직무정지 후, 황교안 권한대행에 대한 퇴진 요구가 거세졌다. 함박눈 내린 날 광장의 아이들. 광화문광장, 2017.1.21

P173

아빠의 어깨 위에서 촛불혁명을 이뤄낸 아이들. 이 어깨를 딛고 더 멀리, 높이 나아 가기를. 청와대 인근 창성동, 2016.12.10

P154

평화로운 촛불집회의 밑바닥에는 강한 분노가 이글거렸다. 청와대를 향한 '횃불행진'. 서울 적선동, 2017.2.25

P157

헌법재판소 재판 지연과 황교안의 특검 연장 거부에 다시 등장한 횃불. "즉각 탄 핵, 특검 연장" 광화문 앞, 2017.2.25

P162

국회 탄핵소추안 가결 소식에 "우리가 해 냈다" 서로 부둥켜안고 박수치고 환호하 며 눈물을 흘렸다. 국회 앞, 2016.12.9

P167

헌재의 탄핵 선고를 예감한 걸까. 촛불집 회를 마치고 눈부신 조명을 받으며 힘차 게 나아가는 가족. 광화문광장, 2017.3.9

P174

시민들의 소망을 적은 대형 펼침막. 아이 도 자기 생각을 그려 넣고 있다. 혁명은 최고의 학교다. 광화문광장, 2017.1.7

P156

박근혜 정부 출범 4년에 열린 촛불집회. 시민들은 '적폐청산'을 요구하며 횃불 을 들었다. 서울 적선동, 2017.2.25

P158

청와대 행진을 앞두고 도열한 횃불. 동학 혁명부터 촛불혁명까지, 저항의 불은 되 살아난다. 광화문 앞, 2017.2.25

P164

'여소야대' 국회에서 촛불의 힘으로 탄핵 소추안을 가결시킨 후, 어깨를 걸고 춤을 추는 시민들. 국회 앞, 2016.12.9

P170

가을에 시작한 촛불집회가 겨울을 넘어 봄을 맞았다. 모처럼 따뜻했던 날, 광장 에 둘러앉은 가족. 광화문광장, 2017.3.4

P176

헌재의 선고를 앞둔 주말, "봄을 부르며" 박근혜 모형 앞에서 꽃을 들고 공연을 펼 친 행위예술가들. 광화문광장, 2017.3.4

439

P176

"웃으며 세상을 바꾸고 싶다" 폭소 유발 최순실 코스프레 김한봉희 연극인과 예술행동단 '맞짱'. 광화문광장, 2016.11.19

P177

시민들의 말을 받아쓰고 무료로 나눠준 이진경 화가의 손피켓이 전시된 '막촌(막움직이는 촌락). 광화문광장, 2016.11.19

P177

'환경운동연합'이 진행한 헌법재판관에게 국민엽서 보내기. 두 달간 1만2,446명이 참여했다. 광화문광장, 2016.12.17

P178

30년이 지나도 살아있는 이름. 87년 6월 항쟁의 불꽃이 된 故박종철 열사 30주기를 기린 촛불집회. 광화문광장, 2017.1.14

P180

삼성전자 반도체 산재 노동자들을 위한 단체 '반올림'의 '특검 연장 이재용 구속' 광화문 피케팅. 광화문광장, 2017.2.11

P180

"사드 가고 평화 오라" 경북 성주군 소성리 주민들의 '사드 배치'에 반대하는 촛불집회 무대발언. 광화문광장, 2016.12.17

P180

23차 마지막 촛불집회 날, 시민 자유발언에서 성소수자들이 '차별금지법' 제정을 촉구하고 있다. 광화문광장, 2017.4.29

P180

"가습기 살균제 사망자 1,106명"이라고 쓴 피켓을 들고 눈물로 발언하는 피해자 유가족들. 광화문광장, 2016.12.31

P180

2012년 불공정 보도 시정 등을 요구한 노조 파업으로 해직된 후 암 투병 중인 이용마 전 MBC 기자. 광화문광장, 2017.3.11

P180

보수정권에서 해직된 현덕수 전 YTN 기자, 최승호 전 MBC PD, 조승호 전 YTN 기자(왼쪽부터) 발언. 광화문광장, 2017.1.14

P180

박근혜 정부가 일방 폐쇄하고 지원 약속도 어긴 개성공단. 노점에서 헐값에 물건을 팔던 상인들. 광화문광장, 2016.12.31

P180

양심수 가족과 '한국기독교교회협의회'의 양심수 석방과 사상의 자유를 요구하는 무대 발언. 광화문광장, 2017.3.11

P181

박근혜 구속을 요구하며 분신한 故정원 스님을 추모하기 위해 마련된 시민분향소. 광화문광장, 2017.3.25

P181

'위안부 피해자'에 대한 일본 정부의 사죄를 요구하는 서명운동, 책상 위에 놓인 작은 소녀상. 광화문광장, 2017.3.25

P181

故백남기 농민 강제부검 영장집행 반대 추모제에서 박주민 더불어민주당 의원. 서울 대학로 서울대병원, 2016.10.24

P181

이명박 박근혜 정권의 '블랙리스트' 배우, 문성근 '시민의 날개' 이사의 선거 투개표 감시단 모집. 광화문광장, 2017.3.4

P181

"청소년의 삶도 정치와 밀접하다" 만 18세 선거권을 요구한 '박근혜 하야 전국 청소년 비상행동'. 광화문광장, 2017.1.21

P181

군 의문사 장병의 명예회복 진상규명 운동. 2017년 5월, 33년 만에 순직 인정된 故허원근 일병 사진. 광화문광장, 2017.2.4

P181

일본 후쿠시마 원전 참사 6년을 맞아, 촛불집회에서 핵발전소 폐쇄 요구 퍼레이드를 벌인 시민들. 광화문광장, 2017.3.11

P181

'박근혜 퇴진 이후 우리가 바라는 사회' 게시판. 시민들이 적은 소망의 메모가 빼곡히 붙었다. 광화문광장, 2016.11.19

P182

국정농단 사태가 불거지기 직전, '예술행동위원회'의 박근혜 정부 '블랙리스트' 항의 기자회견. 광화문광장, 2016.10.18

P182

"세월호 1,000일, 끝까지 진실을 밝히겠습니다" '전국교직원노동조합' 교사들의 눈물의 약속. 세종문화회관 앞, 2017.1.7

P183

청와대 인근까지 횃불행진을 한 '민주노총' 조합원들이 시민들과 함께 구호를 외쳤다. 청운동사무소 앞, 2017.2.25

P183

박근혜 3차 대국민담화를 규탄하는 '박근혜정권 퇴진 비상국민행동' 기자회견. 서울 종로 프란치스코회관, 2016.12.1

P184

'국정 교과서 폐지'를 요구한 최교진(세종), 이석문(제주), 이재정(경기), 조희연(서울) 교육감(왼쪽부터). 광화문광장, 2016.12.17

P188

촛불로 빛난 찬연한 젊음의 날들. 촛불혁명으로 "헬조선", "흙수저" 등 절망의 유행어가 사라졌다. 광화문광장, 2016.12.17

P190

첫 촛불집회부터 23주간 촛불시민들을 위해 피켓을 제작해 나누어온 '나눔문화' 활동가들. 서울광장, 2016.11.12

P190

촛불집회는 시민들의 자발적 후원과 현장 모금으로 가능했다. 모금통을 건네는 자원봉사자들. 광화문광장, 2017.3.11

P191

"크리스마스 선물은 '박근혜 퇴진'으로!" 성탄을 앞둔 촛불집회에서 행진하는 '산타 청년'들. 광화문광장, 2016.12.17

P191

국정농단 주범들의 모형을 가둔 '광화문 구치소'를 끌고 청와대를 향해 행진하는 시민들. 청와대 인근 통인동, 2016.12.24

P192

평화시위의 상징이 된 촛불, 피켓, 꽃벽. 경찰 차벽에 꽃 스티커를 붙이고 사진을 찍는 시민들. 광화문광장, 2016.12.3

P193

광화문광장의 '인증샷' 명소. 국정농단 책임자들을 포승줄에 묶어놓은 대형 조형물 앞. 광화문광장, 2017.3.11

P194

우리는 나라를 구한 영웅! 미국 할리우드 영화 〈어벤저스〉 코스프레를 한 시민들이 포즈를 취했다. 광화문광장, 2017.3.4

P194

친박 단체를 풍자하듯 타락한 파계승인 '노승老僧탈'을 쓴 시민이 태극기를 들고 걷고 있다. 광화문광장, 2016.12.17

P194

"이게 나라다 이게 정의다" 두루마기에 유건을 쓴 어르신. 보수란 진정 지켜야 할 것을 수호하는 것. 광화문광장, 2017.3.11

P194

군복을 입고 김기춘, 우병우 체포를 요구한 시민. 친일 군부 독재 유산인 '정치 검찰' 청산의 바람. 광화문광장, 2016.12.3

P195

이순신 동상 앞에 설치된 '퇴진' 조형물. 100만 촛불의 함성을 글자로 새겨놓은 것만 같다. 광화문광장, 2017.1.14

P195

4대강 사업을 풍자하며 설치한 '녹조 수돗물' 조형. 이명박 정부의 적폐청산을 다짐했다. 광화문광장, 2017.1.14

P195

국정농단 최대 수혜자, 정유라를 풍자하는 승마 피켓을 들고 행진하는 시민. 서울 내수동, 2016.12.3

P195

"계약직, 결혼 포기, 고시원, 빚더미 인생" 등 청년들의 고통을 담은 리어카를 끌고 가는 퍼포먼스. 광화문광장, 2017.3.11

P196

한복을 입고 집회에 참여한 젊은이들. 집회를 축제처럼 즐기는 세대의 감성이 생기를 더했다. 광화문광장, 2016.12.10

P204

물대포 급수 거부, 구급차 대기 등 촛불집회를 전폭 지원한 박원순 서울시장의 시민을 향한 응원. 광화문광장, 2016.11.12

P205

"위대한 촛불혁명의 시민을 끝까지 보호할 것입니다." 빗속에서 연설하는 박원순 서울시장. 광화문광장, 2016.11.26

P206

촛불집회는 '나눔의 장'. 많은 단체와 시민들이 광장 곳곳에서 따뜻한 음료 등을 무료로 나누었다. 광화문광장, 2016.12.17

P206

거리 노점상에서 끼니를 때우며 언 몸을 녹이는 사람들. 그렇게 시민들은 겨울광장을 지켰다. 광화문광장, 2017.3.4

P207

광장에 자리를 편 노점상 상인들은 차에 피켓을 붙이고 촛불 소등 때는 함께 조명을 끄기도 했다. 광화문광장, 2016.12.31

P207

집회의 여운으로 광장을 떠나지 못한 시민들과 함께 노래하며 연주한 시민악단. 광화문 세종문화회관 뒤, 2017.3.4

P208

"춤출 수 없다면 혁명이 아니다."(엠마 골드만) 촛불집회는 저항과 해방의 축제였다. 서울 적선동, 2016.12.10

P210

"신명나는 세상을 만들어 보세" '공범' 황교안 권한대행 퇴진을 외치며 풍물놀이를 벌인 시민들. 총리공관 앞, 2017.3.25

P212

무려 반년 동안 시대의 어둠과 겨울 속을 뚜벅뚜벅 걸어나간 촛불은 마침내 새벽을 맞았다. 광화문 앞, 2017.2.4

P218

대통령이 사라졌던 '세월호 7시간'의 진상 규명을 요구하는 故임경빈 군 어머니 전인숙 님. 청운동사무소 앞, 2016.11.17

P220

세월호 농성장 앞 경찰 병력. 시민들은 나라를 지키고자 나왔는데, 이들이 지키는 건 누구였던가. 광화문광장, 2016.10.27

P224

촛불집회가 열릴 때면 '세월호 분향소'에 추모의 발길이 이어졌고, 시민들은 새롭게 의지를 다졌다. 광화문광장, 2017.3.4

P224

'세월호 참사 1,000일'을 앞둔 촛불집회, 빠른 인양을 바라며 세월호 종이배를 들고 선 시민. 광화문광장, 2017.1.7

P225

유독 아이들이 많았던 '세월호 1,000일' 집회. 우리는 '더 이상 가만히 있지 않겠다'고 다짐했다. 광화문광장, 2017.1.7

P226

'세월호 참사 1,000일'을 앞둔 촛불집회에서 유가족의 발언을 들으며 숙연해진 시민들. 광화문광장, 2017.1.7

P228

촛불집회 무대 앞에 쌓인 수만 개의 세월호 종이배. '세월호 진상규명'이라는 엄중한 요구였다. 광화문광장, 2016.12.31

P230

304개의 세월호 구명조끼 앞에서 태극기와 피켓을 들고 시위하듯 서 있는 촛불의 아이들. 광화문광장, 2016.12.10

P232

'세월호 참사 1,000일'을 앞둔 촛불집회에서 무대에 올라 발언한 생존 학생들을 안아주는 유가족. 광화문광장, 2017.1.7

P232

'세월호 참사 1,000일'을 앞둔 촛불집회에서 아이들의 모습이 담긴 영상을 보며 눈물 흘리는 유가족. 광화문광장, 2017.1.7

P233

박근혜에 대한 분노에는 세월호 구조 방기와 진실 은폐가 있었다. 청와대로 행진하는 시민들. 광화문광장, 2016.11.26

P233

세월호의 상징, 노란 리본을 새긴 깃발을 들고 나팔을 불며 항의 행진을 벌인 '시민나팔부대'. 청와대 인근 창성동, 2017.3.1

P240

박근혜 정부의 세월호 참사 책임을 묻기 위해 구명조끼를 입고 총리공관으로 행진한 시민들. 총리공관 앞, 2016.12.17

P242

구명조끼를 입고 총리공관으로 행진한 학생들. 황교안은 세월호 수사 외압 의혹을 받고 있다. 총리공관 앞, 2016.12.17

P244

촛불 바다의 대형 고래 풍선. 세월호 희생자들이 고래 등을 타고 돌아오길 바라는 마음이 담겼다. 광화문광장, 2016.12.10

P246

광장 한 편에 만들어진 세월호 추모 공간. 한 중년의 남성이 오래도록 엎드려 눈물을 흘렸다. 광화문광장, 2016.12.31

P250

304명의 세월호 희생자를 의미하는 304개의 구명조끼와 노란 풍선. 추모 발길이 끊이지 않았다. 광화문광장, 2017.3.4

P252

"어둠은 빛을 이길 수 없다" 세월호 추모 노래 가사를 레이저로 경복궁 담벼락에 비추는 시민들. 광화문 앞, 2017.2.4

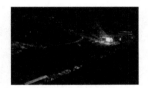

P254

"소등~!" 시민의 아이디어로 시작된 소등과 점등 행사. 일제히 촛불이 꺼지고 어둠에 잠긴 광장. 광화문광장, 2016.12.3

P256

"점등~!" 1분간 촛불을 껐다가 일제히 촛불을 밝혔다. 어두운 세상에 빛과 희망이 살아나길 바라며. 광화문광장, 2016.12.3

P262

눈발을 뚫고 모인 시민들. '나라도 나가야지' 나왔다가 '나 혼자가 아니구나' 서로에게 감격한 날. 광화문광장, 2017.1.21

P264

펑펑 내리는 함박눈 속에, 광화문에만 32만 명이 모였다. 우리들의 뜨거웠던 겨울혁명. 광화문광장, 2017.1.21

P266

'국정 역사교과서 폐기' 서명에 나선 시민들. 이후 문재인 대통령의 업무지시 2호로 결국 폐기되었다. 광화문광장, 2017.1.21

P266

지상파 방송 중 유일하게 촛불 민심에 귀기울인 SBS. 함박눈을 맞으며 촬영하는 카메라 기자. 광화문광장, 2017.1.21

P267

눈 쌓인 광장에서 집회를 기다리는 시민들. 악천후에도 끄떡없는 '전문 시위꾼'이 되어갔다. 광화문광장, 2017.1.21

P267

굵은 눈발을 맞으며 "이재용을 구속하라", "특검을 연장하라", "헌재는 탄핵하라" 더 뜨거워진 외침. 광화문광장, 2017.1.21

P268

"왜 이렇게 온 국민을 고생시키나" 싶은 마음과 달리, 아이들은 눈 내리는 광장에서도 생생했다. 광화문광장, 2017.1.21

P270

촛불의 공개수배령. 우병우, 김기춘, 이재용 등 국정농단 주범들의 포스터에 눈 뭉치를 던지는 아이. 광화문광장, 2017.1.21

P280

한 편의 영화 같았던 촛불혁명. 4천여 명의 시민들이 함박눈을 맞으며 서 있다. 전북 전주 관통로, 2017.1.21

P282

눈이 오나 비가 오나 시민들은 끝까지 무대 발언을 경청하고, 격려하고, 박수를 보냈다. 광화문광장, 2017.1.21

P284

눈 쌓인 광장에 몇 시간씩 앉아 촛불을 밝힌 위대한 시민들, 이 한 사람 한 사람이 이뤄낸 혁명. 광화문광장, 2017.1.21

P286

'간절한 자가 이긴다, 끈질긴 자가 이긴다' 이토록 결연한 눈빛과 간절한 마음을 어느 누가 이길까. 광화문광장, 2017.1.21

P287

세상을 정면으로 바라보며 피켓을 든 아이들과 눈발을 막아주려 애쓰며 함께 서 있던 엄마. 광화문광장, 2017.1.21

P287

진정한 승리는 돈과 권력의 크기가 아닌 인격과 영혼의 높이라는 듯, 환하게 미소 짓는 소녀. 광화문광장, 2017.1.21

P289

'사랑은 사랑만으로 충분하다.' 담요를 나눠 덮고 2016년의 마지막 날을 촛불집회에서 보낸 연인. 광화문광장, 2016.12.31

P289
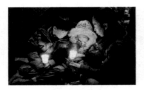
촛불 아래 독서. '나눔문화'가 제작한 소책자 《세월호의 진실》을 읽고 있는 엄마와 아이들. 광화문광장, 2016.12.17

P290

눈 쌓인 광장에 끝까지 앉아 있던 아이들. 정의의 힘, 견디는 힘을 몸으로 익힌 최고의 배움터. 광화문광장, 2017.1.21

P292

촛불집회가 끝난 후에도 시민들을 대신해 촛불을 들고 광장을 밝혀준 눈사람. 광화문광장, 2017.1.21

P294

춥고 어두운 세계에서 따뜻한 품과 희망의 빛. 아이에게 줄 수 있는 사랑의 전부가 아닐까. 광화문광장, 2017.2.25

P300

촛불이 꺼질까 봐 조심조심, "박근혜 탄핵"이 적힌 종이컵 위로 불어오는 바람을 막아주는 아이. 광화문광장, 2016.12.31

P302

133일간의 촛불로 마침내 박근혜 파면을 이뤄낸 날. 절박했던 시간이 시민들의 얼굴에 스쳐 갔다. 광화문광장, 2017.3.10

P304

헌재의 탄핵 선고를 앞둔 주말 촛불집회. 시민들은 단 두 글자, "탄핵"이 새겨진 피켓을 들었다. 광화문광장, 2017.3.4

P304

촛불의 구호가 '국민의 명령'이다. 온 힘을 다해 "박근혜 구속"을 외치며 행진하는 시민. 청와대 인근 청운동, 2016.12.24

P305

"헌재는 탄핵" 탄핵 선고를 하루 앞둔 날, 평일이지만 촛불이 타오른 광장은 함성으로 가득했다. 광화문광장, 2017.3.9

P306

"대한민국의 모든 권력은 국민으로부터 나온다." 탄핵 선고 전날, 헌법재판소로 행진하는 시민들. 서울 중학동, 2017.3.9

P306

탄핵 선고를 하루 앞둔 날, 1만여 명의 시민들은 밤이 깊도록 헌재 앞에서 "탄핵 인용"을 외쳤다. 서울 경운동, 2017.3.9

P307

촛불민심의 방향을 가리키듯, 차도의 화살표 위로 "박근혜를 구속하라" 피켓이 놓여 있다. 서울 중학동, 2017.3.4

P308

헌재의 선고를 앞둔 주말 촛불집회. 집으로 가는 길은 또 불안하다. 반드시, 꼭, 될 거야 "탄핵". 서울 수송동, 2017.3.4

P310

"오직 탄핵" 아침부터 모여 선고 결과를 기다리던 시민들. 촛불을 들고 선 청년의 간절함. 헌법재판소 앞, 2017.3.10

P312

"피청구인 대통령 박근혜를 파면한다" 파면 선고 순간을 생중계 화면으로 지켜보는 시민들. 헌법재판소 앞, 2017.3.10

P314

촛불혁명으로 헌정 사상 최초로 대통령을 파면한 순간, 일제히 자리를 박차고 환호하는 시민들. 헌법재판소 앞, 2017.3.10

P316

많은 시민들이 탄핵 선고 순간을 지켜보기 위해 반차를 내고 넥타이를 맨 채 헌재를 찾았다. 헌법재판소 앞, 2017.3.10

P317

"박근혜 없는 3월, 그래야 봄이다!" 파면 선고를 듣고 안도와 기쁨의 눈물을 흘리는 시민. 헌법재판소 앞, 2017.3.10

P318

"박근혜 탄핵 촛불이 승리했다!" 파면 직후 청와대를 향해 행진하는 발걸음은 힘찼다. 청와대 인근 옥인동, 2017.3.10

P320

탄핵심판 최종변론 날. 조용호, 강일원, 김창종, 김이수, 이정미, 이진성, 안창호, 서기석 재판관. 헌법재판소, 2017.2.28

P322

"박근혜 탄핵, 촛불 승리" 파면 선고 후 고깔모자를 쓰고 웃고 춤추며 행진하는 시민들. 서울 중학동, 2017.3.10

P324

"축! 탄핵 인용 8:0" 헌법재판관의 만장일치 선고를 축하하며, 박근혜를 구속하는 퍼포먼스. 서울 적선동, 2017.3.10

P324

파면 선고 후, 개선장군처럼 태극기를 흔들고 퍼레이드를 벌이며 광화문광장에 들어서는 시민들. 광화문광장, 2017.3.10

P325

파면 선고로 대한민국에 봄이 왔음을 축하하며 꽃다발을 들고 유모차를 끌고 광장을 찾은 시민들. 광화문광장, 2017.3.11

P325

파면 선고 직후 광장으로 모여든 시민들이 "촛불혁명 만세"를 외치며 환호하고 있다. 광화문광장, 2017.3.10

P326

"파면" 딱지가 붙은 박근혜 전 대통령의 조형물. 그 뒤로 국정농단 주범들의 조형물이 뒤따랐다. 광화문광장, 2017.3.11

P328

무혈혁명의 승리는 세계의 주목을 받았다. 파면 축하 촛불집회를 취재하는 외신기자들. 광화문광장, 2017.3.10

P329

"박근혜 파면 시민의 승리" 파면 선고 당일 촛불집회에서 《경향신문》 호외를 읽고 있는 시민. 광화문광장, 2017.3.10

P336

파면 축하 촛불집회에 모여드는 시민들. 이날의 걸음을 위해 얼마나 숱하게 이 광장을 찾았던가. 광화문광장, 2017.3.10

P338

"이게 나라다, 이게 정의다" 파면 다음 날 촛불집회. 정의의 승리를 선언하며 정권교체를 다짐했다. 광화문광장, 2017.3.11

P340

파면 다음 날, 촛불혁명 승리를 축하하며 전국에 70만이 모였다. 밤하늘을 수놓은 축하 폭죽. 광화문광장, 2017.3.11

P342

"박근혜는 하야하라", "이재용을 구속하라", "새누리당 심판하자", "특검 연장" 등 국면마다 변화한 '나눔문화'의 빨강피켓.

P343

"여긴 내 나라다! 이건 우리 삶이다!" 촛불혁명은 정권교체 이후 적폐청산과 일상의 민주주의를 향해 힘차게 나아가고 있다.

P346

아이들이 자라나는 한 혁명은 계속된다. 파면 선고 후에도 매주 이어진 촛불집회에 참석한 가족. 광화문광장, 2017.3.11

P348

이것이 촛불시민의 위엄. 진보적이며 앞선 문화감성의 30대 여성들이 촛불혁명의 선두에 서 있었다. 광화문 앞, 2016.12.10

445

2016년 겨울 그리고 2017년 봄,
광장에서 거리에서 삶터에서
추위에 떨며 희망의 촛불을 밝힌
선하고 의로운 1,700만 촛불시민
한 분 한 분께 이 책을 바칩니다

촛불혁명
2016 겨울 그리고 2017 봄, 빛으로 쓴 역사

초판 1쇄 발행 2017년 10월 29일

저자 김예슬
사진 김재현 외
감수 박노해

편집 김예슬 자료조사·교정교열 윤지영 김재현 디자인 윤지혜 김예슬
표지 디자인 디렉팅 홍동원 사진특수 보정·분판 유화(유화컴퍼니) 윤지혜
인쇄 미광원색사 종이 월드페이퍼 제본 예인바인텍 후가공 신화사
금박 작업도움 최재희 이향미 이현지 홍보마케팅 이상훈

발행인 임소희 발행처 느린걸음 출판등록번호 제 300-2009-109호
등록일 2002년 3월 15일 주소 서울시 종로구 사직로8길 34, 330호
전화 02-733-3773 페이스북 facebook.com/slow-walkbooks
이메일 slow-walk@slow-walk.com 블로그 slow-walk.com

이 책을 함께 만든 〈나눔문화〉는 2000년에 설립된 비영리사회단체로
촛불혁명 동안 매주 빨강피켓을 제작해 나누었고, 민주주의를 지키며
생명·평화·나눔의 활동을 이어가고 있습니다. 설립 이래 재벌 기부를
받지 않고, 정부 지원을 받지 않고, 언론 홍보에 의존하지 않는다는 원
칙을 지키며 3,500여 회원분들의 후원회비로만 운영되고 있습니다.
〈나눔문화〉 회원가입 및 참여문의 02-734-1977 www.nanum.com

이 도서의 국립중앙도서관 출판예정도서목록(CIP)은 서지정보유통지원시스템(seoji.nl.go.kr)
국가자료공동목록시스템(nl.go.kr/kolisnet)에서 이용가능합니다 (CIP제어번호: CIP2017025792)

김예슬 선언   오늘 나는 대학을 그만둔다, 아니 거부한다

2010년 3월, 그녀가 고려대학교를 자퇴하며 붙인 대자보 한 장이 한국
사회를 발칵 뒤집었다. 진리도 정의도 우정도 사라진 대학에 맞선 근원
적 저항. "스무 살이 되어서도 꿈을 찾는 게 꿈"인 이 땅의 청년들과 우리
모두를 위한 뜨거운 인간 선언이 펼쳐진다. 김예슬 지음 | 2010 | 128쪽 | 7,500원

노동의 새벽   박노해 첫 시집 30주년 개정판

1984년, 27살 '얼굴 없는 시인'이 쓴 시집이 시대의 양심을 찔렀다. 군사정
부의 금서조치에도 100만 부 가까이 발간되며 한국문학사에 화인처럼 새
겨진 고전. 억압받던 노동자의 영혼의 북소리로 울려퍼진 노래. 여전히 불
의한 시대, 불안한 영혼을 위한 용기의 책. 박노해 지음 | 2014 | 172쪽 | 12,000원

그러니 그대 사라지지 말아라   박노해 시집

시를 읽고 울어본 적이 없다면, 시를 읽고 꿈꿔본 적이 없다면, 지금이다
그 순간이. 저항과 영성, 교육과 살림, 아름다움과 혁명 그리고 사랑까지.
표지만큼이나 붉은 304편의 시가 담겼다. 인생의 갈림길에서 길을 잃고
헤매는 순간마다 어디를 펼쳐보아도 좋을 책. "그러니 그대 사라지지 말
아라" 그 한마디가 나를 다시 살게 한다. 박노해 지음 | 2010 | 560쪽 | 18,000원

과거의 거울에 비추어   이반 일리치 연설문집

'20세기 가장 급진적인 사상가'(타임스) 일리치의 정수가 담긴 12년간의 연
설문집. "우리가 당연하게 받아들이는 상식에는 역사적 시작점이 있었고
따라서 그 끝도 있으리라". 중세를 거슬러 오르는 사상의 여정을 통해 현
대의 진리를 뒤흔든다. 이반 일리치 지음 | 권루시안 옮김 | 2013 | 400쪽 | 28,000원

빈자의 미학   20주년 개정판

"가짐보다는 쓰임이, 더함보다는 나눔이, 채움보다는 비움이 더 중요하
다." 건축가 승효상의 '좋은 집, 좋은 삶'에 대한 철학서. 자코메티와 추사
김정희, 르 꼬르뷔제 등 동서고금을 아우른 33점의 위대한 예술작품과
해설은 책을 보는 깊이와 기쁨을 더한다. 승효상 지음 | 2016 | 128쪽 | 12,000원